한국의 대외관계와 외교사
고대 편

이 책에 실린 글들은 각 집필자의 학문적 견해를 담은 것으로 동북아역사재단의 공식적 견해가 아님을 밝혀둡니다.
후속 연구와 학문적 논의의 활성화를 위해 필자들의 다양한 관점은 물론 용어, 표현 등도 최대한 살려 두었습니다.

동북아역사재단 연구총서 77

한국의 대외관계와 외교사

고대 편

동북아역사재단 한국외교사편찬위원회 편

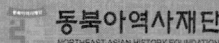

발간사

『한국의 대외관계와 외교사』를 펴내며

외교사는 역사의 주요 장면에서 각국이 당시의 국제환경을 어떻게 판단하고 관리해 왔는지, 국가적 위기나 민감한 외교적 사안을 어떻게 타개하려 했는지를 탐구하는 영역입니다. 어떻게 외부세계와 교류하며 국부를 축적하고 번영을 추구했는지를 밝히는 것 또한 중요한 연구대상입니다. 많은 나라들이 자신의 대외관계와 외교사를 연구, 편찬하면서 외교정책과 국가전략 수립에 참고해 온 것은 이 때문입니다.

안타깝게도 한국의 대외관계와 외교사는 부분적으로 이루어진 많은 연구에도 불구하고 아직 체계적으로 정리되어 있지 않습니다. 더구나 동북아시아 지역의 역사 갈등이 심화되면서 중국과 일본은 대국주의적, 팽창주의적 역사관을 정당화하며 한국의 대외관계에 대한 그릇된 편견을 집요하게 퍼뜨리고 있습니다. 갈등과 위계의 측면에서 국제관계를 보는 데 익숙한 서구의 연구자들도 대부분 한국 역사를 중국사의 주변부, 심지어 중국사의 종속변수처럼 인식하고 있습니다.

동북아의 역사 갈등 속에 있는 우리나라가 국제 환경 속에서 어떻게 대처해 왔는가를 살펴보는 것은 이런 의미에서 뜻깊은 일입니다. 역사분쟁을 미래지향적으로 해결하고 평화의 기반을 마련하기 위해 노력하는 우리 동북아역사재단이 이 문제를 다루어야 한다는 것은 의심의 여지가 없는 일입니다. 이에 우리 재단은 『한국의 대외관계와 외교사』라는 연구총서를 간행하기로 하였고, 2015년부터 준비해 왔습니다. 재단은 앞으로도 외교사료의 번역, 해제 등 관련

연구를 심화하고 확장해 나갈 계획입니다.

우리 재단에서는 외교사 총서 발간을 추진하기 위해 먼저 1945년을 기준으로 두 개의 편찬위원회를 구성하였습니다. 1945년 이전까지는 구대열 명예교수(이화여대)를 위원장으로 하여 이진한 교수(고려대, 고려 편), 한명기 교수(명지대, 조선 편) 등을 위촉하였고 재단에서는 김종학·홍면기 연구위원이 참여하였으며, 총괄 간사는 홍면기 연구위원이 맡았습니다. 그리하여 1945년 이전까지 4권-고대편, 고려편, 조선편, 근대편-을 간행하게 되었습니다. 편찬위원회에서 수고하신 모든 분들과 집필자들에게 고마움을 전합니다.

이 총서는 우리 재단이 주관하였으나, 전반적인 큰 틀에서 한국의 대외관계와 외교의 역사를 하나의 흐름 속에 아우르는 원칙을 세웠고, 그 외는 편찬위원회의 독자성을 인정하고, 동시에 필자 개개인의 학문적 입장을 존중한다는 입장을 견지했습니다. 연구자 개인의 문제의식과 사료 해석에 따라 다양한 견해가 가능하고 필요하다고 보았기 때문입니다. 그런 만큼 많은 토론의 주제와 쟁점이 있을 수 있을 것입니다.

이 책의 발간을 계기로 한국의 대외관계와 외교사에 대한 진지한 '학문적' 토론이 이루어지기를 기대합니다. 특히 미래를 이을 젊은이들이 우리의 역사적 경험을 깊이 성찰할 수 있는 계기가 되었으면 좋겠습니다.

2018. 12
동북아역사재단 이사장
김 도 형

여는 글

『한국의 대외관계와 외교사』 발간의 학술적 의의

지난 4년간 준비해온 『한국의 대외관계와 외교사』를 발간하게 되어 감회가 깊다. 동북아역사재단은 우리 고대사를 자국사의 일부로 편입하려는 중국의 동북공정에 대항하여 설립된 고구려연구재단과 독도·동해 및 일제강점기 역사에 대한 일본의 왜곡된 주장을 바로잡기 위해 세워진 바른역사정립기획단을 통합하면서 출범했다. 그동안 재단은 고구려와 발해 등 옛 선조들이 활동하던 역사와 한중관계를 연구·정리하는 한편, 일본의 역사왜곡에 대응하기 위한 이론과 정책 개발에 노력해 왔다.

외교사는 단순히 '외교의 역사'가 아니라 국내외 주요 사건들을 통해 축적된 인식과 경험의 보고(寶庫)다. 국제정치의 현실은 추상적인 상태에서 존재하는 것이 아니라, 다기(多岐)한 국제환경과 대외관계 속에서 국가가 선택하고 실천하는 외교행위를 통해 구성된다. 이는 곧 대외관계와 외교사의 배경과 맥락에 대한 깊은 이해가 선행되지 않으면 국제정치 연구가 튼튼한 기초를 가질 수 없음을 말해주는 것이다. 오늘날 우리가 국제정치 현상을 해설하는데 사용하는 주요한 개념들은 예외 없이 서구의 특수한 역사적 경험에 기초해서 그 해석과 개념화를 통해 구성해낸 것이다. 이러한 점에서 이번에 발간하는 『한국의 대외관계와 외교사』는 우리 역사에서 나타난 사실(史實)과 행위들을 우리의 시각에서 체계화함으로써 한국 국제정치학 발전의 새로운 토대를 구축한다는 의의를 갖는다.

두말할 나위 없이 모든 국가의 외교정책은 국가이익의 추구를 최우선의 목표로 삼는다. 하지만 강대국과 약소국은 국제정치에서 수행하는 역할이나 기능의 측면에서 큰 차이가 있으며, 따라서 외교사가 갖는 의미 또한 동일할 수 없다. 한국에 있어 외교사란 한국인의 역사적 삶이 대외적으로 표현된 기록이다. 하지만 이보다 더 중요한 것은, 그것이 바로 당면한 국제환경에 대한 우리 민족의 도전과 투쟁의 기록이라는 사실이다. 이러한 의미에서 한국 외교사를 국내정치사와 구분하거나 단순히 한국사의 일개 영역으로 다루는 것은 한국사 전체를 왜곡시킬 위험이 있다. 왜냐하면 외교사는 한국사가 전개돼온 국제적 환경과 구조, 정치적 선택 등을 총체적으로 이해하기 위한 필수적이며 핵심적인 요소가 되기 때문이다.

한국사는 국내정치와 대외관계가 긴밀하게 연동되어 진행돼 왔다. 국내적으로는 지역으로 분리된 여러 집단들이 투쟁·타협하며 국가를 형성·유지해 왔고, 대외적으로는 한반도에 대한 전략적 관심을 놓지 않았던 중국과 일본과의 투쟁의 역사로 점철되었다. 수천 년 동안 한국은 동아시아라는 역사공간 속에서 중국·일본 등과 때로는 갈등하고 때로는 공생하면서 성장·발전해 왔다. 이런 의미에서 한국외교사는 비단 한민족뿐 아니라 주변세력들과의 복잡다단한 관계를 아우르는 것이라고 할 수 있다.

한국 외교사는 각 시대별로 다르게 나타날 수 있는 한국적 정체성을 정확하게 해석하는 작업과 함께 동아시아 국제관계에서의 힘의 관계―오늘날의 관점에서 말하면 대외관계를 규율·조정하는 국제제도와 국제법적인 요소들―, 국가적 위기나 특정 교섭사안을 해결하는 데 기여한 인물들의 활약상, 그리고 경제적·문화적 교류 등을 연구대상으로 삼는다. 특히 주변국가와의 경제적·문화적 교류를 탐구하는 작업은 한국 외교사 연구의 외연을 확장하는 한편, 사료의 부족을 보완하여 한국과 주변국 간의 대등한 교제의 양상을 드러낸다는 점에서 중요한 연구 과제라고 할 수 있다.

또한 한국 외교사에서 국제정치적 측면만 부각시킨다면 필연적으로 한국은 강대국들의 정책이 적용되는 '대상'으로 전락할 수밖에 없다. 중국의 한반도 지배나 일본의 팽창과 침략, 그리고 러시아의 진출이라는 강대국들의 정책과 그에 대한 한국의 대응은, 다시 국내정치 과정으로 피드백(feedback)되어 직접적인 영향을 미쳤다. 무엇보다 중국이라는 거대세력에 대응하는 과정에서 불가피하게 나타난 수동성이나 많은 경우 외국 사료에 의존하지 않을 수 없는 상황도 외교사 연구의 큰 제약요인이 되고 있다. 따라서 이를 극복하기 위해서는 한국의 외교사 연구에서 이와 같이 부정적으로 보이는 여러 측면들을 어떻게 객관적으로 분석·서술할 것인가 하는, '우리의' 시점(視點)을 확립하는 것이 중요하다는 사실에 유념할 필요가 있다.

오늘날 국내 대학에서 '외교사', 특히 '한국외교사'의 위상은 확고하지 않다. 사학과에서는 국내사에 치중하여 대외관계사 또는 외교사가 체계적으로 교수되지 않으며, 정치외교학과에서는 국제정치의 주변과목으로 겨우 명맥을 유지하는 정도다. 아마도 그 가장 큰 원인은 국제관계는 강대국 중심으로 전개되어 왔으며, 한국은 이에 능동적으로 참여하지 못했다는 그릇된 인식에 있을 것이다. 한국이 강대국 간 경쟁과 흥정의 대상이었을 뿐이라는 피동적 사고는 국제관계 속에서 우리가 선택하고 개척해온 역사에 대한 성찰을 근원적으로 가로막는다는 점에서 심각한 문제다. 사정이 이와 같다 보니 그동안 '한국 외교사'를 가르칠 만한 마땅한 교재도 찾기 어려웠다. 대학 교과목의 경우에는 대부분 서양에서 개발된 학문체계를 무비판적으로 도입해서 가르쳐 왔지만, 이 분야에 관한 한 외국 교과서를 그대로 번역해서 가르치기는 어렵다. 왜냐하면 미국의 동양외교사는 그들의 동아시아 정책을 서술한 것이고, 일본인들이 개발한 동양외교사는 대체로 일본의 팽창과 중일 간의 경쟁이라는 관점에서 기술된 것에 지나지 않기 때문이다.

이번에 동북아역사재단에서 펴내는 『한국의 대외관계와 외교사』는 이상의 학문적 난맥을 해결하기 위한 첫 걸음을 내딛는 것이라는 점에서 큰 의의를 갖는다. 이 책은 한국의 대외관계와 외교사를 고대·고려·조선·근대 등 총 4편으로 나누어 편제하고, 각 시기별로 한반도를 둘러싼 국제정치적 환경의 변화와 그에 조응한 국내정치의 변화·발전의 양상을 규명하고자 했다. 특히 이 책의 집필에는 국제정치학 뿐 아니라 한국사·일본사·중국사 등 다양한 분야의 권위 있는 연구자 50여 명이 참여했다. 이와 같이 방대한 규모의 집필진을 동원한 한국 외교사 통사 서술 작업은 우리 학계 초유의 일로서, 이 책에서 제기한 논점과 질문들은 앞으로 한국 외교사 분야의 학문적 정립에 크게 기여할 것으로 기대된다. 이와 같이 의미 있는 작업을 후원해준 동북아역사재단과 이 책의 편찬 취지에 깊이 공감하여 우리 대외관계와 외교사의 새로운 해석을 가능케 하는 귀한 원고를 제출해주신 집필자들께 깊은 감사를 드린다.

2018. 12.
동북아역사재단 한국외교사편찬위원회
위원장 구 대 열

차 례

발간사_『한국의 대외관계와 외교사』를 펴내며   4
여는 글_『한국의 대외관계와 외교사』 발간의 학술적 의의   6

제 1 장
고대 한국의
대외관계와 외교사
총론
노태돈

1. 고조선의 대외관계   17
2. 5세기 고구려의 외교와   24
   고구려인의 천하관
3. 5세기 종반~6세기 전반   32
   백제의 외교정책
4. 6세기 신라의 약진과   38
   한강 유역을 둘러싼 삼국의 대결
5. 삼국통일전쟁의 전개   46
6. 8세기 신라와 발해의 대외관계   57
   쟁점 한국 고대사에서의 조공·책봉관계   67

제 2 장
고조선의
대외관계와 외교
박준형

1. 고조선 외교사 이해를 위한 몇 가지 전제   77
2. 춘추 제(齊)와의 외교   82
   -북주후(北州侯)의 자격으로
   제와 대등한 관계를 맺다
3. 전국 연(燕)·제(齊)와의 외교   84
   -왕을 칭하고 연과 대적하다
4. 중국을 통일한 진(秦)과의 외교   87
   -진에 내속(內屬)하였지만
   조회(朝會)하지는 않다

| | 5. 한(漢)과의 외교–한과 외신 관계를 맺고 실리 외교를 펼치다 | 89 |

제 3 장
부여의 성장과 외교 교섭
송호정

1. 부여의 성장과 외교 교섭 개관	99
2. 3세기 이전 부여의 외교 교섭	101
3. 3세기 이후 부여의 외교 교섭	111
4. 부여의 외교 교섭의 특성	118

제 4 장
고구려 외교의 전개
여호규

1. 고구려 외교사를 바라보는 관점	125
2. 고구려 초기의 영역 확장과 한 변군과의 외교교섭	127
3. 고구려 중기의 다면적 외교교섭과 독자세력권 구축	140
4. 고구려 후기 국제정세의 변동과 외교적 대응책 모색	155
5. 고구려 외교정책의 성격	172

제 5 장
백제의 외교
양기석

1. 백제 외교사의 기본 이해	181
2. 백제 외교의 전 단계	187
3. 백제의 남방외교 전개와 대고구려 연합전선 구축	199
4. 신라와의 동맹 결성과 백제 외교의 성과	214
5. 백제와 신라의 각축과 백제 대당외교의 실패	231
쟁점 백제의 요서지역 진출설	244
백제 무령왕과 일본 황실	246

제 6 장
신라 국가 발전기 대외관계와 그 전개
주보돈

1. 기본적 이해	253
2. 외교 시작의 전야(前夜)	257
3. 신라 외교의 전개와 특징	264
4. 평가	295

제 7 장
가야의 외교
김태식

1. 한반도 남부 국제 교역의 등장	303
2. 4세기 이전 가야의 외교	305
3. 5~6세기 초 가야의 외교	310
4. 6세기 전반~중엽 가야의 외교	316
5. 가야의 외교에 대한 개요	323
쟁점 임나일본부설	325

제8장
통일신라의 외교
전덕재

1. 실리와 명분을 함께 강조한 통일신라의 외교정책 — 333
2. 대당 외교의 성격과 추이 — 335
3. 대일 외교의 전개와 변화 — 356
4. 사대와 교린의 외교를 실천한 통일신라 — 374

제9장
발해의 외교
한규철

1. '해동성국' 발해제국: 고구려 계승성과 황제성 — 381
2. 발해 외교의 집행기구 — 383
3. 당과의 외교 — 385
4. 일본과의 외교 — 400
5. 신라와의 외교 — 415
6. 유목민족과의 외교 — 426
7. 발해 외교의 특징과 개요 — 428
   쟁점 발해는 황제국가였다 — 435

찾아보기 — 438
편찬 후기 — 460

제 1 장
고대 한국의 대외관계와 외교사 총론

노태돈

1. 고조선의 대외관계
2. 5세기 고구려의 외교와 고구려인의 천하관
3. 5세기 종반~6세기 전반 백제의 외교정책
4. 6세기 신라의 약진과 한강 유역을 둘러싼 삼국의 대결
5. 삼국통일전쟁의 전개
6. 8세기 신라와 발해의 대외관계
쟁점 한국 고대사에서의 조공·책봉관계

1. 고조선의 대외관계

1) 고조선의 성립 시기와 중심지 위치

외교사는 국가와 국가 간 교섭에 대한 고찰을 주제로 한다. 한국외교사의 첫 장을 연 것은 고조선[1]과 중국왕조와의 교섭이었다. 그런데 고조선에 관한 기록이 워낙 부족하여 고조선의 등장 시기와 중심지에 관해서조차 여전히 논란이 계속되고 있어, 먼저 이에 대해 간략하게 이야기하고자 한다.

고조선에 관해 처음 보이는 이른 시기의 기록은 『관자(管子)』와 『산해경(山海經)』이다. 『관자』는 기원전 7세기대에 중국 산동성 지역에 있던 제(齊)나라 재상 관중(管仲)의 저술이며, 제나라가 당면한 주요 문제에 대해 언급하고 있다. 그중 이 책의 경중갑편(輕重甲篇)과 규도편(揆度篇)에 제(齊)와 조선 간의 교역에 관한 언급이 있다. 그렇다면 조선은 기원전 7세기대 이전에 성립하여 제나라에 알려진 것이 된다. 그러나 이 책은 관중의 저술이 아니다. 이 책의 내용을 살펴볼 때 전국시대(기원전 403~221) 제나라 사람들이 관중의 이름에 가탁하여 저술한 것으로 여겨지고 있다.

『산해경』은 춘추 말기에서 한초(漢初)에 이르는 시기(기원전 5~2세기)에 고대 중국의 여러 지역에서 쓰여진 기록들을 모은 일종의 인문지리서다. 이 책의 해내북경(海內北經)과 해내경(海內經)에는 조선의 지리적 위치에 관해

---

[1] 고조선은 존립 당시에는 '조선'이라 하였다. 『삼국유사』의 첫 머리에 '고조선'조가 있고, 이 '고조선'의 세주(細註)로 '왕검조선'이라 기술하였다. '고조선'은 어디까지나 단군조선을 지칭하는 것이었다. 1392년 조선왕조가 세워진 이후에는 이와 구분하기 위해 고대의 조선은 '단군조선 기자조선 위만조선'이라 하였다. 20세기에 들어 1392년에 세워진 조선왕조와 구분하기 위해 고조선이라 표기하게 되었다. 기자조선의 존재는 부정하는 것이 정설화되면서, 고조선은 위만조선 이전에 존재하였던 조선만을 지칭하는 경우와 위만조선까지를 포괄하는 경우가 있다. 사회문화적 측면에선 후자의 의미로 사용되고 있다.

"조선은 열양 동편, 바다의 북쪽, 산의 남쪽에 있다. 열양은 연(燕)에 있다 [해내북경]", "동해의 안쪽과 북해의 모퉁이에 나라가 있으니 조선이라 한다 [해내경]"라고 언급하고 있다. 열양(列陽)은 열수(列水)의 북안을 의미한다. 따라서 열수의 위치가 파악되면 조선의 위치도 파악될 수 있다. 그래서 일찍부터 열수의 위치를 비정하는 각종 주장이 제기된 바 있다. 하지만 워낙 관련 자료가 단편적이고 추상적이어서, 논란은 분분하였지만 그 위치는 분명치 않다. 마찬가지로 조선의 등장 시기와 지리적 위치도 추정하기 어렵다.

조선에 대한 좀 더 구체적인 언급은 『사기(史記)』와 『전국책(戰國策)』에서 찾아볼 수 있다. 『사기』 소진전(蘇秦傳)에서 소진이 연(燕)의 문후(文侯, 기원전 361~333)에게 당시 연이 처한 상황을 설명하면서, "연의 동편에 조선 요동이 있고, 북쪽에는 임호(林胡) 루번(樓煩)이 있으며"라고 하였다. 『전국책』의 연책(燕策)에서도 같은 내용이 기술되어 있다. 이를 통해 조선이 늦어도 기원전 4세기 중반에는 그 존재가 북중국인들에게 알려졌음을 확인할 수 있다. 실제 조선이 역사상에 그 모습을 드러냈던 것은 그보다 더 이른 시기였을 것으로 추정할 수 있다.

이 무렵 연은 북경 일대에 그 중심를 두고 있었다. 당시 연의 동북방면, 즉 서로는 하북성 북부 지역과 내몽고 동남부 지역에서부터 동으로 요서·요동지역을 거쳐 한반도에 이르는 공간에 비파형동검(琵琶型銅劍)문화가 발달하였다. 이 문화는 산융·동호·조선·예맥 등의 족속이 공유하고 있었고, 그러한 가운데서도 지역에 따라 이 문화의 구체적인 양태에는 상당한 차이가 있음이 주목되었다. 나아가 요하를 경계로 그 이동 지역에서 비파형동검(短莖式), 지석묘, 미송리형 토기 등의 존재가 확인되어 요서지방의 문화 양태와 다름이 지적되었다. 이를 토대로 요하 선 동쪽 지역의 비파형동검문화의 담지자를 조선이라 보는 설이 제기되었다.

한편 기원전 4세기 말 3세기 초 연(燕)의 소왕(昭王, 기원전 311~279)대에 장군 진개가 동호(東胡)를 공격하여 대파하고 그 땅 1천여 리를 차지해, 상곡·어양·우북평·요서·요동 등 5개 군을 설치하였다. 이어 연은 조양(造陽)에서 양평(襄平, 지금의 遼陽)에 이르는 장성을 쌓아 북방 유목민의 침공을 방어하고자 하였다(『사기』 흉노전). 이 때 고조선은 요동을 연에게 상실하고 평양으로 그 중심지를 옮겼고, 이후 고조선은 청천강을 경계로 연과 국경을 접하게 되었다.

연나라의 동북방 진출은 그간 비파형동검문화를 공유해왔던 지역의 주민들 사이를 갈라 제치고 들어가 큰 문화적·정치적 쐐기를 박는 형세가 되었다. 그에 따라 기존 주민들 사이에 급속한 변화가 진전되었다. 즉 비파형동검문화권의 서부 방면에 거주해왔던 산융 동호계 주민들은 북쪽 내몽골 초원으로 밀려나가 유목민화가 촉진되었고, 이들과 동으로 옮겨간 고조선 주민들과의 사이에는 이질화가 심화되어 갔다. 내몽골 초원으로 옮겨간 뒤 동호는 그 세력을 회복하여 다시 강대하게 되었다. 그러나 뒤이어 동몽골 방면으로 세력을 뻗쳐오던 흉노와 충돌하였다가 대패하고 그 세력하에 귀속되었다. 선비(鮮卑)와 오환(烏桓)이 바로 이 동호의 후예다.

2) 위만조선과 한 및 흉노와의 관계

기원전 3세기 말 중국에서는 진시황이 죽고 내란이 벌어져 유방이 승리하여 한(漢) 제국이 성립되었다. 이어 한과 그 제후들 간의 분쟁이 격화되었고 한편에서는 흉노의 활동이 활발해졌다. 그런 가운데서 한의 제후였던 연왕(燕王) 노관(盧綰)이 반기를 들었다가 흉노로 달아났다. 그 사품에 연왕 노관의 부하였던 위만(衛滿)이 1천여 호를 동으로 이끌고 가 조선에 망명하였다. 당시 한은 조선과의 국경을 서쪽으로 후퇴하여 패수(浿水, 압록강)를 경계로 삼았다. 압록강과 청천강 사이의 땅인 진고공지(秦故空地)가 일종의 완충지대가 되었다. 이 공간에는 진말(秦末) 한초의 혼란기에 동으로 망명해온 중국계 유이민들이 다수 거주하고 있었다. 위만은 조선왕의 신하가 되어 이곳에 정착한 뒤 유이민들을 규합하였다. 이어 기원전 2세기 초 반란을 일으켜 왕험성(王險城)을 공략하고 조선의 왕위를 차지하였다.

위만조선이 성립한 뒤 위만은 곧이어 한의 요동태수와 약(約)을 맺었다. 조선은 한의 외신(外臣)이 되어 한의 국경지대에 대한 주변세력들의 침략과 약탈 등의 행위를 금하며, 한은 위만조선을 동방의 대표적인 세력으로 인정하고 무기와 재물을 제공하여 지원한다는 내용이다. 위만조선은 한으로부터 정치적·물질적 지원을 받아, 이를 바탕으로 주변의 임둔·진번·옥저 등을 복속시키고 압록강 중류 지역으로 힘을 뻗치는 등 급속히 세력을 확대해 나갔다.

한편 기원전 2세기가 진전되어 가면서 한은 대외적으로 군사적 충돌을 피하고 대내적으로 중앙집권화를 추구하면서 점차 그 국력이 충실해졌다. 이를 바탕으로 무제(기원전 140~86) 대에 들어 대외적 팽창을 기도하였다. 먼저 그간 공물을 보내면서 수세적인 입장을 취하던 흉노에 대해 적극적으로 공세를 취하였다. 이에 한과 흉노는 여러 방면에서 대결을 벌여 나갔다. 한은 흉노와의 대결에서 흉노군을 기습 공격하고, 달아나는 적을 몽골 고원 깊숙이까지 추격하여 섬멸하는 작전이 가능하도록 기병 양성에 힘을 기울였다. 나아가 흉노를 약화시키기 위해 흉노가 농경지대로부터 물자를 공급받지 못하도록 기도하였다. 이를 위해 서로는 지금의 감숙성 회랑지대에 하서(河西) 4군(郡)을 설치하여 몽골고원 세력과 티베트고원 세력의 연결을 차단하고, 신장위구르자치구 지역의 오아시스들을 장악하여 흉노를 서방에서부터 협공할 것을 도모하였다. 동으로는 조선을 공략해 4군을 설치하여 동방으로부터 흉노를 포위하고자 하였다. 하서 4군의 설치는 '흉노의 오른쪽 어깨를 자른 것'으로, 조선을 멸하고 군현을 설치한 것은 '흉노의 왼팔을 절단한 것'으로 그 의미를 강조한 것도(『한서』 위현전) 그런 면을 말해준다.

흉노 또한 한과의 대결에서 나름의 대응 공세를 폈다. 동으로는 고조선과의 연결을 기도하였다. 평양 일대의 고분들에서 발굴된 은제와 금동제의 말[馬]을 치장하는 장식품, 청동솥[銅腹], 은제 행엽(杏葉) 등 각종 흉노 유물은 고조선과의 연결을 도모하기 위해 보내진 것으로, 그러한 흉노의 전략 일면을 전해준다. 그리고 운남성 지역에서 발견된 흉노계 유물 또한 티베트고원의 동쪽 사면을 돌아 운남성 지역에 이르러 그곳 세력과 연결하여 한(漢)을 서남쪽에서 압박하려는 흉노의 의도를 나타낸 것으로 여겨진다.

당시 한과 흉노의 대결에 관해서는 한의 기록만 남아 전한다. 이에 따라 한의 시각에서 상황 전개를 이해할 수 있을 뿐이다. 흉노나 고조선이 남긴 기록이 없으므로, 그에 대한 구체적인 이해에 한계를 지닌다. 하지만 약간이나마 남아 전해지는 유물들을 통해, 기원전 2세기 말 한의 침공에 대항하기 위해 흉노와 고조선이 연결을 도모하였음을 추정할 수 있다. 이는 동북아시아의 국가가 북아시아 유목민 국가와 연결하여 중국왕조의 팽창에 대응하는 형태의 외교 관계 유형을 보여준다. 이는 그 뒤 고구려와 중국왕조와의 관계에서도 재차 확인된다.

기원전 119년 한은 흉노를 공격해 이를 대파하였다. 흉노가 멀리 달아나 이후 상당 기간 북부 국경지대가 안정되었다. 흉노의 약화에 따라 여유가 생기자 한은 그간 미루어 두었던 다른 방면으로의 팽창을 도모하였다. 기원전 112~111년에 남중국 광동성 지역의 남월(南越) 등을 공략하였고, 이 방면의 팽창이 일단락된 이후 예봉을 돌려 기원전 109년 가을 조선 침공을 개시하였다.

조선과 한 사이의 직접적 분쟁 계기는 조선 남쪽에 있던 집단들과 한 사이의 교류를 둘러싼 갈등이었다. 한은 종전부터 조선에게 주변의 작은 집단들에 대한 통제를 사실상 위임해 왔는데, 상황이 바뀌어 이제 커진 조선의 세력을 제어하고 특히 조선과 흉노의 연결을 차단할 필요성을 느껴 적극적으로 개입할 책략을 쓰게 되었다. 이에 한은 전국에서 죄수들을 징발하여 편성한 육군 4만 명과 해군 7천 명의 부대를 동원해 조선을 공격하였다. 조선은 한의 육군과 해군 간의 알력을 교묘히 이용하여 적의 총공세를 저지하였다. 그러나 한군의 지휘부가 단일화되고 공세를 강화하자 조선의 상(相)과 장군 등 지휘부의 다수가 투항을 하여 대세가 기울어졌다. 그런 가운데서 기원전 108년 가을 우거왕이 피살되고 마침내 왕험성이 함락되었다. 위만조선 땅에는 낙랑·진번·임둔 등이 두어졌으며, 다음 해 기원전 107년에는 현토군이 설치되었다.

3) 위만조선의 성격

기원전 108년 왕험성이 함락될 위기에 처해 열린 회의에서 조선상(朝鮮相) 로인(路人), 조선상 한음(韓陰), 니계상(尼溪相) 참(參), 장군 왕겹(王唊) 등이 참석하여 한에 항복하기로 의견을 모았다. 로인과 한음·왕겹 등이 성을 탈출하여 항복하였고, 이어 니계상 참이 우거왕을 죽이고 항복하였다. 이에 앞서 전쟁이 발발하기 전 한에 대한 정책을 둘러싸고 우거왕과 이견을 보인 조선상 역계경이 휘하의 무리 2천 호를 거느리고 조선을 떠나 남쪽의 진국(辰國)으로 이주해갔다.

이 회의에 참석한 이들 중에는 한인(漢人)으로 여겨지는 이들도 있고, 니계상 참이나 역계경과 같이 조선인이 분명한 이들도 있다. 조선의 국정을 주도하는 이들의 면모를 통해, 위만조선국의 성격 일단을 찾아볼 수 있다. 즉 위만조선이 한인들의 식민정권이거나 정복국가로 규정하기 어려움을 알 수 있다. 위만조선은 조선인과 한인의 연합정권의 성격을 띠었다고 할 수 있겠다.

다시 구체적으로 위의 회의에 참석한 이들의 관명을 살펴보면, 상(相)은 그 유래가 고대 중국에서 비롯하였다. 한 초에 승상(丞相)은 황제 휘하에서 백관의 장으로서 국정을 총괄하던 관직이었다. 한의 제후국에도 승상을 두어 국무를 총괄케 하였다. 이어 경제(景帝) 때 일어난 오·초(吳·楚) 7국의 난 이후, 제후국에 있던 승상 제도를 폐지하고 대신 격을 낮춘 상(相)을 두어 중앙정부가 임명하였다. 한(漢)이 설치한 제후국의 상은 관료적인 성격을 지녔다.

한편 한의 '상' 관직을 당시 인근의 나라들이 받아들여 설치하였다. 남월에서 권력가 여가(呂嘉)는 3대에 걸쳐 '상' 직에 있었다. 하지만 그는 관료적인 성격과는 거리가 먼 세습적인 토착 세력가였다. 흉노에도 '상'이 있었지만 관료적 존재는 아니었다. 모두 중국식 관명을 취하였지만 그 성격은 각각의 나라 상황에 따라 다른 면을 보였다.

당시 조선의 '상'들은 '조선상' 역계경의 경우가 말해주듯 휘하에 상당한 자치력을 지닌 집단을 거느리고 있었다. '조선상'의 경우 복수의 상이 존재하였다. 니계상은 니계라는 지역 또는 집단의 수장이었다. '상'은 관료적인 존재는 아니며 휘하에 독자성을 상당히 지닌 집단을 거느린 세습 유력가들이었다. '상'은 회의체를 통해 국정 운영에 참여하며 왕권을 견제하였고, 왕은 다른 면에서 그런 회의체를 통해 '상'들을 통제하고 국가의 통합력을 유지하려 하였다.

이러한 것은 곧 위만조선의 '상'이 고구려 각 부(部)의 장이었던 상가(相加)와 유사한 면을 보여준다. 상가라는 관명도 위만조선의 '상'에서 비롯하였을 가능성이 크다. 나아가 위만조선의 국가 구조와 정치 운영이 고구려 초기 부체제(部體制)의 이른 시기 형태와 유사한 것으로 여겨지는 바이다.

기원전 108년 한제국에 의해 왕험성이 함락된 이후 한반도와 남만주 지역에서 가장 먼저 국가를 형성하며 선진적이었던 고조선 사회는 더 이상 동심원적인 확대 발전을 저지당하였다. 이어 평양 일대에 설치된 낙랑군 등 한 군현의 외곽에서 고구려 등 다음 단계의 고대국가들이 성장하였다.

2. 5세기 고구려의 외교와 고구려인의 천하관

1) 고구려의 성장과 대외적 팽창

왕험성이 함락된 이듬해 한은 혼하(渾河) 상류에서 압록강 중류 지역을 거쳐 동해안 함흥 평야에 이르는 지역에 현토군을 설치하였다. 이는 북쪽의 반농반목지대와 남쪽의 농경지대를 가르는 일종의 장벽을 구축하는 형세의 군현 설치로서, 한의 대 흉노 포위책의 동쪽 마무리였다.

그런데 현토군은 설치 후 반세기가 경과하면서 변동이 일어났다. 현토군은 토착민인 고구려인의 저항을 받아 기원전 75년 군의 중심지(郡治)를 서북쪽으로 옮기었다. 압록강 중류 지역 일대는 현토군의 직접적인 지배에서 벗어났다. 이 지역에는 나(那. 奴)라 불리우는 지역집단들이 각지에서 자치를 행하였고, 그들로 구성된 연맹체가 형성되었다. 처음에는 소노(消奴) 집단의 장이 연맹체장이 되었는데, 그 집권력은 약하였다. 이어 부여 방면(지금의 중국 지린시 일대)에서 이동해온 계루(桂婁) 집단이 기원 전후 무렵 두각을 나타내어 연맹체장의 지위를 차지하였다. 이 계루 집단이 그 뒤까지 고구려 왕실을 이어감에 따라, 주몽이 이끄는 계루 집단의 이주와 연맹체 주도권 장악이 고구려의 건국으로 여겨졌다.

그런데 계루 집단의 집권력 또한 초기에는 강력하지 못하였다. 여기에 고구려 왕실의 집권력을 약화시키기 위해, 현토군은 각 나(那)와 개별적인 거래를 하여 원심분리 작용을 하였다. 그리고 간간히 무력 개입을 하여 고구려 사회에서 강한 결속력을 지닌 국가의 성장을 저지하려 하였다. 이런 현토군의 작용에 따라, 고구려는 현토군의 직접적인 지배에서는 벗어났으나 상당 기간 그의 영향력하에서 허덕이게 되었다.

그러다 기원 후 1세기 후반에 이르러 고구려는 한군현의 영향력을 배제하고 대내적으로는 연맹체 내의 여타 나(那)들의 자치력에 대한 계루부 왕실의 통제력이 강화된 5부체제를 형성하였다. 밖으로는 적극적으로 팽창해 나갔다.

  당시 고구려의 대외 팽창은 두 방향으로 전개되었다. 하나는 현토군·요동군 및 낙랑군 등 중국 군현에 대한 공격이며, 다른 하나는 옥저·동예 등 인근 예맥계 읍락들에 대한 공략이었다. 전자에 대한 공격은 약탈 위주였으며, 후자는 복속시켜 읍락별로 공납을 징수하는 형태였다. 2세기 대까지 고구려 대외 교섭의 주요 대상은 한(漢)의 변군(邊郡)이었다.

  3세기가 진전되면서, 한이 붕괴되고 중국이 세 나라로 분열되어 상쟁을 벌임에 따라 고구려는 중국의 위(魏)나 오(吳)의 조정과 교섭을 개시하게 되었다. 이어 3세기 중엽 위장(魏將) 관구검의 침공을 받아 수도가 함락되는 등 큰 타격을 받기도 하였다. 이런 전란과 그것을 극복하는 과정에서 5부의 독자성은 크게 약화되고 왕권 강화와 중앙집권화가 진전되었으며, 형(兄)과 사자(使者)를 중심으로 한 관등제가 정비되어 갔다. 아울러 전란을 겪으면서 고구려 조정은 동아시아 국제 정국의 흐름에 대한 이해도 점점 높아지게 되었다. 그것은 뒤이어 4세기에 들어 크게 확충되었다.

  4세기에 접어들어 그간 동아시아 국제 정세의 흐름을 주도하던 진(晉) 제국이 무너지고, 북아시아의 유목민 집단들이 대거 북중국으로의 이주와 정복 활동을 벌여나간 5호 16국 시대가 전개되었다. 이 시기는 많은 한인(漢人)들에게 화북지역을 중심을 한 중국 고전문명이 붕괴되고 파괴와 살육이 횡행하는 암흑의 시기로 여겨지기도 하였다. 하지만 수세기 동안 중국왕조의 압박을 받아오던 주변의 여러 종족과 국가들에게는 비약적인 발전의 시기였다. 이들에게 이 시기는 영토적·군사적 팽창의 시기였을 뿐 아니라 중국 고전문명의 유산을 섭취하고 이를 자국의 전통문화와 절충하여 독자적인 문화를 건설해 나가던 약진의 시기였다. 고구려·백제·신라 또한 이 시기에 급격한 성장과 발전을 해나갔다.

  고구려는 313년 낙랑군을 병합하고 이듬해 대방군을 합쳐 한반도 서북부 지역의 중국 군현을 청산하였다. 이 지역에 대한 중국 군현의 지배가

400여 년 지속되었던 만큼 그 유산이 두텁게 남아 있었다. 고구려 조정은 이 지역을 차지한 후, 오랜 전란의 와중에서 동으로 피난해온 북중국 방면의 유이민 집단을 받아들여 이 지역에 거주케 하였다. 그들이 남긴 평양 일대의 고분벽화에서 보듯 그들은 이곳에 정착한 이후에도 상당 기간 북중국 원주지의 문화를 이식하여 특색있는 면을 남기었다. 한편 국내성 지역으로도 우산하 3319호 고분의 묘주 등 적지 않은 이들이 이주해와 정착하였다.

 4세기가 진전되면서 고구려는 서로는 요동과 요서 지역에 잔존한 중국 군현을 차지하기 위한 경쟁에 뛰어들었다. 우문부(宇文部)·단부(段部)·모용부(慕容部) 등 선비족의 여러 집단들과 함께 요서 지역을 둘러싼 쟁탈전을 벌였다. 하지만 이 경쟁에서 고구려는 밀려나게 되었다. 이어 선비족의 모용씨가 세운 연(燕) 나라가 요서와 요동 및 북중국의 동부지역을 차지하자 고구려는 연과 치열한 상쟁을 벌여나갔으며, 모용 연의 침공으로 수도가 함락되는 등 일시 위기를 맞기도 하였다. 모용 연은 부여를 공격하여 그 수도를 공략하는 등 부여에게 치명타를 가하고, 고구려를 북쪽에서 압박하는 형세를 구축하기도 하였다. 이런 연의 군사적 공세에 대응하면서 고구려는 화북의 서부지역에서 흥기하여 동으로 세력을 뻗쳐오던 저족(氐族)이 세운 전진(前秦)과 연결하여 모용 연을 동서에서 압박하는 방책을 도모하기도 하였다. 모용 연과의 오랜 상쟁을 전개하는 가운데서 고구려는 급변하는 동아시아 국제 정세에 대한 보다 넓은 이해를 하게 되었다.

 한편 요하 선을 둘러싸고 모용 연과 대립을 지속하던 중, 4세기 후반 남으로부터 낙랑 대방 지역으로 진출해오는 백제와 상쟁을 벌이게 되었다. 백제군이 북진하여 평양 부근까지 진출해오자 이에 맞서 출전한 고구려군이 패배하고 고국원왕이 전사하는 상황이 벌어졌다.

 이어 즉위한 소수림왕은 당면한 국가적 위기를 극복하기 위해 체제 정비와 개혁을 도모하였다. 율령을 반포하고 태학을 설립하였다. 이때 반포

된 율령의 구체적인 내용은 전해지지 않지만, 여러가지 행정령과 앞으로의 국가 경영을 염두에 둔 계획을 담은 각종 설치령, 그간의 판례 등을 모아 체계화한 형률 등으로 심작해 볼 수 있다. 율령 반포는 곧 국가 조직의 체계화와 각급 행정 단위의 운영 지침을 제시한 것이라 할 수 있다.

율령은 영역 내의 주민들에게 출신 종족이나 지역의 차이를 넘어 보편적으로 적용되는 성문법으로서, 각종 관서 조직과 관리가 지속성을 지닌 행정을 해나갈 수 있는 안정적 토대를 제시한 것이다. 이런 성문법을 운영하는 데 필요한 인력을 양성하려는 목적으로 율령 반포 전 해에 교육기관인 태학을 설립하였다.

나아가 현 왕실을 중심으로 한 정치적 결속을 강화하기 위해 여러 계통의 왕실 계보 전승을 정리하여 일원적인 건국 전승을 확립코자 하였다.

아울러 소수림왕은 불교를 공인하였다. 이 때 북중국에서 고구려로 전해진 불교는 '왕이 곧 부처다[王卽佛]'라는 주장을 내세운 국가불교, 왕실불교적인 성격을 띤 이른바 북방불교였다. 불교 수용을 통해 영내의 여러 종족과 집단이 지닌 다양한 신앙과 믿음의 세계를 불교로 규합하려 하였다. 불교 승려는 국가와 왕실의 존엄성과 정통성을 불교를 통해 장엄하는 데 능동적으로 봉사하고자 하였다.

소수림왕대(371~384)에 행해진 이러한 일련의 개혁은 곧 중앙집권적인 영역국가 체제를 구축하기 위한 것이었다. 그러한 내적 체제 정비를 토대로 광개토왕대(391~412)에는 대외적 팽창을 전개해 나갔다.

2) 5세기 고구려인의 천하관과 대외정책

광개토왕대에 고구려는 사방으로 팽창해 나갔다. 남으로는 백제를 치고 한강 하류 지역을 차지하였으며, 동남으로는 한강 상류 지역을 넘어 낙동강 하류 지역에까지 군사를 보내어 왜를 치고 신라를 구원하였다. 서북으로는 요하 상류 지역의 거란 부족들을 공략하여 그 일부를 지배하였으며, 동북으로는 두만강 유역 지금의 연변 지역에 있던 동부여를 병합하였다. 서로는 후연을 몰아내고 요동지역을 병합하였다. 뒤이어 407년 후연이 망하고 북연(北燕)이 그 뒤를 잇자, 역으로 북연을 지원하여 동진해오는 북위에 대응하는 정책을 취하였다.

이어 장수왕대에 고구려는 몽골고원의 유연(柔然)과 공모하여 서부 만주 흥안령 동쪽 사면에 살던 유목민 지두우(地豆于)족을 분할하여 지배하려 하자, 이에 지두우족이 남으로 거란족 지역으로 달아나 연쇄 파동을 일으키는 상황이 벌어지기도 하였다. 남으로는 백제를 공략해 그 수도 한성을 함락하고 소백산맥 이북의 한강 유역을 차지하였다.

이런 과정을 거쳐 5세기 이후 고구려는 흥안령 이동 지역에 독자적인 세력권을 형성하였다. 이런 지역 공간을 고구려인은 자신들의 천하로 상정하였다. 이 천하에 중심이 되는 것이 천손국 고구려였다. 장수왕대 초에 죽은 중급 귀족 모두루(牟頭婁)의 묘지에서, 해와 달의 아들이요 강의 신[河伯]의 손자인 시조 주몽(朱蒙)이 태어난 이 나라가 '천하에서 가장 성스럽다'고 하였다. 하늘신[天帝]의 아들이요 하백의 손자인 시조 주몽을[광개토왕비] 계승한 고구려왕은 천손(天孫)으로서 그가 다스리는 '대왕국토'를 중화(中華)로 여기고 그 외곽에 있는 신라를 '동이(東夷)'라 지칭하기도 하였다[충주 고구려비]. 신라와 백제 및 동부여 등을 원래부터 고구려의 '속민'으로서 마땅히 고구려에 복속되어야 할 존재로 상정하였다[광개토왕비]. 그리고 그 바깥에 이질적인 적대세력인 왜·거란 등이 존재하는 것으로 상정하였다. 즉 고구려의 천하는 천손이 지방관을 통해 다스리는 '대왕국토', 그 외곽에 있는 신라·백제·동부여 등의 조공국(속국)들, 그리고 그 바깥에 존재하는 이질적인 집단들인 왜·거란 등으로 구성되어 있다고 상정하였다. 즉 고구려적 천하의 외연은 동북아 지역을 벗어나지 않는 것이었다. 그들은 동아시아 전체가 몇 개의 천하로 구성되었는데 고구려적 천하가 그중 하나라는 다원적 천하관을 상정하였다. 이런 천하관은 당시 객관적인 국제

정세를 배경으로 한 것이었다.

　5세기 초가 진전되면서 당시 동아시아 국제 정세는 보면 상대적으로 안정된 형세를 나타내게 되었다. 북중국의 경우 북위가 여타 국가들을 제압하고 통합해 나갔다. 몽골고원에서는 유연이 유목민 집단들을 총괄하게 되었다. 남중국에선 한인 왕조인 송(宋)·제(齊)·양(梁)·진(陳)이 차례로 등장하여 이어갔다. 여기에 만주와 한반도 방면에서 고구려가 패권을 장악하였다. 이들 국가들을 중심으로 한 몇 개의 세력권이 형성되어 각기 패권을 과시하며 각축하였다.

　그중 가장 무력을 바탕으로 팽창했던 나라가 선비족의 탁발씨가 중심이 되어 세운 북위(北魏)였다. 그런데 북위와 이를 둘러싼 나라들 간에는 역관계(力關係)의 연동성(連動性)이 작용하여, 그들 간의 상쟁이 급격한 정세 변동을 낳지는 못하였다. 가령 북위가 북진하여 몽골고원 깊숙이 군대를 진격시키면 남조의 군대가 북진하여 북위의 남부를 공격하여 북위군이 퇴군하지 않을 수 없게 하였다. 또한 북위가 남진하여 남조를 공격하여 장강까지 밀고 내려오면 이런 틈을 타 유연의 기병대가 북위의 북방 경계 일대를 휩쓸며 공격하였다. 자연 북위의 남정군은 퇴군하여 북방으로부터의 침공을 막는 데 주력하였다. 이런 역관계의 연동성으로 인해 북위의 팽창은 일정하게 억제되어, 비록 약간의 변화를 낳았지만 근본적인 변동을 야기하지는 못하였다. 그에 따라 동아시아 국제 정세는 다원적인 세력 균형 상태가 기본적으로 유지되었다.

　그런 가운데서 고구려는 동북아 방면에서의 패권을 유지할 수 있었다. 나아가 고구려는 동아시아 국제 관계가 세력균형 상태를 유지하는 것을 지향하였다. 다음은 그런 면을 보여주는 예다.

　430년대에 들어 북위가 동진하여 압박을 가하자 위기에 처한 북연은 동으로 고구려에 구원을 요청하였다. 436년 5월 북연의 수도 화룡성[和龍城, 지금의 자오양(朝陽)]에 북위군과 고구려군이 비슷하게 도착하였다. 고구려군이 선수를 써서 화룡성 내로 들어가 북연 황제 풍홍과 일단의 군민을 데리고 돌아와 고구려 영내에 안치하였다. 풍홍은 고구려군의 도움을 받아 권토중래할 것을 도모하였으나 고구려는 응하지 않았다. 이에 풍홍이 남조의 송에 도움을 요청하였다. 송은 북위의 측면에 세력 근거를 확보하려는 욕망으로 병사 7,000명을 요동에 파병하였다. 이를 알게 된 고구려는 즉각 풍홍을 주살하고 군을 동원해 송의 파병군을 격파하였다. 사로잡은 송군의 사령관을 송으로 돌려보내면서 그의 처벌을 요구하였다. 그리고 다른 일면으로는 당시 북위에 대한 공격을 준비하던 송의 요구에 응해 전마 800필을 보내 지원하였다.

이 사건에서 보듯 고구려는 동진해오는 북위가 자국을 위협하는 형세가 되자 북연 문제에 개입하여 이를 저지하였다. 그러나 자국이 직접 북위와 전쟁을 벌이려 하지는 않았다. 송과의 관계도 그러하였다. 직접 고구려 안위에 영향을 주는 행위를 하면 개입하여 반발하였지만, 그렇다고 사태를 장기간에 걸친 전쟁으로 확대하지는 않았다.

나아가 5세기 중엽 남조의 송이 몽골고원의 유연에 사신을 파견하려 하자 고구려가 이를 중재해 주었던 일이 있다. 즉 463년 장수왕에 대한 송 효무제의 책봉문에서 '(장수왕이) 사막의 나라에 통역하여 짐의 뜻을 잘 펼쳤다(通譯沙表 克宣王猷)'고 하였다. 이 때 '사표(沙表)'는 유연을 가리킨다. 몽골고원의 유연에게 송의 뜻을 잘 전하였다는 것은 곧 북위를 대상으로 한 송과 유연 간의 군사적 연결 도모에 도움을 준 것을 의미한다. 즉 고구려가 남조와 유연과 상호 연결하여 북위의 팽창을 저지하려 하였던 일면을 전해준다. 이러한 고구려의 움직임에 대해 472년 백제가 북위에 국서를 보내 고구려에 대한 북위의 원정을 요청하면서 '(고구려가) 혹은 남으로 유씨(劉氏. 宋)와 통호하고 혹은 북으로 연연(蠕蠕, 유연)과 맹약을 맺으며 서로 순치(脣齒)의 관계를 이루면서 왕략(王略)을 짓밟으려 하고 있다'라고 고구려를 비난한 것도 그런 면을 말해준다.

이 시기 고구려는 유연, 북위, 남조 모두와 외교관계를 맺으며 공존하여 왔다. 그런 가운데서 고구려는 가장 세력이 강한 북위의 팽창세를 제어하러 하였으며, 결과적으로 당시 국제 정세를 다원적인 세력균형 상태로 유지하는 데 일조하게 되었다.

3. 5세기 종반~6세기 전반 백제의 외교정책

1) 웅진 시기 백제의 외교정책

　백제는 372년 동진(東晉)과 국교를 맺은 이래 오랫동안 남조의 왕조와 국교를 맺어왔다. 남조의 여러 왕조는 북위에 대항해 보다 많은 나라와 조공책봉관계를 맺음으로 북위에 대한 상대적인 우월성을 과시하려 하였다. 백제 또한 남조와의 교류를 통해 중국의 선진문물을 수입하고, 아울러 한족 왕조의 권위와 위엄을 빌려 자국의 존엄을 과시하려 하였다.

　한강에서 서해로 나간 백제 사신은 연안 항로를 이용해 남조의 수도인 건강(建康, 지금의 남경)으로 갔다. 그런데 467년 북위가 송이 차지하고 있던 산동반도 지역을 병합함에 따라 북위에 직접 사신 파견이 가능해졌다. 이 점을 이용해 백제는 472년 북위에 사신을 파견해 가중되는 고구려의 압박을 호소하고 고구려 내정의 문제점을 지적하며 고구려를 공격해줄 것을 요청하였다.

　북위는 백제의 파병 요청을 거절하였으나 백제 사신이 귀국할 때 북위 사신이 동행하여 요동을 거쳐 육로로 백제의 수도에 가려고 하였다. 그러나 요하 국경선에서 고구려에 의해 통과가 거부되어 북위 사신은 되돌아가게 되었다. 이는 백제가 북위에 청병하였음을 알려 고구려에 자국의 존재감을 각인시키려는 북위의 외교적 제스처였다. 이 무렵 북위와 고구려는 양국 왕실 간의 혼사 문제로 긴장이 고조된 상태였다. 즉 북위 헌문제(獻文帝)의 후궁으로 고구려 왕실의 종녀를 보내달라는 요청을 고구려가 거부함에 따른 분규가 있었다. 이 외에도 이 무렵 북만주에 있던 물길(勿吉)이 북위에 사신을 보내 백제와 함께 고구려를 협공하겠다는 입장을 북위에 표방하였다.

　이런 일들은 경우에 따라 만약 북위가 적극 개입하게 되면 고구려에 큰 위협이 될 수 있는 사안이었다. 고구려는 인접국이 개입하는 것을 방지하기 위해 단기간에 백제 문제를 해결해야 할 필요성에 직면하게 되었다.

이에 675년 장수왕은 3만 군대를 보내어 백제를 공격하였다. 위례성(서울 풍납토성)을 함락하고, 인근에 있던 왕성(몽촌토성)을 이어 공략하였다. 개로왕은 포로가 되어 아차산 아래에서 참수되었으며, 다수의 왕족 및 귀족과 함께 8,000여 백성이 포로가 되었다.

한편 개로왕의 명을 받아 신라로 청병하러 갔던 문주(文周)는 신라 구원군과 함께 돌아왔으나 이미 위례성이 함락된 뒤였다. 이에 문주는 웅진(熊津) 지역에 자리잡아 백제의 명맥을 이었다.

웅진 천도 후 백제는 고구려의 압박에 대항하면서 다른 한편으로는 뿌리째 흔들린 왕실과 국가의 권위와 정통성을 재확립하는 데 진력하였다. 문주왕은 재위 4년 만에 피살되었으며, 그 아들인 삼근왕도 재위 3년 만에 죽었다. 이어 왜에서 돌아온 동성왕이 즉위하였다. 그는 문주왕의 동생인 곤지의 아들로서 왜병 500여 명의 호위를 받으며 돌아와 즉위하였다. 그는 23년간 재위하면서 웅진 백제를 안정시키고 재흥의 기틀을 다지는 데 주력하였다. 당시 백제가 당면한 가장 시급한 사항은 고구려군의 남진을 막아 국가의 안전을 확보하는 일이었다. 대전 월평동과 청원 남성골의 고구려 성채 유적이 말해주듯 웅진에서 멀지 않은 외곽까지 바싹 다가온 고구려군의 위협에서 벗어나는 것이 최우선 과제였다. 이를 수행키 위해 특정 귀족 세력에 의존치 않고 방어력을 강화하는 것이 요구되었다. 이를 위해 동성왕은 귀족세력의 재편에 주력하였다. 그간 왕족을 중심으로 한 소수의 귀족들이 국정 운영을 주도하였던 기존 정치 운영 형태를 지양하고, 지방세력을 포함한 보다 다수의 귀족세력을 국정 운영에 참여시켜 왕권의 정치 기반 확대를 도모하였다. 예컨대 개로왕 4년(458) 송(宋)에 관작을 수여해 줄 것[封爵]을 요청한 백제인 11명 중 왕족인 부여(扶餘)씨가 8명이었다. 그런데 동성왕 12년(490)에는 7명 중 3명, 동성왕 17년(495)에는 8명 중 부여씨가 한 명도 없었다. 이는 특정 부분에 나타난 것이지만, 한성

백제 시기에 비해 중앙 정계에서 활동하는 귀족의 폭이 확대되었음을 전해준다. 이런 양상은 그 뒤에도 이어졌다. 백제 후기에 8개의 성(사(沙)·해(解)·진(眞)·연(燕)·협(劦)·국(國)·목(木)·백(苩))이 유력 성씨로 칭해졌다. 왕(王)씨·고(高)씨 등도 두각을 나타낸 성씨였다. 이들 성씨 중 일부는 웅진·부여 천도 이후 수도 부근 지역의 지방세력 출신으로 여겨진다.

대외적으로는 신라 왕실과 결혼동맹을 맺어 고구려의 남진에 공동 대응을 하여 방어력을 강화하였다. 남중국의 제(齊)에 빈번히 사신을 파견해 교류하고 선진문물을 수용하여 백제의 국제적 지위와 왕실의 위엄을 높이려 하였다. 또한 왜국과 결속을 유지 강화하여 그 군사적 지원을 얻으려 힘썼다. 한편으로는 498년 노령산맥 이남으로 군대를 파견하여 오늘날 전남 지역 일대에 거주하던 마한 잔여세력에 대한 백제의 영향력을 강화하였다. 그러자 바다 건너의 탐라국이 공납을 바치면서 복속의 예(禮)를 올렸다.

2) 왕후제(王侯制)의 시행

웅진 천도 이후 백제 조정의 지배하에 있는 지역은 크게 줄어든 상태였다. 지금의 충북과 경기 지역은 고구려 세력의 지배하에 들어간 상태였고, 전북 동부지역은 대가야 세력이 깊이 미치고 있었다. 노령산맥 이남 지역은 마한 잔여세력이 세를 유지하고 있었다. 그런 만큼 백제가 천도 후의 혼란한 정국을 어느 정도 가다듬은 뒤 다시 국력을 모아 한강 하류 지역의 고토를 수복하여 중흥을 이룩하기 위해서는 새로운 부원(富源)과 인력을 확충할 수 있는 새 영역의 확보가 있어야 했다. 그 1차적 대상이 노령산맥 이남의 영산강 유역과 소백산맥 남부의 섬진강 유역의 토지였다. 웅진에 간신히 교두보를 마련한 후에도 지속되는 고구려의 압박에 대한 방어에 치중하여야 할 상황이었으므로 남으로의 대규모 원정과 장기적인 군사 동원에는 어려움이 많을 수밖에 없었다.

그런데 동성왕 12년(490)과 17년(495)에 각각 남중국의 제(齊)에 사신을 보내어 동성왕이 자신의 신료에게 임시로 내린 왕(王)과 후(侯)의 작위를 정식으로 승인해 줄 것을 요청하였다. 그에 응해 제(齊)의 황제는 이들을 정식으로 봉작(封爵)하였다. 면중왕(面中王)·도한왕(都漢王)·매로왕(邁盧王)·불사후(弗斯侯) 벽중왕(辟中王) 등등 이들 왕·후의 피봉작 지역은 노령산맥 이남의 지역들로 비정된다. 동일인의 피봉작 지역이 490~495년 사이에 변화가 있음을 보아 이들 왕·후는 토착 세습 지배자가 아니라 중앙에서 임면과 전보를 할 수 있는 지방관적인 존재로 여겨진다. 이들 왕·후에 임명된 이들의 성씨로는 왕족인 부여씨와 대성 8족에 속하는 사(沙)·연(燕)·해(解)·목(木)씨 등이 보인다.

웅진 천도 후 세력이 약화된 상황에서 백제가 마한 잔여세력들을 복속시키기는 쉽지 않았다. 지역세력들을 제압하기 위해 노령산맥 이남의 주요 거점에 지방관을 파견하고 백제왕이 수여한 지방관 칭호를 왕·후로 칭하며, 다시 그것을 중국왕조의 황제가 승인하는 형식을 취하여 그 위엄을 과시하였다.

그와 함께 왜국에 군사적 원조를 요청하여 왜계(倭系) 집단을 각지에 주둔시켜 백제의 왕·후를 지원하였다. 현재까지 영산강 유역과 전남 서남부 해안에서 발견된 13개의 전방후원분(前方後圓墳)은 그런 일면을 말해준다. 백제 왕실은 그에 대한 반대급부로 국가 체제 정비에 필요한 지식과 문물 등을 왜에 제공하였다.

동성왕대에 행한 일련의 정책이 일정한 성과를 거두면서 남천 이후의 위기에서 벗어난 백제는 점차 안정되어 갔다. 이어 무령왕이 즉위한 뒤에도 영역 확대는 계속 추진되었다. 특히 호남 동부 산간지대와 섬진강 유역으로의 진출이 행해졌다. 소백산맥 이서(以西)의 있는 진안·장수·임실·남원·운봉·광양 등지는 5세기 후반부터 대가야의 세력권이었고, 이 지역 가야계 집단은 대가야연맹체의 일원이었다. 무령왕은 510년대에 들어상·하다리(上·下多唎, 여수)·사타(沙陀, 순천)·모루(牟婁, 광양) 등을 합병하여 광양만과 순천만 일대를 차지하였다. 이어 남원·장수·임실 지역에 있던 가야계 소국인 기문(己汶)을 복속시키었다. 나아가 대가야의 대왜 교섭 창구인 섬진강 하구의 대사진(帶沙津, 하동)을 차지하려 하였다. 이에 대가야는 대사진에 성을 쌓고 백제에 대항하였으며, 522년에는 백제 세력의 동진을 저지하기 위해 신라에 청혼하여 신라와 연계를 꾀하였다.

한편 무령왕대에 주목되는 또 하나의 정책은 제방을 쌓아 배수와 수리 시설을 확충하여 농경지를 넓히고 유식자(遊食者)를 동원하여 농경에 종사시켜 생산력 확충을 도모한 것이다.

3) 사비(泗沘) 천도와 가야지역 진출

동성왕대와 무령왕대를 거치면서 백제는 국력을 회복하고 다시 안정을 되찾게 되었다. 제도 정비가 추구되고 그에 따른 문물이 갖추어짐에 따라 협착한 산간 방어도시인 웅진을 떠나 넓은 들판을 낀 개활지에 새로운 수도를 건설하려는 천도의 움직임이 대두하였다. 그 중심에 성왕이 섰다.

성왕16년(538) 마침내 사비 천도가 단행되고, 일시 국호를 남부여라 하였다. 부소산성 남쪽으로 도회지가 건설되었으며 외곽에는 나성(羅城)이 순차적으로 축조되어 갔다. 제도 문물도 크게 확충되어 6좌평(佐平)제와 16등 관등제가 정립되었다. 지방제도로 도성을 5부로 나누고 그 아래에 항(巷)을 두었으며, 전국을 군(郡)으로 편제하고 그 아래에 성(城)이 존재하였다. 광역 행정구역으로 전국을 5개의 방(方)으로 구획하였다. 이런 행정기구의 확충과 함께 문서행정이 크게 진전되었다.

대외적으로는 섬진강 동쪽으로 가야지역에 대한 세력 확대해 나가려고 하였다. 백제가 섬진강을 넘어 지금의 서부 경남 방면으로 세를 뻗쳐나가자 신라 역시 세력을 확대하여 530년 전후 무렵 탁기탄(啄己呑, 밀양 영산)을 차지하였다. 그러자 백제는 531년 안라(安羅, 함안) 방면으로 군을 진주시켜 함안 인근에 걸탁성(乞乇城)을 축조하고 구례모라(久禮牟羅)에 군대를 주둔해 세력을 뻗쳤다. 백제군과 신라군이 함안 지역에서 대치하는 형국을 빚었다. 이에 신라는 532년 금관가야(남가라, 김해)를 통합하고 538년 무렵 탁순(卓淳, 창원)을 멸망시켜, 낙동강 서안 가야 남부 지역에 확고한 근거지를 구축해 나갔다.

이렇게 백제와 신라가 가야지역으로 그 세력을 확대해 나가자 가야의 여러 소국들은 이에 반발하였다. 그러나 가야의 소국들이 자체적으로 힘을 모아 가야의 안위와 존립을 위협하는 백제와 신라를 몰아내지는 못하였다. 그렇다고 백제가 신라와 전면 대결을 통해 가야 문제를 해결하려 하지는 않았다. 백제로선 북쪽 고구려와의 결전을 염두에 두고 있었으므로 신라와의 동맹을 명시적으로 깨려고 하지 않았고, 그 점은 신라도 동일하였다. 541년 백제 성왕이 신라에 사신을 보내 상호 우호를 청하였고 신라의 진흥왕도 이에 응하였음은 이런 면을 나타낸다.

한편 가야의 여러 소국들에 대한 백제와 신라로부터 압박이 가중되자 이에 반발한 아라가야 수장과 아라가야에 주차하고 있던 왜인들(在安羅諸倭)이 북으로 고구려와 연결하여 활로를 찾으려 하여 사단을 일으키기도 하였으나 무위로 끝났다. 궁지에 몰린 아라가야와 대가야 등은 백제에 의탁하여 명목상 독립성을 유지하는 쪽으로 기울어졌다. 그러나 백제·신라·왜·고구려 등의 세력이 교차하는 가야지역의 상황이 확실한 귀결을 보기 위해서는 보다 큰 정세 변동을 기다려야 했다.

4. 6세기 신라의 약진과
   한강 유역을 둘러싼 삼국의 대결

1) 고구려의 내분과 신라·백제군의 한강 유역 분할 점령

가야지역을 둘러싼 백제와 신라 간의 경쟁이 치열하게 전개되고 있을 무렵 고구려 평양에서는 귀족 간의 갈등이 유혈 충돌로 터졌다. 즉 545년 12월 말 안원왕이 병환으로 위독한 상황에서 왕위 계승을 두고 왕의 둘째 왕비 소생 왕자를 지지하는 쪽의 귀족들인 추군(麤群)과 셋째 왕비 소생 왕자를 옹립하려는 귀족들인 세군(細群) 간에 무력 상쟁이 벌어졌다. 궁성 문 앞에서 벌어진 양측의 대결은 시가지로 확산되어 3일간 지속되었다. 이 싸움에서 패배한 측의 죽은 자가 2천 명에 달하였다. 추군이 승리하여 둘째 왕비의 8세 아들이 이듬해 초 즉위하니 곧 양원왕이다. 두 세력 간 수도에서의 전투는 일단락되었지만 양측은 그 정파의 맥을 따라 경향 각지에서 그 뒤 수년간 분쟁을 이어갔다. 551년 당시 충주 방면의 사찰에서 머물고 있던 승려 혜량이 북진해온 신라 장수 거칠부에게 '우리나라는 정란(政亂)으로 인해 언제 멸망할지 모르겠다'고 하면서 투항한 일은 그런 단면을 전해준다.

장기간에 걸친 고구려의 내분은 한강 유역을 노리던 백제와 신라에 둘실호기가 되었다. 백제군은 진격하여 한강 하류 6개 군을 차지하였다. 이어 신라군이 소백산맥을 넘어 한강 상류 지역 10개 군을 차지하였다.

그런데 이 무렵 고구려 서북부 국경에 새로운 위협이 등장하였다. 552년 북제(北齊) 문선제(文宣帝)가 영주(營州, 지금의 朝陽)에 이르러 고구려에 사절을 보내 위협하여, 북위 말 혼란을 피해 동쪽의 고구려로 옮겨왔던 유민(流民) 5천여 호를 쇄환해 갔다. 이어 이듬해(553) 문선제는 거란에 대한 대규모 친정을 하여, 거란을 대파하고 요하 가까이에 있는 창여성까지 직접 순시하였다. 이런 북제 문선제의 친정은 거란 전체를 진동케 하였으며,

거란족의 일부를 휘하에 두고 있던 고구려에 대한 중대한 위협이었다. 아울러 새로이 흥기한 돌궐에게 552년 격파되었던 유연(柔然, Avar)의 일부 잔당들이 북제로 달아났다. 그들은 그곳에서 다시 반란을 일으켰다가 북제에 격파된 뒤 동으로 고구려로 도망쳐 왔다.

이처럼 552년 이후 해를 이어 고구려의 서부 국경지대에 새로운 위협이 연속적으로 대두하였다. 그것들은 경우에 따라 고구려의 안위를 심각히 위협할 수도 있는 요소이었다. 아직 윤곽을 드러내지 않았지만 돌궐의 유연 격파는 보다 큰 위협의 도래를 알리는 경고음이었다. 몽골고원의 패권 교체를 뜻하는 것이었기 때문이다.

고구려 조정은 이제 귀족 간의 내분에 이어 남으로부터 백제와 신라의 한강 유역 분할 점령이란 상황에 대응해 비상한 대책을 강구하여야 했다.

2) 신라와 고구려 간의 밀약과 관산성 전투

안팎으로 곤경에 처한 고구려 조정은 난국을 타개하기 위해 먼저 두 가지의 조치를 강구하였다. 하나는 대내적으로 귀족들 간 분쟁을 수습하는 일이었다. 그것은 귀족들 간의 타협책으로 최고 집권자의 직위인 대대로를 귀족회의에서 선출하는 것으로 구체화되었다. 임기를 3년으로 하고 중임도 가능하게 하였다. 다른 하나는 급박한 대외 상황에 대응하여 이미 상실한 한강 유역을 포기하고 백제와 신라 중 어느 한 나라와 협약을 맺어 휴전한 뒤 방어력을 요동 방면에 집중하는 것이다.

이에 고구려와 신라 간에 밀약이 진전되어, 553년 신라가 백여 년의 동맹국인 백제를 기습 공격하여 한강 하류의 6개 군을 점령하였다. 아울러 고구려가 동해안 함흥평야 일대를 신라에 양여하였다.

등 뒤에서 찔린 꼴이 된 백제는 신라에 대한 복수전에 나섰다. 성왕은 이듬해인 554년 3만여 대병을 동원해 신라 공격을 감행하였다. 신라의 압박을 받고 있던 대가야가 이에 가담하였으며, 백제군을 지원하러 파견된 왜군 1천이 합류하였다. 백제군은 영동·옥천 방면으로 진출하였고 대가야군이 합류하였다. 한편 수세에 몰린 신라군을 지원하러 서울 지역인 신주(新州)의 군주(軍主) 김무력이 급파되었다. 태자 부여창이 선봉이 된 백제군이 관산성(옥천)으로 진격하였다. 이들에 이어 성왕의 부대가 뒤따랐는데, 신라군의 포위망에 빠져 성왕이 포로가 되었다가 처형되었다. 이어 백제의 진영이 무너져 4명의 좌평이 죽고 2만 8천의 백제군이 괴멸되는 타격을 받았다.

태자 부여창은 간신히 몸을 빼서 백제로 돌아갔다. 그러나 패전의 충격과 책임에 대한 논란에서 벗어나 그가 즉위한 것은 555년이 되어서였다. 위덕왕 부여창은 이후 대외적으로는 567년 남조의 진(陳)에 사신을 파견해 교류하였을 뿐 아니라 572년에는 북제와 국교를 열었다. 신라가 남·북조 모두와 교류함에 대응하려는 의도였다. 아무튼 북조와도 교류함에 따라 북제·북주의 문물이 유입되어 백제의 율령과 관제 및 미술에 일부 영향을 주었다. 한편 관산성 전투 이후에도 백제는 왜국과 밀접한 교류를 이어갔다. 백제는 왜국의 군사적 원조를 기대하며 앞선 문물과 경험을 제공하였고, 그 일환으로 불교 문화의 전파도 추진되었다. 그런 가운데서 신라와의 상쟁이 가열되면서 백제는 왜에 점점 더 의존적이 되었다. 또한 가야지역이 신라에 병합되자 왜의 입장에서도 대륙 문물을 입수할 창구로서 백제가 지닌 의미는 더 커졌다.

3) 신라의 약진 : 가야지역의 병합과 북제와의 교류

대가야를 위시한 가야의 여러 소국들은 관산성 전투 결과에 큰 영향을 받았다. 그간 신라의 압박을 막아주는 지원세력이었던 백제가 크게 위축되자 가야의 여러 소국들은 신라군의 위협에 그대로 노출되었다. 신라는 555년 비사벌(比斯伐, 창녕)에 주를 설치하고 군대를 주둔시키었다. 이어 561년 무렵 안라가 신라에 병합당하였다. 이런 상황에서 대가야가 신라에 반기를 들어 거병하였다. 그러나 562년 신라가 신속히 이를 공략하였다. 대가야와 안라 등 가야의 대표적인 소국들이 병합되자 그 서쪽으로 소백산맥에 이르는 지역의 가야 소국들이 차례로 신라에 병합되었고, 소백산맥을 경계로 신라와 백제가 상쟁을 벌여나가게 되었다. 이로써 6세기 초반 이래의 신라의 팽창은 한 고비를 맞게 되었다.

한편, 신라는 그간의 성과를 바탕으로 대외적 교섭의 폭을 넓혀 나갔다. 564년에는 북중국의 북제에 사신을 파견해 조공을 하고 국교를 맺었다. 북제는 진흥왕을 신라왕으로 책봉하면서 동이교위(東夷校尉)를 포함한 관작을 수여하였다. 동이교위는 동이의 여러 나라들과의 교섭을 총괄한다는 관작이다. 물론 북제의 이런 관작이 그런 지위와 역할을 부여할 수 있는 것은 아니며 어디까지나 명목상의 것에 불과하다. 하지만 동이교위와 동이중랑장(東夷中郎將)은 북위 이래로 고구려왕에게 주어졌던 관작으로서 고구려를 동방의 대표적 세력으로 인정한다는 의미를 지녀왔다. 이제 신라왕에게 동이교위의 관작을 부여한다는 것은 그간 고구려가 지녀왔던 동방의 대표적 국가로서의 위상를 인정할 수 없다는 것이며, 새로운 세력으로서 신라를 높이 평가한다는 의미를 띠었다. 고구려 위상의 상대적인 저락과 신라의 발흥에 주목하는 시각을 상징적으로 나타내었는데 당시 북제와 불편한 관계에 있던 고구려가 이런 북제의 조처를 간과하였을 리 없다.

이어 568년 진흥왕은 북으로 마운령과 황초령을, 그리고 이어 북한산을 답사하고 순수비를 각각에 세웠다. 그런데 직접 현지를 살펴보고 이들 지역의 방어에 어려움이 많음을 실감하고, 방어선을 상당히 후퇴하는 조처를 취하였다. 즉 동북방 지역과 한성 지역을 각각 방어하는 치소를 비열홀(比列忽, 안변)주와 한산주에서 각각 달홀(達忽, 고성)주와 남천(南川, 이천)주로 옮기었다. 이 조처는 이 무렵 신라와 고구려 간에 흐르는 어떤 긴장을 느끼게 하며, 조만간에 있을 수 있는 양국 간의 새로운 충돌을 예감하게 하였다. 그로부터 2년 뒤 570년 고구려의 사신이 왜국에 도착하였다. 광개토왕대인 5세기 초에 벌어진 양국 간의 무력 충돌 이후 백 수십 년간 단절되었던 양국 간의 교섭이 재개되었다. 이는 신라의 팽창을 주시해오던 고구려의 대응의 일환으로 여겨진다.

4) 고구려와 돌궐의 충돌

『삼국사기』 양원왕 7년(551)조에 "9월, 돌궐이 처들어와 신성을 포위하였는데, 이기지 못하자 이동하여 백암성을 공격하였다. 왕이 장군 고흘을 파견하여 1만의 군사로 돌궐군을 격파하였는데, 살획한 자가 1천여 명에 달하였다. 신라가 공격해와 10성을 빼앗아갔다"라 하였다. 이 돌궐 침공 기사는 『삼국사기』 대외관계 기사 중 드물게 중국계 사서의 인용이 아닌 독자적인 내용을 담고 있어 주목되어 왔던 기사다. 특히 이해 한강 유역의 상실을 돌궐 내침과 인과관계에 있는 듯이 기술하여 주목된다. 그러나 돌궐의 발흥 연대를 보면 이 기사의 신빙성을 의심하게 된다. 즉 유연의 예속민이었던 돌궐이 옛 상전국인 유연을 내몽고의 회황진(懷荒鎭, 지금의 하북성 張家口 북쪽) 북쪽에서 격파하고 동아시아 국제 무대에 웅자(雄姿)를 나타낸 것이 552년이었던 점을 고려하면, 551년에 그보다 훨씬 동쪽인 요동의 고구려 성들에 대한 침공을 해왔을 가능성은 거의 없다고 여겨진다. 이는 그보다 뒷 시기에 있었던 양자 간의 대결 기사를 551년조에 기술하여 이해 한강 유역 상실 원인을 돌궐 침공에 돌리려는 의도가 반영된 듯한 기사로 여겨진다.

552년 이후 돌궐은 몽골고원을 차지하고 유연의 잔여 무리를 쫓아 흥안령을 넘어 동으로 세력을 뻗쳐 나갔다. 돌궐과 고구려는 요하 상류의 거란족을 둘러싸고 각축을 벌였으며, 장춘·농안 등 부여성 일대의 북류 송화강 유역과 눈강(嫩江) 유역의 남실위(南室韋) 지역에서 서로 대치하였다. 그런 과정에서 위의 『삼국사기』 양원왕 7년조에서 전하는 바와 같은 대결이 벌어졌고, 그리고 582년 이전 어느 시기에 '돌궐이 고구려·말갈군에 의해 격파되었음'을 전한 수문제(隋文帝)의 조서[隋書 突厥傳]와 같은 양자 간의 충돌이 실제 벌어졌던 것이다. 이런 상황 전개는 고구려가 돌궐에 우선적으로 대응하게 하였다. 그 결과 한반도 내에서 대(對)신라 정책에 상대적으로 소극적이게 하였다.

신흥 유목 제국인 돌궐이 일으킨 파동은 동아시아 국제 정세를 강타하였다. 북중국의 북제와 북주가 돌궐에 굴종적인 자세를 보였으며, 동으로 돌궐이 고구려를 공격하여 위협을 가하기도 하였다. 그러나 돌궐이 일으킨 파장은 만리장성을 넘지 못하였으며, 요하를 건너 고구려를 제압하지도 못하였다. 여전히 동아시아 국제 정세는 세력균형 상태를 유지하였다. 그러나 581년 수(隋)가 성립하여 동돌궐을 격파하고 나아가 남중국을 통일하면서 동아시아 국제 정세는 새로운 국면을 맞게 되었다.

5) 고구려와 수(隋)의 전쟁

수가 589년 진(陳)을 멸하고 300여 년 지속되어 오던 중국 대륙의 분열을 끝내고 하나의 통일 국가를 이룩하였다. 진의 멸망 소식이 전해지자 고구려의 평원왕은 곧 병장기를 수리하고 군량을 쌓는 등 방어책을 강구하며 전쟁 준비에 착수하였다. 수의 중국 통일이 고구려에 어떤 의미를 지니는지를 파악하였던 것이다. 아울러 수의 병기 제조 기술자를 매수하여 고구려로 이주시키기도 하였다.

통일 중국 제국인 수는 주변 국가나 종족들에 대한 영향력을 강화해 나가 중국 중심의 일원적인 국제질서를 구축하려 하였다. 인접한 국가들의 독자적인 세력권을 인정치 않았다. 그에 따라 자연히 고구려의 세력권을 크게 압박하는 형세를 나타내게 되었다. 수의 영향력이 커짐에 따라 그간 고구려에 종속되어 있던 주변의 거란과 말갈의 일부 무리가 고구려에 등을 돌리고 수나라로 이탈해 나가는 상황이 벌어졌다. 고구려는 이들의 이탈을 적극 저지하려고 하였다. 이러한 고구려의 움직임에 대해 590년 수문제는 국서를 보내어 '요하의 폭이 장강의 그것과 어떠하며, 고구려의 인구가 진(陳)과 비교할 때 어떠하냐'고 노골적으로 위협하며 평원왕을 힐난하였다.

평원왕에 이어 영양왕이 즉위하자 수와의 관계는 더 악화되어 갔다. 고구려의 피복속민에 대한 수나라의 원심분리력은 더 강해졌다. 상황이 악화되자 영양왕은 수나라의 영향력을 차단하기 위해 말갈 병사 1만을 동원해 수의 요서 지역에 대한 선제 공격을 감행하여 양국 간에 전단을 열었다. 이에 수문제는 598년 30만 대군을 동원해 고구려에 대한 침공을 감행하였다. 수군이 임유관(臨渝關)을 넘어 요동을 향해 진발하였다. 그러나 수군은 군량 수송이 원활치 못하였고 장마와 질병이 겹처 요하에도 이르지 못하고 전면 후퇴하게 되었다.

이후 수양제가 등극한 뒤 고구려 원정 재개를 공언하는 등 위협적 자세를 견지하자, 고구려는 이에 대한 대비책 강구에 골몰하였다. 그 중 하나가 북아시아의 돌궐과 동맹을 맺어 수나라를 북방에서 견제하려는 방책이었다. 당시 돌궐은 가한(可汗) 위(位)를 둘러싸고 수장들 간의 내분을 겪었는데 수가 개입하여 그중 계민(啓民)가한을 지원하였다. 이후 계민가한은 수의 영향력하에서 굴종적인 위치에 있었다. 고구려는 사신을 파견하여 계민가한을 추동하여 그와의 동맹을 모색하였다. 607년 4월 수양제가 장성 부근을 순행하다가 이에 관한 정보를 입수하고 급히 내몽고 서부지역에 있는 계민가한의 장막궁전[牙帳]을 방문하였는데, 마침 그곳에 와 있던 고구려 사신과 수양제 및 계민가한 등이 함께 맞부딪치게 되는 극적인 사건이 벌어지기도 하였다.

그러나 고구려와 돌궐의 동맹 모색은 강대한 수 제국의 위세에 눌려 무산되었다. 오히려 이어 일어난 수양제의 고구려 원정에 돌궐의 처라가한(處羅可汗)과 그 형제들이 수군의 일원으로 종군하였다.

612년 수양제가 113만을 동원해 고구려 원정에 나섰다. 그러나 대패하고 퇴각하였다. 이어 613년과 614년에 연속으로 원정군을 투입하였으나 무위로 끝났다. 이런 고구려 원정에서의 패배가 주된 원인이 되어 수는 멸망하였다.

한편, 고구려와 수 간의 전쟁에서 백제와 신라는 수의 조정에 고구려 원정을 요청하는 등 수를 지원하는 언동을 하였다. 그러나 양국은 전쟁 기간 중 실제로는 움직이지 않고 정세를 관망하는 것으로 시종하였다. 결과적으로 고구려와 수 간의 전쟁은 삼국 간의 관계에 깊은 영향은 주지 못하였다. 왜국의 동향에도 그러하였다.

그러면 신라·백제 양국이 왜 고·수 전쟁에 불개입 정책을 택하게 되었을까. 6세기 후반 이후 백제와 해를 이어 상쟁을 해왔던 신라로선 수군과 협력하여 고구려전에 개입할 경우 백제가 측면에서 공격해 올 위험을 고려하지 않을 수 없었을 것이다. 그리고 신라는 이 무렵 왜국과도 불편한 관계에 있었다. 왜국은 백제와 오랫동안 우호적 관계를 맺어왔으며, 570년 이후 고구려와 국교를 열고 교류하였다. 그런데 612년 신라가 고구려와 개전하게 되면 측면과 후면에서 백제와 왜의 공격 가능성을 고려치 않을 수 없었던 것이다. 백제 또한 고구려를 공격할 경우 신라의 서진(西進) 가능성을 고려하여야 했고, 굳이 수나라를 도와 적대적이지 않은 고구려와 전쟁할 필요성을 느끼지 못하였으며, 전쟁의 추이를 관망하는 것이 이익이라고 판단하였던 것 같다.

이처럼 고·수 전쟁에 백제나 신라가 직접 개입하지 않고 고구려가 수군을 격퇴함에 따라 수 제국의 팽창에 따른 파동이 한반도 중부 이남까지 오지 않게 되었다. 아울러 이런 사태의 추이를 통해 삼국을 포함한 여러 나라들 간 역관계(力關係)의 연동성(連動性)이 삼국의 정립 상태를 지탱하고 있는 견고한 토대로 작용하고 있음을 확인할 수 있다. 이 연동성을 타파하는 데에는 보다 큰 추동력과 국가 간의 연대가 필요하였다.

5. 삼국통일전쟁의 전개

1) 645년 고·당 전쟁과 신라의 참전

당 제국이 중국을 재차 통일한 뒤, 수 제국이 걸었던 길과 유사한 과정을 거쳐 고구려와 개전하게 되었다. 직접적으로는 당 태종은 640년 고창국(高昌國, 지금의 중국 신장위구르자치구)을 병탄한 뒤, 641년 고구려에 사신으로 직방랑중(職方郎中, 국내외의 군사시설을 포함한 지도 제작을 관장하며 군사정보 수집 실무를 총괄하는 직임) 진대덕(陳大德)을 보내어 고구려의 내정을 탐색하였다. 그의 보고를 받은 뒤 이세민은 기회가 오면 고구려를 공략하겠다고 공언하였다. 그 기회는 빨리 도래하였다.

한편 고창국 멸망 소식을 접한 고구려 지배층 내에선 다가올 당의 침공에 대한 대비책을 놓고 귀족 간의 갈등이 고조되었다. 642년 10월 마침내 대규모 유혈 정변이 터져 강경론자인 연개소문이 집권하였다. 이 해 8월에 백제군의 공격으로 대야성 등 30여 성이 함몰되는 등 큰 타격을 입었던 신라 조정은 이 국가적 위기에 대처키 위해 중신(重臣) 김춘추를 평양에 파견하였다. 김춘추는 고구려의 새로운 집권자와 양국 간의 평화를 추구하는 협상을 벌였다. 그러나 모처럼의 협상은 실패로 끝났다. 이후 고구려는 백제와 함께 신라에 대한 압박을 강화하였다. 유혈정변을 통해 집권한 연개소문으로서는 대외 강경책이 자신의 집권 체제를 안정시키는 데 유효하다고 보았던 것 같다. 당의 침공을 앞둔 시기에 고구려가 제 발로 찾아온 김춘추의 평화 제의를 거부하여 남과 북에서 적을 맞이하게 되는 정책을 취한 것은 엄청난 후과(後果)를 가져올 조처였다.

위기에 처한 신라는 당에 구원을 요청하였고, 당은 고구려의 정변을 물실호기로 보고 644년 고구려 정복을 위한 동원에 들어갔다. 이어 당은 백제와 신라 등 주변의 여러 나라와 종족들에 참전을 촉구하였다. 백제는 고·수 전쟁 때처럼 겉으로는 이에 응하는 듯한 반응을 보였다.

신라 조정은 당의 요청을 놓고 심각한 논의를 거쳐 내부 의견을 조정하였던 같다. 앞서 고·수 전쟁에서 고려하였던 전략적 상황은 여전한데, 만약 당군에 협조하여 참전한다면 그것은 대단히 모험적인 결정이 될 수 있다. 그렇지만 고구려가 신라의 평화 제의를 거부하고 백제와 연결해 적대적인 공세를 취하고 있고 왜국의 동향도 낙관할 수 없는 상황이었다. 고립무원의 신라로서는 당의 조병(助兵) 요청을 거부하는 것은 선뜻 택하기 어려운 결정이다. 특히, 내키지 않아 하는 귀족들을 설득하여 참전을 결정하더라도, 신라 최초의 여왕으로서 그 정통성에 대한 시비가 이어지던 선덕여왕으로서는 만약 참전이 실패로 끝날 경우 엄청난 정치적 부담을 떠안을 수밖에 없는 처지였다. 아무튼 무한정 선택을 미룰 수는 없는 일, 마침내 결정이 내려졌다.

645년 5월 당군이 요동에서 기세를 올릴 무렵 신라군 3만이 임진강을 넘어 북진하였다. 그러나 이어 그 공백을 틈타 백제군이 신라의 서부 국경을 공격해 7개 성을 함락시켰다. 신라군은 황급히 후퇴하여 이에 대처하였다. 결국 이번 신라군의 북진은 실패로 끝났다. 더 큰 문제는 그 후과(後果)였다.

한편, 645년 6월 요동과 한반도에서 전쟁이 한창이던 때, 고조된 위기의식 속에서 왜국에 정변이 일어났다. 집권 세력인 소아씨(蘇我氏)가 타도되고 새로운 정권이 출범하였다. 도당(渡唐) 유학생 출신들도 참여한 다이카개신(大化改新) 주도 세력은 대내적 개혁과 함께 국제 정세에 대응하는 새로운 대외정책의 방향을 모색하였다.

동아시아 전체를 뒤흔든 이 전쟁의 승패를 결정하는 주된 전장은 요동 지역에서 벌어진 고구려와 당의 결전이었다. 당군은 개전 초 개모성·요동성·백암성·비사성 등을 차례로 공략하고, 안시성 교외에서 고구려 중앙군 15만을 대파하였다. 이어 전략적 요충지인 안시성을 포위하였다. 침공한 이후 승승장구하던 당군은 안시성 공략전에서 저지되었다. 몇 달간 진격이 저지되는 동안 고구려군은 전열을 재정비하여 서서히 포위망을 좁혀왔다. 아울러 당군의 보급로가 위협을 받게 되었다. 다른 한편, 연개소문은 몽골고원의 유목민 집단인 설연타(薛延陀)를 연결하였다. 설연타가 당의 중심부인 관중 지역을 공격하려는 움직임을 보였다. 안시성에서 진격이 저지되고 있는 동안 점점 가을이 깊어졌다. 당군은 다가올 추위와 보급선 차단 및 장안 지역 상실의 우려에 직면하였다. 이에 당군은 전면적인 철수를 하지 않을 수 없게 되었다. 고구려는 후퇴하는 적의 후면을 공격하며 승리를 거두었다.

2) 전후 각국의 동향 : 합종(合從)과 연횡(連衡)

645년의 전쟁 후 각국은 자국의 이해관계와 상황에 대응해 그 나름의 움직임을 전개하였다. 급히 철군하였던 당은 이듬해인 646년에 북으로 설연타에 대한 보복 공격을 감행하여 이를 궤멸시켰다. 북아시아 유목민집단들에 대한 통제력을 강화하였다. 당은 645년의 침공에서 일거에 고구려를 공격하여 멸한다는 것이 용이치 않다는 것을 경험하고, 두 가지 측면에서 기존 전략을 수정하였다. 그중 하나가 장기 소모전으로의 전략 변경이다. 소규모 공격군을 요동평야와 고구려 해안 각지에 수시로 투입하여 약탈 교란한다. 고구려군이 출동하면 당군은 퇴각하는 식으로 고구려가 싸우려 해도 싸울 수 없고 지키려 해도 지킬 수 없는 상황이 지속되게 하면 고구려가 피폐해질 수밖에 없게 된다. 그 때 대거 고구려를 침공한다는 전략이다. 다른 하나는 고구려 남부 국경선에 강력한 제2전선을 구축하여 고구려의 방어력을 분산시킨다는 것이다. 이에 새삼 신라의 전략적 가치를 중시하게 되었다.

신라에서는 645년 대고구려전에 참전하였다가 실패한 뒤 그 여파가 지속되었다. 선덕여왕은 일단 이해 11월 상대등 수품(水品)을 비담(毗曇)으로 교체하여 귀족들을 무마하려 하였다. 그러나 그것으로 귀족들의 반발이 수습되지 않았다. 자식이 없이 여왕의 병이 위중해지자 후계를 둘러싸고 갈등이 깊어졌는데, 여왕의 사촌동생인 진덕이 유력시되자, 이에 반발하여 647년 정월 초 상대등 비담이 중심이 된 여왕 반대파의 반란이 일어났다(비담의 난). 이를 진압한 뒤, 진덕여왕이 즉위하였다. 실권은 김춘추·김유신 계열이 장악하였다. 이어 김춘추는 왜국으로 건너가 왜국과의 관계 개선을 도모하여 왜를 당-신라 노선으로 끌어들이려 하였다. 그런데 왜국은 신라나 당과의 관계 개선은 바랬지만 기존의 친백제 노선도 유지하려 하여 어느 한 편에 좌단(左袒)하려 하지 않았다. 왜국 방문의 성과가 여의치 않자 김춘추는 이듬해 648년 당으로 건너가 당 황제 이세민과 회담하여 신라와 당 간의 군사동맹을 맺었다. 대고구려전에 앞서 백제를 먼저 공격할 것과 고구려 멸망 뒤 평양 이남 지역을 신라가 차지한다는 등을 합의하였다.

고구려는 당에 의해 설연타가 타멸되어 더 이상 몽골고원에서 동맹세력을 찾을 수 없게 되자 더 서편으로 나가 알타이 산맥을 넘어 지금의 중앙아시아 지역의 나라들에서 새로운 동맹국을 찾고자 하였다. 당을 다른 방면에서 위협할 수 있는 세력과의 연결을 도모하기 위해서였다. 지금의 우즈베키스탄의 사마르칸트시 교외의 아프라시압 언덕에 있던 강국(康國) 궁전의 벽화에서 발견된 2명의 조우관(鳥羽冠)을 쓴 고구려 사절의 모습은 그러한 노력을 전해준다. 그러나 실제 이들 국가들과의 동맹 모색에서 고구려는 별다른 성과를 거두지는 못하였다.

아무튼 이제 삼국과 그 주변국들의 합종과 연횡의 윤곽이 잡혀졌다. 이어 그에 따른 전쟁이 진행되었다.

3) 대(對)백제·고구려전 승리의 역설(逆說)

660년 3월 당군 13만이 백제를 향해 진발하였다. 이어 신라군이 수도를 출발하였다. 7월 9일 신라군이 황산벌로 나아갔고, 당군은 7월 9일 백강구(白江口. 금강 하구)에 상륙하였다. 7월 12일 양군이 사비성을 포위하였다. 이어 웅진성으로 피난하였던 의장왕이 7월 18일 항복하였다. 전투가 벌어진 지 10여 일 만에 백제는 허망하게 멸망하였다. 압도적인 신·당군의 무력에 더하여 백제조정의 무사안일과 상상력 빈곤으로 당군이 바다를 건너 침공해올 가능성에 대한 대비 부족과 대내적인 국정 운영의 난맥상이 더해져 이런 결과를 가져왔다.

그런데 침공군이 점령한 지역은 수도권에 한정되었다. 여타 지역의 백제 무장 역량은 온전하게 보존된 상태였다. 사비성 함락 뒤 곧바로 백제 부흥운동이 일어났다. 7월 21일 부흥군이 사비성을 공격해 전투가 벌어졌다. 비록 부흥군이 패퇴하여 퇴각하였지만 이후 전투는 계속되었다. 9월 3일 침공군의 주력이 철수한 이후 부흥운동은 더 치열하게 전개되었다.

부흥운동군의 중심을 이룬 복신(福信)은 왜국으로부터 왕자 부여풍(夫餘豊)을 영입하고, 왜의 군사적 지원을 받아 그 세를 떨쳤다. 왜국은 661년 9월 부여풍을 환국시킬 때 왜군 5천 명을 함께 파병하였으며, 663년 3월 2만 7천 명을 2차로 파병하였다. 그리고 부흥군의 수도인 주류성(周留城)을 공략하기 위해 신·당군이 진격하였을 때, 백제를 구원하기 위해 왜군 1만이 투입되어 백강구에서 전투를 벌였다. 이 1만의 왜군을 한반도에 보낸 2차 파병군의 일부로 볼 것인지, 그와는 별도로 따로 파병한 것인지는 분명치 않다. 만약 후자라면 총 4만 2천의 병력을 파병한 것이 된다.

한편 백제 부흥군은 자체의 내분으로 승려 도침(道琛)이 먼저 제거되고, 이어 복신이 부여풍에게 살해되었다. 복신의 처형 등 부흥군의 내분이 알려지자 신라군과 당군은 주류성에 대한 최종적인 공략전에 나섰다. 이 전투에는 김유신 등 28명의 장수와 함께 문무왕이 직접 신라군을 이끌고 참전하였다. 당은 기존의 웅진성 주둔군과 새로이 손인사(孫仁師)가 이끄는 주로 산동 해안 지역 출신 7천 명을 투입하였다. 아마도 후자는 주로 해군이었던 것 같다. 주류성 공략군은 육군이 주력이었으며, 신라군이 육군의 중심을 이루었다.

　신·당 육군이 주류성으로 압박해 가자 부여풍은 탈주하여 백강구로 가서 마침 백강구에 도달한 왜군과 합류하였다. 이어 왜의 해군과 그 주력이 당군이었던 신·당 해군 간에 교전이 벌어졌다. 이 백강구 전투에서 왜군이 패배하고, 얼마 안 있어 주류성이 함락됨에 따라 백제 부흥전쟁은 종결되었다.

　백강구 전투에서 왜군이 패배한 원인에 대해 양측 전함의 크기와 기능의 차이, 왜군의 전술상의 패착, 양측의 군대 편성과 훈련의 차이 등이 거론되었다. 특히 후자는 양측 국가체제의 상이함에서 비롯하는 군대의 편성 원리와 그 성격의 차이가 지적되었다. 다시 말하자면 국가와 군대가 율령에 기저를 두고 운영되었던가의 여부에 따른 차이에서 승패의 근본 원인을 찾는 시각이라 할 수 있다. 아직 중앙집권적인 국가 체제를 구축하지 못한 왜국의 군대가 지녔던 약점에 대한 지적은 그것이 왜군의 패전 이유의 전부일 수는 없지만 주요 부분인 것은 인정할 수 있겠다.

　그 다음 유의할 것은 백강구 전투에 대한 평가 부분이다. 백제 부흥전쟁에서 그간 백강구 전투가 크게 부각되어 왔다. 이 전투를 평가하여 중세의 임진왜란이나 근대의 청일전쟁에 대비되는, 고대 한반도의 패권을 둘러싸고 자웅을 겨룬 중국과 일본 간의 대결인 것처럼 비유하기도 하였다. 그러나 이 전투는 양측 모두 참가한 병력이 각각 1만 수천 명을 넘지 않는 규모였다. 백강구 전투에 대한 과도한 강조는 이해에 벌어진 백제부흥전쟁의 주요 전장인 주류성 공략전과 신라군의 존재를 홀시하게 하고, 신라를 피동적인 존재로 여기는 역사 인식을 낳게 하고 있다. 이는 백강구 전투의 실상이나 그 뒤 역사 전개의 이해에 도움이 되지 않는다. 주류성 공략전에 투입된 신·당 육군의 주력은 신라군이었다.

　백제부흥전쟁이 종결된 이후 왜국은 당군과 신라군이 일본열도를 침공해올 가능성에 전전긍긍하여 서부 일본 각지에 백제 망명 귀족들의 도움을 받아 이른바 조선식 산성을 세우는 등 방어책에 골몰하였다.

당은 백제 지역에 대한 전후 복구사업에 착수하였다. 그리고 의자왕의 태자였던 부여융(夫餘隆)을 웅진도독으로 내세우고 그와 문무왕이 회맹할 것을 강요하여 신라 세력의 백제 지역 침투를 저지하려 하였다. 곧 백제 지역에 대한 당의 지배권을 확고히 하는 데 주력하였다. 그런데 이미 수 년전 백제 멸망 직후에도 당이 내친 김에 신라를 공격하려 한다는 첩보에 따라 신라 조정이 크게 당황하여 대비책 마련에 몰두한 적이 있었다. 이번에는 웅진도독부 형태로 재건한 '백제'를 마주하게 되니 새삼 당의 대(對) 삼국정책의 궁극적 목표가 무엇인지에 대해 심각히 염려하지 않을 수 없게 되었다.

웅진도독 부여융과 문무왕의 회맹 강요는 양자를 동일한 존재로 본다는 당의 입장 표명이다. 물론 전자는 당의 내번(內蕃)이고 신라는 외번(外蕃)이니 양자는 엄연히 다르다고 할 수 있다. 그러나 외번을 내번으로 바꾸는 것은 언제든지 가능하다면서 시도할 수 있다. 당시 당 제국의 성소(聖所)라고 할 수 있는 당 태종 이세민의 무덤인 소릉(昭陵)의 사마문(司馬門) 내에는 당 태종이 생전에 노획하였거나 귀복시킨 번장(蕃長)들의 석상이 세워져 있었다. 그 중에는 '신라낙랑군왕김진덕(新羅樂浪郡王金眞德)'도 있었고, 최근 그 일부 조각이 발견되었다. 당 태종에게 사로잡힌 돌궐의 힐리가한(詰利可汗) 등 유목민 군장과 함께 신라왕의 석상이 세워져 있음은 당 지배층의 생각 일단을 말해준다. 이 시기 당에 가 있던 신라 귀족들이나 유학생을 통해 조만간 이 사실이 알려졌을 것이고, 그 의미를 재인식하게 되었을 것이다. 외번과 내번을 동일시하는, 달리 말하자면 천하를 기미주(羈縻州, 소규모 단위로 나뉘어, 중국왕조에 예속되어 자치를 행하는 집단)로 만드는 것이 당이 지향하는 대외정책의 본질임을 깨닫게 되었을 것이다.

그렇다고 고구려 및 왜와 대치하고 있는 신라가 당에 저항함은 멸망을 자초하는 것이다. 당과의 동맹을 유지하는 것 이외에는 선택의 여지를 신라 조정은 가지고 있지 못하였다. 오히려 역설적이게도 고구려와 왜가 당과 대치하고 있는 상황이 유지되는 한 신라의 안전은 최소한 보장되므로, 현 상태에서 다른 변화의 전개 가능성에 대한 밑그림을 그리며 인내해야만 하였다.

고구려는 백제 멸망 후 그 전략적 위치가 더 악화되었다. 사비성을 공략한 이듬해인 661년 당군은 수륙 양면으로 고구려를 침공하였다. 해로를 통해 패수를 거슬러 올라온 소정방이 이끈 당의 주력군은 평양성을 포위하였다. 그러나 고구려군의 역습에 패배하여 도리어 고구려군에게 포위되었다. 겨울철이 닥쳐 추위와 군수품 보급 두절로 전멸의 위기에 빠졌으나 김유신이 이끈 신라군의 군수품 보급을 받아 후퇴할 수 있었다. 그러나 이제 침공군이 겨울철 작전도 감행할 수 있을 정도로 고구려의 전략적 위치는 크게 악화되었다.

장기간의 전쟁으로 피폐해진 채 남북에서 협공을 받는 위치에 있는 고구려는 연개소문 사후 그 아들들 간의 내분과 투항으로 그 멸망이 예상되었다. 그러면 고구려전 승리 이후 벌어질 상황에 신라는 어떻게 대응하여야 하는가? 이제 이 문제가 신라 조정에게 초미의 관심사가 되었다.

4) 신·당전과 신·일 관계

668년 7월 16일 문무왕은 한성주로 행차하여 대고구려전을 독전하였다. 신라군은 마침내 9월 21일 당군과 회합하여 평양성을 포위하였다. 성은 얼마 안 있어 수성장이었던 승려 신성(信誠)이 투항함에 따라 함락되고 고구려는 그 명운을 다하였다.

그런데 고구려 멸망 직전인 9월 12일 신라 사신 급찬 김동엄(金東嚴)이 왜국에 도착하였다. 657년 신라와 왜가 단교한 지 11년, 백강구 전투와 주류성 공략전이 있은 지 만 5년이 흐른 뒤이다. 갑작스런 신라사의 방문이후 그가 왜국 상하와 나눈 구체적 논의 내용은 전해지지 않는다. 다만 신라사 응접에 관한 기록을 통해서 볼 때 왜 조정의 반응은 우호적이었다. 11월 5일 김동엄은 귀국길에 올랐으며, 이후 신라와 왜국 간에 국교가 재개되었다. 그러면 적대적이고 한 차례 전쟁도 치뤘던 신라와 왜가 국교를 재개한 것은 무엇 때문일까?

당시 왜는 신라와 당의 동맹군이 일본열도를 침공할까 전전긍긍하고 있었다. 당군이 일본열도를 침공하려 한다는 풍문도 있었다. 이런 상황을 파악하고 있던 신라가 사신을 보내어 양국의 화해와 국교 재개를 요청하였다. 그것은 반당(反唐)을 전제로 한 제의였다. 신라의 저의를 저울질하던 왜국은 이 제의가 신라왕과 중신 김유신의 뜻을 담고 있다고 판단하여 이에 응하였다. 왜국으로서는 불감청고소원(不敢請固所願)의 제의였다. 물론 이에 동의한다는 것이 곧 왜국이 반당 군사행동에 직접 참여한다는 것을 뜻하지는 않았다. 그러나 적어도 왜국이 신라에 우호적인 입장에서 사태 전개를 주시하겠다는 정도의 의미는 지녔다.

669년 5월 이전에 신라군이 행동을 개시하여 옛 백제 영역에서 전초 탐색전을 벌여 나갔다. 670년에는 본격적으로 당군에 대한 공격을 전개하였다. 이해 3월 사찬(沙飡) 설오유(薛烏儒)와 태대형(太大兄) 고연무(高延武)가 각각 1만의 신라군과 고구려군을 끌고 압록강 너머로 진격하여 작전을 벌였다. 이 때 고구려군은 신라군의 병참 지원과 작전계획에 따랐던 것 같고, 고연무는 아마도 원래 666년에 신라로 투항하였던 연정토의 휘하에 있었던 자로 추정된다. 아무튼 이 무렵 요동지역에 고구려 유민들의 반당 봉기가 기세를 올리고 있어, 당이 곤경에 처하였다. 이에 당은 전략적으로 더 중요하다고 판단한 요동지역에 군대를 투입하여 고구려 유민군 진압에 나섰다.

당군의 반격과 압박에 밀려 신라군은 압록강 이남으로 철수하였다. 이 작전은 요동지역으로의 진출이란 면에선 실패였다. 그런데 이 작전의 본래 의도가 그것만이었다고 하기는 어렵다. 이 작전은 일종의 양동작전이었던 것 같다. 670년 신라군과 고구려 유민군이 압록강 이북으로 진출하자 다급해진 당은 주력군을 새로 투입해 요동지역의 평정에 골몰하였다. 고간과 이근행이 이끄는 당군은 671년 7월 고구려 부흥운동군의 거점인 안시성을 공략하는 전과를 올리는 등 요동지역을 평정하였다. 그런 뒤 당군 4만이 재차 평양에 진주하여 8개의 영(營)을 구축한 것은 672년 7월이 되어서였다.

그런데 당군의 주력이 요동지역에서 작전을 하는 동안 문무왕이 직접 지휘하는 신라군의 주력은 웅진도독부 휘하의 당군을 소탕하고 백제의 옛 영역을 석권하였다. 672년 사비성에 소부리주(所夫里州)를 설치한 것은 곧 신라의 백제 옛 땅 공략이 완료되었음을 선언한 것이다. 그 이후 양측 간의 대결은 황해도 방면에서 주로 전개되었고, 이 지역에서의 전쟁은 당측의 우세로 나타나 밀려난 신라군은 임진강을 방어선으로 하여 당군과 장기간에 걸친 대결을 벌여나갔다. 이제 고구려 유민군은 사실상 전쟁 일선에서 사라졌다.

한편, 전쟁이 발발하자 신라와 당은 다투어 왜국을 자신의 편에 끌어들이기 위해 진력하였다. 그에 따라 왜국은 백제부흥전쟁의 패전국이란 위치에서 벗어나 그 국제적 지위가 크게 개선되었다. 왜국은 신·당전쟁 개전 초기 신라 조정에 물자를 공여하는 등 우호적 자세를 보였다. 그러나 점차 신·당전쟁이 되돌릴 수 없는 상황으로 진전되고, 당군과 신라군이 연합하여 침공할 가능성이 없게 되자, 왜국은 점차 신라에 대해 고압적인 자세를 취하였다. 당과의 전쟁이 치열해지거나 전세가 불리해질수록 신라는 왜국의 동향에 예민해질 수밖에 없었다. 당군의 대규모 공격이 예상되던 675년 초에는 왜국에 청병을 하였던 것 같다. 왜국은 이 전쟁에 어떤 형태로든 직접 개입하지 않고, 전쟁의 추이를 관망하며 자국의 체제 정비에 힘썼다. 덴무(天武) 조정에선 본격적으로 율령체제 수립에 주력하였다.

5) 인국(隣國)과 번국(蕃國)의 동상이몽

신라와 당의 전쟁은 676년 일단 휴전 상태로 들어갔다. 이 이후에도 양국은 여전히 이면적인 대립을 지속하였다. 678년에는 당이 재차 대규모 병력을 투입하는 신라 침공을 계획하였다. 이 계획은 당에 대한 토번(吐蕃)의 침공으로 인해 취소되었지만, 이 이후에도 당은 신라의 대동강 이남 지역 병합을 인정하지 않았다. 보장왕의 자손과 의자왕의 자손을 각각 (고려)조선군왕과 (백제)대방군왕으로 봉해 당의 수도에 머물게 하여 언젠가 기회가 오면 이들을 앞세워 재차 한반도로 침공하겠다는 의지를 견지하였다. 이런 상황에서 신라는 대당 경계를 늦출 수 없어 군비 강화에 주력하였다.

당과의 불편한 관계가 지속되는 상황에서 신라에게 일본과의 우호적인 관계 유지는 절실한 과제였다. 그에 따라 676년 이후에도 일본과의 관계 유지를 위해 노력하였다. 이 시기 일본은 이른바 율령체제 구축에 진력하였고 황제국으로서의 의식과 의례를 갖추어갔다. 일본은 신라를 번국(蕃國)으로 여겼고 그에 상응하는 예를 취할 것을 신라에 강요하였다. 신라는 이런 일본의 요구를 정면으로 거부하지 않고 소극적으로 이에 응하는 듯한 자세를 취하였다. 하지만 신라는 일본과의 교섭에서 일본 천황의 표문(表文) 요구에 응하지 않고 구두로 아뢰는 형식을 취하였다. 당과의 개전 이후에도 신라에서는 계속 당의 연호를 사용하였으며, 당과의 교섭관계를 완전히 끊지는 않고 간혹 사신을 파견하였다. 한편 일본과의 관계에서 신라는 속내로는 일본을 인국(隣國)으로 여겼다. 신라와 일본이 서로를 '인국(隣國)'과 '번국(蕃國)'으로 각기 다르게 인식하면서도 표면적으로는 긴밀한 우호관계를 유지하는 기이한 동상이몽의 상태가 8세기에 들어서도 유지되었다. 그러나 7세기 말 발해가 건국하여 동북아 정세에 새로운 변화가 일어났다. 그와 함께 신라와 일본 간의 동상이몽의 불안정한 관계에서도 근본적인 변화를 추구하는 파열음이 터져 나오기 시작하였다.

6. 8세기 신라와 발해의 대외관계

1) 발해의 성립과 발전

고구려 멸망 후 그 유민들의 향방은 몇 갈래로 나뉘었다. 하나는 당에 의해 중국 내지로 끌려간 이들이다. 평양 일대와 요동 주요 성들의 주민들이 그러하였다. 회하(淮河) 유역의 황무지, 그리고 지금의 섬서성과 감숙성 일대의 공한지에 나뉘어 거주하게 되었다. 다른 하나는 요서 지역의 영주(營州, 지금의 차오양(朝陽)) 일대로 옮겨진 이들이다. 또 한 무리는 몽골고원으로 이주해 돌궐 휘하에서 몇몇 집단으로 나뉘어져 거주하였다. 그리고 한 집단은 평양 일대 지역에서 거주하던 이들로서 검모잠(劍牟岑), 안승(安勝) 등이 이끄는 반당 투쟁을 하다가 신라로 넘어간 이들이다. 또 한 부류는 요동지역 등지에서 당의 지배를 거부하며 산발적으로 동부 만주 지역으로 분산, 이주해 간 이들이다. 그밖에 일본열도로 건너간 이들이 있었다. 676년 이후에도 요동지역 고구려 유민들의 이탈이 지속되어, 그 뒤 일부 가난하고 약한 자들만이 안동도호부에 남게 되었다고 전해진다.

한편, 676년 이후 동부 만주 일대는 대외적으로 당의 세력도, 신라의 힘도, 돌궐의 영향력도 미치지 못하는 국제적인 힘의 공백 지대가 되었다. 대내적으로도 기존의 주요 말갈 부족들은 고구려와 깊이 연결되어 있던 만큼 고구려 멸망 이후 그 여파로 분산 미약해졌고, 새로운 말갈족의 통합 세력이 아직 형성되지 못하였다. 전쟁의 상흔을 안고 소규모 단위로 흘러들어온 고구려 유민들도 결집된 힘을 형성치 못한 채 각지에 흩어져 살아가고 있었다. 이런 상태에서 새로운 변화를 야기하는 힘의 구심점이 외부로부터 등장하였다.

7세기 말에 들어 요서 지역에서 추장 이진충이 이끄는 거란족이 당의 지배에 저항하여 봉기하였다. 696년 영주가 거란군에 의해 함락되는 등 영주 일대에 대한 당의 지배력이 약화되었다. 당시 영주 일대에는 당에 의해 끌려와 기미(羈縻)지배를 받고 있던 여러 종족 집단들이 산재해 있었다. 고구려 유민의 대조영(大祚榮) 집단과 속말말갈의 걸사비우(乞四比羽) 집단도 그들 중 일부였다. 이들은 거란족의 봉기로 영주 일대에 대한 당의 통제력이 흔들리자 이 틈을 타 영주 지역을 벗어나 동으로 탈주하였다. 추격하는 당군을 천문령(天門嶺)에서 격파하고 동으로 진군하여 동부 만주 목단강 상류의 동모산(東牟山, 敦化부근) 일대에 자리 잡아 발해를 건국하였다.

고왕 대조영은 돌궐과 신라에 사신을 보내어 건국을 알리고 우호 관계를 맺고자 하였다. 이에 신라 조정은 대조영에게 대아찬의 관등을 주었다. 대아찬은 곧 진골이 취할 수 있는 관등인 만큼 대조영을 자국의 진골 신분에 상등하는 존재로 인정하였다. 하지만 이는 이웃한 대등한 국가의 왕으로 대하였다 하기에는 미흡한 응대였다.

건국 후 발해는 고구려 유민과 말갈의 여러 부족을 통합하여 급속히 그 세력을 확대하였다. 이런 발해의 흥기는 당의 동북방을 위협하는 요소가 되었다. 이에 당은 발해의 후방에 있던 동류 송화강 하류의 흑수말갈에 흑수부(黑水府)를 설치하고 당의 관리를 파견하여 발해를 견제하려 하였다. 발해 무왕이 이 조처에 반발하여 흑수말갈에 대한 원정에 나서려 하였다. 그러자 무왕의 동생이었던 대문예(大門藝)가 그러면 당과 전쟁이 벌어져 망국으로 갈 것이라면서 반대하였다. 이를 무시하고 무왕이 흑수말갈에 대한 원정을 감행하자 대문예는 당으로 망명하였다. 당은 발해 무왕의 대문예 인도 요구를 거부하고 그를 보호하여 낙양에 머물게 하며 대(對) 발해정책에 지렛대로 이용하려 하니, 발해가 크게 반발하여 양국 간에는 전운이 짙어졌다.

다른 한편, 발해가 팽창하여 남으로 신라의 북쪽 경계 지대에까지 그 힘을 뻗치자 신라는 북경 지역의 성곽을 수리하는 등 대비책에 나섰다.

2) 신·당 관계의 개선과 신·일 간의 갈등 고조

8세기에 접어들면서 신라와 당·일본의 관계에 새로운 변화의 움직임이 나타나기 시작하였다. 701년 일본은 새로운 율령인 대보령(大寶令)을 반포하였고, 이듬해인 702년 신라를 거치지 않고 남로(南路)를 통해 당에 사신을 파견하였다. 당과 30여 년 만의 국교 재개였다. 이에 자극을 받았는지 신라도 그 이듬해 정월 당에 효소왕의 죽음을 알리는 고애사(告哀使)를 파견하였다. 이어 당이 성덕왕에 대한 책봉사를 보냈다. 이후 신라는 당에 거의 매년, 때로는 한 해 두 차례 사신을 보냈다. 성덕왕 재위기간(702~737) 중 총 43회 사신 파견을 하였다.

이러한 빈번한 사신 왕래는 곧 양국의 관계 개선을 말해준다. 그러나 그런 가운데서도 양국 갈등의 근본적인 요소는 여전히 남아 있었다. 725년 당 현종이 태산에서 행한 하늘에 대한 제사[封禪]에 고려조선군왕과 백제대방군왕이 내번(內蕃)의 왕으로서 참석하였다. 두 번왕은 각각 보장왕과 의자왕의 후손으로서, 당이 재차 신라 침공을 할 때 이들 두 괴뢰 왕을 앞세울 계획으로 당의 수도에 유거시켜 두고 있었다. 이는 725년까지도 당이 신라 재침공 계획을 폐기하지 않고 있었음을, 바꾸어 말하자면 신라의 한반도 통합을 인정치 않았음을 말해준다. 그런데 그 뒤 당과 발해 간의 갈등이 격화되자 당은 기존의 대(對)신라 정책에 근본적 변경을 가하였다.

당은 흑수말갈과 대문예 문제로 발해와의 관계가 악화되고, 이어 732년 발해 해군이 당의 등주(登州, 지금의 산동성 蓬萊)를 공격하자 이에 대한 반격으로 발해에 대한 정벌전에 나섰다. 아울러 신라에게 함께 발해를 공격해 줄 것을 요청하였다.

이에 앞서 발해는 당과의 관계가 악화되고 신라와 당이 접근하는 움직임을 보이자 727년 일본에 사신을 보내어 통교하였다. 신라에 대한 견제책으로 여겨진다.

신라는 이런 정세 진전에 적극적으로 대응하였다. 먼저 당의 요청을 받아들여 발해 정벌에 나섰다. 아울러 이를 둘러싼 교섭 과정을 거치면서 그간 양국 간의 오랜 현안이었던 신라의 한반도 통합에 대한 당의 공식적인 인정도 이루어졌다.

733년 당군은 요서 지방을 거쳐 발해에 대한 공격에 나섰고, 신라군은 동해안을 따라 북진하였다. 당군의 진격은 발해군의 반격으로 요서 지역에서 저지되었다. 신라군은 눈 사태를 맞아 후퇴하게 되었다. 양국군의 협공작전은 무위로 그치었다.

733년의 발해에 대한 협공작전이 실패한 뒤 당은 현상 유지에 주력하는 방향으로 그 동북방 정책을 전환하였다. 735년 신라의 대동강 이남 지역 영유권을 인정한다는 공식적인 조서를 신라에 보냈으며, 아울러 대동강 하구에 주둔하여 서쪽 당의 세력과 연결해 발해를 견제할 것을 당부하였다. 그리고 발해에 대해서도 중동부 만주 지역에 대한 지배권을 인정하였다. 나아가 신라와 발해가 각각의 영토를 토대로 상호 대립과 견제를 하도록 유도하여 양국의 세력균형을 통해 동북방 지역의 안전과 현상 유지를 추구하였다. 이런 당의 정책은 9세기 말까지 지속되었다.

한편 733년 당과 군사동맹을 맺어 대(對) 발해전에 참전한 신라는 이 전쟁을 통해 그 국제적 위상을 크게 개선할 수 있게 되었다. 특히 대(對) 일본 관계에서 그러하였다. 신라는 이제 그간 자신을 옥죄었던 양면 전쟁, 즉 당과 일본과의 전쟁을 동시에 치러야 한다는 악몽에서 벗어나게 되었다. 그리고 그에 따라 자기나라를 번국으로 여기는 일본에 대한 신라의 반발이 터져 나오고, 양국 관계의 갈등이 증폭되었다.

발해와의 전쟁을 치른 이듬해인 734년 신라사가 일본을 방문하였다. 응접한 일본 관리와의 대화에서 신라사가 자국이 왕성국(王城國)임을, 즉 신라 중심의 천하 의식을 운위하자, 일본 측이 반발하여 신라사의 입국을 거부하고 귀국하도록 하는 방환(放還) 조치를 하였다. 2년 뒤 736년 신라에 갔던 일본사는 귀국 보고에서, 신라가 일본 사신의 뜻을 따르지 않는다고 하였다. 이에 일본 조정은 주요 신궁에 이 사실을 고하는 등 대책 강구에 부심하였다. 아마도 지난번에 이어 일본이 신라를 번국으로 대하려는 데 대한 신라의 거부에 따른 사단으로 여겨진다. 이 이후에도 양국 간의 외교적 갈등은 이어졌다. 경덕왕 원년(742) 일본의 견신라사가 신라 조정에 의해 '불납(不納)'되었다. 이듬해 743년 일본에 파견된 신라사가, 함께 보낸 물품을 관행에 따라 '조(調)'라 하지 않고 새롭게 '토모(土毛)'라 하였다 하여 방각(放却)되었다. 일본 조정은 기존 신·일 관계의 형식에 어떤 변개도 용인하지 않겠다는 완강한 입장을 견지하였다. 이 일로 양국 간의 교섭이 두절된 지 9년 만에 김태렴(金泰廉)이 이끈 신라 사절단이 일본을 방문하였다. 김태렴 등은 일본 측의 요구를 받아들여 조(調)를 바치는 형식[공조(貢調)]을 취하고, 번국이 천황에게 아뢰는 형식을 취한 구주(口奏)를 한 뒤, 수도에서 대규모 상거래를 하였다. 이듬해 753년 일본 사신[小野田守]이 신라를 방문하였으나 오만무례하다고 하여 신라 조정이 접견을 거부하고 되돌려 보냈다.

한편 753년 당 조정에서 열린 외국 사절들이 참석한 신년 하례식에서 신라 사신은 아랍 사신 위의 동반(東班) 제1위에, 일본 사신은 토번(吐蕃, 티베트) 사신 아래의 서반 제2위에 자리잡게 되었다. 일본 사신이 이에 항의하며 서열 재조정을 요구하는 쟁장(爭長) 사건이 벌어지기도 하였다. 이 사건은 이듬해 일본 사신이 귀국하여 일본 조정에 보고하여 알려지게 되었다. 이는 당시 신라의 국제적 지위 향상에 따른 일본의 초조함을 드러낸 사건이었다.

신라가 '번례(蕃禮)'를 공개적으로 계속 거부하고, 또 신라의 국제적 위상이 높아지자, 일본 조정은 무력 사용을 통한 신라와의 종번(宗蕃) 관계 관철을 추구하는 쪽으로 기울어졌다. 마침 벌어진 국제 상황이 이에 자극을 주었다.

3) 일본의 신라 침공 계획과 발해의 대응

758년 발해에 파견하였던 일본 사신[小野田守]이 귀국하였다. 그는 발해에서 입수한, 755년 안록산의 난에 대한 소식을 일본 조정에 보고하였다. 이때 그와 함께 발해 사신인 '보국장군(輔國將軍) 행목저주자사(行木底州刺史)' 양승경(楊承慶) 등이 함께 일본에 왔다. 양승경은 당에 관한 소식에 밝은 당과의 접경지역 지방관이었다. 그를 일본에 사신으로 파견한 것은 일본 조정이 궁금해 하는 당의 상황에 관한 정보를 제공하기 위해서였다. 양승경에 이어 759년 일본에 사신으로 파견된 현토주자사(玄兎州刺史) 고남신의 경우도 같은 뜻을 지녔다.

안록산의 난 소식을 접한 일본 조정은 이를 당시 현안이었던 '번국(蕃國)' 신라 문제를 해결하는 데 활용하기로 결정하였다. 즉 당이 안록산의 난으로 신라를 지원할 수 없을 것이고, 또는 반란군이 서진이 저지될 경우 방향을 돌려 동으로 신라를 공격할 것이고 그에 따라 신라가 타격을 입을 것이니, 그 상황을 이용하여 신라를 공격하자는 계획이다. 아울러 신라에 대한 공격에 발해를 끌어들여 남북에서 협공을 가하자는 안이 함께 제기되었다. 이런 신라 침공 계획을 실행하기 위해 두 방향에서 안이 추진되었다. 하나는 일본 국내에서 전쟁 준비를 진행하는 것이고, 다른 하나는 발해를 설득하여 참전케 하는 일이다.

전쟁 준비로 758년 12월 다자이후[大宰府, 규슈 후쿠오카 소재]에 전쟁에 대비한 준비를 할 것을 명하였다. 759년 6월에는 다자이후에게 신라를 치기 위한 행군식(行軍式, 군사 동원 계획)을 마련하게 하였다. 9월에는 병선 500척을 3년 내에 건조할 것을 명하였다. 이어 761년 정월 소년 수십 명을 뽑아 신라어를 익히게 하였다. 2월에는 다자이후에 절도사들에게 제공할 갑주와 옷 등의 준비를 명하였다.

일본의 신라 침공 계획이 수립될 무렵 일본과 발해 간에 사신 왕래가 빈번해졌다. 758~763년 사이에 양국의 사신 왕래를 보면 발해에서 일본으로 사신 파견이 세 차례, 일본에서 발해로 다섯 차례 사신 파견이 있었다. 일본의 견발해사(遣渤海使)의 주된 임무는 대륙 정세의 파악, 그리고 발해와 대(對)신라 협격을 협의하는 것이라 볼 수 있다. 그러면 신라를 협격하자는 일본의 요청에 대해 발해는 어떤 입장을 취하였을까?

발해는 758년과 759년에 각각 목저주자사와 현토주자사를 일본에 사신으로 파견하였다. 이 두 사람이 모두 무관이었다는 점은 발해가 일본의 신라 침공 계획에 적극적으로 응하였다고 볼 여지를 제시한다. 그런데 발해는 756년 상반기로 여겨지는 천보(天寶, 당 현종의 연호) 말에 상경 용천부(上京 龍泉府)로 천도하였다. 천도 후 발해는 안록산의 반군과 당 조정의 방어군 중 어느 한 편에 가담하여 난에 직접 개입하려 하지 않았다. 이는 대외적 분쟁에 개입을 피하고 천도에 따른 문제에 대처하는 데 주력하겠다는 발해 조정의 자세를 나타낸 것이라고 할 수 있다. 그런 면에서 볼 때 발해가 서쪽에서 안사(安史)의 난이 지속되고 있는 상황에서 일본과 연합하여 신라에 대한 협격에 가담하려 했다는 가정은 수긍하기 어렵다. 이 무렵 발해는 신라와의 관계에서 남부 지역으로의 팽창을 추구하기보다는 기존 국경지대의 현상 유지에 주력하고 있었다.

발해가 반란군 측에 가담치 않고 신중히 대응한 데에 대해 758년 당 황제가 호의적인 칙서를 보내왔고, 발해도 당에 국서를 보냈다. 그런 상황에서 발해가 당과 우호적 관계에 있는 신라를 공격하여 당과의 분쟁으로 이어질 가능성이 있는 전쟁에 참전하려 했을 개연성은 희박하다고 여겨진다.

일본이 안록산 난 이후 전개된 대륙 정세에 대한 정보를 얻으려 하는 데에는 협조하였지만 그 이상 양국이 신라를 대상으로 한 군사동맹으로 나아가는 데에는 동의하지 않았다고 여겨진다. 이런 입장은 762년 일본에 파견한 발해 사신 왕신복(王信福)이 문관이었다는 사실을 통해서도 짐작해 볼 수 있다.

762년 당은 문왕 대흠무를 '발해군왕(渤海郡王)'에서 '발해왕 검교태위(檢

校太尉)'로 작위를 승급하여 책봉하였다. 당의 책봉사 한조채(韓朝彩)는 본국으로 귀환할 때 발해의 신라도(新羅道)를 통해 신라의 천정군(泉井郡, 지금의 덕원)으로 가 금성(金城, 경주)을 거쳐 귀국하였던 것 같다. 당에서 발해가 당의 이러한 동해안 루트를 용인한 것은 763년 시점에 발해가 신라에 대해 전쟁 의지를 갖지 않았음을 말해준다.

4) 신라와 일본의 국교 단절

759년 이후 일본이 신라에 대한 침공 계획을 추진하고 있는 동안 신라는 수 차례 일본에 사신을 파견하였으나 되돌려 보내졌다. 763년 2월 발해사신 왕신복이 일본의 수도[平城京]에 머물고 있던 때에 신라사 급찬(級湌) 김체신(金體信)이 일행 211명과 함께 일본에 파견되었다. 그의 일본 방문 목적은 조(調)를 바치기 위해서라 하지만 실제는 교역을 하기 위해서이며 이와 아울러 일본의 신라 침공 계획을 탐색하기 위해서라고 여겨진다. 764년 7월 당의 책봉사 한조채의 부탁을 받아 한조채와 함께 당에서부터 발해로 왔다가 발해에서 일본으로 돌아갔던 일본 승려 계융(戒融)이 무사히 귀국하였는지를 알아보기 위해서라는 목적을 내세우며, 신라사 김재백 등 91인이 일본 다자이후를 방문하였다. 실제 방문의 주된 목적은 교역이었을 것이고, 또한 일본의 신라 침공 계획에 대해 탐색하기 위해서였다고 여겨진다. 이들에게 다자이후의 일본 관리는 신라가 일본을 대비하기 위해 군사를 모아 경비를 강화하고 있다는 소식의 진위를 물었다. 이에 대해 신라사는 안록산의 난 후 늘어난 당의 해적에 대비하기 위한 조처라고 응답하였다. 이를 통해 이 무렵 신라와 일본 양측 모두 상대방의 동향에 대해 예민하게 파악하고 있었으며, 그 나름의 대비책을 강구하려 하였음을 엿볼 수 있다.

일본의 신라 침공 계획은 주동 세력인 후지와라 나카마로[藤原仲麻呂]가 정치적 실각과 이은 반란 실패로 몰락하면서, 그 추진력을 상실하였다. 이와 함께 해에 걸친 재해와 전쟁 준비에 따른 민의 피폐화, 발해의 참가 거부 등으로 신라 침공 계획은 흐지부지되어 764년 11월 절도사 제도의 폐지로 공식적으로 종결되었다.

이후 수차례 신라사가 일본을 방문하여 양국 관계 재개를 시도하였으나, 상대국을 각기 '번국'과 '인국'으로 여기는 상이한 인식에 따른 갈등을 극복하지 못하고 780년 이후 양국 간의 공적인 사신 왕래가 두절되었다. 다만 민간 상인의 왕래와 거래는 그 뒤 계속되었다.

8세기 후반 이후 신라의 대외정책의 기본 축은 사대교린이었다. 중국 (당)왕조와는 사대관계를 맺고 일본과는 대등한 인국으로서 교류를 하며 평화 공존한다는 정책이다. 그런데 '교린'은 일본의 거부로 실현되지 못하였고, 그런 상태는 그 뒤 오랜 기간 지속되었다.

참고문헌

1. 저서

공석구, 1998, 『고구려영역확장사연구』, 서경문화사.
구대열, 2010, 『삼국통일의 정치학』, 까치.
권덕영, 1997, 『고대 한중외교사-견당사연구』, 일조각.
김영하, 2007, 『신라 중대 사회사 연구』, 일지사.
김종복, 2009, 『발해정치외교사』, 일지사.
김창석, 2013, 『한국 고대 대외교역의 형성과 전개』, 서울대학교 출판문화원.
김태식, 2002, 『미완의 문명 700년 가야사』(1·2·3).
노중국, 2012, 『백제의 대외교섭과 교류』, 지식산업사.
노태돈, 2009, 『삼국통일전쟁사』, 서울대 출판문화원.
송기호, 2011, 『발해사회문화사연구』, 서울대출판문화연구원.
송호정, 2003, 『한국고대사 속의 고조선사』, 푸른역사.
여호규, 2014, 『고구려 초기 정치사 연구』, 신서원.
오영찬, 2006, 『낙랑군 연구』, 사계절.
임기환, 2004, 『고구려 정치사 연구』, 한나래.
한규철, 1994, 『발해의 대외관계사 - 남북의 형성과 전개』, 신서원.

쟁 점

한국 고대사에서의 조공·책봉관계

여호규

조공·책봉관계의 기원과 확산

전근대 동아시아 각국은 다양한 형식으로 외교관계를 맺었지만, 가장 일반적인 외교형식은 조공·책봉관계(朝貢·冊封關係)였다. 특히 만주와 한반도에 자리잡았던 한국 고대국가들은 여러 중국왕조와 조공·책봉관계를 체결해 활발하게 외교교섭을 전개했는데, 이러한 외교관계는 고려-조선 시기에도 이어졌다. 조공·책봉관계는 전근대 한국 외교사를 이해하기 위한 가장 핵심적인 개념 가운데 하나이다.

조공·책봉관계는 본래 중국 은·주(殷·周) 시기에 연맹체나 봉건제를 운영하는 과정에서 왕[王, 天子]과 제후(諸侯)의 군신관계로 발달한 것이다. 은·주의 왕은 직할지만 다스리고, 나머지 영역은 방국(邦國) 수장(首長)이나 봉건 제후에게 분봉(分封)해 다스리도록 했다. 이때 은·주의 왕은 방국 수장이나 봉건 제후에게 방국의 영토나 봉건 영지를 다스릴 권한을 위임한다는 뜻으로 공(公)·후(侯) 등의 작호(爵號)를 주었는데, 이를 '책봉(冊封)'이라 한다.

책봉을 받은 방국 수장이나 봉건 제후는 신속(臣屬)의 표시로 주기적으로 왕도를 방문해 왕을 알현(謁見)하고, 각종 공물(貢物)을 헌납했다. 방국 수장이나 봉건 제후가 왕을 알현하는 정치적 신속의례를 '조근(朝覲)'이라 하고, 각종 공물을 헌납하는 경제적 신속행위를 '입공(入貢)'이라 하는데,

양자를 합쳐 조공(朝貢)이라 한다. 조공은 '조근'이라는 정치적 신속의례와 '입공'이라는 경제적 신속행위를 합친 용어다.

은과 주는 이러한 조공·책봉관계를 바탕으로 방국연맹체와 봉건제도를 확립해 방국 수장이나 봉건 제후와의 결속력을 강화하는 한편, 이들의 군사력을 규합해 세력을 확장하고 주변 이적(夷狄)의 침입을 방어했다. 물론 은·주 시기에도 왕의 권위와 덕화가 널리 미쳤음을 과시하기 위해 이적(夷狄)의 조공을 받고 책봉하기도 했지만, 조공·책봉관계가 국가 사이의 외교관계를 규정하는 외교 형식으로 확립된 상태는 아니었다.

이러한 조공·책봉관계는 한대(漢代) 이후 중국왕조 내부의 군신관계뿐 아니라 주변국 군장과의 외교관계에도 널리 적용되기 시작했다. 중국대륙 주변의 국가들도 조공·책봉관계를 차용하거나 변용해 다른 주변국과 외교관계를 맺기도 했다. 조공·책봉관계가 점차 전근대 동아시아 각국의 일반적인 외교관계의 하나로 확산된 것이다. 이러한 조공·책봉관계의 성격에 대해서는 다양한 견해가 있다.

조공·책봉관계에 대한 연구동향

전근대 동아시아 국제질서는 중국대륙과 주변지역의 정세가 긴밀하게 연관되어 전개되었다. 중국대륙의 정세가 주변 지역에 큰 영향을 미쳤지만, 주변국의 성장이 동아시아 전체의 정세 변화를 이끌어 내기도 했다. 다만 국제정세의 흐름을 표면적으로만 관찰하면 중국대륙의 정세나 중국왕조의 외교정책이 결정적 변수로 작용한 것처럼 보인다.

이에 일본학계에서는 일찍이 중국왕조를 중심으로 고대 동아시아 국제관계사를 이해하려는 책봉체제론(冊封體制論)이 제기되었다. 동아시아 국제질서는 기본적으로 중국왕조의 황제와 주변국 군장의 책봉-피책봉 관계에 의해 규정된다고 이해하는 견해다. 이 견해는 중국왕조 중심의 책봉질서를 지나치게 강조해 주변국의 외교 역량이나 주변국 사이의 외교관계를 도외시했고, 국제질서의 역동적인 변화 양상도 간과했다.

　책봉체제론의 문제점을 보완하는 과정에서 기미체제론(羈縻體制論)이 제기되었다. 이 견해는 책봉체제 외에 기미주체제나 회맹(會盟) 등 다양한 관계를 포착해 중국왕조와 주변국의 외교관계를 다각도로 이해했다. 다만 동아시아 국제관계를 기본적으로 중국왕조 중심으로 파악한 점은 책봉체제론과 동일하다. 또한 중국대륙 서북방의 민족을 대상으로 논의를 전개했기 때문에 책봉체제론에서 책봉체제가 가장 전형적으로 실현되었다고 상정했던 중국왕조와 한국 고대국가의 관계를 거의 검토하지 않았다.

　중국학계는 중화인민공화국 수립 이후 "중국은 자고(自古) 이래로 통일적 다민족국가였다"는 통일적 다민족국가론에 입각해 현재의 중국 영토에서 이루어진 역사를 중국사의 범주로 설정하고 있다. 이를 위해 전근대의 조공·책봉관계를 근대적 국제관계로 치환시켜 중국왕조와 주변국의 관계를 중앙정권과 지방정부의 관계로 둔갑시켜 이해하고 있다. 고대의 중국인들도 독립국으로 인식했던 주변국을 마치 중국왕조에 예속된 종속적 존재였던 것처럼 이해하는 왜곡을 서슴지 않고 있는 것이다.

　이에 대해 한국학계에서는 일찍이 주변국의 입장에서 동아시아 국제질서를 파악한 조공관계론(朝貢關係論)이 전개되었다. 이 견해는 조공·책봉관계는 기본적으로 책봉국의 책봉이 아니라, 조공국의 필요성에 의해 전개된다고 이해했다. 또한 각국의 외교관계는 조공이나 책봉에 의해 규정되는 것이 아니라, 힘의 우열과 이를 조정하는 세력균형에 의해 전개되었다는 역학관계론(力學關係論)도 제기되었다. 국제관계를 세력균형과 실리추구라는 측면에서 파악하면서 외교정책의 가변성을 강조한 견해다.

　이러한 견해는 주변국의 주체적 입장을 중시하면서 외교정책의 가변성을 강조했다는 점에서 국제정세에 대응하려는 주변국의 능동적 움직임을 다각도로 포착할 수 있다. 다만 주변국의 주체적 입장만 중시할 경우 동아시아 국제정세의 전체 흐름을 도외시할 위험이 있다. 책봉체제론이나 통일적 다민족국가론이 중국 중심의 책봉질서를 지나치게 강조해 주변국의 주체성을 도외시했다면, 조공관계론이나 역학관계론도 주변국의 주체적 입장만 중시해 동아시아 국제질서를 간과할 위험성을 내포하고 있는 것이다.

국제질서 변동과 조공·책봉관계의 성격 변화

이러한 점에서 전근대 동아시아 국제관계를 정확하게 파악하려면 국제질서의 전체 흐름과 각국의 내부 상황을 유기적으로 연관시켜 파악할 필요가 있다고 할 수 있다. 또한 조공·책봉관계는 책봉국과 조공국 중 어느 일방의 의지만으로 성립할 수 없고, 서로를 전제하는 외교관계라는 점에서 양자의 입장을 동시에 고려할 필요가 있다.

최근 중국학계에서는 전근대 동아시아의 조공·책봉관계를 근대적 국제관계로 치환시켜 이해하려는 입장이 확산되고 있다. 근대 국제관계에서는 각 국가의 주권은 절대적이며 상호 대등하다고 상정된다. 특정 국가 내에 복수의 주권은 인정되지 않고, 상위 주권도 상정되지 않는다. 이로 인해 전근대 조공·책봉관계를 근대적 국제관계로 치환하면 조공국은 상위의 책봉국에 예속된 하위의 종속국인 것처럼 이해된다.

그렇지만 전근대 동아시아의 조공·책봉관계는 각 국가들이 외교교섭을 전개하며 체결한 외교관계다. 각 주권국가는 상호 대등하다는 근대 국제관계와 달리 책봉국의 중심성을 인정하기는 하지만 조공국 역시 독립국으로 정치적 자립성을 지닌 존재로 상정된다. 조공·책봉관계를 굳이 근대적인 용어로 풀이하자면, 책봉국의 중심성과 조공국의 독자성을 상호 인정하는 차등적 외교관계라 할 수 있다.

그러므로 각국이 상호 인정하는 책봉국의 중심성과 조공국의 독자성은 국제질서 변동에 따라 그 범위나 정도가 변화할 수밖에 없다. 조공·책봉관계는 고정불변적인 것이 아니라 각 시기별 국제질서에 따라 그 내용이나 성격이 변화했던 것이다. 또한 조공·책봉관계는 중국왕조와 주변국 사이에만 체결된 것이 아니라 중국대륙의 주변 국가들이 이를 차용하거나 변용해 다른 주변국과의 외교관계에 적용하기도 했다.

가령 1~3세기에는 후한의 붕괴로 중국대륙이 3국으로 분열되기도 했지만, 서진이 이들을 재통합하며 전체적으로 통일왕조의 전통을 이어갔다. 이에 이 시기에는 중국왕조들이 황제를 정점으로 하는 중국 중심의 일원적 국제질서를 동아시아 각지로 확산하려는 목적에서 주변국 군장에게 황제와의 의례적 서례질서(序禮秩序)를 나타내는 작호(爵號) 중심의 책봉호를 수여했다. 이에 따라 1~3세기의 조공·책봉관계에서는 조공국의 입장과는 무관하게 책봉하는 중국왕조 측에서 조공국의 독자성보다 책봉국의 중심성을 더 강조하는 결과를 낳았다.

그런데 4세기 전반 서진의 붕괴로 동아시아 국제질서는 종전과 다른 양상으로 전개되었다. 여러 독립 세력이 군사력을 동원해 정복활동을 펴는 한편, 다른 세력과 다양한 관계를 맺어 보호받기도 하고 예하 세력을 거느리기도 했다. 이로써 특정한 중국왕조 중심의 일원적 국제질서가 무너졌다. 대신 황제국을 표방하는 독자세력이 다수 할거하는 다원적(多元的) 국제질서가 형성되고, 황제국 예하에서 독자세력권을 구축한 중간적 존재가 형성되면서 중층적(重層的) 국제관계가 발전했다.

이러한 다원적·중층적 신국제질서는 각국 상호 간의 군사력과 지배력을 바탕으로 전개되었다. 이에 따라 각국이 주고받는 책봉호 구성도 군사권의 위상을 규정한 지절호(持節號)와 장군호(將軍號), 지배범위를 나타내는 도독제군사호(都督諸軍事號)와 지방관명 중심으로 바뀌었다. 국제질서 변동에 따라 조공·책봉관계의 성격도 변화해 책봉국의 중심성은 약화된 반면 조공국의 독자성이 크게 확장된 것이다.

더욱이 중국대륙 주변에 고구려나 토욕혼처럼 중국왕조와 조공·책봉관계를 유지하면서도 독자세력권을 구축한 국가들이 출현했다. 이들은 중국왕조와의 조공·책봉관계를 차용하거나 변용해 다른 주변국과 차등적 외교관계를 수립했다. 또한 백제는 독자세력권을 구축하지는 못했지만 남조와의 조공·책봉관계를 바탕으로 왕족이나 귀족을 책봉하며 왕권을 강화했다. 신라도 고구려와 차등적 외교관계를 맺은 상태에서 각지의 토착세력에게 관복 등을 내려주며 집권력을 강화했다. 조공·책봉관계가 다양한 형태로 변용되어 주변국 사이의 외교관계뿐 아니라 국내 정치관계에도 적용되었던 것이다.

그런데 589년 수(隋)가 오랫동안 분열되었던 중국대륙을 재통합했다. 수와 그를 이은 당(唐)은 종전의 다원적 국제질서 대신 중국 중심의 일원적 국제질서를 구축하려 했다. 이를 위해 수나 당은 각국의 군사력과 지배력을 인정하며 주고받았던 도독제군사호나 지방관명을 제외한 채, 주변국에게 훈관·작호·본국왕호 등으로 구성된 책봉호를 수여했다. 이에 따라 종전의 다원적 국제질서를 유지하려는 주변국과 수·당 사이에는 조공·책봉관계를 둘러싸고 인식차가 발생했고, 대규모 전쟁으로 이어졌다.

이상과 같이 조공·책봉관계는 고정불변적인 것이 아니라 국제질서 변동과 함께 책봉호의 구성이 바뀌며 그 성격도 변화했다. 중국왕조 중심의 국제질서가 강하게 작동하던 시기에는 작호 중심의 책봉호를 수여하며 책봉국의 중심성을 강조했다. 반면 다원적 국제질서가 형성된 시기에는 각국의 현실적 지배력을 반영하는 형태로 책봉호 구성이 변화하며 조공국의 독자성이 크게 확장되었다. 또한 조공·책봉관계가 다양한 형태로 변용되어 주변국 사이의 외교관계뿐 아니라 국내 정치관계에도 적용되었다. 조공·책봉관계의 성격이 각 시기별 국제질서의 변화양상을 반영하며 변화한 것이다.

조공·책봉관계가 각국의 외교관계를 완전히 규정하는 것은 아니지만, 그렇다고 명목적인 관계에 불과한 것도 아니다. 조공·책봉관계가 명실상부하게 각국의 외교관계를 나타내지는 않지만, 각 시기별 국제질서의 기본양상을 반영한다 할 수 있다. 그러므로 조공·책봉관계와 각국의 역관계를 밀접하게 연관시켜 고찰한다면, 각 시기별 국제질서의 기본양상과 각국 외교관계의 구체적 양상을 입체적으로 이해할 수 있을 것이다.

• 참고문헌

방향숙 외, 2005, 『한중 외교관계와 조공책봉』, 동북아역사재단.
여호규 외, 2006, 『한국 고대국가와 중국왕조의 조공·책봉관계』, 동북아역사재단.
이익주 외, 2010, 『동아시아 국제질서 속의 한중관계사』, 동북아역사재단.
이춘식, 1997, 『사대주의』, 고려대 출판부.
호리 도시카즈 지음(정병준 외 옮김), 2007, 『중국과 고대 동아시아 세계』, 동국대 출판부.

제 2 장
고조선의 대외관계와 외교

박준형

1. 고조선 외교사 이해를 위한 몇 가지 전제
2. 춘추 제와의 외교-북주후의 자격으로 제와 대등한 관계를 맺다
3. 전국 연·제와의 외교-왕을 칭하고 연과 대적하다
4. 중국을 통일한 진과의 외교-진에 내속하였지만 조회하지는 않다
5. 한과의 외교-한과 외신 관계를 맺고 실리 외교를 펼치다

| 주요 사건 연표 |

기원전 2333년	단군이 고조선을 건국함.(『동국통감』 기준).
7세기 중반	북주후(北州侯)의 자격으로 춘추시기 제(齊)와 교류함.
323년	연(燕)이 칭왕(稱王)하면서 고조선을 공격하려고 함.
323년 이후	조선후(朝鮮侯)가 칭왕하면서 연을 공격하려고 함. 대부 예(大夫 禮)의 중재로 공격을 중지함.(朝賀)
282년 경	연의 공격을 받아 서쪽 2000리를 빼앗기고 만번한(滿番汗)을 경계로 삼음.
221년 이후	부왕(否王) 시기에 진(秦)의 공격을 받음.
202년 이후	준왕(準王) 시기에 한(漢)을 공격하여 패수[浿水, 현재 혼하(渾河)]를 경계로 삼음. 흉노와 접경함.
195년 경	위만이 망명함. 준왕이 박사(博士)로 삼고 서쪽 100리 땅을 봉함.
195년 이후	위만이 집권함. 준왕이 남천(南遷)함.
192~191년 경	위만이 한과 외신(外臣) 관계를 맺음. 진번(眞番)과 임둔(臨屯)을 병합함.
180년 경	한 무제 즉위 후 장군 진무(陳武)가 고조선 정벌론을 제기함.
177년 경	왕중(王仲, 王景의 8세조)이 제북왕(濟北王) 흥거(興居)의 반란을 피해 낙랑으로 이주함.
134~129년	엄안(嚴安)이 한 무제에게 고조선 정벌론을 제기함.
128년	예군 남려(濊君 南閭)가 28만 구(口)를 이끌고 한에 투항함. 창해군(蒼海郡)이 설치됨.
126년	창해군이 폐지됨.
110년 이전	우거왕(右渠王) 시기에 진국(辰國)이 한과 직접 통교하는 것을 방해함. 조선상(朝鮮相) 역계경(歷谿卿)이 2000호를 이끌고 진국으로 망명함.
109년 가을	한 무제가 섭하(涉何)를 보내 외신 의무 이행을 요구하자 우거왕이 거부함. 한의 공격을 받음.
108년	고조선이 멸망함. 낙랑, 진번, 임둔군이 설치됨.
107년	현도군이 설치됨.

1. 고조선 외교사 이해를 위한 몇 가지 전제

1) 외교 관련 사료의 접근 방식

고조선은 국가였던 만큼 주변국과 외교 관계를 맺지 않을 수 없었다. 고조선 관련 사료는 국내 측 기록보다는 주변국이자 외교의 주요 대상국이었던 중국 측에 더 많이 남아 있다. 이런 기록 대부분이 외교의 산물이라고 해도 과언은 아니다. 그런 점에서 고조선의 역사를 제대로 파악하기 위해서는 외교라는 틀을 통해서 사료에 접근할 필요가 있다.

외교는 상대적이기에 자국의 이익을 극대화시키려는 방향으로 움직일 수밖에 없다. 따라서 외교관계를 다룬 사료도 자국의 입장에서 분식(粉飾)·왜곡되었을 개연성이 매우 높다. 고조선에서는 스스로 자국의 역사를 남기지 않았고 『삼국유사』·『제왕운기』 등 그나마 남아 있는 것도 고려시대에 이르러 정리된 것이다. 따라서 이들 사료에서 고조선 당대의 실상을 곧바로 읽어내기는 어렵다.

이에 비해 중국왕조는 거의 당대 혹은 시간적 격차가 멀지 않은 다음 왕조에서 자신들의 역사를 정리하면서 고조선과의 관계에 대해 기록해 두었다. 따라서 고조선 외교사에 접근하기 위해서는 중국 측 사료에 의존할 수밖에 없는 한계가 있다. 따라서 엄정한 사료 비판이 이루어지지 않으면 중국 측의 시각에 갇힐 위험이 대단히 높다. 예를 들어 고조선이 조공했다고 하는 중국 측 기록을 액면 그대로 받아들일 수는 없다. 고대 중국 왕조들은 주변국과 맺은 외교 관계를 그 실상과 상관없이 명분상 대부분 조공관계로 규정했기 때문이다. 이것이 바로 화이관(華夷觀)에 입각한 중화주의의 실체다. 이런 점에서 고조선 외교사의 규명은 상대국[중국]의 시각에 의해 분식된 사료를 객관적인 시각에서 얼마나 그 실상에 가깝게 복원하는가에 달려있다고 해도 과언은 아니다.

2) 고조선의 건국 시기 : 외교사 서술 시점(始點)과 관련하여

『삼국유사』 고조선[왕검조선]조에는 『고기(古記)』에 수록된 단군신화가 인용되어 있다. 『고기』에 따르면 고조선은 중국 요임금 시기인 기원전 2333년에 환웅과 웅녀 사이에 태어난 단군왕검이 평양성[후에 백악산 아사달로 옮김]에 세운 나라로 되어 있다. 여기에서 고조선 건국 시점을 언급한 것은 고조선 외교사 서술의 시점과 직접 관련되기 때문이다.

그런데 『고기』에 수록된 고조선의 건국 사실과 시기를 역사적 사실로 받아들일 수 있느냐라는 의문이 발생한다. 이것은 신화의 내용을 역사적 사실로 그대로 인정할 수 있느냐의 문제이기도 하다. 중국 학계에서도 요임금 시기는 하대(夏代) 이전으로 역사가 아닌 신화의 시대로 이해하는 것이 일반적이다. 한국 학계에서도 이 시기는 신석기시대 말기로 아직 국가가 성립할 수 있는 물적 토대가 마련되지 않은 것으로 보는 것이 통설이다. 이런 점에서 기원전 2333년에 고조선이 건국되었다는 기록을 바로 역사적 사실로 받아들이기는 어렵다.

1287년(충렬왕 13)에 저술된 이승휴의 『제왕운기』에서는 고조선사를 전조선(前朝鮮, 단군조선)·후조선(後朝鮮, 기자조선)·위만조선으로 이어지는 3조선 체계로 정리하였다. 이러한 인식은 조선 초기 관찬사서인 『동국통감』(1485, 성종 16)에 수용되면서 조선 정부의 공식적인 입장이 되었다. 이러한 고조선사 인식은 한말까지 지속된다.

그런데 근대역사학이 수용되면서 단군신화에 기초한 단군조선 시기가 부정되었을 뿐만 아니라 은나라 유민인 기자가 조선으로 왔다는 기자동래설(箕子東來說)도 부정되었다. 따라서 전통적인 고조선사 인식체계의 큰 축이었던 단군조선·기자조선 시기도 함께 부정될 수밖에 없었다.

단군신화를 제외하면 중국 측 기록인 『사기』 조선열전과 『삼국지』 동이전에 인용된 『위략』에 고조선 관련 내용이 가장 많이 남아 있다. 이 기록을 통해서 기원전 4세기 후반부터 고조선이 중원사회에 잘 알려졌다는 것을 알 수 있다. 또한 『전국책』이나 『산해경』과 같은 선진문헌에도 고조선이 언급된다는 점에서 전국시대 고조선의 존재를 확인할 수 있다.

　문제는 전국시대 이전인 춘추시대 고조선의 실체를 인정할 수 있느냐이다. 『관자』 규탁편에는 춘추시대 제환공과 관중의 대화 중에 고조선의 문피(文皮)가 중국 7대 보물 중 하나로 언급되었으며, 경중갑편에서는 고조선의 문피를 비싸게 사주면 조공하러 올 것이라는 내용이 있다. 그런데 관중이 지었다고 전해지는 『관자』는 춘추시대 관중이 아니라 전국시대 제나라 직하학사들이 관중의 이름을 빌어 저술한 것으로 보는 것이 통설이다. 『관자』의 일부 편은 진한시기를 거쳐 왕망 대에 보입된 부분이 있는 것도 사실이다. 이런 점에서 『관자』에 언급된 제환공 대(기원전 685~643)인 기원전 7세기 중반 고조선의 실체를 인정하기 어렵다는 견해가 있다. 물론 『관자』가 전국시대 이후에 저술된 것은 사실이지만 그 내용까지 모두 전국시대의 것으로 보는 것은 지나친 사료 비판이라고 본다. 오히려 춘추시대의 전승을 전국시대 이후에 기록한 것으로 보는 것이 합리적이라고 본다. 이런 점에서 이 글에서는 『관자』의 기록을 통해 기원전 7세기 고조선의 실상에 접근해 보고자 한다.

　여기에서 한 가지 유의할 점이 있다. 기원전 7세기 사실을 전하는 『관자』에 고조선이 언급되었다고 해서 고조선 역사의 상한을 이 시기로 한정할 수는 없다는 것이다. 그것은 현전하는 중국인들의 기록상에 남아있는 고조선의 상한일 뿐이지 고조선의 성립과는 무관하다. 이미 그 이전에 고조선이라는 정치체가 있었기에 중국인들의 인식에 고조선이 포착된 것이고 그들이 남긴 많은 기록 중에 현전하는 가장 오래된 것이 『관자』일 뿐이라는 점을 유념할 필요가 있다.

3) 고조선 도성[중심지]의 위치 : 외교의 공간 설정과 관련하여

　국가라는 정치체가 존재하려면 기본적으로 통치 대상으로서 국민과 그 국민이 거주하는 국토[영토]가 있어야 한다. 이러한 물리적 공간에 대한 이해 없이 고조선의 외교를 설명하기는 어렵다. 오늘날에도 그렇지만 특히 전근대사회에서는 외교를 위해서 쌍방간·다자간 인간의 이동이 필수적으로 요구되며 아울러 교통수단과 교통로에 대한 이해가 전제되어야 한다.

고조선 외교사를 이해하기 위해서는 기본적으로 고조선의 위치[중심지] 문제가 중요할 수밖에 없다. 외교의 상대국으로서 중국의 공간적 범위에 대해서는 크게 이견이 없다. 그러나 고조선의 중심지와 그 범위에 대해서는 수많은 견해가 제시되었다. 여기에 고조선의 국가 성립 시점에 대한 논의가 결합되면 더욱 복잡하다. 국가가 성립되면 이에 상응하는 도성[수도]과 영토라는 개념으로 볼 수 있지만 국가 성립 이전 단계라면 도성이 아닌 중심지, 영토가 아닌 문화권의 개념으로 접근해야 한다는 것이 학계의 통설이다.

고조선 도성[중심지]의 위치에 대한 견해로는 크게 요령설[난하설·요서설·요동설], 평양설, 요령 지역[요서·요동]에서 평양으로 옮겼다는 이동설로 구분할 수 있다. 요서 지역에 고조선이 있었다면 중원세력과 영토[문화권]가 맞닿아 있었다고 볼 수 있으며, 요동지역에 있었다면 중원세력과 고조선 사이에 요서 지역 산융·동호와 같은 여러 정치세력이 있었다고 볼 수밖에 없다. 평양설의 입장에서는 서북한 지역의 고조선이 중원세력과 외교 관계를 맺기 위해서는 좀더 복잡한 중간 과정에 대한 설명이 필요하게 된다.

현전하는 문헌 속에서 초기 고조선의 위치를 명확하게 확인할 수는 없다. 다만 고조선이 비파형동검문화라는 청동기문화를 바탕으로 성장한 정치체라는 점에 대해서는 학계가 대체로 동의하는 바이다. 그렇다면 같은 시기 비파형동검문화가 가장 발달한 지역에서 정치체가 성장할 가능성이 가장 높다고 할 수 있다. 현재까지 고고학적인 연구 성과로 볼 때 전기 비파형동검문화는 요서 대릉하 유역의 조양 지역이 유적·유물의 밀집도가 가장 높다. 이런 점에서 조양지역에 초기 고조선이 있었던 것으로 보는 것이 가장 합리적이다. 후기 비파형동검문화 단계에서 그 문화의 중심으로 요동 심양 지역으로 이동한다. 그리고 기원전 282년경 연의 공격으로 고조선은 서북한의 평양 지역으로 이동하게 된다. 필자는 고조선이 요서 조양에서 요동 심양, 다시 평양으로 이동했다고 보는 이동설의 입장에서 고조선 외교사를 기술하고자 한다.

2. 춘추 제(齊)와의 외교
– 북주후(北州侯)의 자격으로 제와 대등한 관계를 맺다

　　기원전 664년 산융이 연을 공격하자 연이 제에게 구원을 요청하였고 이에 기원전 663년 6월에 제가 산융 정벌을 단행하게 된다. 당시 패자(霸者)였던 제환공은 산융 정벌 후 연장공이 다시 주왕에게 조공을 바칠 수 있도록 하였다. 이로써 제환공은 주왕을 대신하는 패자로서의 위상을 더욱 높일 수 있게 되었다.

　　일반적으로 제환공이 산융을 정벌하면서 고죽·영지도 함께 정벌한 것으로 본다. 그러나 엄밀히 따져 보면 제환공의 1차 북벌인 산융 정벌의 대상에 고죽과 영지는 포함되지 않았다. 제가 고죽·영지를 정벌하게 된 사건은 기원전 662년 적인(狄人)이 형(邢)을 공격하고 기원전 660년 다시 위(衛)를 공격한 것과 관련이 있다. 제환공이 송(宋)·조(曹) 등 남주후(南州侯) 연합군을 형성하여 적인을 몰아내고 형과 위를 재건하는 것은 기원전 658년에 일단락된다[1차 북벌]. 제환공은 적인을 공격할 때 북주후(北州侯)의 일원이었던 고죽·영지 등에게 참전을 요구했으나 그들은 참전하지 않았다. 그러자 제환공은 몇 년 후 남주후의 연합군을 이끌고 고죽·영지를 정벌하였다[2차 북벌]. 두 사건은 정벌 대상[산융·적인]이나 그 성격에 있어서 서로 다르나 모두 제환공의 북벌이라는 점에서 하나의 사건처럼 인식된 것뿐이다.

　　『관자』소광편에는 제환공의 북벌이 고죽·산융을 넘어 예맥에까지 이르렀다고 되어 있다. 그러나 제환공의 북벌 대상에 예맥은 포함되지 않았다. 단지 제환공의 위업을 과장하는 과정에서 예맥을 포함시킨 것뿐이다. 여기에서 주목할 만한 점은 예맥이 북주후의 일원이었던 고죽과 함께 언급되었다는 것이다. 이를 통해 당시 중원인들이 예맥을 고죽·영지와 함께 북주후의 일원으로 인식했다는 것을 알 수 있다. 예맥사회에서 가장 먼저 정치적으로 성장한 것이 고조선이었다. 여기에서 고조선이 바로 북주후의 자격으로 제와 교류하였다는 사실을 읽어 낼 수 있다.

『관자』 경중갑편에 보이듯이 제환공은 고조선과의 문피(文皮) 교류를 원했다. 그것은 패자로서 제환공이 제후들에게 회사(回賜)할 때 호피(虎皮)·표피(豹皮)와 같은 최고급 문피가 필요하였기 때문이었다. 나아가 제환공은 패자의 지위를 넘어서 봉선(封禪)하기 위해서는 주변 이민족의 조공이 반드시 필요하였다. 이런 상황에서 제환공은 이민족의 조공과 문피의 수요라는 두 가지 문제를 고조선과의 문피 교역을 통해서 해결하고자 했다.

사료상에는 고조선과 제의 관계가 '조(朝)[조근(朝覲)]'로 나온다. 춘추시기에 조공은 왕권 혹은 대국과 제후, 이민족과의 정치적 질서를 구성하는 기본적인 원리였으며 이러한 조공 행위는 조근과 빙례를 통해 지속적으로 이루어졌다. 이러한 질서 속에서 고조선과의 문피 교역은 그 실질적 의미와 상관없이 책봉-조공관계의 산물인 조공으로 비추어질 수밖에 없었다. 이런 점에서 고조선은 제와 교류를 위해서는 주왕실로부터 책봉이 필요했다.

그러나 『관자』 경중갑편에서는 대등한 관계였던 오·월까지도 제의 조공국으로 묘사되었던 것을 볼 때 '조(朝)'라는 의미만으로 고조선을 조공국으로 볼 수는 없다. 오히려 관중은 고조선의 조공을 유도하기 위해 문피를 고가에 매입하기를 원했다. 이것은 조공이 아니라 조공의 형식을 가장한 대등한 교역이라고 할 수 있다. 즉, 고조선과 제의 교역 관계는 중국 측 기록에서 책봉-조공이라는 불평등한 개념으로 표현되었지만 내용상으로는 상호 평등한 관계였다고 할 수 있다.

3. 전국 연(燕)·제(齊)와의 외교
– 왕을 칭하고 연과 대적하다

1) 고조선의 칭왕과 연·제의 대립

중원제국은 전국시대로 들어서면서 본격적인 영역국가로 성장하게 되었다. 열국 간의 경쟁구도에서 각국은 변법을 통해 부국강병을 꾀할 수밖에 없었다. 이러한 변법 실시에 즈음하여 각국의 제후가 종래의 후·군의 칭호를 버리고 왕호를 사용하게 된다. 기원전 323년 연도 칭왕(稱王)하였다. 당시 칭왕하려면 국제적인 승인이 필요했고, 일반적인 칭왕은 타국의 공격을 받을 수도 있는 정치적 행위였다. 칭왕은 각 제후가 변법을 통한 국내 체제 안정 및 국력 신장을 확보함으로써 명실상부한 전제군주의 지위와 권위를 과시하고 나아가 '왕천하(王天下)'의 열망을 표출한 결과였다.

연의 칭왕과 영토 확장은 고조선과 직결되는 문제였다. 『삼국지』에 인용된 『위략』에는 연이 칭왕을 하면서 고조선을 공격하려고 하자 고조선도 칭왕을 하고 연을 공격하려고 했으나 대부(大夫) 예(禮)의 중재로 그만두었다고 되어 있다.

그렇다면 고조선과 연이 적대적인 관계에 있었던 이유는 무엇일까? 이와 관련해서 기원전 4세기 후반 연과 가장 적대적인 관계에 있었던 제를 주목할 필요가 있다. 춘추말~전국초에 제는 산동반도의 대표적인 동이세력인 내국(萊國)을 멸망시키고 그 잔여세력까지 흡수하면서 산동반도를 완전히 장악하게 된다.

이러한 제의 부강을 제일 두려워했던 나라가 바로 제의 북쪽에 있었던 연이었다. 연에서는 연왕 자쾌(子噲)가 국군(國君)의 지위를 대신(大臣) 자지(子之)에게 양위하는 사건[子之의 亂, 기원전 314]이 발생한다. 제는 이 사건을 빌미로 주변국들과 함께 출병하여 연을 공격하게 된다. 이 때문에 연은 거의 멸망 상태에까지 이르게 되었다. 이런 상황에게 즉위한 연소왕(기원전 311~278)은 변법을 단행하고 소진의 반간 작전을 통해 제를 고립시키기 시작했다. 기원전 283년에 연소왕은 제를 공격하여 제압하였다. 이후 연은 시선을 북방으로 돌려 동호와 고조선을 공격하였다.

이처럼 연과 제의 대립·갈등 구도를 고려할 때 고조선과 연의 대립도 그 연장선상에서 이해할 수 있다. 당시 연과 대립하고 있던 제는 연을 배후에서 압박하기 위해 고조선을 적극적으로 끌어들였다. 고조선도 연의 팽창에 민감할 수밖에 없었다. 고조선도 제와 연계하여 연에 대항하였던 것으로 보인다. 연이 제를 정벌한 이후 고조선을 공격한 것도 바로 고조선과 제의 국제 공조에 대한 보복일 가능성이 매우 높다.

고조선이 칭왕한다는 것은 외형적으로 중원의 열국 대열에 공식적으로 합류한다는 의미를 갖는다. 고조선이 칭왕하기 위해서는 명분상 주왕실의 제후국이어야만 했다. 그런데 『위략』에서는 고조선을 '기자의 후예 조선후[箕子之後 朝鮮侯]'라고 하였다. 그렇다면 기원전 4세기 말에 고조선은 이미 중원제국에 제후국으로서 위상을 갖고 있었다는 점을 알 수 있다. 앞에서 살펴본 것처럼 고조선은 북주후의 일원이었다. 고조선은 춘추시대에 이미 북주후의 일원, 즉 제후국의 일원으로서 중원사회에서 인정받았으며 이런 명분으로 기원전 4세기 말에 칭왕할 정도로 국가적 성장을 이루면서 중원세력과 외교 관계를 맺었다고 할 수 있다.

고조선은 기원전 4세기 후반 칭왕하면서 연과 대립하였다. 고조선이 칭왕할 수 있었던 배경을 대외관계라는 측면에서만 찾을 수는 없다고 본다. 고조선은 기원전 5~4세기를 거치면서 요동지역에서 후기비파형동검문화 정가와자유형을 중심으로 안정적인 성장을 하였다. 기원전 4세기에 들어서면서 고조선은 진번·임둔 등 주변 예맥세력과 함께 고조선연맹체를 형성하였다. 고조선이 예맥사회를 배경으로 한 연맹체의 힘, 즉 내적 발전을 담보하지 못했다면 팽창하는 연에 대항하기는 힘들었을 것이다.

2) 연의 고조선 공격과 고조선의 평양 이동

연소왕은 기원전 283년에 제를 공격하여 국토의 대부분을 공략하였다. 이후 기원전 282년 경 연은 시선을 북방으로 돌려 동호를 공격하여 조양(朝陽)에서 양평(襄平)까지 장성을 쌓고 상곡·어양·우북평·요서·요동 5군을 설치하였다.

연의 장수 진개의 공격은 동호에서 그치지 않고 고조선에까지 이르렀다. 『삼국지』에 인용된 『위략』에는 "그 후 자손이 점점 교만하고 포학해지자 연이 장수 진개를 보내 그 서방을 공격하여 2천여 리의 땅을 빼앗고 만번한(滿番汗)에 이르러 경계로 삼았다"고 되어 있다.

진개의 공격으로 고조선은 연과 만번한(滿番汗)을 경계로 삼게 되었다. 만번한과 관련하여 『한서』 지리지 요동군조에는 18개의 속현 중에서 문현(文縣)과 번한현(番汗縣)이 나란히 기록되어 있다. 만번한은 바로 이 문현과 번한현의 연칭(連稱)으로 보는 것이 일반적이다. 이 만번한의 위치에 대해서 이견이 분분하지만 필자는 문현이 개주[개평] 위쪽 부근, 번한현이 혼하 하류인 해성과 영구 인근에 있었던 것으로 추정한다. 문현과 번한현이 모두 천산산맥 이서(以西) 지역인 점으로 보아 천산산맥과 같은 자연계선을 경계로 연과 대치하였던 것으로 추정된다. 이처럼 만번한을 천산산맥 이서 지역으로 볼 때 고조선이 연의 공격으로 빼앗긴 영역은 바로 대릉하 유역에서 천산산맥 이서지역까지로, 연의 5군 중 요서군과 요동군이 고조선과 예맥에서 빼앗은 지역이라고 할 수 있다.

고조선은 연의 공격을 받아 그 중심지를 심양 지역에서 평양 지역으로 이동할 수밖에 없었다. 이 과정에서 연맹체를 구성하고 있던 진번도 고조선과 함께 이동하였다. 그 결과로 요동지역의 세형동검문화가 서북한 지역에 유입되었다.

4. 중국을 통일한 진(秦)과의 외교
- 진에 내속(內屬)하였지만 조회(朝會)하지는 않다

기원전 221년 진은 중원제국을 통일하였다. 진의 통일은 주변 이민족에게도 막대한 영향을 끼쳤다. 진은 동월 지역을 민중군(閩中郡)으로, 서남이 지역을 파군(巴郡)·검중군(黔中郡)으로 편제하였다. 북방에서는 몽염(蒙恬)을 시켜 흉노가 거주하고 있던 하남(河南)지역을 공격하여 쫓아내고 구원군(九原郡)을 비롯한 34개의 현을 설치하였다.

그렇다면 고조선과 진의 관계는 어떠했을까? 『위략』에는 "진이 천하를 통일한 뒤에 몽염을 시켜서 장성을 쌓게 하였는데 요동에 이르렀다. 이때 조선왕 부(否)가 왕이 되었는데 진의 습격을 두려워하여 진에 복속하였으나 조회(朝會)하려고 하지 않았다"고 되어 있다. 한편 『사기』 율서에는 "효문제가 즉위하자 장군 진무 등이 의논을 올리기를, 남월과 조선은 진나라 시기에 내속(內屬)하여 신자(臣子)로 삼았습니다"라고 되어 있다. 여기에서 고조선은 남월과 함께 진에 내속했던 것으로 되었다. 내속이란 타국에 귀부하여 정치적으로 종속되는 것으로, 속국이 되는 것을 말하는 일반적인 표현이다. 그러나 고조선은 진에게 조회할 의무가 있었지만 끝내 조회는 하지 않았다.

통일 이후 진에 조공의 의무가 있던 사례는 고조선이 유일하다. 그렇다면 고조선과 진의 관계를 어떻게 설정할 수 있을까? 통일 이전에 진은 직할지 외에 주변국을 타방(他邦)과 신방(臣邦)으로 구분하였다. 타방은 진에 복속하지 않은 제후국을, 신방은 진에 신속한 국을 가리킨다. 이 신방은 제후국으로서의 신방과 이민족 국가로서의 신방으로 구분되는데, 군현으로 편제되기 이전의 과도기적 단계로 보는 것이 일반적이다. 이것은 아직 군현으로 편입되지 않은 이민족의 신방으로 볼 수 있다. 결국 이들 타방과 신방은 모두 진의 통일 과정에서 점차 군현으로 편제되어 소멸되었다.

이런 점을 고려해 볼 때, 고조선은 진의 외신방(外臣邦)의 하나였던 것으로 보인다. 통일 이전 진의 외신방이었던 남월·동월은 모두 군현으로 편제되었다. 그러나 고조선은 진의 군현으로 편제되지 않았다. 이것은 고조선이 진의 통일 이후에 내속하였으며 진의 통치기간이 짧았기 때문에 군현으로 편입되는 단계까지는 가지 않았기 때문인 것으로 추정된다.

고조선과 진의 경계에 대해 살펴보자. 『사기』 조선열전에는 "한이 흥기하니 그곳[요동외요(遼東外徼)]이 멀고 지키기 어려우므로 다시 요동의 고새(故塞)를 수리하고 패수(浿水)에 이르러 경계로 하여 연에 소속시켰다. … 위만이 … 동쪽으로 새를 빠져나와 패수를 건너 진의 옛 공지(空地)인 상하장(上下鄣)에 머물렀다."고 되어 있다. 여기에서 위만이 패수를 건너 '진의 옛 공지인 상하장'에 머물렀다는 것을 알 수 있다. 이와 관련하여 『염철론』 비호편에는 "대부가 말하기를, 옛날에 사이(四夷)가 모두 강성하여 다같이 중국을 노략질한 적이 있습니다. 조선은 변경을 넘어 연의 동쪽 땅을 빼앗았습니다."라고 되어 있다. 여기에서 고조선이 한초에 연땅을 공격하여 영토를 확장한 사실을 알 수 있다. 즉, 패수 이동의 진고공지에 해당하는 만큼 진에게 영토를 빼앗겼다고 볼 수 있다. 천산산맥 이동 지역에서 고조선과 진의 경계로 삼을 만한 자연계선은 청천강과 압록강으로 압축된다. 그런데 진대의 화폐인 반량전과 무기가 주로 압록강 이서지역에서만 나타나는 것으로 보아 이것은 진대 요동군의 통치범위와 관련이 있는 것으로 보인다. 이런 점에서 고조선과 진의 경계는 압록강이었을 가능성이 매우 높다고 할 수 있다.

5. 한(漢)과의 외교
   - 한과 외신 관계를 맺고 실리 외교를 펼치다.

1) 진한교체기 고조선의 요동지역 회복
한이 중국을 다시 통합하는 과정에서 진대에 전국을 일원적으로 지배하였던 군현지배체제는 심하게 훼손되었다. 이에 따라 진대에 강압적으로 군현으로 편입되었던 변군(邊郡)들[남월지역 : 계림·남해·상군, 동월지역 : 민중군, 서남이지역 : 검중군]이 모두 독립하였다. 북방 지역의 흉노는 차츰 황하를 건너 하서지역을 차지하였다.

이러한 정세를 이용하여 고조선도 연 땅을 공격하여 진에게 빼앗겼던 요동지역을 회복하였다. 이때 고조선과 한의 경계는 패수였다. 패수의 위치에 대한 논쟁이 많지만 『전한기』 효무황제기에 "한이 흥기하니 그곳이 멀고 지키기 어려우므로 요수(遼水)를 새(塞)로 삼았다."는 기록을 통해 고조선과 한의 경계는 대요수(大遼水, 오늘날 요하) 옆에 흐르는 (소)요수(小遼水, 오늘날 혼하)였던 것을 알 수 있다.

『사기』 흉노열전에는 진한 교체기 영토를 확장한 흉노가 동쪽으로 예맥 고조선과 접하게 되었다고 기록하고 있다. 당시 고조선이 한과 패수(=혼하)를 경계로 하고 있었기 때문에 고조선·예맥은 혼하를 경계로 흉노와 접경하였던 것을 알 수 있다. 이로써 한은 패수(=혼하)를 경계로 위로는 흉노를, 동쪽으로는 고조선·예맥을 동시에 상대해야만 했다. 한에서 고조선을 흉노의 좌비(左臂)로 인식했던 것을 볼 때, 한과의 대결구도 속에서 고조선이 흉노와 연대했을 가능성이 매우 높다.

2) 위만의 집권
유방이 황제로 즉위한 이후 근친과 개국공신들에 대해 열후 및 제후왕으로 봉하는 논공행상이 이어졌다. 그러나 몇 년 후 이성(異姓) 제후왕에 대한 척결이 시작되자 연왕(燕王) 노관(盧綰)은 기원전 195년에 흉노로 도망갔다.

노관이 흉노로 도망간 즈음에 위만이 고조선으로 망명하는 사건이 발생한다. 위만은 1천여 명의 무리를 모아 만이복(蠻夷服)을 하고 동쪽으로 새를 빠져 나와 패수를 건너서 진의 옛 공지인 상하장에 머물렀다. 위만은 고조선의 서쪽 변방[西界]에 거주하게 허락해 주면 중국 망명자들을 모아 고조선의 번병이 되겠다고 하면서 준왕을 설득하였다. 이에 준왕은 위만을 박사로 삼고 100리 땅을 봉해 주면서 서쪽 변경을 지키게 하였다. 결국 위만은 망명자 무리들을 모아 세력을 키운 뒤에 거짓으로 한병(漢兵)의 공격을 고하고 왕의 숙위를 명분으로 준왕을 공격하여 고조선의 왕권을 탈취하였다.

3) 한과 외신 관계 체결

정권을 장악한 위만은 한과 외신관계를 맺었다. 이와 관련하여 『사기』 조선열전에는 "효혜(孝惠)·고후(高后) 시기에 천하가 처음으로 안정되자 요동태수가 새외의 만이(蠻夷)를 지키고 변경을 노략질하지 못하게 하며 모든 만이의 군장이 천자를 알현하고자 할 때는 막지 않도록 할 것을 조건으로 위만을 외신으로 삼는다는 약속을 하였다. 천자도 이를 듣고 허락하였다. 이로써 위만은 병위재물을 얻어 주변 소읍들을 침략하여 항복시키자 진번·임둔도 모두 와서 복속하여 (영역이) 사방 수천리가 되었다"라고 하였다.

고조선 외에 한과 외신관계를 맺은 사례로 남월을 들 수 있다. 조타(趙佗)는 진이 멸망하자 계림군과 상군을 병합하여 스스로 남월의 무왕(武王)으로 즉위하였다. 한 고조는 조타를 토벌하지 않고 기원전 196년에 사신을 보내 남월왕을 외신으로 삼았다. 이와 달리 흉노는 한의 외신 제안을 거부하였다.

외신은 한 황제의 통치력이 직접 미치지 않는 군현의 외곽에서 내속한 존재로서 황제에게 신례를 행하는 이민족 국가의 왕을 의미한다. 그러나 외신은 한 황제에 대해 외형상 수직적인 위치에 있기는 하나 외신국의 통치 질서는 한의 제도에 의해 구속되지 않았다. 남월이 한에 대해서는 칭신(稱臣)하면서도 내부적으로는 칭제(稱帝)하였던 것은 외신관계의 특징을 잘 보여준다.

고조선이 한과 맺은 외신관계는 외형상 칭신하는 관계이므로 일정한 조건이 수반될 수밖에 없다. 그것은 첫째, 새외의 만이를 지키고["保塞外蠻夷"], 둘째, 변경에서 노략질하지 못하게 하며["無使盜邊"], 셋째 모든 만이의 군장이 천자를 입견할 때 막지 않는다는 것이었다. 남월도 백월의 백성을 안정시켜서["和集百越"] 남쪽 변경에서 문제가 생기는 일이 없도록 해야 한다["毋爲南邊患害"]고 한 점으로 보아 외신의 조건은 비슷하다고 볼 수 있다.

외신관계에 있는 고조선과 남월에 대해 한문제(기원전 180~157)는 즉위 초 장군 진무 등이 고조선과 남월을 정벌하자고 하자, 문제가 흉노와 대치상태에서 전쟁을 일으킬 수 없다고 했다. 이처럼 외신관계를 맺은 지 10여년 만에 한에서 고조선·남월 정벌론이 제기되었다는 것은 그 관계가 아무런 효력을 발휘하지 못했다는 것을 보여준다. 이처럼 한이 대내외적으로 불안한 상황에서 외신관계는 오히려 고조선의 성장을 촉진하여 한의 새로운 위협이 되었다고 볼 수 있다.

4) 위만조선의 대외 교역

고조선은 위만 집권 당시 새로 복속한 진번·임둔 지역에 대해 토착적 질서를 해체하지 않고 기존의 체제를 그대로 유지한 채 공납을 받는 간접지배체제를 유지했다. 고조선은 복속 지역으로부터 수취한 공납물을 이용해 한과 교역했다.

고조선의 대한(對漢) 교역과 관련해서 주목되는 것이 예군남려의 존재이다. 기원전 128년 예군 남려는 우거왕에 반대하여 자신 휘하의 28만 구를 이끌고 요동군에 내속하였으며 한은 그 지역에 창해군을 설치하였다. 이 것은 고조선이 한과 예맥사회 사이에서 대한 교섭권을 장악하고 중계무역을 통해 이익을 독점하였기 때문에 예군남려가 집단적으로 연맹체를 탈퇴한 것이다. 창해군은 도로 개통 등 유지비용이 많이 든다는 이유로 3년만에 폐지되었다.

한편 『사기』 조선열전에는 "진번 옆의 진국(辰國)[혹은 중국(衆國)]이 글을 올려 천자를 알현하고자 하는 것을 가로막고 통하지 못하게 하였다"고 되어 있다. 고조선의 대한 교섭권 독점으로 한반도 중남부에 있던 진국이 한과 직접 교류를 하지 못했던 상황을 알 수 있다.

5) 지배체제의 분열과 멸망

고조선의 지배체제는 우거왕에 이르러 서서히 흔들리기 시작했다. 조선상 역계경이 우거왕에게 간하였으나 받아들여지지 않자 2,000호를 이끌고 진국으로 갔다. 고조선의 상은 왕 아래에 토착적 기반을 갖고 있는 최고 지배층이었다. 이러한 상이 집단적으로 이탈했다는 것은 왕과 상들을 중심으로 하는 고조선 지배체제가 흔들리고 있다는 것을 상징적으로 보여준다. 예군남려의 사례도 이와 비슷하다.

한편 한은 무제대에 이르러 제국적 체제가 확립되어 가고 있었다. 점차 정국 안정을 바탕으로 주변 이민족과의 전쟁을 통해 영역을 확대해 나가고 있었다. 고조선 정벌론은 이러한 한 무제의 대외 팽창 정책의 일환으로 제기되었던 것이다.

한이 본격적으로 관심을 고조선으로 돌린 것은 흉노와 남월에 군현을 설치하고 동월의 주민을 이주시킨 다음 해인 기원전 109년이다. 당시 고조선은 한의 망명자들을 계속 유인했으며 그 수가 점점 많아졌다. 또한 우거는 한에 조회하지도 않았다. 그리고 한반도 중남부의 소국들이 한에 입조하는 것조차 막았다. 즉, 우거는 외신의 의무를 하나도 지키지 않았다. 한은 사신 섭하를 보내 회유하였으나 고조선은 끝내 이를 거부하였다. 결국 한은 외신의 의무 불이행을 고조선 공격의 명분으로 삼았다.

한은 루선장군 양복과 좌장군 순체를 보내 고조선을 공격하였다. 이후 한의 공격이 강화되자 조선상(朝鮮相) 노인(路人), 상(相) 한음(韓陰), 장군(將軍) 왕협(王唊)이 먼저 한에 투항하였고, 니계상(尼谿相) 참(參)은 우거를 살해한 후에 투항하였다. 대신(大臣) 성기(成己)가 끝까지 한에 항전하였으나 그 또한 우거의 아들 장항(長降)과 노인의 아들 최(最)가 성기를 살해함으로써 고조선은 멸망하게 된다.

한은 고조선 지역에 낙랑·진번·임둔군을, 예맥지역에 현도군을 설치하였다. 고조선 멸망 이후 예맥사회에서 성장한 고구려를 비롯한 여러 소국들은 한의 군현지배, 즉 이민족 세력을 극복하는 과정에서 고대국가로 성장할 수밖에 없었다.

참고문헌

1. 저서

고조선사연구회 편, 2009, 『고조선사 연구 100년』, 학연문화사.
노태돈 편저, 2000, 『단군과 고조선사』, 사계절.
박선미, 2009, 『고조선과 동북아의 고대 화폐』, 학연문화사.
박준형, 2014, 『고조선사의 전개』, 서경문화사.
송호정, 2003, 『한국 고대사 속의 고조선사』, 푸른역사.

2. 논문

박준형, 2004, 「고조선의 대외교역과 의미-춘추 제와의 교역을 중심으로-」, 『북방사논총』 2, 고구려연구재단.
_____, 2016, 「기원전 7세기 중반 동북아시아의 국제관계와 고조선의 위상」, 『백산학보』 106, 백산학회.
방향숙, 2005, 「고대 동아시아 책봉조공체제의 원형과 변용」, 『한중 외교관계와 조공책봉』, 고구려연구재단.
서영수, 1999, 「고조선의 대외관계와 강역의 변동」, 『동양학』 29, 단국대학교 동양학연구원.

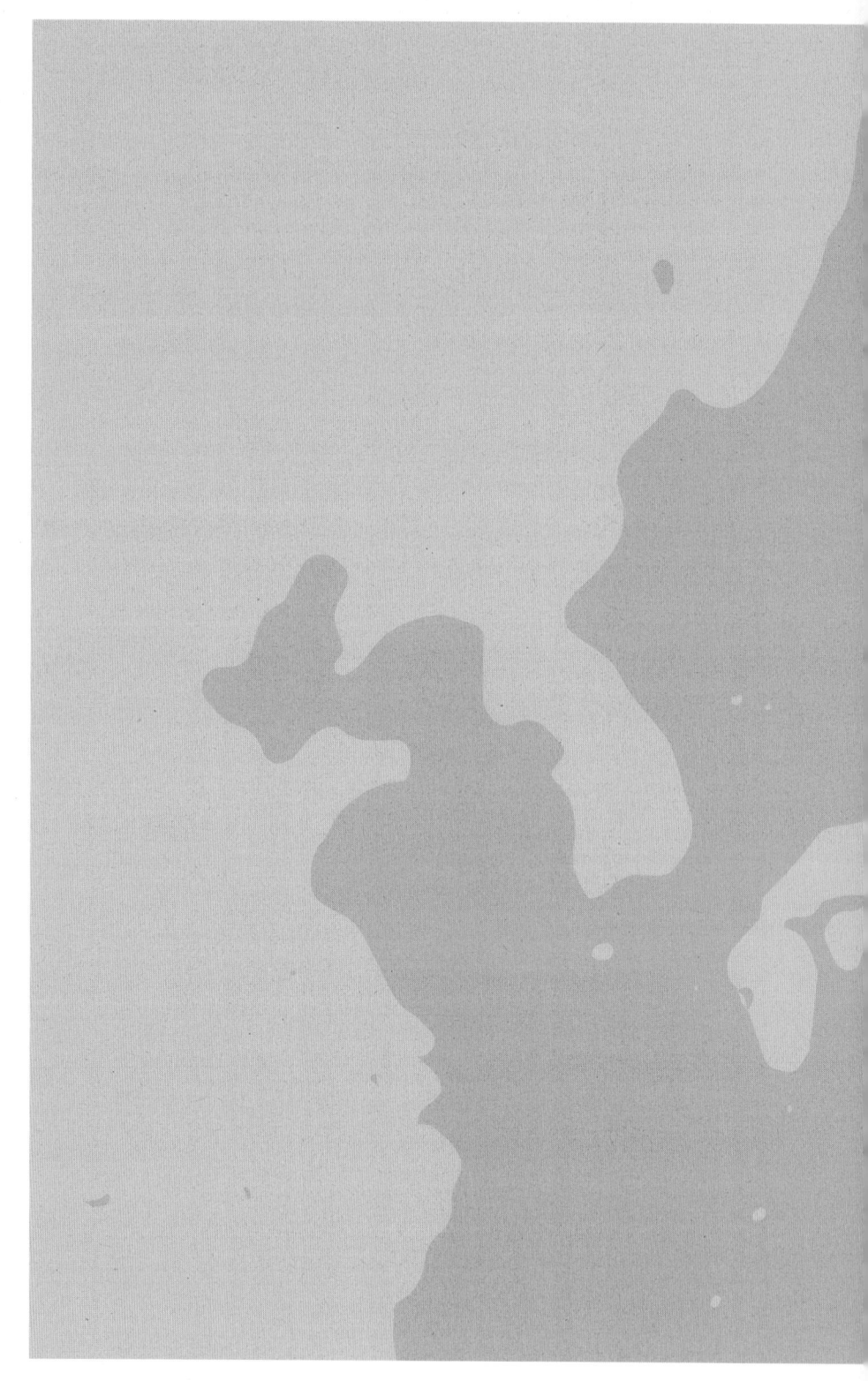

제 3 장
부여의 성장과 외교 교섭

송호정

1. 부여의 성장과 외교 교섭 개관
2. 3세기 이전 부여의 외교 교섭
3. 3세기 이후 부여의 외교 교섭
4. 부여 외교 교섭의 특성

| 주요 사건 연표 |

기원전 104	『사기』화식열전에 '부여' 처음 등장함.
59	해부루가 나라 이름을 동부여로 한 뒤 사망해 아들 금와가 왕위를 계승함.
기원후 9	대소가 사자를 보낸 고구려에게 신복을 종용하지만 뜻을 이루지 못함.
	왕망이 부여에 사신을 보내 전한의 인수를 거두고 새 인수를 내림.
49	부여가 후한에 사신을 보내 봉헌하자 광무제가 예물을 풍성히 내림.
	이때부터 해마다 사신을 통해 교류함.
120	부여 왕자 위구태가 후한에 가 공헌(貢獻)하자 효안제가 인수와 비단을 내림.
136	부여 왕이 친히 후한의 도성에 가 공헌하자 높이 예우하고 접대해 북을 치고 피리를 불며 각저희를 베풂.
161	부여가 후한에 사자를 보내 조하(朝賀)하고 공헌함.
174	부여에서 후한에 사자를 보내 공헌함.
285	모용외가 부여 왕성을 공격해 부여 왕 의려는 자살하고, 그 아들 의라는 옥저로 달아남, 모용외는 1만여 명을 죽이고 돌아감.
286	서진이 의라의 요청에 따라 군대를 보내 모용외를 격파하고 부여는 나라를 되찾음.
346	전연의 모용황이 부여 공격, 왕을 비롯해 5만여 명을 포로로 데려감.
	부여는 지금의 농안으로 천도함.
410	고구려가 부여의 원래 왕성(오늘날 지린)을 점령, 부여인 일부는 북쪽으로 강을 건너 두막루를 건국함.
457	부여가 북위에 조공함.
494	부여가 물길과 고구려의 압박을 받아 멸망함.

1. 부여의 성장과 외교 교섭 개관

부여는 기원전 3세기경부터 494년까지 북만주 지역(현 헤이룽장성과 지린성 일대)에 예맥족(濊貊族)이 세운 고대 국가였다. 흔히 부여족(扶餘族)이라 일컬어지는 예맥족의 한 종족은, 일찍부터 송화강 유역을 중심으로 서단산문화(西團山文化)라는 선진적인 문화를 영위하며 송화강(松花江)과 눈강(嫩江) 사이의 송눈(松嫩)평원 및 송화강과 요하 사이의 송요(松遼)평원을 개척하였고, 우리 역사상 고조선에 이어 두 번째로 국가체제를 마련하였다.

『삼국지』동이전 부여조에 "(부여는) 매우 부유하고 선조 이래 남의 나라에 패해본 일이 없었다"라고 기록된 것처럼, 부여는 상당히 높은 수준의 경제력과 강한 통치력, 군사력을 보유하고 있었다. 중앙에는 왕이 존재하여 귀족과 관리들을 거느리며 통치에 임하였고, 커다란 종족적 기반을 가진 대가(大加)들은 왕이 살던 곳의 사방에 거주하면서(사출도) 연맹 상태의 국가를 이룩하고 있었다.

그러나 3세기 이후 부여는 서쪽에서 꾸준히 성장한 모용선비(慕容鮮卑) 세력과 남방의 고구려의 압력을 받았다. 때문에 가야와 마찬가지로 국가 발달이 순조롭지 못하여 연맹체 단계에서 중앙집권적 고대국가로 전환하지 못한 채 멸망하고 말았다.

이처럼 부여는 기원전 2세기부터 5세기 말 멸망 시까지 그 국가적 성격이 삼국과 달리 지역 부족장들의 연맹적인 상태에 머물렀고 왕권도 그다지 강하다고 할 수 없었다. 따라서 '외교 관계'라는 것이 국가 대 국가 간의 사신 왕래와 교섭이 이루어지는 것이라고 할 때 부여는 언제부터 외교 관계가 이루어졌고, 국가의 성장에 따라 외교 교섭의 양상이 어떻게 변하였는지를 명확히 서술하기가 쉽지 않다.

대체로 부여족은 700년 이상의 긴 존속 기간 동안 중국의 왕조들과는 빈번하게 교류하며 우호 관계를 지속한 반면, 북방 유목민족, 특히 선비족

(鮮卑族)이나 고구려(高句麗)와는 대립하면서 국가적 성장을 이루었다. 또한 주변의 동옥저(東沃沮)나 읍루(挹婁) 등을 복속시킴으로써 만주 지역 고대 역사 발전의 주동적 역할을 수행하기도 하였다.

한대(漢代) 이후 부여는 남방의 성장하는 고구려와 북방 유목민의 틈바구니에서 생존하기 위해 중국과 부단한 관계를 유지하며 국가로서 성장을 지속해 나갔다. 대개 3세기에 들어서면 전성기를 맞아 영토는 물론 왕권도 가장 강력한 상태에 이른다. 따라서 3세기를 기점으로 그 전과 후의 외교 교섭 내용을 구분하여 정리하는 것이 어느 정도 가능하다. 다만 3세기 전성 시기 이후 고구려와의 외교 관계 기록을 비롯해 부여가 주체적으로 외교 관계를 펼쳐 나간 기록이 거의 없어 대개 대외 관계로 서술 내용의 폭을 넓혀 정리하도록 하겠다.

2. 3세기 이전 부여의 외교 교섭

1) 고구려와의 외교 교섭

서기 2~3세기 초까지의 사실을 기록한 『위략』에 "그 나라(부여)는 매우 부유하고 선세 이래로 일찍이 파괴된 적이 없다"라고 한 것으로 보아, 부여는 3세기까지 국가적 성장이 지속되면서 천도나 외부의 공격으로 큰 타격을 입는 일이 없었음을 알 수 있다. 그리고 성장된 국력을 바탕으로 외교 관계를 지속시켜 나갔던 것으로 보인다.

부여와 비교적 밀접한 관련을 맺은 나라는 고구려다. 처음에 부여와 고구려 사이에는 정치적·군사적 연맹이 성립되어 있었으나, 고구려가 부여의 역량을 능가한 이후에는 곧바로 부여를 병탄하려는 시도를 하였다. 이에 따라 부여는 한(漢)과 함께 공동으로 고구려에 대항하였다.

부여가 아직 강성하였던 기원전 1세기에 그 남쪽에서 고구려가 새로운 세력으로 성장하였다. 고구려의 시조 주몽이 처음 부여로부터 도망 와서 계루부를 건국하였으므로, 초기에는 부여와 새로 건국된 같은 예맥(濊貊) 계통의 나라인 고구려와는 우호적인 관계였다.

『삼국사기』에 따르면, 기원전 9년 부여가 고구려에 보낸 편지에서 "우리 선왕[金蛙王]이 그대의 선왕인 동명왕과 서로 사이가 좋았다"라고 한 것은 고구려 건국 초기에 두 나라가 화친(和親) 관계[1]를 맺고 있었음을 잘 보여준다. 또한 조금 뒤의 기록이지만, 『삼국사기』 고구려본기 태조왕 25년 (77)조에 "부여가 사신을 보내어 세 가지 뿔이 있는 사슴과 긴 꼬리의 토끼를 바쳤다"라는 기사와, 같은 왕 53년(105)에 "부여가 사신을 보내어 호랑

---

[1] 화친(和親)의 본래 의미는 국가 간에 평화롭고 친하게 지낸다는 의미로, 처음 한 고제와 흉노 선우 간에 평화적 외교 관계를 맺으면서 사용되기 시작하였다. 이후 중국적 세계 질서의 한 유형으로 정착되었다. 두 개의 국가가 상호 대등한 관계가 아니라 한쪽이 종속적인 경우 '내속(內屬)'이라는 개념을 쓴다.

이를 바쳤다"라는 기사도 이를 잘 보여주고 있다.

이 외에 태조왕 69년(121)에 "왕이 부여에 행차하여 태후의 묘에 제사하였다"라는 기사를 통해서도 화친 관계가 돈독했음을 알 수 있다.

그런데 건국 초기부터 예속 및 화친(和親) 관계를 유지하던 고구려가 급속히 성장하자, 부여는 고구려의 세력이 더 커지기 전에 힘으로 고구려 왕실을 예속시킴으로써 고구려로부터의 위험을 제거하고자 하였다. 기원전 6년 부여는 고구려에 사신을 보내 볼모교환을 요구하였다. 이때 국력이 아직 약했던 고구려는 하는 수 없이 태자 도절(都切)을 볼모로 보내려고 하였으나 도절이 두려워 가지 않자, 분개한 부여에서는 5만 명의 군사로 고구려를 공격하였다. 여기서 부여가 동원한 5만 명은 고구려가 초기 단계에 2만 명 정도를 동원한 것을 고려하면 국력을 기울인 대대적인 군사 원정이라고 해석할 수 있다.

그 후에도 부여는 외교적 방법으로 고구려 왕실을 계속 위협함으로써 고구려를 예속시키려고 하였다. 기원전 9년 부여는 고구려에 보낸 편지에서 부여와 고구려의 관계를 대국(大國)과 소국(小國)의 관계로 묘사하면서, 소국인 고구려가 대국인 부여를 섬기는 것은 응당한 도리라고 강조하였다. 뿐만 아니라 계속 부여의 요구를 듣지 않는다면 고구려 왕조를 더는 유지할 수 없을 것이라며 무력행사의 의사까지 드러냈다. 이에 대해 아직 부여와 싸울 만한 힘이 없었던 고구려는 겉으로는 부여의 요구에 순종하는 것처럼 하였으나, 실제로는 부여와의 정면충돌을 피하고 장차 부여와의 싸움을 위하여 국력을 키워나갔다.

그 후 고구려의 세력이 급속히 강화됨에 따라 두 나라 사이의 역량은 점차 균형 상태를 이루게 되었다.

13년 고구려를 공격하던 부여가 고구려군의 매복에 걸려 학반령(鶴盤嶺)에서 심대한 타격을 받았다. 이는 고구려에 대한 부여의 군사적 우세가 더 이상 지속되지 않게 되었음을 보여준다. 부여는 고구려와의 관계에서 점차 열세에 몰리게 되었다.

『삼국사기』대무신왕 3년조[20]의 '머리는 하나요 몸은 둘인 까마귀' 이야기에서 대소왕과 대무신왕 사이에 나눈 대화는 두 나라 사이의 현실적인 역량 관계를 반영하고 있다. 특히 장차 부여를 병합하려는 의도를 강하게 드러내 놓고 있는 대무신왕의 이야기는 그것을 담보할 만한 힘이 고구려에 마련되어 있었다는 것을 전제로 한 것이었다. 이러한 조건에서 고구려와의 외교전에서 부여가 실패하고 피동적인 상황으로 빠지게 된 것은 부여의 힘이 고구려에 비하여 점차 약화되어가고 있었던 사실을 반영한 것이다.

머리는 하나요 몸은 둘인 까마귀

"겨울 10월에 부여왕 대소가 사신을 시켜서 대가리는 하나요, 몸뚱이는 둘인 붉은 까마귀를 보내었다. 처음 부여 사람이 까마귀를 얻어서 왕에게 올렸는데 어떤 사람이 부여왕에게 말하기를 '까마귀는 본래 검은 것인데 이제 빛이 변하여 붉게 되고 또 대가리는 하나인데 몸뚱이가 두 개인 것은 두 나라를 병합할 징조이니 왕께서 고구려를 병합할지도 모릅니다'라고 하였다. 대소가 이 말을 듣고 기뻐서 붉은 까마귀를 고구려에 보내면서 어떤 사람의 말까지 전하였다. 왕(대무신왕)이 여러 신하들과 의논하고 부여왕에게 대답하여 말하기를 '검은 것은 원래 북방의 빛인데 이제 변하여 남방의 빛으로 되었으며, 그리고 붉은 까마귀는 상서로운데 그대가 이것을 얻었으나 이를 가지지 못하고 나에게 보냈으니 두 나라의 흥망을 알 수 없구나'라고 하였다. 대소가 이 말을 듣고 한편 놀라며 한편 후회하였다."(『삼국사기』 권14 고구려본기 대무신왕 3년조)

이러한 시기에 고구려는 부여로부터의 위협과 압력을 제거하고 그 지역을 통합하기 위한 준비를 적극적으로 추진하여 마침내 부여에 대한 대규모 공격을 감행하였다.

고구려군이 유리왕 22년 2월 부여의 남쪽 경계선에 다다르자, 부여는 전국의 군사들을 총동원하였다. 그리하여 지금의 휘발하(輝發河) 유역으로 추정되는 부여의 남쪽 진펄지대에서 두 나라 군대 사이에 큰 싸움이 벌어졌다.

전쟁 초기 부여의 주력군은 고구려군을 기습하였으나 고구려군의 기묘한 전술에 걸려 진펄에 빠지게 되어 오히려 고구려군의 역습을 받게 되었다. 결국 이 싸움에서 1만여 명의 부여 군사들이 격퇴 당하였고 부여왕 대소도 붙잡혀 죽었다. 이 전쟁에서 부여는 비록 고구려군을 물리쳤으나 국왕과 수많은 군사들을 잃었고, 부여 왕의 죽음을 계기로 통치층 안에서 불안과 동요가 일어났으며 고구려로 넘어가는 자들이 늘어났다.

대소왕(帶素王)이 죽자 그의 동생(금와왕의 막내아들)은 22년 갈사수 지역에 갈사국(曷思國)을 세웠고, 같은 해에 금와왕의 사촌동생이 1만여 명을 이끌고 가서 고구려에 투항하였다. 고구려 왕실에서는 그를 연나부(椽那部) 지방에 안착시키고 '락(絡)'씨라는 성을 주어 특별히 우대하였다. 이처럼 전쟁과 대소왕의 전사를 계기로 통치층 안에서 일어난 와해 상태는 부여의 국력을 현저히 약화시켰다.

2세기를 넘어서면서 고구려(高句麗)의 발전을 견제하기 위해 후한(後漢)과 밀접한 외교관계를 전개하던 부여는, 평야지대이면서 농사에 유리한 요동군(遼東郡) 지역을 놓고 고구려와 다시 대립하게 된다. 이러한 사실은 『삼국사기』 고구려본기에 고구려 태조왕 69년(121)에 "왕이 마한·예맥의 1만여 기를 거느리고 나아가 현도성을 포위하였다. 부여왕이 아들 위구태를 보내어 병사 2만을 거느리고 한나라 병사와 힘을 합하여 맞서 싸웠으므로 아군(고구려군)이 대패했다"는 기록과 1년 뒤(122)에 "왕이 마한·예맥과 함께 요동을 침략함에 부여왕이 병사를 보내어 현도를 구원하는 동시에 우리 군을 깨뜨렸다"라는 기록에서 확인된다.

북방의 한랭한 땅인 송화강 유역에 자리 잡은 부여가 온난한 요하 유역으로 진출하려 하고, 또 압록강 중류역의 산간지대에 자리 잡은 고구려가 농경지로서 혜택을 입은 요동군으로 진출하려 한 것은 경제적 기반을 확대하기 위한 당연한 요청이었을 것이다. 어찌 보면 후한 정권은 이러한 대립을 교묘하게 이용하여 이민족 지배 정책을 실시해 나갔다고 볼 수 있다.
아래는 부여와 고구려의 외교 교섭 내용을 정리한 것이다.

〈표 1〉 부여와 고구려의 외교 관계 기사

연대	관련 내용
1. 고구려 동명성왕 13년 (기원전 24)	부여왕의 시비이자 주몽의 어머니인 유화가 죽자, 금와가 태후의 예로 장례 지내고 묘를 지음. 고구려가 방물을 보내 사례함.
2. 고구려 유리명왕 13년 (기원전 6)	정월에 대소가 고구려와 인질 교환을 요구하지만, 고구려 태자 도절이 두려워 가지 않음. 11월에 대소가 병사 5만으로 고구려를 공격했으나 승리하지 못함.
3. 고구려 유리명왕 28년 (9)	대소가 사자를 보내 고구려에 신복을 종용하지만 뜻을 이루지 못함.
4. 고구려 유리명왕 32년 (13)	11월에 대소가 고구려를 공격했다가 학반령에서 복병을 만나 대패함.
5. 고구려 대무신왕 3년 (20)	대소가 고구려에 머리 하나에 몸이 둘인 붉은 까마귀를 보내 고구려 병합 의지를 드러냄.
6. 고구려 대무신왕 5년 (22)	2월, 고구려의 공격을 받아 대소가 전사한 끝에 고구려군 격퇴. 4월, 대소의 아우가 100여 명을 데리고 갈사수 가에 이르러 갈사왕을 칭함. 7월, 대소의 사촌 동생이 1만여 명을 거느리고 고구려에 투항함.
7. 고구려 태조왕 25년 (77)	부여의 사신이 고구려에 뿔 셋 달린 사슴과 꼬리가 긴 토끼를 바침.
8. 고구려 태조왕 53년 (105)	부여에서 고구려에 사신을 보내 호랑이를 바침.
9. 고구려 태조왕 69년 (121)	10월, 고구려 태조왕이 부여국에 이르러, 태후인 유화의 사당에 제사함. 12월, 고구려와 마한 예맥 군대 1만여 명이 현도군을 공격하자 위구태가 2만 명을 거느리고 한을 도와 승리함.
10. 고구려 태조왕 70년 (122)	고구려가 마한, 예맥과 힘을 모아 요동에 침입하자 부여에서 병사를 보내 요동을 구함.

2) 한(漢)과의 외교 교섭

부여와 한(漢)의 관계는 초기 단계부터 비교적 우호적이었으며, 일시적으로 정략결혼과 공수동맹을 맺기도 하였다. 그러나 중국이 5호 16국의 혼란기에 접어들면서 부여는 중국 동북 방면에서 크게 강성해진 모용씨 연(燕)나라의 침략을 받아 세력이 약해졌다.

흉노가 강대했던 서한(西漢) 초년 부여는 중국과 격절되어 한(漢) 왕조와는 관계가 비교적 적었다. 그러던 중 한 무제가 위만조선을 정복한 후(기원전 108년) 부여와 한 왕조는 점점 밀접한 관계를 맺게 되었다. 나중에는 예속관계를 맺어 부여는 한 왕조에서 그 국군(國君)에게 주는 인수(印綬)를 받았다.

서한시대 말기에 왕위를 찬탈한 왕망(王莽)은 건국한 원년(9년)에 새로운 통치체제를 확립하고 사방으로 사신을 보내어 옛날 한(漢)의 인수(印綬)를 거두어들이면서 다시 새로운 왕실의 인수를 주었다. 이때 "그 동으로 나간 사신은 현도·낙랑·고구려·부여에 이르렀다"고 한다. 이 기사를 통해 부여가 이미 왕망 이전부터 서한 왕조의 인수를 받았고, 따라서 왕망 때에 이르러 다시 받게 되었음을 알 수 있다.

부여와 한 왕조의 관계가 진일보하게 된 것은 후한 초부터였다. 후한 정권은 건립 후 건무 8년(32)에 동북의 각 종족과 우호적인 관계를 맺고자 하였다. 제융(祭肜)은 41년 요동태수가 되어 은혜를 베풀고 위엄을 부렸는데, 이를 계기로 각 종족은 한 왕조와 우호관계를 회복하였다.

당시 부여의 지배세력들은 서로 대립하는 고구려와 후한 사이의 역량관계가 고구려에 유리하게 바뀔 경우 그것이 장차 부여에 미칠 위험을 고려하여 요동반도에서 두 세력이 계속 대립하게 만들어서 자국의 안전을 도모하려고 하였다. 이로부터 부여는 후한 세력과 외교 교섭을 통해 고구려의 성장을 막으려는 방향으로 나아갔다.

한편 후한 왕조는 그 초기에 동방 나라들에 대한 대외정책에서 부여와의 관계를 매우 중요시하였다. 부여가 만일 고구려와 동맹한다면 자신들의 동방 정책이 더 어려운 난관에 부딪치게 되리라는 것을 우려했다. 이에 후한은 고구려 왕실에 대한 부여 지배세력들의 반감을 이용하여 부여를 자기들의 동맹 세력으로 끌어들이려고 하였다.

부여와 후한은 이와 같은 자신들의 이해관계로부터 출발하여 화친(和親) 관계를 맺게 되었다. 그리하여 49년 부여는 후한에 특산물을 보내었으며 후한의 광무제는 이에 답례를 후하게 하였을 뿐만 아니라 부여와의 관계 발전에 각별한 관심을 두었다. 이후 부여와 후한 사이에는 해마다 사신들이 서로 왕래하였다.

부여는 후한과의 화친 관계를 발전시키면서 한편으로는 고구려에도 사신을 보냈다. 이는 고구려와의 관계를 악화시킬 필요가 없었기 때문이었다. 그러나 2세기 초에 이르러 부여와 후한 사이에는 일시적인 충돌이 일어나게 된다.

111년 부여 왕이 "보기(步騎) 7·8천 명을 거느리고 낙랑을 노략질하고, 백성을 살상한 후에 다시 귀부하였다"고 한 것이 후한과 첫 번째 마찰이다.

부여왕이 직접 지휘하여 벌인 이 군사 행동은 두 나라 사이의 관계를 일시 격화시켰다. 이 사건이 어떤 동기로 벌어졌는지는 알 수 없으나 후한을 이용하여 고구려를 견제하려는 부여의 대외정책에서 그 무슨 변화가 있어서 취해진 것은 아닌 것으로 생각된다. 그것은 이후 두 나라 사이의 관계가 다시 회복된 사실이 잘 말해준다.

이후 118년 고구려가 현토·낙랑을 공격하고, 나아가 120년에도 현도성을 공격하자 부여는 오히려 현도성을 돕고 고구려 군대에 맞서 싸웠다.

120년 부여 왕이 위구태를 후한에 파견하였는데, 이것도 고구려의 현도성 공격과 관련된 것으로 보인다. 관례에 따라 부여는 자기 나라의 진귀한 특산물을 후한에 보냈고, 이에 보답하여 후한은 위구태에게 비단을 주었다. 부여가 후한에 왕자를 사절로 파견한 것이나 후한이 금품을 주어 각별히 우대한 것은 두 나라가 서로의 관계를 개선하는 데 매우 큰 관심을 두고 있었다는 것을 표시한 것이었다.

위구태의 후한 방문은 후한과 부여 두 나라 사이의 관계를 보다 밀접하게 만든 중요한 계기가 되었다. 이후 부여의 통치자들은 단순한 사신 거래나 대외 무역의 범위를 벗어나 고구려와 대립하고 후한과 군사적으로 결탁하는 데까지 이르게 되었다.

『삼국사기』 고구려본기에도 고구려 태조왕 69년(121)에 "왕이 마한·예맥의 1만여 기를 거느리고 나아가 현도성을 포위하였다. 부여 왕이 아들 위구태를 보내어 병사 2만을 거느리고 한나라 병사와 힘을 합하여 맞서 싸웠으므로 아군이 대패했다"라는 기사와 또 1년 뒤(122)에 "왕이 마한·예맥과 함께 요동을 침략함에 부여 왕이 병사를 보내어 현도를 구원하는 동시에 우리 군을 깨뜨렸다"라고 한 기록은, 고구려의 활발한 요동 진출을 견제하기 위해 부여가 후한과 밀접한 군사외교를 전개하였음을 보여준다.

그 후 부여와 후한 사이에는 평화적인 국교 관계가 계속되었다. 특히 136년에는 부여 왕이 후한을 방문하였는데 부여 왕이 직접 후한을 방문한 것은 이전에도 없었고 이후에도 없었던 특이한 일이었다. 이것으로 미루어 보아 이 시기가 부여와 후한 두 나라 사이에 밀접한 관계를 이루고 있은 때였다는 것을 알 수 있다.

이후, 167년 부여 왕 부태가 2만 명을 거느리고 현도군을 약탈하니 현도 태수 공손역이 그것을 격파했다고 한다. 이 기사는 부여와 한의 우호적인 관계를 생각할 때 예외적이라 할 수 있다. 이 사건을 계기로 국교가 단절되었으나 일시적이었을 뿐, 174년부터 다시 국교가 회복되어 부여 왕은 "다시 공헌하였다"고 한다.

부여와 후한 양측 간에는 그 뒤에도 밀접한 관계가 지속되었다. 2세기 말경 공손탁(公孫度)이 요동에 독자적인 세력을 형성하여 동방의 패자로 군림했을 때, 부여는 후한(後漢)세력과의 관계 때문에 화친(和親) 관계를 유지하고, 공손탁의 종녀(宗女)와 결혼하여 일종의 혼인동맹(婚姻同盟)을 맺었다.

『삼국지』 위서 동이전 부여조 기록에 따르면, 공손탁이 위세(威勢)로써 외이(外夷)인 부여를 복종시킬 수 있었던 이유는 "해동에서 크게 기세를 떨치었기" 때문이었지 무력적 침공이나 정벌에 의한 것은 아니었다고 한다.

부여는 요동왕국 시기를 통해 공손씨 정권에 가장 협력한 존재였다. 부여는 요동 왕국 출현 이전부터 한(漢) 왕조와 매우 우호적인 관계를 맺었다. 그것이 요동왕국 시절에도 지속되었던 것이다. 요동 왕국은 혼인 관계를 통해 부여의 내속(內屬)을 보장받았을 뿐 아니라 고구려와 선비를 방어하는 효과도 거둘 수 있었다.

이후 위(魏)가 공손씨를 멸망시킨 다음 유주자사 관구검(毌丘儉)을 보내 고구려를 침공했을 때(244~245) 현도 태수 왕기(王頎)가 부여를 방문하자 부여의 권신인 대사 위거(位居)는 대가를 시켜 위군(魏軍)을 환영하고 그들에게 군량을 제공하였다. 이처럼 공손씨 세력은 후한에 뒤이어 선 위나라에 의하여 238년에 멸망하였으므로, 부여와 공손씨 세력과의 관계는 얼마 유지되지 못하였다.

이상에서 『후한서』 동이열전 부여조와 본기에 의거해서 후한과의 외교 교섭 관계를 정리하여 알기 쉽게 〈표〉로 나타내면 다음과 같다.

〈표 2〉 부여와 고구려의 외교 관계 기사

연대	관련 내용
1. 광무제 건무 25년(49)	부여왕이 사신을 보내 공헌하였다. 광무제가 후하게 보답하였다. 이에 사신을 해마다 통하게 하였다(夫餘王遣使奉貢 光武厚答報之 於是 使命歲通).
2. 안제 영초 5년(111)	부여왕이 처음으로 보기 7~8천명을 거느리고 낙랑을 침략하여 관리와 백성을 살상하니 후에 다시 귀부하였다(夫餘王始將步騎七八千人 寇鈔樂浪 殺傷吏民 後復歸附).
3. 안제 영녕 원년(120)	(부여왕)이 이내 사자 위구태를 보내 황제를 알현하고 공물을 바쳤다. 천자가 위구태에게 인수와 금채를 내렸다((夫餘王)乃遣嗣子尉仇台 詣闕貢獻 天子賜尉仇台印綬金綵).
4. 안제 연광 원년(122)	부여왕이 아들 위구태를 보내 병사를 거느리고 현도를 구원하고 고구려 마한 예맥을 쳐서 격파하였다(夫餘王遣子(尉仇台) 將兵救玄菟 擊高句麗 馬韓 穢貊 破).
5. 순제 영화 원년(136)	부여왕이 수도 낙양에 조공을 보내니 황제가 황문고취와 각저희를 배풀었다(其王(夫餘王)來朝京師(洛陽) 帝作黃門鼓吹角抵戲).
6. 환제 연희 4년(161)	부여왕이 사신을 보내 조하하고 공헌하였다((夫餘王)遣使朝賀貢獻).
7. 환제 영강 원년(167)	부여왕 부태가 2만여명을 거느리고 현도를 노략질하니 현도태수 공손역이 그들을 격파하고 천여명을 참수하였다(王(夫餘王)夫台 將二萬餘人 寇玄菟 玄菟太守公孫域擊破之 斬首千餘級).
8. 영제 희평 3년(174)	부여왕이 다시 공물을 바쳤다((夫餘)復奉章貢獻).

3. 3세기 이후 부여의 외교 교섭

1) 위·진과의 외교 교섭

부여는 지형상 중국 동북평원이라는 대평원 지대에 자리잡고 있어 외침을 방어하는 데 취약점을 안고 있었다. 또한 부여 지역은 유목민과 농경민이 교차하는 중간지대였으므로 주변 세력의 변화에 따라 그 영향을 민감하게 받았다. 특히 3세기 중반 이후 중국의 통일세력이 무너지고 유목민 세력이 흥기하여 동아시아 전체가 격동기에 접어들면서 더욱 그러하였다.

3세기 초에 이르러 중국에서는 커다란 변화가 일어났다. 후한 말의 혼란 상태를 이용하여 지방 할거 세력들 사이에 벌어졌던 맹렬한 싸움이 점차 수습되어, 위·촉·오 세 나라의 분립이 이루어졌다. 220년 후한의 마지막 군주 현제를 내쫓고 왕위에 오른 조비는 장강(양자강) 이북 지역을 차지하고 나라 이름은 '위(魏)'라고 선포하였다.

중국 지역의 정세 변화를 주시하고 있던 부여는 중국 대륙의 북쪽 지역에서 위나라가 수립되고 부여와 서쪽으로 이웃하게 될 가능성이 보이자 220년 3월에 위나라에 사신을 파견하였다. 이로써 부여와 위나라 사이의 접촉이 처음으로 이루어지고 국교 관계의 시초가 마련되었다.

부여와 위나라의 외교 관계가 활발히 이루어진 것은 대체로 238년 위나라가 공손씨 세력을 최종적으로 멸망시킨 이후부터였다. 공손씨 세력을 대신하여 요동 지방을 장악하고 영토를 넓힌 위나라는 앞선 나라들과 마찬가지로 고구려에 대한 전쟁에 국력을 기울였으며 여기에 부여를 끌어들이려고 하였다.

한편 부여의 통치자들은 왕실을 보존하기 위해 위나라와 손잡고 고구려와는 적대적인 관계로 나갔다. 그리하여 부여의 통치자들은 고구려를 침략하는 위나라 군대의 요구에 응하기에 이르렀다. 위나라의 유주자사

관구검은 고구려에 대한 침략 전쟁을 벌이면서 현도태수 왕기를 부여에 맞아들였으며, 그의 요구에 따라 위나라 침략군에게 군량을 공급하였다.

265년 위나라가 멸망한 다음 뒤이어 진(晉, 西쪽)나라가 섰다. 진나라는 위나라 정치 세력의 기둥을 이루고 있었던 사마씨 집단이 세운 나라였다. 그러므로 부여도 위나라 때와 다름없이 진나라와도 국교 관계를 유지하였다. 부여는 265~290년 사이에 자주 진나라에 사신을 보내 외교 관계를 유지하였다.

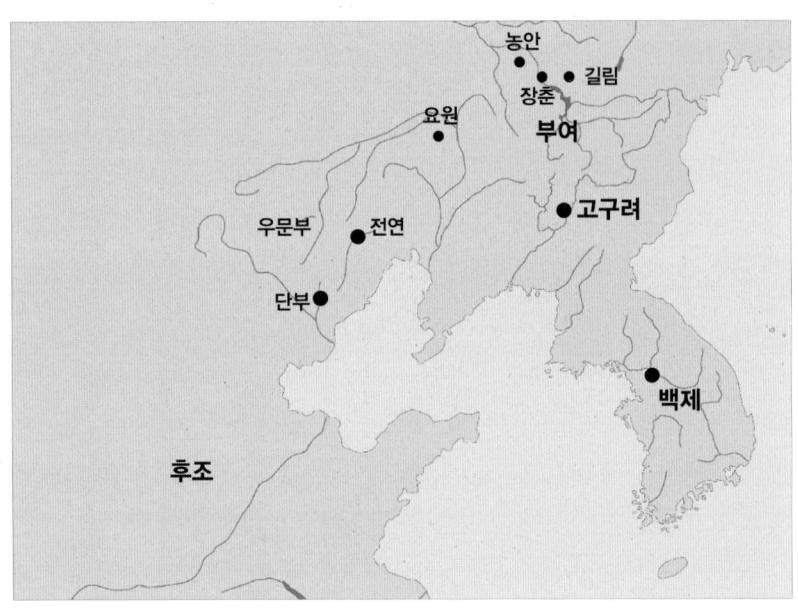

| 그림 1. 4세기 동북아시아와 부여 주변 제 세력

2) 전연(前燕)과의 외교 교섭

3세기 후반에 접어들면서 부여국은 격심한 변화를 맞게 되었는데, 이는 근본적으로 주변 정세의 급속한 변화에 따른 것이었다.

『삼국지』위서 동이전 부여조에 명기된 것처럼, 부여의 서쪽은 동호계(東胡系)의 선비(鮮卑)[2]와 접하고 있었는데, 3세기 이후 선비가 발전함에 따라 선비와 중대한 관계를 맺게 되었다.

당시 모용선비(慕容鮮卑)는 서쪽의 우문(宇文)선비와 서남쪽의 단(段, 丹)선비 세력을 통합하기 위하여 세력을 확장해 나갔다. 이 과정에서 281년 모용선비는 진나라의 창려군과 요서군을 침공하였는데, 이 사건을 계기로 진나라는 두 차례(281년과 282년)에 걸쳐 모용선비에게 큰 타격을 주었다. 이로 인해 큰 손실을 입은 모용선비는 자기의 본거지를 버리고 요동 북쪽(부여와 가까운 곳)으로 이동하였다.

그 후 284년 모용선비의 모용외(慕容廆)는 진나라의 힘을 빌려 우문선비를 무력으로 정벌해 줄 것을 진나라에 요구하였다. 그러나 진 무제는 모용외의 요구를 거절해 버렸다. 이에 불만을 품은 모용외는 진나라를 반대하여 서쪽으로는 요서군과 창려군을 자주 침공하였으며 동쪽으로는 진나라와 화친 관계에 있는 부여로 침략의 화살을 돌렸다.

모용외는 285년 부여에 대한 대규모 침략을 감행하여 부여의 수도에까지 육박하였다. 남으로부터 가해지는 고구려의 압력과 서쪽에 자리 잡은 선비족의 세력 팽창에 따라 여러 차례 공략을 당한 부여는, 급기야 285년 선비족 모용외(慕容廆)에 의해 수도를 함락당하고 1만여 명이 포로로 잡혀갔다. 이때 국왕 의려(依慮)는 자살하였고 부여 왕실은 북옥저(北沃沮) 방면으로 피난하였다.

285년 선비가 부여를 공격한 목적은 일차적으로 진(晉)의 영역으로 진출하고자 배후 세력을 분쇄하려는 의도가 강했던 것으로 볼 수 있다. 그리고 부여 왕도(王都)에 오랜 동안 축적된 재산의 탈취 및 중국화 되어가던

---

2 요서지역에 있었던 선비는 흉노나 오환과 마찬가지로 역대로 중국 왕조들이 강할 때면 그에 복종하고 약할 때면 반기를 들고 변방의 군·현들을 침입하곤 하였는데 진나라 때에도 사정은 마찬가지였다. 진나라 때 요서지역에서 큰 세력으로 자라난 대표적인 세력은 모용선비, 우문선비, 단선비였으며 그 가운데서 모용선비가 부여의 서쪽 제일 가까운 곳(요하 서쪽 극성을 중심으로 한 지역)에 있었다.

그들 생활의 경제적 부담자인 정착농경민의 포획과 대(對)중국 노예무역 상품의 획득 등도 목표했던 것으로 보인다.

『삼국지』위서 모용외전(慕容廆傳)에는 "(서진의) 동이교위 하감(何龕)이 가침(賈沈)을 보내 호위케 하고 장차 의려(依慮)의 아들을 맞이하여 왕으로 삼게 했다. 외(廆)는 그 장수 손정(孫丁)을 보내 기병을 거느리고 가침 군을 요격하니, 가침이 힘을 다해 싸워 손정을 죽이고 마침내 부여를 복국(復國)시켰다"라고 기록되어 있다. 즉, 선비(鮮卑)의 난(難)을 만난 왕자 의라(依羅)는 서진의 부여 부흥 방침에 의지해 다음 해 호동이교위(護東夷校尉, 요동의 遼陽)의 밑으로 예속되고, 그에 의해 구국(舊國)으로 귀환하여, 다시 부여국(夫餘國)을 일으켰던 것이다.

그러나 부여는 복국 뒤에도 모용씨의 거듭된 침입을 받게 되었고, 포로가 된 부여인들은 북중국에 노예로 전매되어 갔다.

한편 4세기에 이르러 부여의 서쪽 정세는 부여에 더욱 불리하게 변화되어 갔다. 이미 3세기 말에 서진 왕족 안에서 일어난 정권 쟁탈전을 계기로 진나라 안에서 여러 왕국들 사이에 싸움(8왕의 난)이 벌어졌고, 통일국가 진(晉)은 사분오열되어 5호16국의 동란기에 들어섰다.

이 시기 요서 지방에서 강한 세력으로 자라난 모용선비는 전연(前燕)을 세웠다. 337년 연왕이 된 모용황(慕容皝)은 중국 내륙 깊이 진출하기 위해서는 배후에서 견제하고 있는 고구려를 비롯한 그 밖의 세력들을 격파하지 않으면 안 되었다. 이로부터 전연은 342년 고구려에 대한 대규모 무력 침공을 감행하였으며, 그에 뒤이어 부여에 대해서도 침략 전쟁을 감행하였다.

『자치통감(資治通鑑)』진기(晉紀) 기록에는 "(부여는) 백제(百濟)의 침략을 받아 부락이 쇠산해졌는데, 서쪽으로 연(燕) 가까이로 옮기고는 방비를 하지 않았다"고 한다.[3] 즉, 부여가 모용씨의 침입을 받기 전에 백제의 침략을 받았다는 것이다. 이 기록을 4세기 초 백제의 해상 발전, 나아가서는 요서 진출의 한 근거로 보려는 설이 있다. 그러나 기록에 나오는 '백제(百濟)'는 '고구려(高句麗)'의 잘못된 표기로 보는 것이 옳을 듯하다. 기록 그대로 백제로 보기에는 당시 백제의 위치와 거리가 맞지 않는다.

고구려는 미천왕 14년(313)에 낙랑군을, 이듬해에는 대방군을 탈취하였다. 또 이듬해에는 현도군을 침공하고, 그 후 모용씨(慕容氏) 세력과도 자주 충돌한 일이 있었다. 아마 부여도 미천왕 때 침공의 대상이 되어 부락의 쇠산을 초래하였던 것으로 보는 것이 합리적일 듯하다.

346년 모용황은 아들 모용준을 우두머리로 하여 모용군, 모용각, 모여근 등이 거느린 1만 7,000명의 기병으로 서쪽으로 옮겨 온 부여를 침략하였다. 전연의 침략군들은 부여에 침입하여 그 왕과 주민 5만여 명을 납치하여 돌아갔다. 모용황은 납치한 부여 주민들을 무마하고 저들에게 순종토록 하기 위하여 부여왕 현(玄)을 이른바 '진군장군'으로 임명하고 자기 딸을 현에게 주어 처로 삼게 하였다.

346년 당시 연군(燕軍)은 부여(夫餘) 수도에 한 차례 타격을 가한 후 귀환한 것으로 보인다. 그 이유는 만약 부여의 수도에 계속 머물며 그 영역을 직접 지배할 경우 연(燕)으로서는 상당한 병력 투여와 계속적인 전쟁을 감수하여야만 했기 때문이다. 그러나 당시 연(燕)나라는 서쪽으로는 후조(後趙)와 대결을 벌이고, 동으로는 고구려(高句麗)와 전쟁을 치른 후 대치하고 있어서 계속적으로 부여 지역에 군대를 주둔시킬 수 있는 상황이 못 되었다.

---

3 『자치통감』 권97 진기 19 목제 영화 2년조 기록에 따르면, 부여는 처음에 녹산(鹿山) 부근에 있었는데 백제의 공격을 받고 그 부락이 흩어져 서쪽으로 전연 가까이 이동하였다가 아무런 방비도 갖추지 못한 채 모용황의 침략군에 피해를 입은 것으로 되어 있다. 이 기록에서 부여를 쳤다는 백제는 고구려에 대한 오기일 가능성이 높다. 아무튼 부여의 모든 부락이 몽땅 전연 가까이로 이동하였을 수는 없을 것이다. 부여의 일부 부락이 서쪽으로 이동하여 독립 소왕국을 꾸리고 있다가 모용황의 침입을 받았을 수도 있다.

연군(燕軍)이 돌아가자 부여인들은 곧바로 나라를 재건하려 하였다. 이처럼 부여국이 그 명맥을 잇게 된 것은 연(燕)이 북중국 방면으로 진출해 나감에 따라 그 압력이 퇴조하였기 때문이다. 또한 고구려도 연의 침공에 타격을 입은 데다 남쪽에서 올라오는 백제 세력과의 대결에 급급하여 부여에 대해 압박을 가할 수 없었다. 부여국이 명맥을 유지할 수 있게 된 것은 이러한 주변 정세의 진전에 힘입은 바 컸다.

부여는 346년 모용황의 침입으로 국세가 완전히 기울어졌다. 당시 부여국에서 선비에게 잡혀갔다는 5만여 인의 포로 숫자는 『삼국지』 위서 동이전 부여조의 '호팔만(戶八萬)' 기록을 생각하면 거의 궤멸적인 손실로 볼 수 있다. 그럼에도 불구하고 이후에도 부여(夫餘)국은 세력이 약화된 채로 존속하였다.

『진서(晉書)』 권111, 재기(載紀) 11 모용위조에 의하면 370년 전진의 부견이 부(部)의 무리 10만 군을 거느리고 전연의 수도 업(鄴)을 쳤을 때, 전연의 산기시랑 여울이 부여의 인질을 거느리고 밤에 성문을 열어 부견의 군사를 맞아들였다고 한다. 이는 346년 이후 부여가 완전히 멸망한 것이 아님을 알려주는 내용이다.

『자치통감』 권102, 진기(晉紀) 24 해서공(海西公) 하조에는 『진서』 내용보다 더 자세한 기사가 보인다. 그에 따르면 여울이 부여·고구려 질자 500명을 거느리고 있었다고 하고 세주(細註)에 여울을 부여 왕자라고 하여 복잡한 추리를 유발시키고 있다. 이에 대해서는 오히려 모용씨가 부여를 공멸한 뒤 그 구토를 통치하기 위한 수단으로 잡아놓은 인질일 가능성이 높다고 본다.

모용씨의 전연(前燕)은 이 사건 이후 20여 년 만에 망(亡)하고, 다시 화북지방(華北地方)은 5호16국의 대혼란 시대로 들어갔다. 이후 부여의 서쪽에서는 전진, 후연, 북연 등 나라들이 교체되었고 그에 뒤이어 북위(北魏)가 북연(北燕) 지역을 차지하였다. 북위는 송나라와 서로 통합을 위한 정복 전쟁을 맹렬히 벌이고 있었으므로 동방 나라들, 특히 고구려와 평화적인 국교 관계를 발전시키는 방향으로 나갔다. 이들 나라들에 대한 부여의 관계는 옛 기록에 거의 전해지고 있지 않지만 457년 12월에 부여와 북위 사이에 교역이 진행된 것으로 보아 대체로 화친(和親) 관계에 있었던 것으로 짐작된다.

그리고 서방의 분란에 편승해 고구려(高句麗)가 점점 요동(遼東) 지역에 세력을 넓히고, 요동지역을 거의 고구려의 독무대로 만들었다.

이후 부여의 이름은 『위서(魏書)』 고종기의 문성제(文成帝) 태강 3년(457) 조에 "코탄[于闐]·부여 등 10여 국이 사신을 보내어 조공하였다"는 북위 문성제의 입공(入貢) 기록과 고구려 문자명왕(文咨明王) 3년(494)의 부여왕 망명 기사에서 나온다.

이처럼 선비의 습격 이후 멸망까지 약 50년간 문헌 기록에 두 번 부여의 이름이 등장하는데 이것은 지금의 부여가 완전히 만주 한 모퉁이의 소국으로 떨어져버린 사실을 암시한다.

4. 부여 외교 교섭의 특성

　부여는 지리적으로 요동지역의 동쪽에 위치하고, 북쪽에 유목민족, 남쪽에 고구려라는 강대국 사이에 위치하고 있어 주변 국가의 영향을 받지 않을 수 없었다. 한의 현도군(玄菟郡)을 비롯하여 고구려·읍루·선비 등 주변 정치세력의 흥망성쇠에 큰 영향을 받았다.

　대체로 부여족은 700년 이상의 긴 존속 기간 동안 대체로 중국의 왕조들과는 빈번하게 교류하며 우호 관계를 지속한 반면, 북방 유목민족, 특히 선비족(鮮卑族)이나 고구려(高句麗)와는 대립하면서 국가적 성장을 이루었다. 또한 주변의 동옥저(東沃沮)나 읍루(挹婁) 등을 복속시킴으로써 만주지역 고대 역사 발전의 주동적 역할을 수행하기도 하였다.

　한대(漢代) 이후 부여는 남방의 성장하는 고구려와 북방 유목민의 틈바구니에서 생존하기 위해 중국과 부단한 관계를 유지하며 국가로서 성장을 지속해 나갔다. 대개 3세기에 들어서면 전성기를 맞아 영토는 물론 왕권도 가장 강력한 상태에 이른다. 따라서 3세기를 기점으로 그 전과 후의 외교 교섭 내용을 구분하여 정리해 볼 수 있다.

　부여가 성장·발전하는 데는 고구려와의 세력 경쟁이 가장 중요하였다. 따라서 부여는 기원전부터 고구려와 외교 교섭을 벌였다. 그러다『삼국사기』고구려본기 대무신왕 대를 획기로 고구려와 부여의 국가적 역량이 바뀌게 되면서 두 나라 사이의 관계는 조금씩 변화가 있게 된다.

　한편 부여는 후한 건무(建武) 25년(49년)부터 정식으로 한(漢)과 교빙(交聘) 관계를 수립하고 요동군(遼東郡)과도 관계를 맺었다.

　서기 1세기 초부터 부여의 명칭이 중국의 역사서에 자주 등장한다. 이는 부여가 흉노나 고구려와 함께 왕망(王莽)의 신(新, 8~23)에 위협적인 존재로 비칠 만큼 큰 세력으로 성장했기 때문이다.

　서기49년 부여왕은 후한 광무제(光武帝)에게 사신을 보내어 공물을 바쳤고, 광무제는 후하게 보답하였다. 이 때에는 부여가 중국식 왕호를 사용하였고 중국인에게 국가적인 존재로 비칠 정도로 성장하였다.

이후 고구려 및 선비족과의 빈번한 접촉과 한족(漢族)과의 교류는 필연적으로 교환관계의 발전을 더욱 촉진하였다. 49년 부여왕이 광무제에게 사신을 보내어 공물을 바치고 조복의책(朝服衣幘)을 받았다. 이러한 부여를 두고 서기 2~3세기 초까지의 사실을 기록한 『위략』에는 "그 나라는 매우 부유하고 선세 이래로 일찍이 파괴된 적이 없다"고 한 것으로 보아 그 때까지는 국가적 성장이 지속되면서 국도(國都)의 천도나 남에게 큰 타격을 입는 일이 없었던 것으로 보인다. 그러나 285년 요하 상류에서 일어난 선비족 출신 모용외의 침략을 받아 국가적인 위기에 처하였다. 부여는 저항다운 저항도 하지 못하고 부여왕 의려(依慮)가 자살하고, 많은 자제들이 옥저(沃沮)로 망명하였다. 부여 본국은 의려가 자살한 다음 해에 의려의 아들 의라(依羅)에 의하여 나라가 재건되었으나 이 재건된 부여국은 이미 그 옛날의 모습을 찾아볼 수 없을 정도로 무력하였다.

진(晉)이 북방민족에게 쫓겨 남천하고(316~317) 쇠망함에 따라 부여는 더 이상 외부로부터의 지원을 받을 수 없게 되었다. 완전 고립무원의 상태에 빠진 부여는 4세기에 들어 고구려의 공격을 받아 원래의 중심지를 유지할 수 없게 되자, 서쪽으로 그 근거지를 옮겼다(西徙近燕).

부여는 고구려의 침략을 받은 후 서쪽으로 연(燕) 가까이에서 고립무원의 상태로 있다가 346년 전연왕 모용황이 보낸 세자 모용준과 모용각·모여근 휘하의 1만 7,000명의 침략을 받아 국왕 현(玄) 이하 5만여 명의 백성이 포로로 잡혀가는 타격을 입었다. 이로써 부여는 그 중심 세력을 잃었다. 이때부터 부여는 전후로 전연(前燕)과 전진(前秦)에 신속(臣屬)하였다.

346년 당시 연군(燕軍)은 부여에 한차례 타격을 가한 후 귀환하였다. 연군이 돌아간 후 부여인들은 자기들의 나라를 재건하려 하였다. 이러한 부여의 세력은 광개토왕의 정복에 의해서 비로소 고구려에 편입되었다.

참고문헌

1. 저서
국사편찬위원회, 1986, 『中國正史 朝鮮傳』 譯註 一.
김한규 저, 1982, 『古代 中國的 世界秩序 硏究』, 일조각.
_____, 1999, 『한중관계사』Ⅰ, 아르케.
권오중, 2012, 『요동 왕국과 동아시아』, 영남대학교출판부.
송호정, 2015, 『처음 읽는 부여사』, 사계절.

2. 논문
과학 백과사전 출판사, 1979, 「부여사」, 『조선전사』 2.
노태돈, 1989, 「부여국의 경역과 그 변천」, 『국사관 논총』 4, 국사편찬위원회.
이병도, 1976, 「부여고」, 『한국고대사연구』, 박영사.
이기동, 2004, 「한국 민족사에서 본 부여」, 『한국고대사연구』 37, 한국고대사학회.

李健才, 1986, 「夫餘的疆域和王城」, 『東北史地考略』, 吉林文士出版社.
田村晃一, 1987, 「新夫餘考」, 『靑山考古』 5.

제4장
고구려 외교의 전개

여호규

1. 고구려 외교사를 바라보는 관점
2. 고구려 초기의 영역 확장과 한 변군과의 외교교섭
3. 고구려 중기의 다면적 외교교섭과 독자세력권 구축
4. 고구려 후기 국제정세의 변동과 외교적 대응책 모색
5. 고구려 외교정책의 성격

| 주요 사건 연표 |

1세기 중반	고구려 국가체제를 확립함.
97-105년	제2현도군을 요동방면에서 퇴축함.
244-245년	조위, 고구려 원정을 함.
304년	중국대륙, 5호16국시대 시작됨.
355년	전연과의 조공책봉관계가 성립됨.
369년	백제 공격, 남진정책을 개시함.
400년	신라 구원, 가야까지 진군함
400-402년	요동평원에 진출함.
427년	평양으로 천도함.
439년	북위, 북중국을 통합함, 남북조시대 시작됨.
475년	백제 한성 함락함.
551년	나제연합군 한강 유역 장악함.
589년	수가 중국대륙을 재통일함.
595년	왜와의 외교교섭을 전개함.
598년	요서지역을 선제공격함.
603년	신라 공격, 남진정책을 재개함.
612-614년	수의 고구려 원정을 격퇴함.
618년	수 멸망, 당이 건국됨.
642년	연개소문, 쿠데타를 일으킴.
645년	당의 고구려 원정을 격퇴함.
648년	나당동맹을 결성함.
660년	백제 멸망함.
668년	고구려 멸망함.

1. 고구려 외교사를 바라보는 관점

　고구려는 한반도와 만주에 걸친 압록강 중상류 일대에서 흥기했다. 이 곳은 우리나라 최초의 고대국가인 고조선의 외곽지대이면서 쑹화강(松花 江) 유역의 부여나 요동지역의 한(漢) 군현과 직접 교통할 수 있는 지역이 다. 이러한 지리조건으로 인해 고구려는 일찍부터 고조선, 부여, 한군현 등으로부터 선진문물을 수용하거나 이들과 다양한 외교 교섭을 전개하며 고대국가로 발돋움했다.

　고구려는 고대국가로 발돋움한 다음 한반도와 만주 각지로 영역을 확 장하면서 대륙과 해양을 넘나들며 전방위 외교교섭을 전개했다. 종래 고 구려의 외교교섭을 외교사라는 관점에서 다룬 연구성과는 많지 않다. 대 체로 대외관계사나 국제관계사라는 관점에서 다루었는데, 종전 연구 시 각은 크게 책봉체제론(册封體制論), 조공관계론(朝貢關係論), 역학관계론(力學關 係論) 등으로 나눌 수 있다.

　책봉체제론은 중국왕조를 중심으로 하는 동아시아 세계를 설정한 다 음, 중국왕조와 주변국 사이에 맺어진 책봉-피책봉 관계가 동아시아 국제 질서에서 가장 중요한 요소로 작용했다고 보는 견해다. 이러한 책봉체제 론은 주변국의 주체적 외교역량 및 주변국 상호의 외교교섭을 무시하는 문제점을 낳았다.

　이에 주변국의 입장을 중심으로 동아시아 국제질서를 고찰한 조공관계 론이 제기되었다. 이 견해는 조공의 규제력을 인정하지 않고, 주변국의 주 체적 측면을 강조했다. 또한 각국의 역관계와 세력균형을 중시한 역학관 계론도 제기되었다. 국제관계를 세력균형과 실리추구라는 측면에서 파악 하면서 각국 외교정책의 주체성과 가변성을 강조했다.

　이처럼 기존 연구성과는 크게 중국왕조를 중심으로 하는 동아시아 국 제질서의 규정력을 강조하는 입장 및 각국의 주체적 외교역량을 강조하는 견해로 나뉜다. 역사적 사실이라는 측면에서도 중국왕조나 주변국 가운데 어느 한쪽 상황을 중심으로 고찰하는 경향이 강하다. 이러한 편향된 연구 경향은 국제질서라는 외적 규정력만 강조하거나 국제질서를 단순히 외적 요인의 하나로만 간주하는 시각에서 기인한다.

그렇지만 특정 국가의 외교교섭은 해당 시기의 국제질서를 벗어나서 수립될 수 없다. 아울러 각국의 외교정책은 그 나라의 국력에 바탕을 둔 외교역량을 벗어나서도 추진될 수 없다. 아무리 사소한 외교적 사건이라도 그 시대의 국제질서와 각국의 외교역량이 동시에 스며있게 마련이다. 그러므로 고구려 외교사를 정확하게 이해하기 위해서는 동아시아 국제질서와 고구려의 국내정세를 동시에 고려할 필요가 있다.

이 글에서는 고구려 외교사를 동아시아 국제질서와 고구려의 국내정세를 함께 고려하면서 고찰하고자 한다. 고구려가 각 시기별로 국제질서를 어떻게 인식했고, 이를 바탕으로 외교정책을 어떻게 추진했는지 중점적으로 다루고자 한다. 관련 사료가 남아 있는 경우에는 이를 바탕으로 외교교섭 양상을 보다 구체적으로 검토하고자 한다.

2. 고구려 초기의 영역 확장과 한 변군과의 외교교섭

1) 국가 형성기의 외교교섭 양상

고구려는 고대국가로 발돋움하며 고조선이나 한(漢) 등으로부터 선진문화를 수용하기도 했지만, 외교적 압박도 강하게 받았다. 고구려의 국가 형성은 정치체의 성장 과정인 동시에, 주변국의 외압과 지배를 물리치는 과정이었다. 고구려가 국가 형성 단계에서 이미 주변국과 다양한 외교교섭을 전개했던 것이다.

고구려 발상지인 압록강 중상류에는 기원전 3세기 말에서 2세기 초경 철기문화의 보급과 함께 독자적인 문화권이 형성되고, 기원전 2세기 중반에는 '나집단(那集團)'이라는 지역정치집단이 성장했다. 이 무렵 고조선이 한의 선진문물을 독점하기 위해 주변세력을 압박하며 한과의 교섭을 통제했다. 이에 압록강 중상류의 나집단들은 고조선의 봉쇄정책에 맞서 동해안 방면 등 이웃 주민집단과 연합해 한의 요동군에 내속(內屬)했다.

당시 한 무제는 유화정책에서 벗어나 팽창정책으로 선회했는데, 이들의 내속을 받아들여 창해군(蒼海郡)을 설치했다(기원전 128). 다만 창해군을 설치한 지역은 요동평원에서 원산만에 이르는 험준한 산간지대여서 도로 개설 등에 엄청난 비용이 들었다. 더욱이 한은 여러 지역에서 정복전쟁과 변군(邊郡) 설치를 동시에 진행했기 때문에 재정 악화에 봉착했다.

이에 한은 북방의 흉노(匈奴) 방어에 전념하기 위해 서남이(西南夷) 지역의 변군과 더불어 창해군을 폐지했다(기원전 126). 압록강 중상류 주민집단의 요동군 내속과 창해군 설치는 단기간의 사건으로 끝났지만 그 여파는 상당했다. 압록강 중상류의 나집단들은 고조선의 봉쇄정책에 맞서며 점차 단일한 정치체로 결속되기 시작했다. 이를 통해 압록강 중상류의 주민집단은 예맥족에 분리되어 '구려(句麗) 사람'으로 불리게 되었다.

이러한 상황에서 기원전 108년 한이 고조선을 멸망시키는 대사건이 일어났다. 한은 고조선뿐 아니라 주변 지역까지 직접 지배하려 했는데, 압록강 중상류 일대에는 현도군(玄菟郡)을 설치했다(기원전 107년). 이로 인해 고구려의 국가적 성장은 상당 기간 지체되었다. 현도군과 결탁한 일부 나집단은 한의 선진문물을 받아들이고 다른 토착집단에 대해 영향력을 행사했지만 대다수 토착민은 한 군현의 수탈에 강하게 반발했다.

한은 무제 말년에 오랜 정복전쟁과 황제의 사치로 인해 국가재정이 고갈상태에 이르자 점차 유화책으로 선회했다. 한의 소제도 정벌정책을 시행하다가, 재정 고갈과 민심 이반이 심해지자 온건책으로 전환했다. 한이 온건책으로 선회하자 각 지역 토착민의 저항은 더욱 거세졌고, 한 변군의 지배력도 흔들렸다. 한이 기원전 82년 남월 지역의 담이군(儋耳郡)과 동방의 임둔군(臨屯郡)·진번군(眞番郡)을 폐지한 것은 이를 반영한다.

이 무렵 요동 서북방에서는 오환(烏桓)이 크게 일어나 한의 변경을 공격했다. 압록강 중상류의 주민집단들로서는 현도군의 지배로부터 벗어날 호기를 맞은 것이다.

> ①-㉠ 이맥(夷貊)의 침공을 받아 (현도) 군을 구려의 서북으로 옮겼다. 지금 이른바 현도의 옛 관청터[玄菟故府]라는 것이다.
> _ 『삼국지』 권30 동이전, 동옥저전
>
> ①-㉡ (기원전 75년) 정월, 군국의 무리를 모아 요동과 현도성을 쌓았다.
> _ 『한서』 권7, 원봉 6년 춘정월

사료 ①-㉠은 '이맥(夷貊)' 곧 압록강 중상류 일대의 주민집단이 현도군을 고구려 서북쪽의 쑤쯔허강[蘇子河] 유역으로 몰아내던 상황을 전해준다. ①-㉡은 한이 요동성과 함께 현도군의 행정중심지를 축조하던 양상을 전해준다. 한은 요동의 서북방과 동방에서 동시에 항거에 직면하자 서북방에 군사력을 집중하기 위해 현도군을 압록강 서북으로 옮긴 것이다(제2

현도군). 다만 압록강 중상류의 주민집단이 요동지역까지 압박할 경우 심각한 위기에 처할 수 있었기 때문에 요동군의 군사력을 강화하는 한편, 쑤쯔허 강 연안에 현도성을 축조해 군사방어 태세를 갖추었다.

이로써 압록강 중상류의 주민집단은 한 변군의 직접 지배로부터 벗어났다. 이 과정에서 우월한 나집단(那集團)이 다른 나집단을 통합해 '나국(那國)'으로 성장했고, 이들의 연합으로 '나국연맹'이 형성되었다. 처음에는 소노집단(消奴集團)이 나국연맹의 맹주 역할을 했는데, 세력이 미약해 압록강 중상류의 여러 정치체를 강력하게 통제하지 못했다. 반면 한은 기원전 75년 이후 오환 지역의 정세가 점차 안정되었고, 소제를 이은 선제는 강경책과 회유책을 병행하는 대외정책을 추진했다. 한은 압록강 중상류 일대를 비롯한 동방지역에 대해서도 지배력을 강화하려고 시도했다.

② - ㉠ 본래 5족(五族)이 있었는데, 소노부(消奴部),[1] 절노부(絶奴部), 순노부(順奴部), 관노부(灌奴部), 계루부(桂婁部) 등이다. 본래 소노부가 왕이 되었는데 점차 미약해져 지금은 계루부가 대신한다.

㉡ 한나라 시기에 북, 피리, 악공(伎人)을 하사했는데, 항상 현도군에 와서 조복(朝服)과 의책(衣幘)을 받아갔고, (현도군의) 고구려현의 현령(高句麗令)이 그 명단을 관리했다. (후략 ② - ㉢)

- 『삼국지』 권30 동이전 고구려전

사료 ② - ㉡은 제2현도군과 압록강 중상류 정치체들의 교섭상황을 잘 보여준다. 제2현도군이 소노집단의 수장에게 북, 피리, 악공 등을 내려주

---

[1] 본래 '涓奴部'로 기재되어 있는데, 『後漢書』 고구려전, 『梁書』 고구려전, 「魏略」 등에는 '消奴部'로 표기되어 있다. 消奴部의 오기로 파악된다(李丙燾, 1976, 『한국고대사연구』, 박영사, 359~60쪽).

어 대표성을 인정했지만, 다른 한편으로는 여러 정치체에게 조복(朝服)과 의책(衣幘)을 수여했다는 것이다. 이때 압록강 중상류의 정치체들은 제2현도군까지 직접 갔고, 현도군에 소속된 고구려현의 현령이 그 명단을 관리했다는 것이다. 맹주인 소노집단의 세력이 미약한 틈을 타서 압록강 중상류의 정치세력들이 제2현도군과 개별적으로 외교교섭을 진행했던 것이다.

이러한 상황에서 부여계 이주민인 주몽(朱蒙)을 모체로 하는 계루집단(桂婁集團)이 소서노 등 여러 토착세력과 연합하여 세력을 확대한 다음, 소노집단을 제압하고 맹주로 부상했다. 이때 중국대륙에서는 왕망(王莽)이 한을 멸망시키고 신(新)을 건국한 다음, 급진적 개혁정책과 고압적인 외교정책을 추진했다. 왕망은 주변국 수장의 작호를 강등시키는 한편, 흉노 정벌을 무리하게 추진했다. 이에 주변국들이 일제히 왕망에게 대항했고, 중국대륙도 대혼란에 빠졌다.

계루집단도 고구려 병력을 동원해 흉노를 정벌하려던 왕망의 계략을 물리친 다음, 현도군의 분리통제책을 저지하기 위해 다양한 노력을 기울였다. 타이쯔허 강[太子河] 상류의 양맥(梁貊)을 복속시킨 다음, 제2현도군을 공격하기도 했다. 다만 왕망 말년의 혼란한 상황에서도 동북방의 정세는 상대적으로 안정되어 있었고, 서기 25년 후한의 건국과 더불어 더욱 안정을 찾아갔다. 고구려도 32년 후한에 사신을 파견해 '왕(王)'을 칭하는 등 후한과 원활한 관계를 유지했다. 이로 인해 계루집단이 제2현도군의 분리통제책을 완전히 저지하기는 힘들었다.

후한 광무제(光武帝)는 중원대륙을 재통일한 다음 유화적인 외교정책을 추진했는데, 46년경 흉노의 쇠퇴를 계기로 더욱 구체화되었다. 후한은 변경의 군대를 혁파하는 한편 재화를 사여해 주변세력을 회유했다. 이에 요서나 요동 북방의 오환이나 선비가 후한에 내속(內屬)하기도 했다. 계루집단은 이러한 후한의 유화책을 틈타 제2현도군과 각 정치세력의 개별적인 외교교섭을 차단했다.

②-ⓒ (전략 : ②-㉠, ㉡) 그 뒤 점차 교만하고 방자해져 다시는 (현도)군에 오지 않았
다. 이에 (현도군이) 동쪽 경계[東界]에 작은 성곽을 쌓아 그 중에 조복과 의책을
두면 세시(歲時)에 와서 가져갔다. 지금도 오랑캐들은 여전히 이 성곽을 책구
루(幘溝婁)라 부르는데, '구루'라는 것은 구려에서 성곽을 일컫는 말이다.
 - 『삼국지』 권30 동이전 고구려전

압록강 중상류의 여러 정치세력이 현도군에 오지 않자, 현도군이 동쪽 경계에 '책구루(幘溝婁)'라 불린 작은 성곽을 쌓아 조복과 의책을 두니 이를 가져갔다는 것이다. 이는 계루집단이 각 정치세력과 제2현도군의 개별적인 외교교섭을 봉쇄하고 외교교섭 창구를 단일화하던 양상을 잘 보여준다. 계루집단이 제2현도군의 분리통제책을 봉쇄하고, 압록강 중상류 전체를 강력하게 통괄했던 것이다. 마침내 계루집단 곧 계루부 왕실이 고구려 국가체제를 확립하고 국가 차원에서 외교교섭을 전개하기 시작한 것이다.

2) 동해안 방면 진출과 후한과의 외교관계 재정립

국가체제 확립 이후, 고구려의 대외정책은 크게 두 방향으로 진행되었다.

먼저 고구려는 후한의 지배력이 미치지 않거나 덜 미치는 동해안 방면으로 진출했다. 이러한 대외정책은 국가 형성기부터 진행되었다. 『삼국사기』에 따르면, 시조 동명성왕대에 태백산[백두산] 동남의 행인국(荇人國)과 두만강 하류의 북옥저를 멸망시켰다 한다. 또한 제3대 대무신왕대에는 개마고원의 개마국(蓋馬國)과 구다국(句茶國)을 점령했다고 한다. 고구려가 후한의 힘이 거의 미치지 않던 함경도 산간지대와 두만강 하류 방면으로 가장 먼저 진출했던 것이다.

국가체제 확립 이후에는 후한의 지배력이 덜 미치는 함흥평야~원산만

일대의 동해안 방면으로 진출했다. 후한은 건국 직후 각지의 현(縣)을 대폭 줄이고, 변군(邊郡)의 군사기구인 도위(都尉)를 대거 폐지하는 등 소극적인 변군정책을 시행했다(서기 30). 이로 인해 함흥평야~원산만 일대를 관장하던 낙랑군 동부도위(東部都尉)가 폐지되면서 이 지역에 대한 후한의 지배력이 크게 약화되었다.

이에 고구려는 1세기 중후반에 함흥평야의 동옥저를 복속시켰다. 그리고 118년 화려성(華麗城) 공격을 시발로 동예 지역으로 진출하기 시작해 후한 말에는 원산만 일대의 동예를 거의 모두 복속시켰다. 이로써 고구려는 고조선 멸망 이후 오랫동안 한 군현의 영향력 아래 놓여 있던 함흥평야와 원산만 일대를 대부분 석권했다. 동해안 방면으로 진출해 풍부한 물적 인적 자원을 가진 배후기지를 건설한 것이다.

다음으로 고구려는 현도군에 대한 군사공격을 가하며 후한과의 외교관계를 재정립했다. 앞서 서술한 것처럼 고구려는 1세기 전반에 타이쯔허강 상류의 양맥을 복속시킨 다음, 제2현도군을 공격하였다. 1세기 중반에는 제2현도군의 분리통제책을 봉쇄하고, 외교교섭 창구를 단일화하였다. 고구려가 현도군에 대한 군사공격과 외교교섭을 병행해 후한과의 외교관계를 재정립했던 것이다.

후한의 대내외 정세는 1세기 후반 명제나 장제 시기만 하더라도 비교적 안정되어 있었는데, 화제 시기(88~105년)에 접어들며 급격하게 악화되었다. 특히 자연재해가 심각하여 변경의 군현에 대한 지원이 곤란해짐에 따라 군사방어력이 급격히 약화되었다. 이를 틈타 선비, 오환, 강족(羌族) 등이 대거 후한의 변경을 공략했다.

요동~요서 지역에서는 선비가 97년 롼허강[濼河] 하류의 비여(肥如) 공격을 시발로 요서지역을 대대적으로 공략했다. 이에 고구려도 97년을 전후해 쑤쯔허 강 유역의 제2현도군을 공격 점령한 다음, 그 여세를 몰아 105년에는 제2현도군과 요동군의 경계였던 요동고새(遼東古塞)를 넘어 요동평원 일대를 대대적으로 공격했다.

제2현도군이 붕괴되자 후한은 요동태수 경기(耿夔)로 하여금 고구려군을 방어하도록 하는 한편, 106년에는 훈허강 일대에 제3현도군을 다시 구축했다. 훈허강 남쪽의 푸순에 제3현도군의 행정중심지를 축조하고(노동공원 고성), 제2현도군의 서개마현과 상은대현을 훈허강 일대로 옮겨 설치했다. 또한 요동군의 속현 가운데 중부도위가 관할하던 고현, 후성, 요양 등 3개 현의 소속을 제3현도군으로 변경했다.

아울러 요동군과 제2현도군의 경계로 기능하며 방치되어 있던 요동고새를 수리했다. 이 요동고새는 본래 전한 초에 축조한 방어시설인데, 제3현도군의 중심지인 푸순의 북쪽과 동쪽 외곽을 지나갔다. 후한이 훈허강 유역의 제3현도군을 감싸는 요동고새를 수리해 방어체계를 재정비한 것이다. 이로써 후한은 요동고새를 최전방 군사방어선으로 삼아 고구려에 대한 군사방어력을 크게 강화할 수 있었다.

고구려가 후한을 공략하기 힘들어진 것이다. 실제 106~117년경 고구려의 후한 공격 기사는 보이지 않는다. 그렇다면 고구려는 이 상황에 어떻게 대처했을까?

③-㉠ (109년) 정월, 사신을 보내 한나라에 가서 안제(安帝)가 원복(元服) 입는 것을 축하했다.
　_『삼국사기』 고구려본기3 태조왕 57년

③-㉡ (111년) 궁(宮. 태조왕)이 사신을 보내 공물을 바치고, 현도군에 내속(內屬)하기를 요청했다.
　_『후한서』 권85 동이열전 고구려전

③-㉢ 다시 현도군에 내속했다.
　_『삼국지』 권30 동이전 고구려전

사료 ③-㉠은 고구려가 109년에 안제의 원복 착복을 축하한다며 사신을 보내 후한과의 화친을 모색하던 상황을 반영한다. 이를 통해 고구려는 후한과의 외교관계 재정립이 가능하다고 판단한 것으로 보인다. 이에 111년에 공물을 바치며 제3현도군에 내속(內屬)을 요청했고(③-㉡), 다시 현도군에 내속하게 되었다(③-㉢).

종전에는 고구려와 제3현도군의 내속관계 체결을 주로 고구려의 필요에 의해 이루어졌다고 보고, 외교교섭의 구체적 양상은 거의 검토하지 않았다. 그렇지만 당시 후한을 둘러싼 국제정세가 매우 긴박하게 전개되었음을 고려할 필요가 있다. 강족의 침공으로 인해 양주(凉州) 폐기론이 제기될 정도였는데(110년), 111년에는 강족이 하동(河東)과 하내(河內) 지역까지 침공했다. 후한에 귀부했던 오환이나 남흉노도 다시 반기를 들었다(109~110년). 후한으로서는 사면초가에 몰린 형국이었다.

고구려는 109년 사신 파견을 통해 이러한 후한의 위기상황을 파악하고, 제3현도군 내속을 요청했던 것이다. 이에 후한은 동방지역이라도 안정시키기 위해 고구려의 요청을 받아들였다. 그럼 고구려는 왜 제3현도군과 내속관계를 체결했을까? 당시 한의 변군(邊郡)이 주변국과 내속관계를 맺으면, 먼저 변새(邊塞)의 관문인 변관(邊關)을 제거했다. 그런 다음 후한의 변군과 주변국 군장은 '약(約)'을 체결했다.

111년 고구려와 제3현도군의 내속관계 체결 과정에서도 제3현도군의 변관부터 제거했을 것이다. 이 과정에서 후한이 고구려와 교섭하기 위해 변새의 관문을 개방했고, 고구려는 이 변새를 침공하지 않겠다고 후한에 약속했을 것이다. 이에 따라 후한이 요동고새를 수리해 재구축한 변새가 양국의 교섭창구 즉 국경으로 변모했다. 고구려 입장에서 본다면 후한에 대한 공격을 유보하는 대신, 국경을 요동방면으로 크게 물리치고, 요동 동부 산간지대에서 비교적 자유롭게 세력 확장을 추진할 수 있게 된 것이다.

고구려는 제3현도군과의 내속관계 체결을 통해 제2현도군 점령 이후 상황에 맞게 후한과의 외교관계를 재정립한 것이다. 실제 고구려는 외교관계 재정립을 바탕으로 요동 동부 산간지대를 보다 확고하게 장악했다. 이를 바탕으로 118년부터는 이 일대의 주민집단을 대거 동원해 요동평원 일대를 공격하는 한편, 121년에는 요서 북방의 선비와 연합해 요동군의 중심부까지 진격하기도 했다.

다만 122년 이후에는 선비와의 연합작전이나 요동평원에 대한 공격보다는 요동고새 외곽 지역에 대한 지배력을 강화하며 후한에 대한 공격 루트 다변화를 도모했다. 이를 통해 고구려는 압록강 하류 방면으로 진출해 소수맥(小水貊)을 복속시키는 한편, 원산만 일대의 동예도 예속시켰다. 고구려가 후한의 요동군이나 낙랑군을 여러 방면에서 환상(環狀)으로 포위하며 강하게 압박할 수 있게 된 것이다.

3) 공손씨 정권의 흥기와 손오·조위와의 외교교섭

2세기 후반 후한의 붕괴로 중국 대륙은 조위(曹魏), 촉한(蜀漢), 손오(孫吳) 등으로 분열되었다. 이들은 상호 대결에서 우위를 점하기 위해 변경지역을 적극 공략하는 한편, 상대방의 배후를 교란하는 외교정책을 추진했다. 이와 더불어 중국대륙 주변에서는 여러 세력이 흥기했다. 요동지역에서도 공손씨(公孫氏) 정권이 일어나 서북한(西北韓)과 산동반도 일대까지 세력을 미쳤으며, 요서지역에서는 선비족이 흥기했다.

특히 공손씨 정권은 고구려 세력권을 강하게 압박했다. 그동안 한의 변군과 관계를 맺어왔던 고구려에게는 엄청난 변화였다. 이에 고구려는 처음에는 공손씨 정권의 부산적(富山賊) 공격을 돕는 등 화친을 도모하려고 애썼다. 그런데 고국천왕 사후 왕위계승전에서 패배한 발기가 공손씨 정권에 투항하자(197년), 공손씨 정권이 이를 받아들여 고구려를 침공했다. 또한 205년경에는 압록강 하류의 소수맥과 원산만 일대의 동예가 조위와 교섭하며 고구려의 예속으로부터 이탈하려 했다.

고구려가 내우외환의 위기에 몰린 것이다. 고구려는 군사방어성인 환도성을 임시 왕성으로 삼는 한편(209년), 각지에 성곽을 축조해 군사방어체계를 강화했다. 이를 통해 고구려는 공손씨 정권의 침공을 방어하는 한편, 피복속 집단에 대한 통제력을 회복해 나갔다. 그렇지만 군사방어체계의 강화만으로 공손씨 정권을 견제하기는 힘들었다.

이 무렵 중국대륙에 새로운 정세가 조성되었다. 손오와 촉한이 연합해 조위를 양분하는 북벌을 추진한 것이다. 촉한은 화북 북방의 선비, 손오는 동방의 공손씨 정권과 연계해 조위에 대한 협공을 도모했다(229년). 조위의 침공 위협을 느끼고 있던 공손씨 정권도 손오에 사신을 파견해 군마(軍馬)를 바치며 호응했다(232년).

조위로서는 결코 방치할 수 없는 상황이 벌어진 것이다. 조위는 산둥반도 해안을 지나던 손오의 사절단을 몰살하는 한편, 요동·현도군민을 회유했다(232년). 이러한 상황에서 손오가 군대 1만을 파견해 요동에 군사거점을 구축하려 하자(233년 3월), 공손씨 정권은 조위의 침공을 두려워해 손오의 사절단을 참수해 조위에 보냈다.

이로써 손오의 계획은 물거품이 되었고, 군마 보급선마저 잃게 되었다. 이때 공손씨 정권에 의해 제3현도군에 감금되어 있던 손오의 사절단 일부가 고구려로 도망왔다. 이들은 거짓으로 손권의 조서를 꾸며 고구려 동천왕에게 전달하며, 사여품은 공손연에게 빼앗겼다고 했다. 이에 동천왕이 기뻐하며 거짓으로 꾸민 조서를 받고, 이들의 귀환 길에 외교문서와 함께 담비 가죽 1,000매, 갈계(鶡鷄) 가죽 10구를 보냈다.

우연한 계기를 통해 고구려와 손오가 외교문서를 주고받으며 교섭을 시작한 것이다. 손오가 공손씨 정권을 대신할 새로운 파트너를 찾았다면, 고구려는 공손씨 정권을 견제할 파트너를 발견했다고 할 수 있다. 양국은 공손씨 정권 공략이라는 전략적 목표를 공유하며 급속도로 외교교섭을 진전시켰다. 손오가 동천왕을 선우(單于)에 책봉하자, 고구려도 군마 수백 필을 제공하며 공손씨 정권을 협공할 방안을 모색했다(235년).

그런데 중국대륙의 정세가 다시 한번 바뀌었다. 촉한의 제갈량이 북벌을 단행하다 사망한 것이다(234년 8월). 이에 따라 촉한과 손오 모두 북벌을 중단할 수밖에 없었다. 이에 조위는 그동안 후방을 괴롭히던 북방과 동방을 대대적으로 공략했다. 조위는 전략이 뛰어난 관구검을 유주자사에 임명해 공손씨 정권 정벌을 준비하는 한편, 고구려에 사신을 보내 손오와의 관계를 단절하라고 요구했다(235년).

고구려로서는 공손씨 정권을 격파할 수 있는 보다 강력한 파트너를 만난 셈이다. 이에 고구려는 236년 2월 손오의 사절단을 억류시켰다가 7월에 참수해 조위로 보냈다. 이로써 고구려와 손오의 관계는 단절되었다. 고구려와 손오는 공손씨 정권 공략이라는 전략적 목표를 공유하면서 외교관계를 발전시켰지만, 조위라는 더욱 강력한 파트너가 출현하면서 양국 관계가 파국을 맞은 것이다.

조위는 237년 7월에 공손씨 정권 정벌에 나섰지만 강력한 저항에 막혀 실패했다. 이에 238년에 촉한의 북벌을 막아낸 사마의를 총사령관으로 삼아 다시 공손씨 정권 정벌에 나섰다. 조위군은 이해 6월 요동에 도착한 다음, 2개월간 공손씨 정권의 본거지인 요동의 양평성을 포위한 끝에 함락시켰다.

④-㉠ (237년) 사신을 파견해 위나라에 가서 연호(年號) 개정을 축하했다. 이때가 경초(景初) 원년이다.

　_『삼국사기』 고구려본기5 동천왕 11년

④-㉡ (238년) 태위 사마선왕이 무리를 거느리고 공손연(公孫淵)을 토벌했는데, (고구려) 동천왕[宮]이 주부(主簿)와 대가(大加)를 보내어 수천 명을 거느리고 (조위의) 군대를 도왔다.

　_『삼국지』 권30 동이전 고구려전

④-ⓒ (조위가) 군대를 크게 일으켜 공손연을 주멸시켰다. 또한 몰래 군대를 바다로 띄워 낙랑과 대방군을 접수했다. 그 뒤로 해외가 조용해지고 동이가 굴복했다.
_『삼국지』 권30 동이전 서문

④-ⓔ (242년) 왕이 장수를 보내 요동의 서안평(西安平)을 습격해서 격파했다.
_『삼국사기』 고구려본기5 동천왕 16년

조위가 공손씨 정권을 공격할 때, 고구려도 수천 명의 병력을 파견해 조위를 도왔다(④-ⓒ). 고구려가 조위와 함께 협공책을 구사해 공손씨 정권을 격파한 것인데, 대가(大加)가 군대를 지휘하고, 주부는 조위와의 외교교섭을 담당했다. 이와 관련해 237년에 고구려가 조위에 사신을 파견한 사실이 주목된다(④-㉠). 파견 시점으로 보아 단순한 축하사절이 아니라 공손씨 정권에 대한 협공책을 논의하기 위한 사절단으로 짐작되기 때문이다.

이때 고구려는 조위와의 외교 협상을 통해 공손씨 정권 정벌에 협조하는 대신, 조위로부터 고구려 세력권에 대한 안전보장을 약속받았을 것이다. 나아가 공손씨 정권의 판도를 분할 점령하기로 밀약을 맺었을 수도 있다. 조위가 해로(海路)로 몰래 군대를 파견해 낙랑·대방군을 접수한 사실은 이러한 가능성을 시사한다(④-ⓒ). 그렇지만 이는 고구려가 조위의 동방정책을 정확히 간파하지 못한 데서 나온 외교적 실책이었다.

당시 조위는 공손씨 정권뿐 아니라 동방지역 전체를 지배하려는 목표 아래 동방정책을 추진했다. 고구려의 기대와 달리 공손씨 정권 멸망 이후 조위의 원심력이 파상적으로 밀려왔고, 고구려에 복속된 집단들은 크게 동요했다. 이로 인해 고구려가 조위로부터 약속받은 안전보장도 무용지물이 되었다. 특히 조위의 지배력 강화로 요동과 서북한이 육로로 연결됨에 따라 고구려는 서해 진출로마저 봉쇄당할 위기에 처했다.

고구려로서는 특단의 대책을 강구할 필요가 있었다. 이에 242년 촉한이 북벌을 재개한 틈을 타서 압록강 하구의 서안평을 공격했다(④-㉡). 요동과 서북한을 육로로 연결하는 서안평을 공취함으로써 두 지역의 연계망을 끊고, 요동과 서북한 두 방면에서 동시에 가해지는 조위의 원심력을 차단하려 했던 것이다. 아울러 서해 진출로를 확보해 손오와의 외교교섭을 재개할 발판도 마련하려 했다.

조위의 입장에서 본다면, 고구려의 서안평 공격은 자국의 동방정책을 부정하는 중대한 행위였다. 이에 조위는 244~245년에 대대적으로 고구려를 정벌했다. 조위는 분할점령 전략에 기초해 여러 방면에서 고구려 세력권을 환상(環狀)으로 포위하며 군사작전을 전개했다. 고구려는 피복속집단이 크게 동요하는 가운데 조위의 반격을 제대로 막아내지 못하고, 동천왕이 북옥저까지 피신 가는 위기를 맞았다.

이처럼 고구려는 3세기 전반에 공손씨 정권, 손오, 조위 등과 다양한 외교관계를 맺으며 급변하던 국제정세에 대처했다. 그렇지만 고구려는 이들의 외교정책을 정확히 간파하지 못하고 두 번이나 도성을 함락당하는 위기를 맞았다. 고구려가 여러 중국왕조와 다면적인 외교교섭을 전개했지만 상대방의 외교정책을 정확히 간파하지 못한 외교적 미숙함으로 인해 여러 차례 국가적 위기를 맞았던 것이다.

3세기 중반 이후 고구려의 외교교섭은 상당히 위축되었다. 조위의 침공 때 입은 피해가 가장 큰 원인이었지만 대내적으로 새로운 국가체제로 전환된 것도 중요한 원인으로 작용했다. 물론 3세기 후반에는 중국대륙을 재통일한 서진(西晉)과 외교교섭을 전개했겠지만, 관련 사료가 남아 있지 않아 실제 양상을 파악하기는 어렵다.

3. 고구려 중기의 다면적 외교교섭과 독자세력권 구축

1) 다원적·중층적 신국제질서와 전연과의 조공·책봉관계 체결

4세기 초 서진의 붕괴로 동아시아 국제질서가 급변했다. 서진이 남중국으로 밀려나고(317년, 東晉 건국), 흉노, 선비, 저(氐), 강(羌), 갈(褐) 등 주변 족속이 북중국을 장악해 5호16국이라는 역동적인 시대를 연출했다. 이로 인해 주변지역에 대한 중국왕조의 지배력이 급격히 약화되자 고구려는 3세기 후반 이래 중앙집권체제 정비를 통해 강화한 군사력을 바탕으로 대외정복을 활발하게 전개했다.

당시 고구려의 진출 대상 지역은 크게 요동지역, 서북한, 쑹화강 유역 등 세 권역으로 나뉜다. 이 가운데 고구려는 가장 먼저 서북한 방면으로 진출했다. 311년에 압록강 하구의 서안평을 공취한 다음, 313~314년에 낙랑군과 대방군을 점령했다. 이로써 고구려는 서북한의 평야지대를 장악해 경제력을 확충하는 한편, 고조선 이래 오랫동안 축적된 선진문화를 확보해 새로운 도약의 기틀을 다졌다.

그런 다음 고구려는 315년부터 제3현도군을 공격하며 요동 진출을 시도했다. 그런데 요동지역에는 이미 선비 모용부(慕容部, 前燕)가 영향력을 확대한 상태였다. 고구려가 요동지역을 여러 차례 공격했지만 번번이 전연에게 저지당했다. 고구려는 요동지역을 전연에게 내주고, 대륙의 정세 변화를 주시하며 대응책을 모색할 수밖에 없었다.

이 무렵 화북지역에서는 후조(後趙)가 흥기해 북중국을 석권했다(329년). 이에 고구려는 후조와 화친을 도모하는 한편, 선비 우문부(宇文部)와도 교섭하며 전연 협공책을 모색했다. 특히 전연이 내분에 휩싸이자(333년) 쑹화강 유역의 부여지역을 장악했다. 이로써 고구려는 만주 서북방 진출을 위한 전진기지와 함께 전연을 견제할 전진기지를 확보했지만, 전연과의 대립은 더욱 심화될 수밖에 없었다.

전연은 내분을 수습한 다음 중국대륙으로 진출할 준비를 하는 한편, 고구려를 제압할 방안을 강구했다. 고구려도 후조와 긴밀히 협력하며 전연 협공책을 준비했다. 후조가 고구려에 배 300척으로 곡식 300만 곡을 보냈고(338년), 고구려도 읍루와 후조의 외교교섭을 중개하며 후조와의 관계를 강화했다(340년). 이에 전연은 339년부터 고구려를 공격하다가, 342년에 5만 대군을 동원해 대대적인 기습작전을 감행했다. 이때 고구려는 부여방면 방어에 주력하다가 도성을 함락 당했다.

⑤-㉠ (342년) 11월, (전연의) 여러 군이 승기를 타고 마침내 환도성에 진입했다. 왕이 단기(單騎)로 달려 단웅곡으로 들어갔다. (전연의) 장군 모여니가 왕의 어머니 주씨(周氏)와 왕비를 추격해 사로잡아 돌아갔다. (중략) 미천왕의 무덤을 파헤쳐 그 시신을 싣고, 창고의 여러 대에 걸친 보물을 거두고, 남녀 5만여 명을 사로잡고, 궁실을 불태우고, 환도성을 파괴한 다음 귀환했다.
_『삼국사기』 고구려본기6 고국원왕 12년

⑤-㉡ (343년) 봄 2월, 왕이 동생을 파견해 신하를 칭하며 전연에 입조하여 진기한 물건 천여 점을 바쳤다. 이에 전연의 왕 모용황이 그 아비(미천왕)의 시신을 돌려주었으나, 그 어미를 억류하여 볼모로 삼았다.
_『삼국사기』 고구려본기6 고국원왕 13년

⑤-㉢ (345년) 겨울 10월, 전연의 왕 모용황이 모용각으로 하여금 공격하도록 해 남소성을 빼앗고 경비병을 두고 돌아갔다.
_『삼국사기』 고구려본기6 고국원왕 15년

⑤-㉣ (349년) 왕이 전 동이호군(東夷護軍) 송황(宋晃)을 전연에 보냈다. 전연의 왕 모용준이 그를 사면하고, 이름을 고쳐 활(活)이라고 한 다음, 중위(中尉)로 삼았다.
_『삼국사기』 고구려본기6 고국원왕 15년

⑤-㉤ (355년) 겨울 12월, 왕이 사신을 보내 전연에 이르러 볼모와 공물을 바치고 그 어미를 (송환해줄 것을) 요청했다. 전연 왕 모용준이 이를 허락하고, 전중

장군(殿中將軍) 조감(刁龕)을 파견해 왕의 어미 주씨(周氏)를 송환하고 귀국했다. 왕을 정동대장군(征東大將軍) 영주자사(營州刺史)로 삼고, 낙랑공(樂浪公)에 봉하고, 왕호는 예전과 같게 했다.

_『삼국사기』 고구려본기6 고국원왕 25년

전연은 환도성을 함락한 다음 5만여 명의 포로와 함께 왕모(王母)인 주씨와 왕비를 인질로 사로잡고, 미천왕의 시신까지 파헤쳐 갔다(⑤-㉠). 고구려로서는 전연을 상대로 미천왕의 시신, 왕모, 왕비 등의 송환을 위한 외교교섭을 전개해야 하는 상황에 직면한 것이다. 고구려 고국원왕이 343년에 동생을 전연에 보내 신하를 칭하며 진기한 물건을 바치자 전연은 미천왕의 시신만 돌려주고 왕모를 계속 억류했다(⑤-㉡).

전연은 345년에 다시 고구려를 침공해 남소성을 빼앗기도 했다(⑤-㉢). 이에 고구려가 336년 전연 내분 시에 고구려로 망명했던 송황을 송환했으나 전연은 왕모를 계속 억류했다(⑤-㉣). 그러다가 고구려가 355년에 사신을 파견해 인질과 공물을 바치자 그때서야 왕모 주씨를 송환했다. 이때 전연은 고국원왕에게 (영주제군사)·정동대장군·영주자사·낙랑공·고구려왕이라는 책봉호를 수여했다(⑤-㉤).

왕모 주씨의 송환을 둘러싼 고구려와 전연의 외교교섭이 13년 만에 일단락된 것이다. 이때 고구려는 전연과 조공·책봉관계를 맺었는데, 일반적으로 왕모 주씨를 송환받고 위기를 모면하기 위한 일회적이고 형식적인 외교관계라 이해된다. 고구려가 355년에 단 한 차례만 전연에 조공하고 책봉을 받았을 뿐, 이때 맺은 조공·책봉관계가 양국 관계에서 실질적으로 작동하지는 않았기 때문이다.

그렇지만 현전하는 사료상 355년 이후 전연이 멸망하는 370년까지 양국이 대립하거나 무력충돌을 벌였다는 사실은 확인되지 않는다. 또한 전연의 황제들은 355년 이후 더 이상 고구려를 견제하기 위한 동방 순행도

시행하지 않았다. 더욱이 전연이 전진에게 멸망하던 370년 전연의 도성인 업성에는 고구려의 인질이 상당수 존재했다.

이로 보아 고구려와 전연이 맺은 조공·책봉관계는 전연 멸망 시까지 유지되었다고 짐작된다. 355년 전연과의 조공·책봉관계 체결은 고구려가 당시의 국제질서를 바탕으로 추진한 외교전략의 일환으로 이해할 필요가 있다. 이를 위해서는 먼저 4세기 이후 새롭게 전개된 국제질서를 이해해야 한다.

4세기 초 5호16국 시대가 열리면서 동아시아 국제질서는 종전과 다른 방향으로 전개되었다. 여러 독립 세력이 군사력을 동원해 정복활동을 펴는 한편, 다른 세력과 다양한 관계를 맺어 보호받기도 하고 예하 세력을 거느리기도 했다. 이로써 특정한 중국왕조 중심의 일원적 국제질서가 무너졌다. 대신 황제국을 표방하는 독자세력이 다수 할거하는 다원적(多元的) 국제질서가 성립되고, 황제국 예하에서 독자세력권을 구축한 중간적 존재가 형성되면서 중층적(重層的) 국제관계가 발전했다.

이러한 다원적·중층적 신국제질서는 각국 상호 간 군사력과 지배력을 바탕으로 전개되었다. 이에 따라 각국이 주고받는 책봉호의 구성도 변화했다. 한대(漢代)까지는 중원왕조 중심의 국제질서를 확산하려는 목적에서 책봉호를 수여했기 때문에 작호(爵號)가 가장 중요시되었다. 이에 비해 4세기 이후에는 책봉호 구성이 군사권의 위상을 규정한 지절호(持節號)와 장군호(將軍號), 지배 범위를 나타내는 도독제군사호(都督諸軍事號)와 지방관명 중심으로 바뀌었다.

다원적·중층적 국제질서가 전개됨에 따라 인접국과 평화적 외교관계를 수립한 상태에서 세력을 신장시킬 수도 있었다. 실제 후조 석륵(石勒)은 오랫동안 전조에 신하를 칭하며 세력을 신장시키다가 황제국을 선포하고 전조를 멸망시켰다. 전연도 후조나 동진에게 신하를 칭하다가 북중국의 동반부를 석권한 다음 황제국을 선포했다. 다원적·중층적 국제질서의 전개와 더불어 각국의 외교관계가 끊임없이 변모했던 것이다.

고구려와 전연의 관계도 350년대에 접어들면서 새롭게 변모했다. 전연이 북중국의 동반부를 석권한 다음, 황제국을 선포하고 도성도 북중국으로 옮긴 것이다(352년). 그렇지만 전연은 여전히 고구려라는 배후의 위험요소를 안은 채 남중국의 동진(東晉)이나 관중지역의 전진(前秦)과 대결을 벌여야 했다. 고구려로서도 전연이 온 국력을 기울여 침공한다면 생존권을 보장받을 수 없는 상황이었다.

양국은 상호의 국가적 위상과 현실적 지배력을 인정하는 형태로 외교관계를 수립할 필요성에 공감했다. 355년 고구려가 사신을 파견해 황제국이라는 전연의 국가적 위상을 인정하자 전연도 고국원왕을 책봉하며 고구려 세력권을 인정했다. 양국은 새로운 국제질서를 배경으로 황제국이라는 전연의 위상과 고구려의 세력권을 상호 인정하는 형태로 조공·책봉관계를 수립한 것이다.

이로써 고구려는 중국왕조와의 불안정한 외교관계를 종식시키고 서방 국경지대를 크게 안정시켰다. 요동 진출은 잠시 유보해야 했지만 중국왕조와의 안정적 외교관계를 바탕으로 동방지역에서 세력권을 확장할 수 있게 되었다. 355년 전연과의 조공·책봉관계 체결은 일회적이고 형식적인 외교교섭이 아니라 동아시아 국제질서의 흐름을 정확히 파악한 상황에서 추진한 새로운 외교정책이라 할 수 있다.

실제 고구려는 4세기 후반 전연이나 그를 이은 전진과의 안정된 외교관계를 바탕으로 한반도 중남부로의 남진정책을 적극 추진했다. 백제에 대한 공략은 일시적으로 실패했지만(369~371년), 신라에 대한 외교정책은 성공하여 점차 예속국으로 거느렸다. 신라의 사절을 대동하여 전진에 사신을 파견해 국제적 위상을 높이는 한편(377년과 381년), 신라의 인질을 받아들여 차등적 외교관계를 수립했다(392년).

2) 광개토왕 시기의 영역 확장 및 주변국과의 차등적 외교관계 수립

이처럼 고구려는 4세기 중반 이후 중국왕조와 조공·책봉관계를 체결해 서방 국경지대를 안정시킨 다음, 동방지역에서 세력 확장을 추진했다. 물론 조공·책봉관계를 맺었더라도 황제국의 위상을 상실했다고 판단되면 언제든지 공략했는데, 후술하듯이 후연의 내분을 틈타 요동지역을 점령한 것은 이를 잘 보여준다. 또한 고구려의 안위를 위협할 경우에도 단호히 대처했는데, 430년대 북위에 대한 대응은 이를 잘 보여준다.

이러한 외교정책은 광개토왕 시기(391~412년)에 1차 결실을 맺었는데, 당시 국제정세도 고구려에 유리하게 조성되었다. 가령 백제는 369~371년에 고구려의 남진을 저지한 다음, 중국대륙에서 서남해안을 거쳐 일본열도에 이르는 해상교역로를 장악했다. 백제는 이를 바탕으로 가야와 왜를 연합세력으로 끌어들였지만 침류왕 사망 이후 내분이 끊이지 않으면서 점차 구심력이 약해졌다.

중국대륙에서는 전진 붕괴 이후 10여 년간 북중국을 장악했던 후연이 북방에서 흥기하던 북위(北魏)를 정벌하다가 파멸을 자초했다(395~396년). 후연은 요서지역으로 도망쳐 왔으나(397년), 내분이 끊이지 않는 가운데 지배질서가 와해되었다. 이로 인해 고구려를 강하게 압박하던 북중국 왕조가 잠시 존재하지 않는 상황이 조성되었다.

라이벌 백제가 내분으로 국력이 약화되었고, 강력한 북중국 왕조마저 사라졌으니 고구려로서는 세력을 확장할 더없이 좋은 기회였다. 광개토왕은 이러한 정세를 활용해 정복활동을 대대적으로 전개했다. 먼저 4세기 후반 이래 서북방을 교란하던 거란을 공격해 서북 국경지대를 안정시키고 후연을 견제할 교두보를 마련했다. 그리고는 남으로 기수를 돌려 백제를 대대적으로 공격했다. 아울러 신라의 요청을 받아들여 신라 도읍을 침공한 왜군을 격퇴하는 한편, 낙동강 하구의 가야지역까지 진격했다.

고구려가 백제를 강하게 압박하는 한편, 신라를 명실상부하게 예속국으로 만들고 가야지역에까지 위세를 떨친 것이다. 또한 후연의 내분을 틈타 요동평원을 점령한 다음, 요서지역까지 넘보았다(402년 5월). 오랜 숙원이던 요동 진출을 달성해 요하 동쪽에서 중국세력을 몰아낸 것이다. 만주 동부로도 손길을 뻗어 숙신을 위무하고, 동부여를 멸망시켰다. 광개토왕이 전방위 정복활동을 전개한 것이다. 이러한 정복활동은 외교교섭을 동반할 수밖에 없었는데, 광개토왕릉비에 그 양상이 잘 기록되어 있다.

ⓖ-㉠ 6년(396) 병신년에 왕이 친히 군대를 이끌고 백잔국[백제]을 토벌했다. (중략) 왕이 크게 노하여 아리수[阿利水, 한강]를 건너 정예병을 파견해 그 도성을 압박했다. …… 곧 도성을 포위하니 백잔의 주[主, 왕]가 곤핍(困逼)해져 남녀 천 명과 세포(細布) 천 필을 바치며, 왕에게 무릎을 꿇고 스스로 맹서하기를 "이제부터 영원히 (고구려왕의) 노객(奴客)이 되겠다"고 했다. 태왕은 (지난날의) 잘못을 은혜로이 용서하고 앞으로 순종하겠다는 정성을 기록했다. 이에 58성 700촌을 획득하고 백잔 주의 아우와 대신 10인을 데리고 수도로 개선했다.

ⓖ-㉡ 8년(398) 무술년에 군대를 파견하여 숙신[息愼] 지역의 골짜기를 순시[觀]하도록 하고, 막ㅁ라성(莫ㅁ羅城)과 가태라곡(加太羅谷)의 남녀 3백여 명을 잡아왔다. 이때 이래로 (숙신이 고구려 조정에) 조공(朝貢)을 하고 제반 현황을 보고하고 왕명을 들었다[朝貢論事].

ⓖ-㉢ 9년(399) 기해년에 백잔이 맹서를 어기고 왜(倭)와 화통했다. 왕이 평양으로 행차하여 내려갔다. 그때 신라왕이 사신을 보내어 아뢰기를, "왜인(倭人)이 그 국경에 가득 차서 성곽을 부수고 노객(奴客)을 왜의 민(民)으로 삼으려 하니 이에 왕께 귀의하여 구원을 요청합니다"라고 했다. 태왕이 은혜롭고 자애로와 신라왕의 충성을 가륵히 여겨 신라 사신을 보내면서 (고구려 측의) 계책을 (알려주어) 돌아가서 고하게 했다.

ⓖ-㉣ 10년(400) 경자년에 왕이 보병과 기병 도합 5만 명을 보내어 신라를 구원하

게 했다. (중략, 고구려 군대가 신라 도성을 침공한 왜병을 격파하고, 임나가라까지 진군한 상황 기술) 예전에는 아직 신라 매금(寐錦)이 몸소 와서 보고를 하며 왕명을 들은 일이 없었는데[未有身來論事], 국강상광개토경호태왕 시기에 이르러 신라 매금이 (판독 미상) 조공했다.

위 사료는 광개토왕릉비 가운데 외교교섭을 동반한 훈적기사만 간추린 것이다. 이중 ⑥-㉠은 백제와의 종전(終戰) 협약을 잘 보여준다. 고구려의 공격으로 도성이 함락될 위기에 몰리자, 백제왕[아신왕]이 남녀 천 명과 세포(細布) 천 필을 바치면서 "이제부터 영원히 고구려왕의 노객이 되겠다"고 맹세했다는 것이다. 이에 광개토왕은 지난날의 잘못을 용서하고, 백제왕의 동생과 대신 10명을 데리고 개선했다 한다.

백제왕이 고구려왕에게 맹세했다는 '노객(奴客)'은 본래 고구려의 신료들이 국왕을 높이고 자신을 낮추어 부르던 비칭(卑稱)이다. 장수왕대에 작성된 모두루묘지에는 모두루가 국왕을 '성태왕(聖太王)'으로 높여 부르며, 자신이나 조상을 '노객'이라고 칭하던 양상이 잘 나온다. 그러므로 백제왕이 광개토왕에게 맹세하며 '영원히 노객이 되겠다'고 한 것은 고구려의 신하국으로서 태왕-노객이라는 차등적 외교관계를 맺었음을 반영한다. 이러한 점에서 고구려로 끌려간 백제왕의 동생과 대신(大臣) 10명은 양국의 차등적 외교관계를 담보하는 인질이라 할 수 있다.

⑥-㉢과 ㉣에는 신라와의 외교교섭 상황이 자세히 기술되어 있다. 백제가 종전(終戰) 협약을 어기고 왜와 화통하자 광개토왕이 평양으로 행차했다. 이때 신라왕이 사신을 보내 구원을 요청하며 '노객'이라 칭하고 있다. 고구려와 신라가 서기 400년 이전에 이미 차등적 외교관계를 수립했다는 것인데, 그 시점은 신라가 고구려에 인질을 보낸 392년으로 짐작된다. 그런데 전쟁이 끝난 다음 신라왕[寐錦]이 직접 고구려를 방문했는데, 이때의 상황을 '논사(論事)'와 '조공(朝貢)'이라는 용어를 사용해 기술하고 있다.

'논사'의 '논(論)'은 "하급 지방관이 상급 지방관에게 업무를 보고하고 결정사항을 청취하는 것"을 뜻한다. 이로 보아 고구려는 신라왕을 자국의 신하와 같은 존재로 인식했고, 신라왕으로부터 전쟁 경과를 보고받은 다음 전후처리와 관련한 사항을 하달했다고 짐작된다. 고구려와 신라의 외교교섭이 철저하게 차등적 외교관계를 바탕으로 진행되었던 것이다. 특히 "신라왕이 조공(朝貢)했다"는 표현은 고구려가 중국왕조와의 조공·책봉관계를 변용해 차등적 외교관계에 적용했음을 시사한다.

이러한 양상은 숙신과의 관계에서 더욱 명확하게 나타난다. ⑥-ⓒ에서 보듯이 광개토왕은 군대를 파견해 숙신지역을 순시[觀]하도록 했는데, '관(觀)'은 "관할 영역을 순시한다"는 뜻을 담고 있다. 고구려가 숙신지역을 관할 영역으로 인식했다는 것인데, 이때부터 숙신이 고구려에 "조공(朝貢)하고 논사(論事)했다"고 한다. 고구려가 숙신지역을 관할 영역으로 인식했지만, 조공과 논사 곧 조공·책봉관계를 변용한 차등적 외교관계를 통해 그 지역을 통할했다는 것이다.

이상과 같이 고구려는 광개토왕 시기에 주변 국가나 족속을 정복하는 한편, 이들과 차등적 외교관계를 체결하거나 강요하면서 고구려 중심의 외교관계를 수립했다. 물론 당시 고구려는 중국왕조와도 조공·책봉관계를 수립했다. 396년에는 후연으로부터 책봉을 받은 다음, 외교교섭을 위해 장사(長史), 사마(司馬), 참군관(參軍官) 등을 설치했다. 413년에는 장사 고익(高翼)을 동진에 파견해 외교문서를 전하며 책봉을 받기도 했다. 그 이후에도 고구려는 남조나 북조의 왕조들로부터 지속적으로 책봉을 받았다.

고구려가 4세기 이래 새롭게 전개된 다원적·중층적 국제질서를 활용해 중국왕조와 조공·책봉관계를 체결하면서, 다른 한편으로는 요하 동쪽의 동방지역에서 주변국과 차등적 외교관계를 수립한 것이다. 고구려는 이러한 외교정책의 원천을 전통적인 천손족(天孫族) 사상에서 빌려왔다. 고구려는 시조가 하늘의 혈통을 이어받은 신성한 존재이므로 천하 사방에서 가장 성스러운 중심국가라는 것이다. 그러므로 고구려 천하에 속한 동방의 국가나 족속은 모두 고구려에 복속해 조공을 바치고, 태왕의 왕명을 받들어야 한다는 것이다. 고구려가 전통적인 천손족 사상을 바탕으로 자국 중심의 천하관을 확립한 다음, 그에 입각해 주변국을 자국 중심의 국제질서로 편입하려 했던 것이다.

3) 고구려 중심의 외교망과 독자세력권 구축

고구려는 광개토왕의 정복활동으로 영역을 크게 확장하고 주변국과 차등적 외교관계를 수립하며 점차 독자세력권을 구축해 나갔다. 그렇지만 당시 수도였던 국내성은 압록강 중류의 산간지대에 위치해 광활한 판도를 경영하기에 적합하지 않았다. 더욱이 이 무렵 북위가 북중국 일대를 석권하고 동방진출을 노리고 있었는데, 국내성은 이미 두 차례나 함락된 적이 있었다. 이에 고구려는 광활한 판도를 원활하게 운영하고 북위의 침공에 대비하기 위해 평양으로 수도를 옮겼다(427년).

고구려는 평양천도를 통해 한반도 중남부로의 진출을 강력하게 추진할 수 있게 되었다. 이는 북위의 북중국 석권으로 서북방 진출이 불가능해진 상황에서 고구려가 선택할 수 있는 최선의 외교 전략이었다. 그렇지만 북위의 동방진출이 현실화됨에 따라 고구려는 남진정책을 유보할 수밖에 없었다. 당시 후연을 이은 북연(北燕)이 요서지역에서 고구려와 북위의 완충지대를 형성했지만 언제 붕괴될지 모르는 상황이었다. 이에 고구려는 북위에 사신을 파견해 북위의 의중과 함께 정세 변화를 살폈다(425·435년).

마침내 북위가 북연 정벌에 나서자 고구려는 북연왕 풍홍(馮弘)의 구원 요청을 받아들여 2만 대군을 파견해 북위와의 군사 충돌을 피하며 북연의 왕족과 백성을 대거 이끌고 회군했다(436년). 고구려가 북위와의 전면전을 피하며 북위의 동방진출을 저지하는 절묘한 전략을 구사한 것이다. 이는 고구려가 남중국의 송이나 몽골초원의 유연(柔然)과 대립하던 북위의 상황을 정확히 간파했기 때문에 가능했다. 또한 고구려가 435년에 북위로부터 책봉을 받은 사실을 감안하면 조공·책봉관계를 맺었다 하더라도 고구려의 안위에 위협이 될 경우 단호하게 대처했음을 보여준다.

북연왕 풍홍은 고구려의 힘을 빌려 재기를 도모하려고 구원을 요청했는데, 고구려는 풍홍을 푸대접했다. 이에 풍홍이 송에 구원을 요청하니, 송은 군사 7천 명을 요동으로 파견했다. 송이 풍홍의 요청을 핑계로 요동지역에 북위를 견제할 군사거점을 구축하려 했던 것이다. 고구려로서는 요동지역에서 국제분쟁이 일어나거나 북위의 침공을 초래할 수도 있는 상황에 직면한 것이다. 이에 고구려는 풍홍을 죽여 송과의 연계를 차단하는 한편, 송의 군대와 충돌이 일어나자 이를 격파했다.

고구려가 사전에 국제분쟁 발생이나 북위 침공의 가능성을 차단한 것이다. 다만 풍홍과의 갈등이 송과의 분쟁으로 확대된 셈인데, 북위가 침공할 수 있는 상황에서 송과의 갈등은 결코 바람직하지 못했다. 이에 고구려가 송군의 최고 지휘관인 왕백구를 송으로 압송해 처벌을 요청하자, 송도 고구려와의 갈등을 피하기 위해 왕백구를 형식적으로 처벌하는 조치를 취했다. 이로써 양국은 갈등을 해소하고 긴밀한 외교교섭을 전개했는데, 고구려가 송의 요청을 받아들여 군마 800필을 보내주기도 했다(439년).

고구려는 북위에도 사신을 파견해 정세 변화를 살폈는데, 마침 북위가 북량을 멸망시켜 북중국 대륙을 통합하고, 유연을 거세게 몰아붙이고 있었다(439년). 북중국 대륙을 통합한 북위의 대외팽창 욕구가 어디로 향할지 알 수 없는 상황이었다. 이러한 상황에서 북위와 외교교섭을 지속한다면, 북위가 고구려 내부정세를 정탐해 침공할 수도 있었다. 이에 고구려는 북위와의 외교교섭을 단절하고, 남중국의 송 및 몽골초원의 유연과 긴밀한 관계를 맺었다. 그리고는 양자의 관계를 중개하며 북위를 견제하기 위한 외교망을 구축했다. 북위도 고구려를 쉽게 침공할 수 없게 된 것이다.

그런데 5세기 중반에 접어들면서 고구려를 둘러싼 국제정세가 다시 변화했다. 고구려가 북위 견제에 온 힘을 쏟는 틈을 타서 신라가 고구려의 예속으로부터 벗어나려고 시도한 것이다. 신라는 고구려의 일선 지휘관을 살해하는 한편(450년), 백제에 구원병을 보내기도 했다(455년). 또한 신라에 주둔하던 고구려 병사를 살해한 다음, 고구려가 공격하자 대가야에 구원을 요청했다(460년 전후). 백제도 신라와의 관계를 강화하며 왜와의 연계도 더욱 강화했다. 백제와 신라뿐 아니라 새로이 흥기하던 대가야, 바다 건너 왜까지 고구려의 남진을 저지하는 연합전선에 합류하였다.

고구려는 한반도 중남부의 정세 변화에 적극 대처할 필요가 있었다. 이를 위해서는 북위와의 관계를 개선해 서북방 국경지대를 안정시켜야 했다. 당시 북위도 송이나 유연과 대립하고 있었으므로 고구려와의 관계를 개선할 필요가 있었다. 이해관계가 일치한 양국은 다시 사신을 주고받으며 우호관계를 수립했다(462년). 물론 고구려는 관계 개선 이후에도 북위를 견제하기 위해 송이나 유연과의 관계를 긴밀하게 유지하는 한편, 자국의 안위에 위협이 될 만한 상황이 초래되면 단호하게 대응했다.

㉮-㉠ 북위의) 문명태후가 현조(顯祖)의 6궁이 아직 갖추어지지 못했다 하여 조칙으로 연(璉, 장수왕)에게 그의 딸을 보내라고 했다. 연이 표문을 올려 "딸은 이미 출가했으므로 아우의 딸 중에서 구해 조칙에 응하겠습니다"라고 말하자 (북위의) 조정에서 허락했다. (중략) 그러나 연은 "(북위의) 조정이 지난날 풍씨(馮氏, 북연)와 혼인을 맺었다가 얼마 안 있어 그 나라를 멸망시켰습니다. 역사적 교훈(殷鑑)이 멀지 않으니 마땅히 핑계를 대고 사절해야 합니다" 하는 좌우 신하들의 말에 현혹되어, 마침내 글을 올려 조카딸이 죽었다고 거짓말했다. (중략) 마침 현조가 사망하여 그 일은 중지되었다.
_『위서』 권100 고구려전

㉮-㉡ (472년) (북위 현조가) 연(璉, 장수왕)에게 조서를 내려 (백제로 가는 북위 사신) 소안(邵安) 등을 호송하라고 했다. 소안 일행이 고구려에 이르니, 연은 옛적에

제 4 장 고구려 외교의 전개 **151**

여경(餘慶, 백제 개로왕)과 원한이 있다며 동쪽으로 통과시키지 않았다. 이로 말미암아 소안 일행이 모두 되돌아왔다. 이에 조서를 내려 크게 질책했다.

_ 『위서』 권100 백제전

사료 ⑦-㉠에는 북위가 현조[獻文帝. 재위 465~471년]의 후궁이 다 갖추어지지 않았다며 장수왕의 공주를 맞아들이겠다고 청혼하자, 고구려가 단호히 거절한 사건이 기술되어 있다. 이때 북위와 고구려는 혼인 문제를 협의하기 위해 여러 차례 사신을 주고받았다. 그 과정에서 북위가 고구려 조정의 논의를 정탐했는데, 고구려 신하들이 장수왕에게 "북연이 북위와 혼인을 맺었다가 얼마 안 있어 멸망한 사례를 들며 북위와의 혼인을 거절해야 한다"고 요청한 것으로 확인된다. 고구려가 중요한 정보의 유출을 우려해 북위의 혼인 요청을 단호하게 거절했던 것이다.

사료 ⑦-㉡에는 북위가 472년에 백제 사신을 고구려를 경유해 귀환시키려 하자, 이를 단호하게 거절한 사건이 기술되어 있다. 당시 백제는 고구려의 침공이 임박했음을 직감하고, 북위에 고구려 정벌을 요청하는 사신을 파견했다. 이에 북위는 백제에게 고구려를 정벌한 만한 이유가 없다고 하면서도 고구려를 경유해 백제 사신을 귀환시키며 고구려의 반응을 떠보려 했다. 이러한 상황에서 고구려가 북위의 요청을 받아들인다면 북위와 백제의 연계를 도와줄 뿐 아니라 고구려 내부정세가 북위나 백제에게 고스란히 노출될 수도 있었다. 이에 고구려는 북위의 요청을 단호하게 거절했다.

이처럼 고구려는 북위와의 외교교섭에서 국가 안위에 위협을 초래할 사안이 발생하면 단호하게 대처했다. 그리고는 북위에 더욱 빈번하게 사신을 보내 공물의 양을 늘렸는데, 북위도 답례품의 양을 늘리는 것으로 화답했다. 고구려와 북위가 상호 견제하면서도 우호관계를 지속했던 것이다. 이는 고구려가 북위를 침공할 의사가 없음을 명확히 밝혔을 뿐 아니라, 동방지역에 북위를 위협할만한 독자세력권을 구축한 결과다.

이에 고구려는 북위와의 안정된 외교관계를 바탕으로 백제 한성을 공격해 함락시키는 한편(475년), 신라의 도성 부근까지 공략했다(481년). 이때 북쪽 방면에서도 세력권을 더욱 확장했는데, 479년 유연과 함께 대흥안령(大興安嶺) 동남부의 지두우(地豆于) 분할 점령을 도모한 것이 대표적이다. 지두우 분할 점령 도모는 새롭게 흥기한 물길(勿吉)과 북위의 외교교섭을 차단하기 위한 목적도 있었지만, 이를 통해 서북방 깊숙이 세력을 미칠 수 있었다. 더욱이 494년에는 부여가 투항함으로써 고조선 이래 만주와 한반도 일대에서 흥기했던 예맥족 계통의 정치체를 모두 통합하게 되었다.

고구려가 중국대륙 분열에 따른 다원적 국제질서를 활용해 여러 국가와 다양한 외교교섭을 진행하며 동방지역에 독자세력권을 구축했던 것이다. 이에 따라 중국왕조도 고구려의 국제적 위상과 독자세력권을 인정할 수밖에 없었다. 북위는 주변국 가운데 고구려왕에게 가장 높은 책봉호를 수여했고, 외교의례에서도 남조에 이어 2위로 대우했다. 504년 고구려가 북위에 사신을 파견해 "물길과 백제의 침공으로 부여의 황금과 신라[涉羅]의 옥을 조공으로 바치지 못했다"고 하자, 북위 세종은 다음과 같이 대답했다.

> ⑧ 고구려는 대대로 상장(上將)의 지위에 있으면서 해외(海外)의 일을 오로지하고, 동방의 간교한 오랑캐들[九夷黠虜]을 모두 정벌했다. 작은 술병이 빈 것은 큰 술독의 수치인데, 누구의 허물인가? 지난날 방물(方物)의 책임은 고구려[連率]에게 있으니, 그대는 마땅히 짐의 뜻을 그대 왕에게 전하여 힘써 위협과 회유의 책략을 다해 해악을 끼치는 무리를 제거하여 동방지역을 평안하게 하고, 부여와 신라[涉羅]로 하여금 옛 터전으로 되돌아가 수복하게 하여 토산물[土毛]이 조공에서 빠짐이 없도록 하라.
>
> _『위서』 권100 고구려전

북위 세종이 고구려가 동방지역의 여러 국가와 족속을 정복해 통솔하며 독자세력권을 구축한 사실을 인정했던 것이다. 실제 북위는 동방지역에 대한 관할권을 위임한다는 뜻으로 고구려왕에게 동이교위(東夷校尉)라는 책봉호를 수여했다. 고구려가 중국왕조와의 조공·책봉관계를 통해 서방 국경지대를 안정시키는 한편, 이를 자신의 독자세력권을 국제적으로 공인받는 수단으로 활용했던 것이다.

4. 고구려 후기 국제정세의 변동과 외교적 대응책 모색

1) 국제정세 변동과 고구려의 외교적 대응

이처럼 고구려는 5세기 후반에 독자세력권을 구축하며 최성기를 구가했지만, 다른 한편으로는 불안한 요소도 싹트고 있었다. 부용국이었던 부여가 물길에 쫓겨 고구려에 투항했을 뿐 아니라, 남쪽에서는 백제와 신라의 동맹이 더욱 강화되었다. 귀족세력의 내분도 깊어졌다. 531년 안장왕 피살에 이어 544년에는 대규모 왕위계승전이 벌어졌다. 이로써 국가체제가 동요하고, 국제정세 변화에 대한 대응력도 떨어졌다.

이 무렵 중국대륙의 정세가 새롭게 변화했다. 100여 년간 북중국을 석권했던 북위가 육진(六鎭)의 난을 시발로 혼란을 거듭하다 동위와 서위로 분열된 것이다(534~535년). 고구려로서는 서방으로 세력을 확장할 절호의 기회를 맞은 셈이다. 이에 요서 진출을 시도하기도 했지만, 귀족세력의 내분 때문에 적극적으로 추진하기는 힘들었다. 고구려는 절호의 기회를 살리지 못함으로써 오히려 위기를 맞게 된다.

동위와 서위가 각기 북제(550년)와 북주(557년)로 이어지는 가운데, 북제가 북주(서위)를 압도할 국력을 확보하기 위해 동방경략을 대대적으로 개시한 것이다. 북제는 고막해(庫莫奚)와 거란을 차례로 정벌한 다음, 요서지역까지 진격해 고구려를 위협했다(552~553년). 내분에 빠진 고구려로서는 북제의 위협에 굴복해 북위 말기에 노획한 포로 5천 호를 돌려줄 수밖에 없었다. 북방 초원에서도 거대한 변화가 일어났다. 유연이 내분에 휩싸이자, 돌궐이 흥기한 것이다. 돌궐은 철륵(鐵勒) 제부를 통합한 다음(546년), 유연을 격파하고 북방 초원을 석권했다(555년).

한반도 남쪽에서는 신라와 백제가 연합군을 결성해 한강 유역을 공격해 점령했다. 이때 신라와 백제는 각각 한강 중상류와 하류 일대를 분할 점령했다(551년). 고구려가 안으로 귀족세력의 내분에 휩싸인 가운데, 밖으로는 서북방과 남방에서 동시에 위기를 맞은 것이다. 특단의 대책을 마련하지 않으면 국가의 명운마저 위태로울 수 있었다.

> ⑧-㉠ (552년) 초하루가 무진일인 5월 을해일에 백제, 가라, 안라 등이 중부 덕솔(德率) 목협금돈(木劦今敦)과 하내부(河內部)의 아사비다(阿斯比多) 등을 보내 아뢰기를 "고구려와 신라가 화친을 맺고 세력을 합쳐 신의 나라[백제]와 임나를 멸망시키려고 모의했습니다. 이에 삼가 구원병을 요청하여 불의에 먼저 공격고자 합니다. 병력의 다소는 천황의 조칙에 따르겠습니다"라고 했다.
> _ 『일본서기』 흠명기 13년
>
> ⑧-㉡ (553년) 7월, 백제의 동북 변경을 공취하여 신주(新州)를 설치하고 아찬 무력(武力)을 군주(軍主)로 삼았다.
> _ 『삼국사기』 신라본기4 진흥왕 14년

사료 ⑧-㉠에 따르면 고구려와 신라가 552년 5월 이전에 화친을 맺고 백제와 임나[가야]를 공격하기로 모의했다는 것이다. 실제 신라는 553년 7월에 백제의 동북 변경을 공취해 신주(新州)를 설치했다(⑧-㉡). 고구려도 이해 10월 서해안을 따라 지금의 안성천 일대[百合野, 熊川城]를 공격했다. 고구려가 신라와의 밀약 체결을 통해 신라와 백제의 동맹을 결렬시키고 나제연합군의 북상을 저지한 것이다.

북제와 돌궐의 위협이 가중되자 고구려는 신라에게 동해안 방면을 양도하는 밀약을 맺었다. 신라는 이를 받아들여 함흥평야 일대까지 진출한 다음, 더 이상 북상하지 않았다. 고구려가 신라와의 밀약을 통해 남쪽 국경지대를 안정시키고, 서북방 방어에 온힘을 기울인 것이다. 이로써 고구려 세력권은 크게 위축된 반면, 신라가 새로운 강자로 부상했다. 이에 북제는 신라 진흥왕에게 동이교위직을 수여하는 한편(565년), 백제 위덕왕에게도 고구려와 동급의 책봉호를 수여했다(570년).

북제는 동방지역에 대한 고구려의 관할권을 더 이상 인정하지 않고, 삼국과 개별적으로 외교관계를 맺겠다고 천명하였다. 고구려가 귀족세력의 내분으로 국제정세 변동에 적절히 대응하지 못한 결과, 국제적 위상이 크게 약화된 것이다. 이에 고구려는 내부적으로 체제를 재정비했다. 외적의 침공에 대비해 평양 시가지에 새로운 도성을 건설하는 한편, 무한 경쟁으로 인한 귀족세력의 공멸을 막기 위해 3년마다 실권자인 대대로(大對盧)를 선출하는 귀족연립체제를 마련했다. 이로써 고구려는 귀족세력의 공멸을 막고, 국제정세 변화에도 어느 정도 탄력적으로 대응할 수 있게 되었다.

그동안 중국대륙의 정세는 끊임없이 바뀌었다. 북주가 치열한 공방전 끝에 북제를 멸망시키고 북중국을 통일하는가 싶더니(577년), 이번에는 북주가 수(隋)로 바뀌었다(581년). 북방의 돌궐은 북제와 북주의 경쟁관계를 조종하며 강대한 유목제국으로 발돋움하는 한편, 동쪽으로도 세력을 뻗쳐 거란을 격파하고, 고구려 휘하의 말갈에까지 손길을 뻗쳤다. 이로 인해 만주 서북방에 대한 고구려의 영향력이 크게 위축되었다.

2) 통일제국 수와의 외교협상 및 남진정책 재개

581년 수가 건국되자, 고구려는 매년 수에 사신을 보내 국제정세 변화를 주시했다. 당시 남중국의 진(陳)은 국력이 극도로 약화된 상태였지만, 수는 돌궐이라는 배후의 위험요소 때문에 진을 쉽게 공격하지 못했다. 이에 수는 고구려나 토욕혼 등 인접한 주변국과 우호관계를 맺으며 돌궐 공략을 위한 방안을 모색했다. 마침 581년경 돌궐이 여러 세력으로 분열되었다. 이에 수는 이간책을 써서 돌궐을 더욱 분열시키는 한편, 군사력을 동원해 대대적으로 토벌했다. 수의 공세를 이기지 못한 동돌궐의 사발략가한이 항복함에 따라 점차 수가 돌궐에 대해 우세를 점하기 시작했다(585년).

수의 공격에 따른 돌궐의 약화는 고구려에게 새로운 기회를 제공했다. 고구려는 돌궐의 흥기로 인해 서북방에 대한 영향력을 많이 잃었는데, 이를 만회할 기회를 맞게 된 것이다. 고구려 서북방 지역에서 돌궐의 영향력이 쇠퇴한 반면, 수의 지배권은 아직 확립되지 않았기 때문이다. 이에 고구려는 수가 돌궐을 대대적으로 공략하던 584년 3월을 마지막으로 견수사(遣隋使) 파견을 중단하는 한편, 남중국의 진과 통교하면서 수를 견제했다. 그리고는 서북방의 거란과 말갈에 대한 세력 확장을 추진했다.

고구려는 수의 영향력이 상당히 미치고 있던 거란에 대해서는 수와의 충돌을 우려해 피복속 집단의 이탈을 방지하는 '고금(固禁)' 정책을 구사했다. 반면 수의 영향력이 거의 미치지 않던 말갈에 대해서는 군사작전을 대대적으로 감행했다. 이 과정에서 속말말갈의 돌지계(突地稽) 집단이 수로 이탈하기도 했지만, 584년 이후 말갈의 견수사 파견이 중단된 것에서 보듯이 고구려가 종전의 지배력을 회복했다. 고구려는 이를 바탕으로 멀리 남실위(南室韋)에 철을 수출하며 대흥안령 산맥 방면으로도 세력을 확장했다. 고구려가 수의 돌궐 공략을 틈타 서북방에 대한 세력권을 회복한 것이다.

그렇지만 이러한 상황이 장기간 지속되기는 힘들었다. 돌궐의 약화는 수의 중국대륙 재통일로 이어질 것이기 때문이다. 실제 수는 돌궐을 굴복시킨 다음, 589년 1월에 진을 멸망시켰다. 수가 300여 년 가까이 분열되었던 중국대륙을 재통일한 것이다. 고구려 평원왕은 진의 멸망 소식을 듣고 "크게 두려워하며 군대를 정비하고 군량미를 비축하여 방어할 계책을 삼았다"고 한다. 토욕혼의 과려가한도 "크게 두려워하여 멀리 달아나 험한 곳을 지켰다"고 한다. 중국대륙의 동방과 서방에서 각기 독자세력권을 구축했던 고구려와 토욕혼이 수의 중국대륙 재통일에 엄청난 위협을 느꼈던 것이다.

이는 고구려나 토욕혼이 중원왕조 중심의 일원적 국제질서를 구축하려는 수의 대외정책을 정확하게 간파하고 있었음을 뜻한다. 중원왕조 중심의 일원적 국제질서를 추구하려는 움직임은 북주 말기부터 고조되었다. 북주가 북제를 멸망시킨 다음 중국대륙의 패자를 표방하며, 주변국에게 각국의 군사력과 지배력을 인정하며 주고받았던 도독제군사호나 지방관명을 제외한 채 훈관·군공호·왕호 등으로 구성된 책봉호를 수여했던 것이다. 수도 훈관·군공호·본국왕호 등으로 구성된 책봉호를 수여했다.

이에 고구려나 토욕혼은 수가 중국대륙을 재통일한 다음, 주변국에 대해 대대적인 군사원정을 전개하리라 예상하고 군사방어에 나섰던 것이다. 그런데 예상과 달리 수 문제는 비교적 온건한 외교정책을 구사했다. 오랜 분열을 종식시키고 중국대륙을 재통일한 수로서는 피폐해진 국력을 회복하고, 통일왕조에 걸맞은 국가체제를 재정비하는 것이 훨씬 더 긴급했다. 이러한 상황에서 강경한 대외정책을 구사하기는 쉽지 않았을 것이다. 수 문제가 590년에 고구려에 내린 외교문서는 이를 잘 보여준다.

⑨ (전략) 짐은 창생(蒼生)을 모두 나의 백성[赤子]처럼 여겨, 왕에게도 영토를 내리고 관작을 주어 깊은 은택(恩澤)을 원근에 밝게 드러내려 했소. 그런데 왕은 오로지 불신을 품고 늘 스스로 시기하고 의심하여 사신을 보내 몰래 소식을 염탐했으니, 순수한 신하의 도리가 어찌 이와 같을 수 있겠는가? 대개 이러한 잘못은 짐의 훈도(訓導)가 명확하지 않아 발생한 것이므로 왕의 잘못을 한번은 모두 용서하니, 오늘 이후로는 반드시 고치기 바라오. 번신(藩臣)의 예절을 지키고, 조정의 바른 법도를 받들어, 스스로 그대 나라를 교화시키고, 다른 나라를 어지럽히지 않는다면, 길이 부귀를 누리고 짐의 마음에도 들 것이오. (중략) 왕이 어찌 요수(遼水)의 폭이 장강(長江)과 같고, 고구려인의 수가 진국(陳國)과 같다 일컬을 수 있겠는가? 짐이 만약 품고 길러주는 마음을 버리고 왕의 지난날 잘못을 문책하기로 한다면, 장군 한 명에게만 명령하면 되지 어찌 큰 힘이 필요하겠소! 친절하게 가르쳐 왕 스스로 새롭게 되길 허락하니 마땅히 짐의 뜻을 알아서 스스로 많은 복을 구하기 바라오.

_『수서』 권81 동이열전 고려전

수 문제는 먼저 고구려가 말갈을 구핍(驅逼)하고, 거란을 고금(固禁)하고, 수의 쇠뇌 기술자를 빼돌리고, 수의 사신을 텅 빈 객관(客官)에 감금하는 등 많은 잘못을 저질렀다고 질책했다. 그러면서 고구려의 잘못은 자신의 훈도(訓導)가 명확하지 않아 발생한 것이니 이번 한 번은 모두 용서하겠다며, 앞으로 "다른 나라를 어지럽히지 말라"고 주문했다. 그렇게 하지 않는다면 남중국의 진처럼 정벌하겠다고 협박했다.

수의 군사적 침공을 예상했던 고구려로서는 타협의 여지가 있는 주문이었다. 특히 수가 원하는 가시적 조치만 취한다면, 서북방 등에 대한 종전 세력권을 유지할 수 있으리라 기대할 수도 있었다. 이에 고구려는 수와의 외교관계를 정상화하는 한편, 휘하의 말갈이 수에 사신을 파견할 수 있도록 했다. 이 조치는 "다른 나라를 어지럽히지 말라"는 수의 주문에 대한 화답이라 할 수 있다.

이로써 중원왕조 중심의 일원적 국제질서를 확립하려는 수와 종전의 다원적 국제질서를 유지하려는 고구려의 대외정책이 정면으로 충돌하지 않고, 외교적 봉합 국면에 접어들었다. 고구려가 외견상 수 중심의 일원적 국제질서를 인정해주면서, 실질적으로는 서북방에 대한 종전 세력권을 유지하는 외교정책을 구사했던 것이다.

그런데 수는 고구려 영양왕에게 거란의 막하불보다 낮고, 백제 위덕왕이나 신라 진평왕과 동급의 책봉호를 수여했다. 수가 고구려의 우위를 더 이상 인정하지 않겠다고 천명한 것이다. 이와 함께 수는 590년경 요서에 영주총관부를 설치해 동방정책을 강력하게 추진할 전진기지 건설에 나섰다. 수는 돌궐의 분열을 활용해 요서나 그 북방에 대한 돌궐의 영향력을 차단하고, 이곳을 직접 관장하려 했다. 이에 따라 요서지역의 거란뿐 아니라 그 북방의 해, 습, 실위 등이 점차 수의 영향력 아래로 포섭되었다.

수가 요서와 그 북방에 대한 지배력을 강화한다면, 고구려는 몽골초원으로 나아가는 교통로를 봉쇄당하고, 말갈에 대한 지배마저 위협당할 수 있었다. 수와의 외교교섭을 통해 종전 세력권을 유지하려던 고구려의 외교정책이 중대한 위기를 맞은 것이다. 이에 고구려는 수의 압박을 견제할 방안을 강구했다. 먼저 말갈의 견수사 파견을 통제하는 한편, 왜와의 외교관계를 재개했다(595년). 이때 고구려는 왜에 승려 혜자를 보내 선진문화를 전수하는 한편, 쇼오토쿠 태자[聖德太子]에게 정치적 자문을 해 주었다.

그렇지만 이러한 조치만으로 수의 압박을 무력화시킬 수 없었다. 무엇보다 수의 의중을 정확히 파악하고 대응책을 마련하는 것이 중요했다. 고구려는 597년 수에 사신을 파견해 안위를 보장받을 가능성을 타진하는 한편, 내부 정황을 정탐했다. 이를 통해 고구려는 외교관계의 개선만으로는 위기를 타개할 수 없다고 판단하고, 선제공격을 감행하기로 결정했다. 고구려와 수가 외교교섭을 통해 국제질서나 외교정책을 둘러싼 근본적인 인식 차이를 해결하지 못하고, 전쟁 국면으로 진입하기 시작한 것이다.

고구려가 598년 말갈병 1만을 동원해 요서를 선제 공격하자, 수는 마치 기다렸다는 듯이 영양왕의 책봉호를 폐지하고 30만 대군을 동원해 반격에 나섰다. 이때 수군이 장마와 전염병을 만나 퇴각함으로써 전면전으로 확대되지 않았지만, 수가 언제든지 대군을 동원해 고구려 정벌에 나설 수 있다는 강력한 경고를 보낸 것이다. 고구려가 사신을 보내 사죄하자 수는 이를 명분삼아 철군하면서 종전과 같이 대했다.

외견상 수가 고구려의 안위를 보장하고, 양국의 관계도 정상화된 것처럼 보였다. 그렇지만 수가 고구려의 안위를 보장해준 것은 아니었다. 수는 돌궐을 공략하던 상황이어서 고구려 원정을 더 이상 추진할 여력이 없었을 뿐이었다. 수는 돌궐을 대대적으로 공격해 603년경에는 서돌궐마저 궤멸시켰다. 이제 고구려가 서북 방면으로 세력을 확장하거나 다른 세력과 연맹을 도모하는 것은 현실적으로 불가능해졌다.

이에 고구려는 남쪽으로 한강 유역을 수복해 종전 세력권을 회복한 다음, 수와의 정면 대결에 대비하고자 했다. 고구려는 603년 신라의 북한산성을 필두로 607년에는 백제 송산성과 석두성, 608년에는 신라의 북쪽 국경을 공격하며 남진정책을 강력하게 추진했다. 이로써 약 50여 년간 휴전 상태를 유지했던 고구려와 신라, 고구려와 백제 사이에 각축전이 재개되었고, 신라와 백제의 각축전도 더욱 치열해졌다. 수의 중국대륙 통일에 따른 정세 변동이 고구려를 통해 한반도 중남부까지 파급된 것이다.

604년 문제를 이어 즉위한 수 양제가 주변국을 대대적으로 정벌하는 사이주토(四夷誅討) 정책을 표방함에 따라 외교교섭을 통한 관계 정상화는 사실상 불가능해졌다. 고구려로서는 수에 대한 굴복 아니면 전쟁을 선택할 수밖에 없었다. 607년 북방 순행에 나섰던 수 양제는 돌궐 계민가한의 아장(牙帳)에서 고구려 사신을 발견하고는 "귀국한 다음 너희 왕이 직접 내조(來朝)하라고 전달하라"며, "만약 내조하지 않으면 계민가한 휘하의 돌궐 병사를 이끌고 정벌할 것이다"라고 협박했다. 고구려가 계민가한처럼 수에 완전히 굴복하지 않는다면, 정벌하겠다는 강력한 경고를 던진 것이다.

이에 따라 수의 고구려 원정을 둘러싼 각국의 외교전도 치열하게 전개되었다. 백제나 신라는 수에 사신을 보내 고구려 정벌을 요청했고, 왜도 수에 사신을 보내 정세를 염탐했다(607~608년). 수는 백제나 신라와 긴밀하게 교섭하는 한편, 왜에도 사신을 파견해 고구려 원정에 유리한 국제 정세를 조성하려 했다. 고구려도 605년에 왜에 불상 조성에 필요한 황금 300냥을 보내고, 610년에는 승려 담징을 파견해 연자방아, 종이, 먹 등의 제조기술을 전수하는 등 왜와의 관계를 강화하려 했다.

수가 오랜 준비 끝에 612~614년에 매년 고구려를 대대적으로 정벌함으로써 양국 관계는 결국 파탄을 맞았다. 다만 수는 고구려 원정의 후유증을 이겨내지 못하고, 농민의 반란이 중국대륙 전역으로 확산되는 가운데 멸망했다. 이로써 고구려는 수의 대규모 원정으로부터 벗어날 수 있었지만, 오랜 전란으로 엄청난 피해를 입은 상황이었다. 남진정책은 물론이고 정상적인 외교교섭도 거의 중단된 상태였다. 이에 고구려는 618년에 왜에 사신을 보내 수에 대한 전승 소식과 함께 수군 포로, 고취(鼓吹), 쇠뇌[弩], 포석기(抛石器) 등을 전하며 외교교섭을 재개했다.

3) 당의 동방정책에 대한 고구려의 강온 양면 외교정책

수의 붕괴로 중국대륙이 대혼란에 휩싸인 가운데 당이 건국되었다. 당도 수와 마찬가지로 중원왕조 중심의 일원적 국제질서를 추구했지만, 중국대륙 각지에 할거세력이 존재하는 상황에서 강경한 대외정책을 펼 수는 없었다. 이에 당은 각지의 할거세력을 제거해 중국대륙을 통합하는 데 온 힘을 기울이는 한편, 주변국에 대해서는 독립을 존중하며 화친을 맺는 온건한 대외정책을 추진했다.

고구려는 619년과 621년에 잇따라 당에 사신을 파견해 정세 변화를 살폈다. 이에 당 고조는 622년에 고구려에 사신을 파견해 "각기 영역을 보전하자"며 수 양제와 명확히 구별되는 외교정책으로 화답했다. 다만 고구려 영류왕에게 책봉호를 수여하지 않고, 수의 전쟁 포로를 보내줄 것을 요청했다. 고구려가 만여 명을 송환하자 당 고조가 크게 기뻐했다. 당은 고구려와의 외교교섭에서 공식 외교관계 수립보다 수의 고구려 원정 실패로 촉발된 천하대란을 수습할 대책 마련에 더 주안점을 두었던 것이다.

당은 각지의 할거세력을 어느 정도 제거한 624년에야 고구려 등 삼국에 책봉호를 수여했다. 이때 당은 수와 마찬가지로 '훈관+군왕호+본국왕호'로 구성된 책봉호를 수여하며, 당 중심의 일원적 국제질서를 구축하겠다는 뜻을 명확하게 천명했다. 다만 고구려에게는 최고위 책봉호를 수여하며 외형상 우대하는 조치를 취했고, "무리하게 칭신(稱臣)을 강요하지 않겠다"며 독립을 존중하겠다는 뜻도 밝혔다.

이처럼 당이 대내외 상황으로 인해 주변국에 대해 화친과 병존 정책을 펴자 고구려도 당에 사신을 파견해 정세 변화를 예의주시하는 한편, 자국에 유리한 국제정세를 조성하려고 노력했다. 624년에 당이 도교를 전해주자 이듬해에 불교와 함께 도교의 교법을 배우기를 청했다. 고구려도 당에게 온건한 외교정책으로 화답한 것이다.

또한 고구려는 승려 혜관을 왜에 보내 화친을 강화하는 한편(625년), 백제·신라와 당의 연계를 차단하려 했다. 이에 백제와 신라가 당에 고구려의 외교 방해를 호소하자, 당은 삼국에 화해할 것을 종용했다. 이에 대해 고구려는 겉으로는 당에 사죄하며 백제나 신라와 화평하게 지내겠다고 답변했지만, 실제로는 신라를 더욱 거세게 공격했다. 당이 삼국의 역관계에 개입하려했지만, 실효를 거두지 못하였다.

한편 수가 붕괴된 다음, 중국대륙의 북방과 서방에서는 동돌궐과 토욕혼이 부흥했다. 특히 동돌궐은 당 건국 이후에도 당을 압박해 막대한 물자를 제공받는 한편, 당과 대립하던 할거세력을 지원했다. 이에 당은 628년 할거세력을 제거해 중국대륙을 재통합한 다음, 곧바로 동돌궐 정벌에 착수했다. 당은 수와 마찬가지로 동돌궐을 분열시키는 이간책을 구사했다. 이에 따라 동돌궐에서 내분이 일어나자 정벌을 단행했다(630년).

당의 원정으로 동돌궐이 괴멸되자 고구려 서북방의 거란을 비롯하여 해, 습, 실위 등이 잇따라 당에 항복을 청했다. 수의 원정을 경험했던 고구려로서는 또다시 위기가 몰려오고 있음을 직감했다. 고구려는 동돌궐 정벌을 축하하는 사절을 당에 파견하는 한편, 봉역도(封域圖)를 보냈다. 종전처럼 우호관계를 지속하면서 고구려 영역과 세력권을 보장해줄 것을 요청한 것이다. 그러면서 당의 군사공격에 대비해 서북방 국경지대에 천리장성을 축조하기 시작했다(631년 2월).

고구려가 외교적인 유화책과 군사방어책을 동시에 추진한 것이다. 그런데 당은 뜻밖의 조치를 취했다. 고구려의 대수(對隋) 전승기념탑인 경관(京觀)을 파괴하며, 당에 대항할 생각을 하지 말라 경고한 것이다(631년 8월). 다만 이 무렵 당은 북방과 서방의 여러 세력을 제압하는 데 여념이 없었기 때문에 고구려를 정벌하기는 힘들었다.

이로 인해 당의 압박이 완전히 가시화되지 않는 불투명한 상황이 상당 기간 지속되었고, 고구려 귀족세력은 대당정책을 둘러싸고 강온 양파로 나뉘어 대립하게 되었다. 이런 가운데 백제와 신라의 각축전은 더욱 심화되었고, 고구려도 신라를 공격해 원산만 일대를 수복했다. 신라가 고구려와 백제의 협공을 받으며 점차 고립되었던 것이다.

삼국의 각축전이 심화되던 630년대에 당은 북방과 서방을 대대적으로 공략했다. 이때 당은 화친과 정벌 정책을 동시에 구사했는데, 632년에는 회유책을 통해 강족(羌族)을 내속시켰고, 635년에는 대규모 정벌을 단행해 토욕혼을 괴멸시켰다. 또한 640년 5월에는 서역의 전략적 요충지인 고창(高昌)을 정벌했다. 이로써 당은 북방의 동돌궐과 서방의 토욕혼을 괴멸시키고, 서역의 여러 나라를 직접 지배할 발판을 마련했다.

당으로서는 고구려만 제압한다면 명실상부하게 당 중심의 일원적 국제질서를 구축할 수 있는 상황이었다. 이에 당은 동방정책을 공세적으로 전환하기 시작했다. 고구려로서는 신속하게 대응책을 세워야 하는 상황이었다.

⑩-㉠ (640년) 2월 세자 환권(桓權)을 파견해 당에 들어가 조공했다. 태종이 노고를 위로하며 선물을 특히 후하게 주었다. 왕의 자제를 당에 보내 국학(國學)에 입학할 것을 요청했다.

_『삼국사기』 고구려본기8 영류왕 23년

⑩-㉡ (641년) 진대덕(陳大德)이 그 나라에 가서 관리들에게 후하게 (뇌물을) 주어 그 세세한 곳까지 알게 되었다. (중략) 진대덕이 귀국하여 아뢰자 당 태종(帝)이 기뻐했다. 진대덕이 또 말하기를 "고창국이 멸망했다는 소식을 듣고 그 대대로(大對盧)가 세 번이나 숙소를 찾았고, 더욱 후하게 대했습니다."라고 했다. 태종이 말하기를 "고구려 땅은 그저 한의 4군으로 내가 병졸 수만 명을

징발해 요동을 공격하면 여러 성곽이 반드시 구하러 올 것이다. 내가 해군을 동원해 동래에서 바다를 건너 평양으로 가면 진실로 쉬울 것이다. 그렇지만 천하가 겨우 태평해졌는데 사람들을 수고롭게 하고 싶지 않을 뿐이다"라고 했다.

_ 『신당서』 권220 동이열전 고구려전

⑩-ⓒ (642년) 겨울 (중략) 춘추가 나아가 말하기를 "지금 백제는 무도하여 긴 뱀과 큰 돼지가 되어 우리 강토를 침범하므로 저희 임금께서 대국의 군대를 얻어 그 치욕을 씻고자 합니다"라고 했다. 이에 고구려왕이 이르기를 "죽령은 본래 우리나라의 땅이니, 만약 너희 나라가 죽령 서북의 땅을 돌려주면 가히 군대를 출병시킬 수 있다"라고 했다.

_ 『삼국사기』 신라본기5 선덕왕 11년

사료 ⑩-㉠에서 보듯이 고구려는 고창 멸망 직전인 640년 2월에 세자 환권을 당에 사신으로 보내 왕의 자제를 국학에 입학시키겠다고 요청했다. 고구려가 고창 멸망이 임박한 상황을 파악하고, 당의 의중을 탐지하며 다양한 대응책을 모색한 것이다. 이에 대해 당 태종은 확답을 피한 채 군사정보를 총괄하던 직방낭중(職方郎中) 진대덕을 파견해 고구려의 의중을 살폈다(641년). 이때 최고 실권자인 대대로(大對盧)가 고창 멸망 소식을 듣고 세 차례나 진대덕의 숙소를 찾았다고 하는데(⑩-ⓒ), 고구려 지배층 내부에서 대당정책을 둘러싸고 긴박하게 움직였음을 시사한다.

진대덕은 고구려 관리를 매수하여 전국 각지를 돌아다니며 군사시설과 자연지세를 정탐했다. 당이 수의 실패를 되풀이하지 않기 위해 고구려의 군사방어체계를 치밀하게 정탐한 것이다. 이로써 주변 여건만 충분히 성숙된다면, 당이 고구려 원정에 착수할 것은 거의 명확해졌다. 진대덕의 보고를 청취한 당 태종이 "고구려 땅은 (한의) 사군(四郡)이었다"며 정벌 의사를 내비친 것은 이를 잘 보여준다. 고구려가 외교교섭을 통해 당과의 화친관계를 유지하기가 더욱 어려워진 것이다.

이로 인해 대당정책을 둘러싼 고구려 귀족세력의 갈등은 더욱 심화되었다. 영류왕을 중심으로 하는 온건파가 강경파의 거두인 연개소문을 제거하려 하자, 연개소문은 쿠데타를 일으켜 영류왕과 반대파 귀족세력을 제거하고 권력을 장악했다(642년 9월). 연개소문은 사적 권력기반을 강화하며 장기집권체제를 구축했지만, 대당 강경책을 명분삼아 쿠데타를 일으켰기 때문에 외교정책을 탄력적으로 구사하기가 쉽지 않았다.

이 무렵 백제와 신라의 각축전은 더욱 치열해졌는데, 백제 의자왕이 642년 여름에 신라의 서쪽 40여 성을 빼앗고 신라의 도성을 위협했다. 위기에 몰린 신라가 642년 겨울에 김춘추를 고구려에 보내 군사원조를 요청했으나, 막 권력을 장악한 연개소문은 보장왕의 입을 빌려 "한강 유역을 돌려주면 도와주겠다"며 거절했다(⑩-ⓒ). 강경책을 명분삼아 집권한 연개소문으로서는 아무 대가없이 신라를 지원하기 힘들었던 것이다.

오히려 연개소문은 백제와 함께 신라의 대당 교섭창구인 당항성을 협공하며 압박했다(643년 11월). 신라가 이 사실을 당에 알리자 당은 고구려와 백제에 신라 공격 중단을 요구했다. 특히 당은 고구려에 대해 신라를 계속 공격하면 이듬해에 정벌하겠다고 위협했는데, 고구려는 "신라에 빼앗긴 옛 땅을 회복하려는 것"이라며 강하게 맞섰다. 그러자 당도 "요동은 본래 중국의 군현이었다"며 정벌 의사를 내비쳤다.

4) 고구려의 당군 격퇴와 전방위 외교의 전개

고구려와 당의 외교교섭이 사실상 중단되고 전쟁 국면으로 접어든 것이다. 특히 연개소문의 쿠데타는 고구려 원정 명분만 찾던 당 태종에게 더없이 좋은 빌미를 제공했다. 이를 눈치 챈 연개소문이 당 태종에게 백금(白金)을 바치고 관리를 보내 숙위(宿衛)하겠다고 했지만, 태종은 모두 거절했다(644년 9월). 원정을 위한 여건이 충분히 조성되었고, 명분까지 확보한 태종으로서는 고구려 침공을 미룰 이유가 없었던 것이다.

마침내 당 태종이 연개소문 평정을 내세우며 고구려 원정을 강행했다(645년). 이때 당은 신라, 백제, 해, 거란 등에게도 고구려를 공격하라는 조서를 내렸다. 당이 고구려의 방어력을 분산시키기 위해 주변국에 협조를 요청한 것이다. 나름대로 고구려 원정을 치밀하게 준비한 당은 요동성 등 요동평원의 성곽을 일부 함락시켰지만, 난공불락의 요새인 안시성 공방전에 발목이 잡혀 더 이상 진격하지 못했다. 당도 고구려의 청야수성(淸野守城) 전략을 뚫을 비책을 마련하지 못한 것이다.

더욱이 북방 초원에서 흥기하던 설연타의 동향도 심상치 않았다. 연개소문이 당의 침공에 맞서기 위해 설연타와 연계를 도모했는데, 처음에는 진주가한이 당을 두려워해 움직이지 않았다. 그런데 진주가한이 사망한 다음, 새로이 즉위한 다미가한이 당의 고구려 원정을 틈타 당의 북방을 공략했다. 설연타와 연계하려는 연개소문의 시도가 처음에는 성과를 거두지 못했지만, 다미가한에게는 상당한 영향을 미쳤던 것이다.

당군은 퇴각할 수밖에 없었다. 당도 고구려의 강력한 방어체계에 막혀 원정에 실패한 것이다. 고구려는 당의 침공으로 많은 손실을 입었지만, 파죽지세로 세력을 확장하던 당의 기세를 꺾는 저력을 과시했다. 국제적 위상을 격상시키며 주변국과의 연대를 강화해 당에 맞설 계기를 마련한 것이다. 반면 당으로서는 고구려 원정 실패에 따른 여파가 확산되는 것을 차단할 필요가 있었다. 특히 이 여파가 북방 초원까지 확산된다면 공들여 쌓아온 당 중심의 국제질서가 한순간에 붕괴될 수도 있었다.

이에 당은 설연타를 공격하여 제압하고, 철륵 등 북방 족속을 항복시켰다(646년). 그리고는 각 부족의 자치권을 인정하면서 당군을 주둔시켜 통제하는 기미지배(羈縻支配)를 시행했다(647년). 고구려의 기대와 달리 당군 격퇴의 여파가 널리 확산되지 못한 것이다. 북방 초원에 대한 지배권을 강화한 당은 곧바로 고구려 원정을 추진했다. 다만 당은 견고한 성곽 때문에 원정에서 실패했다고 진단하고, 소규모 부대를 자주 보내 요동지역을 초토화시키는 국지전을 전개하기로 결정했다(647년 2월).

실제 당은 육로나 해로로 소규모 부대를 여러 차례 요동지역에 보내 공략했다. 이러한 국지전을 통해 고구려를 상당히 피폐시켰다고 판단되자, 당은 다시 대규모 원정 준비에 착수했다(648년 6월). 이처럼 당이 고구려 원정을 한창 준비할 무렵, 신라의 김춘추가 당을 방문해 "양국이 연합해 먼저 백제를 멸망시킨 다음 고구려를 협공하자"고 제안했다(648년 12월). 고구려 원정에 실패했던 태종으로서는 김춘추의 제안이 솔깃했다.

이로써 나당연합군에 의한 백제와 고구려 협공이라는 새로운 국제전의 서막이 열렸다. 나당연합군의 협공이 실행된다면 고구려의 군사전략은 큰 타격을 입을 수밖에 없었다. 당군이 신라로부터 병참보급을 받으며 전천후로 군사작전을 전개할 수 있을 것이기 때문이다. 고구려는 642년 신라의 구원 요청을 거절함으로써 남쪽 국경을 안정시킬 기회를 놓쳤는데, 이제 남북에서 협공을 받게 된 것이다. 백제도 신라를 공격하며 당과의 관계를 소홀히 하다가 나당동맹이라는 상상도 하지 못한 상황에 직면한 것이다.

그러나 649년 5월 태종의 사망으로 새로운 국제전의 개전은 잠시 보류되었다. 고종 즉위 직후에 들어선 장손무기(長孫無忌) 정권이 온건한 대외정책을 펼쳤기 때문이다. 당의 고구려 공격은 중단되고, 나당연합군의 결성도 보류되었다. 이러한 당의 온건책을 틈타 주변국이 흥기했는데, 특히 서돌궐이 중앙아시아 지역에서 유목제국을 재건했다(650년).

이에 고구려도 주변 지역으로 세력을 확장하며, 당에 맞설 전방위 외교를 전개했다. 먼저 백제와 연합해 신라를 더욱 거세게 공격했다. 또한 말갈에 대한 지배를 강화하는 한편, 요하 중상류의 거란을 공격해 당을 견제할 교두보도 확보했다(654년). 이와 함께 바다 건너 왜와의 관계를 긴밀히 하는 한편, 몽골초원을 거쳐 중앙아시아에까지 사신을 파견해 반당(反

唐) 국제연대 구축에 나섰다. 우즈베키스탄의 아프라시압 궁전벽화에는 이때 파견된 것으로 짐작되는 고구려 사신의 그림이 남아 있다.

이 무렵 당에서는 장손무기 정권이 실각하고 허경종(許敬宗) 정권이 등장했는데, 대외정책도 강경책으로 전환되었다(655년). 당은 먼저 서돌궐을 괴멸시킨 다음(658년 2월), 곧바로 동방원정에 착수했다(658년 6월). 당은 양동작전(陽動作戰)을 펼쳐 고구려 주력군을 요동방면에 묶어두는 한편, 대규모 원정군을 편성해 신라군과 합세하여 백제를 멸망시켰다(660년 7월). 나당연합군은 백제를 멸망시킨 여세를 몰아 곧바로 고구려 원정에 착수했다(660년 12월).

당군은 수륙 양면으로 고구려 공격에 나서 해군은 곧바로 평양성을 포위하고, 육군은 압록강을 건너 고구려군을 격파하는 전과를 올렸다(661년 8-9월). 다만 당군은 661년 연말로 접어들면서 더 이상 전과를 올리지 못했는데, 거란 세력이 고구려와 연계하여 당에 반기를 들었기 때문이다. 당의 원정군이 거란 토벌에 대거 투입됨에 따라 고구려 원정이 차질을 빚게 된 것이다. 더욱이 철륵이 당의 변경을 대대적으로 공격함에 따라 당은 다시 원정군을 몽골초원 방면으로 이동시킬 수밖에 없었다(662년).

한편 고구려는 한반도 중남부에서도 신라에 대해 군사공격을 전개하는 한편, 왜와 긴밀하게 연계하며 백제부흥군을 측면 지원했다. 이를 통해 고구려는 신라군이나 백제고지에 주둔한 당군의 북상을 저지할 수 있었다. 결국 고구려가 나당연합군에 의한 백제 멸망을 저지하지는 못했지만, 자국을 공격할 때는 주변세력과 반당(反唐) 연대를 강화해 당의 군사력을 분산시켜 물리친 것이다. 고구려가 당의 온건책을 틈타 추진했던 세력 확장 및 반당 국제연대망 구축 정책이 일정 정도 효과를 발휘했던 것이다.

이에 따라 당도 고구려 정벌이 쉽지 않음을 뼈저리게 느꼈다. 당은 663년 철륵과 백제부흥군을 평정했음에도 불구하고, 더 이상 고구려 원정을 추진하지 않았다. 오히려 당 고종은 철륵과 백제부흥군 격파에 만족하며,

천하 평정을 하늘에 고하는 태산 봉선(封禪)을 추진했다(664년 7월). 당이 고구려가 존속한 상황에서 천하를 평정했다고 자부하며, 고구려 원정을 잠정적으로 보류한 것이다.

이에 고구려도 태자 복남을 당에 보내 봉선의식에 참가하며 당과의 화친을 도모하며, 자국의 안위를 보장받을 외교적 방안을 모색했다(665년 10월). 그렇지만 이러한 외교적 노력은 연개소문 사망 이후 귀족세력의 내분으로 고구려가 멸망의 길을 걸으며 물거품이 되었다. 668년 9월 나당연합군이 평양성을 점령함으로써 700여 년 가까이 역동적으로 전개되었던 고구려 외교사도 막을 내린 것이다.

5. 고구려 외교정책의 성격

이상에서 동아시아 국제질서 변동과 고구려의 국내상황을 종합해 고구려 외교사를 다각도로 고찰했다. 이를 통해 고구려가 중국왕조를 비롯해 한반도 중남부의 백제나 신라, 바다 건너 왜, 북방 초원의 유목국가 등과 활발히 교섭한 사실을 확인했다. 이 과정에서 고구려는 도성이 함락되는 등 국가적 위기를 맞기도 했지만, 각 시기마다 다양한 외교정책을 구사하며 동아시아 국제정세 변화에 탄력적으로 대처했다.

국가 형성기에는 전한이나 후한의 외교정책 변화를 틈타 현도군의 지배를 물리치며 고대국가로 발돋움했다. 국가 성립 이후에는 후한의 소극적인 변군정책을 활용해 동해안 방면 등 힘의 공백지대로 진출하는 한편, 현도군을 요동평원으로 몰아내며 후한과의 외교관계를 재정립했다. 그리고 3세기 전반 중국대륙이 3국으로 분열되자 손오나 조위 등과 다면적인 외교교섭을 전개했지만, 이들의 동방정책을 정확히 간파하지 못하고 오히려 도성을 함락당하는 위기상황을 맞기도 했다.

4세기 초 서진의 붕괴로 동아시아 국제질서는 급변했다. 중원왕조 중심의 일원적인 국제질서가 무너지고, 다원적이고 중층적인 신국제질서가 전개되었다. 이에 따라 중원왕조 중심의 국제질서를 규정하던 조공·책봉관계도 각국의 지배력을 상호 인정하는 외교 형식으로 변화했다. 고구려도 새로운 국제질서에 대한 인식을 바탕으로 전연과 조공·책봉관계를 맺어 서방 국경지대를 안정시키고, 동방지역에서 독자세력권을 구축하는 외교정책을 추진했다. 그리하여 5세기에는 중국 방면의 여러 왕조와 평화적인 외교관계를 유지하며, 만주와 한반도 일대에 독자세력권을 구축하고 다양한 외교망을 구축했다.

6세기 후반 수의 중국대륙 통일로 동아시아 국제질서는 다시 변화했다. 수는 다원적 국제질서를 거부하고 중원왕조 중심의 일원적 국제질서를 추구했다. 이에 따라 다원적 국제질서를 고수하려는 고구려는 수와 정면으로 대결할 수밖에 없었다. 양국은 몇 차례 외교교섭을 진행하다가 결국 전쟁이라는 파국으로 치달았다. 고구려는 서북방에서 수의 침공에 대비하는 한편, 한반도 중남부를 공략해 독자세력권을 재건하려고 시도했다.

 고구려는 당 건국 직후에는 당의 유화책에 화답하며 강온 양면전략을 구사했다. 다만 당의 원정이 가시화되면서 강경파가 득세함에 따라 외교정책을 탄력적으로 수행하기 힘들었다. 고구려는 당군을 격퇴하며 국제적 위상을 크게 격상시키기도 했지만, 신라에 대해 강경책을 고집하다가 결국 나당연합군의 결성을 초래하고 말았다. 고구려는 650년대에 주변 지역으로 세력을 확장하는 한편, 몽골초원을 거쳐 중앙아시아까지 외교사절을 파견해 당에 맞서는 전방위 외교를 펼쳤다. 이를 통해 고구려는 백제 멸망 직후 전개된 나당연합군의 침공을 일시 격퇴하기도 했다.

 그렇지만 고구려는 연개소문 사후 귀족세력의 내분이 격화되는 가운데 나당연합군의 협공을 받아 힘없이 멸망하고 말았다. 독자세력권을 구축했던 종전의 국제인식을 바탕으로 7세기 이후의 국제정세에 대처하다가 보다 근본적인 외교정책을 마련하는 데 실패했던 것이다. 7세기 이후 동아시아 국제질서가 새롭게 바뀌었음에도 불구하고, 고구려는 이러한 국제정세 변화를 직시하지 못하고 종전의 외교정책을 고집하다가 결국 멸망의 길로 접어들었다.

참고문헌

1. 저서

공석구, 1998,『고구려 영역 확장사 연구』, 서경문화사.
김종완, 1995,『중국 남북조사 연구』, 일조각.
김한규, 1982,『고대 중국적 세계질서연구』, 일조각.
김호동, 2016,『아틀라스 중앙 유라시아사』, 사계절.
노태돈, 1999,『고구려사 연구』, 사계절.
＿＿＿, 2009,『삼국통일전쟁사』, 서울대 출판부.
박한제, 1988,『중국 중세호한체제 연구』, 일조각.
三崎良章(김영환 옮김), 2007,『五胡十六國』, 경인문화사.
여호규 외, 2006,『한국 고대국가와 중국왕조의 조공·책봉관계』, 동북아역사재단.
이성제, 2005,『고구려의 서방정책 연구』, 국학자료원.
정재훈, 2016,『돌궐 유목제국사』, 사계절.
지배선, 1986,『중세 동북아사 연구』, 일조각.

2. 논문

김미경, 2007,「고구려 전기의 대외관계 연구」, 연세대 박사학위논문.
김지영, 2014,「7세기 고구려의 대외관계 연구」, 숙명여자대학교 박사학위논문.
김진한, 2010,「고구려 후기 대외관계사 연구」, 한국학중앙연구원 박사학위논문.
방용철, 2017,「연개소문 집권기 고구려의 정치운영」, 경북대학교 박사학위논문.
정원주, 2013,「고구려 멸망 연구」, 한국학중앙연구원 박사학위논문.
권오중, 200,「한과 고구려의 관계」,『고구려연구』14.
김영하, 2000,「고구려 내분의 국제적 성격」,『한국사연구』110.
김영하, 2016,「7세기 동아시아의 정세와 전쟁」,『신라사학보』38.
노중국, 1981,「고구려·백제·신라 사이의 역관계 변화에 대한 일고찰」,『동방학지』 28.
노중국, 2006, 「5~6세기 고구려와 백제의 관계」, 『북방사논총』 11.
방향숙, 2008, 「7세기 중엽 당 태종의 대고구려전 전략 수립과정」, 『중국고중세사연구』 19.
백다해, 2016, 「5세기 국제정세와 장수왕대 대송관계(對宋關係)의 성격」, 『역사와 현실』 102.
서영교, 2015, 「665년 당의 봉선과 고구려의 대외정책」, 『대구사학』 120.
서영수, 1981, 「삼국과 남북조 교섭의 성격」, 『동양학』 11.
여호규, 2000, 「4세기 동아시아 국제질서와 고구려 대외정책의 변화」, 『역사와현실』 36.
_____, 2002 「6세기 말-7세기 초 동아시아 국제질서와 고구려 대외정책의 변화」, 『역사와현실』 46.
_____, 2005, 「고구려의 국가 형성과 한의 대외정책」, 『군사』 54.
_____, 2005, 「광개토왕릉비에 나타난 고구려의 대중인식과 대외정책」, 『역사와현실』, 55.
_____, 2006, 「책봉호 수수를 통해본 수당의 동방정책과 삼국의 대응」, 『역사와 현실』 61.
_____, 2007, 「3세기 전반 동아시아 국제정세와 고구려의 대외정책」, 『역사학보』, 194.
_____, 2015, 「2세기 전반 고구려와 후한의 관계 변화」, 『동양학』 58.
_____, 2016, 「동북아시아 정세의 변화와 삼국의 대응」, 『신라의 삼국통일』(공저) 경상북도.
_____, 2018, 「7세기 중엽 국제정세 변동과 고구려 대외관계의 추이」, 『대구사학』 133.
이문기, 2008, 「고구려 멸망기 정치운영의 변화와 멸망의 내인」, 『한국고대사연구』, 50.
이성제, 2015, 「고구려와 투르크계 북방세력의 관계」, 『고구려발해연구』 52.
이종욱, 1987, 「고구려 초기의 정치적 성장과 대중국관계」, 『동아사의 비교연구』, 일조각.

임기환, 2003,「남북조기 한중 책봉-조공 관계의 성격」,『한국고대사연구』32.
_____, 2006,「7세기 동북아시아 국제질서의 변동과 전쟁」,『전쟁과 동북아의 국제질서』(공저) 일조각.
주보돈, 1992,「《文館詞林》에 보이는 한국고대사 관련 외교문서」,『경북사학』15.
_____, 2006,「5~6세기 고구려와 신라의 관계」,『북방사논총』11.
최일례, 2016,「고구려 안장왕대 정국 변화와 그 동인」,『한국고대사연구』82.

三崎良章, 1982「北魏の對外政策と高句麗」,『朝鮮學報』, 102.
井上直樹, 2000,「高句麗の對北魏外交と朝鮮半島情勢」,『朝鮮史研究會論文集』38.
_____, 2001,「韓墍墓誌を通してみた高句麗の對北魏外交の一側面 -六世紀前半を中心に-」,『朝鮮學報』, 178.

제 5 장
백제의 외교

양기석

1. 백제 외교사의 기본 이해
2. 백제 외교의 전 단계
3. 백제의 남방외교 전개와 대고구려 연합전선 구축
4. 신라와의 동맹 결성과 백제 외교의 성과
5. 백제와 신라의 각축과 백제 대당외교의 실패
   쟁점 백제의 요서지역 진출설
   　　　백제 무령왕과 일본 황실

| 주요 사건 연표 |

기원전 18	온조, 백제를 건국함.
기원전 15	낙랑과 우호를 맺음.
기원전 5	한산에 도읍지를 정함.
25	남옥저의 구파해 등 귀순함.
63	다루왕, 낭자곡성을 개척함
64	신라와 와산성 전투 벌임.
165	신라의 길선 백제로 망명함.
246	기리영 전투, 고이왕 낙랑을 습격함
250	목지국 점령함.
260	좌평과 관등제 및 공복 제정함.
298	한과 맥인의 공격으로 책계왕 피살됨.
304	낙랑태수가 자객을 보내 분서왕을 죽임.
366	백제, 신라에 사신 파견함.
368	백제, 신라에 말 2필 보냄.
369	백제, 마한 잔여세력의 통합, 가야7국 경략함.
371	백제, 고구려 평양성 공격과 고국원왕 격살함.
372	백제, 동진과 수교. 왜국에 칠지도·칠자경 등 진귀한 보물을 보냄.
373	백제 독산성주, 신라 망명함.
392	고구려 광개토왕, 백제의 관미성 공략함.
397	백제, 왜와 우호관계 맺고 태자 전지 파견함.
405	백제 전지왕, 왜국에서 귀국할 때 동생 혈례의 난을 진압하고 왕위에 오름.
416	백제 전지왕, 동진에서 '진동장군백제왕'으로 책봉을 받음.
427	고구려 장수왕, 평양 천도함.
433	백제 비유왕, 신라에 사신을 보내 화친을 요청함.
434	백제, 신라에 좋은 말과 흰 매를 보냄. 신라, 답례로 금과 구슬을 보냄.
472	백제 개로왕, 북위에 국서를 보내 고구려 공격을 요청함.
475	백제, 고구려 공격으로 한성 함락, 개로왕 패사하고 웅진으로 천도함.
493	백제 동성왕, 신라 왕실과 혼인함.
521	백제 무령왕, 남조 양에 사신을 보내 백제가 다시 강국이 되었음을 선언함.
538	백제 성왕, 사비로 천도함.
541	백제, 양에 사신을 보내 모시박사 등을 요청함.
551	백제, 신라와 연합하여 한강 유역 수복함.
554	백제, 관산성에서 신라를 공격하다가 성왕이 패사함.
562	대가야 멸망함.
577	백제 위덕왕, 진과 북주에 사신 보냄.
581	백제 위덕왕, 수에 사신 보냄.
588	백제 위덕왕, 건축가·화가 등을 왜국에 보냄.
602	백제 승려 관륵, 왜국에 역법·천문지리서 등을 전함.
636	백제 무왕, 당에 사신 보냄.
642	백제 의자왕, 신라의 미후성 등 40여 성 탈취, 대야성 함락함.
643	백제 의자왕, 고구려와 함께 신라의 당항성 공격함.
648	나당 동맹 체결함.
653	백제 의자왕, 왜국과 국교 재개함.
660	나당연합군, 백제 공격과 멸망함.
661	복신·도침 등 왕자 풍을 옹립하여 주류성에서 거병함.
663	나당연합군, 주류성 함락함. 백제부흥운동이 끝남.

1. 백제 외교사의 기본 이해

1) 백제 외교의 전개 방향

나라가 성장 발전하는 과정에서는 주변의 여러 나라와 끊임없는 교섭과 충돌이 발생한다. 나라와 나라 사이에는 평화적인 외교교섭을 하는 경우가 있지만 때로는 적대관계가 되어 전쟁에 이르는 경우도 종종 생겨난다. 전쟁은 영토 확장과 자국의 국력 과시 등을 목적으로 한 군사적 충돌이다. 반면 외교관계는 나라 간에 공식적으로 이루어지는 평화적인 대외관계의 한 형태다. 외교는 무력수단을 사용하는 전쟁과는 달리 한 나라가 상대편 나라의 특정한 대표자와 회담하고 또한 여러 가지 수단을 써서 자국의 목적·이익을 달성하려는 데 목적이 있다.

우리나라 고대사에서 외교의 비중은 전쟁과 함께 비교적 높은 편이다. 『삼국사기』 본기 기사 내용을 분석해 볼 때 외교 기사는 삼국 평균 18.1%를 차지하고 있어서 정치(38.2%)·천재지변(27.4%) 기사보다는 낮지만 전쟁 기사(16.3%)보다 높다. 삼국 중에서 외교의 비중이 높은 나라는 고구려였으며(21.2%), 다음은 백제(18.3%), 신라(14.8%) 순이다. 반면 백제의 전쟁 기사는 20.6%로 삼국 평균(16.3%)보다 비교적 높다.

이처럼 삼국 간에 항쟁이 치열하게 전개되면서 외교가 전쟁 못지않게 국가 발전과 존립을 가늠하는 중요 수단으로 활용되고 있었음을 보여준다. 당시 삼국은 국내 집권세력들의 이해관계와 나라를 둘러싸고 있는 국제정세의 변화가 서로 맞물린 가운데 실리적인 외교정책을 추진해 나갔다. 삼국의 외교정책이 국내 정세 변화와 국제정세의 변화의 상호 연동성 속에서 추진되었음을 뜻한다. 이에 따라 삼국은 국가 체제의 유지와 힘의 우위, 그리고 자국의 이익을 추구하기 위해 변화무쌍하고 복잡다단한 외교 양태를 연출하였다. 삼국은 세력관계의 변화 여하에 따라 우적(友敵) 관계를 달리하는 양상을 보인 것이다. 대외관계에 있어서 외교의 중요성이 그만큼 크다는 것을 보여준다.

　백제는 국초부터 낙랑·말갈·마한·신라 등과 전쟁이나 화의를 거듭하면서 대외관계에 능동적으로 대처하는 경험을 쌓았다. 백제가 국가체제를 갖추고 국가적인 성장을 이루면서 실질적인 독자 외교를 수행한 것은 4세기 후반부터라 할 수 있다. 이후 삼국 항쟁기에는 고구려·신라·가야와 적대관계 또는 전략적 동맹관계를 맺어 국가의 존립과 한반도에서의 힘의 우위를 견지하려 하였다. 그 과정에서 바다로 둘러싸인 지정학적 조건을 잘 활용하여 중국의 남북조 세력 및 수·당 제국과 일본열도의 왜 정권을 정치적으로 적절히 이용하며 활발한 외교관계를 전개하였다. 그에 병행하여 선진문화의 수용과 교류 및 전파를 통해 중국-백제-왜로 연결되는 동아시아 문물 교류의 교량적 역할을 수행하였다.

　백제는 국세를 유지하는 동안 한때 국가의 존립을 위태롭게 할 정도의 국가적 위기로 몰고 간 큰 사건들이 몇 차례나 있었다. 475년 고구려에 의한 백제의 왕도인 한성의 상실과 웅진(熊津, 지금의 공주) 천도, 554년 관산성 전투 등이 그 좋은 예다. 게다가 백제가 한반도는 물론 동아시아 국가에까지 무대를 넓혀 활발한 외교관계를 전개하였음에도 불구하고 660년 삼국 중 제일 먼저 멸망 하였다. 그것도 삼국의 세력관계에 있어서 후발주자이자 약체였던 신라에 의한 것이다.

　그러면 백제가 이러한 국가적 위기들을 맞게 된 근본적인 요인들은 무엇인가? 백제는 한때 고구려에 맞서는 삼국 항쟁의 중심축에 있던 나라였다. 그리고 신라에 비해 결코 뒤지지 않는 국력을 가진 나라였다. 그럼에도 불구하고 고구려나 신라에 의해 참패를 당하거나 또는 멸망까지 당하게 된 것은 어떤 이유에서일까? 이에 대한 여러 요인들 중에서 백제의 외교정책 실패를 큰 패인으로 꼽을 수 있다. 따라서 백제 외교사의 전개 과정에서 백제가 긴급한 대외 상황에 대해 적절히 대응하지 못하고 국가적 위기로 내몰리게 된 이유와 배경에 주목할 필요가 있다.

2) 백제 외교의 특질

백제의 외교교섭 대상은 한반도에 있는 고구려·신라·가야 등을 비롯하여 바다 건너 중국·왜국 등이었다. 그 외교교섭은 정치적인 목적을 위해서거나 또는 군사적·경제적·문화적 교섭을 하는 형태로 이루어졌다. 국가 형성기부터 660년 백제 멸망기까지 백제 외교사의 전개 과정을 검토해 보면 백제 외교의 실상과 특질이 잘 나타난다.

먼저 백제는 고구려나 신라에 맞서는 대결지향적인 외교활동을 전개하였다는 점이다. 백제는 고구려나 신라에 대해 지나치게 명분 싸움에 집착하거나 또는 복수를 위한 보복전을 전개하여 서로의 관계를 더욱 악화시키는 측면이 강했다. 백제와 고구려가 서로 대립할 때에는 두 나라 모두가 부여에서 기원한 나라로서 서로 부여의 정통계승자로 주장하는 일종의 명분 싸움을 벌였다. 백제는 신라와 대결할 때 고구려를 우군으로 끌어들여 적절히 이용하는 외교력을 구사하지 못하였다. 또한 백제는 관산성 전투 때 신라에 사로잡혀 처형된 성왕에 대한 보복에 급급한 나머지 신라와 부단히 군사적인 충돌을 일으켰다. 특히 642년 김춘추의 사위인 품석(品釋)의 가족들을 몰살시킨 대야성(大耶城, 지금의 합천) 전투는 무열왕계 신라 왕실로부터 큰 보복을 초래하여 백제 멸망을 촉진시킨 직접적인 요인이 되었다.

이처럼 백제는 고구려나 신라와의 대결지향적인 전쟁으로 인하여 인적 물적 기반을 소진하였다. 이 때문에 백제는 한때 천도를 하거나 또는 국왕이 패사하는 등 국가의 일대 위기에 빠진 적이 있었고, 결국 나당연합군의 침공으로 660년에 멸망하였다. 백제의 대결지향적인 외교활동이 결국 멸망의 한 요인이 된 셈이다.

다음으로 백제는 다변 외교와 동맹 외교를 적극 활용하였다는 점이다. 삼국이 여러 나라로 분열되어 항쟁을 벌이고 있을 무렵 동아시아 전체가 통일 세력을 형성하지 못한 채 분열의 상황에 처해 있었다. 중국은 5호16

국시대, 한반도는 삼국과 부여 및 가야, 그리고 일본열도는 각지에 호족세력들이 분립하고 있었다. 이에 따라 백제는 자국의 이익을 위해 동아시아의 여러 나라와 다변 외교를 전개하였다. 또한 이 시기에는 삼국 중 어느 한 나라가 절대적 힘의 우위를 차지하지 못한 상황에서 어느 한 나라의 움직임에 따라 이해를 같이하는 다른 나라들과 블럭을 형성하여 공동 대응하는 시대적 특징을 가졌다. 고구려의 남진에 대응하여 백제와 신라가 맺은 나제동맹이 그 좋은 예다. 남북조로 분열된 중국왕조는 백제의 다변 외교와 동맹 외교 추진의 주요 대상이었다. 백제의 기본적인 외교 노선은 중국왕조를 이용해 고구려나 신라를 견제하는데 있었다. 처음에는 남조 위주로, 후기에는 남북조 왕조를 대상으로 치열한 외교전을 전개하였다. 그렇지만 472년 백제의 대(對)북위 외교에서 보듯이 정치적 경제적 문화적 관계에 국한되었을 뿐 소기의 군사적 목적을 관철시키는 데에는 이르지 못하였다.

다음으로 백제는 다양한 외교 수단을 활용하였다는 점이다. 사신이 부여받은 중요한 임무를 완수하기 위해서는 다양한 외교 수단들이 동원된다. 기본적으로는 직접적인 접촉이나 공식적인 문서 등을 매개로 외교활동이 이루어진다. 그밖에 왕녀의 파견 및 결혼, 그리고 볼모[質子]의 교환이나 파견 등 다양한 외교 수단을 동원하여 국가 이익을 관철시키려는 현상이 백제 외교에서 잘 나타나고 있다.

백제는 혼인 외교나 또는 왕녀들의 파견을 통해 우호관계의 증진을 도모한 점이 주목된다. 왕실 간의 혼인은 피로 맺어진 혈맹적 성격을 가진 것으로 국가 간의 친밀감과 신뢰성을 담보하는 의미를 가졌다. 493년 백제 동성왕이 신라에 청혼을 하여 이찬 비지(比智)의 딸과 혼인을 한 일이 그 좋은 예다. 이는 고구려의 남진에 대해 신라와 군사동맹을 보다 강화하려는 의도에서 나온 것이다. 이처럼 백제는 왕녀를 상대국에 파견하거나 혼인을 시켜 국가 이익을 관철시키려는 외교 방책을 적절히 활용하였음을 알 수 있다. 또한 백제가 혼인 외교 이외에 활용한 수단이 볼모의 파견이었다. 볼모는 국왕을 대신하는 외교 특사의 성격을 가진 것으로서 상대국으로부터 유사시 정치적 군사적 협력을 끌어내기 위한 정치적 담보물이었다. 당시 삼국 간에는 당사국 간의 정치적 신뢰를 얻기 위한 외교 방략으로서 볼모를 파견하는 외교 관행이 있었다. 397년 백제가 세력을 만회하기 위해 태자 전지(腆支)를 왜국에 볼모로 보낸 일이 바로 이런 예다.

다음으로 백제는 외교활동에 주변국 출신의 다양한 인적 자원을 적극 활용하였다는 점이다. 백제의 외교활동을 주도한 세력은 최상층 신분인 왕족을 비롯한 지배층이었다. 그중에는 왕위계승권자인 태자를 비롯하여 왕제와 왕자, 그리고 왕녀들이 포함되어 있었다. 개로왕의 동생 곤지(昆支), 그리고 의자왕 때 풍장(豊璋) 등은 왕자이면서도 왜국에 건너가 왜국이 친백제 노선을 유지하도록 활동한 왕족 출신이다. 왕족 이외에 대성귀족 출신들이 외교 전선에서 큰 활약을 보였다. 동성왕 때 중국 남제에 파견한 내법좌평 사약사(沙若思), 무왕 때 수에 파견한 한솔 연문진(燕文進), 국지모(國智牟) 등이 이러한 예다. 그들은 사신단을 구성하여 직접적인 외교교섭에 나서거나 또는 국가 위기 시에 중국이나 왜국에 파견되어 주어진 임무를 수행하였다.

백제는 바다로 열린 입지적 특징을 십분 활용하여 외래문화에 대해 상대적으로 문호가 개방된 사회였다. 따라서 백제는 다양한 계통의 사람들이 공존하였고, 종족적·문화적 정체성 역시 다양하였다. 백제에서 활동한 외국인들 중에는 낙랑·대방인들을 포함한 중국계 인물들과 왜국계 인물들이 많았다. 그들은 출신국의 언어와 외교문서 작성 등에 많은 지식과 정보를 갖고 있어 백제의 관료나 외교사절로서 백제의 국익을 위해 중요한 역할을 수행한 적이 있었다. 특히 백제가 필요한 중국 내부정세에 대한 동향 파악 등에서 나름대로 밀착된 인적 네트워크를 맺고 있었다. 5세기 백제의 대중 교섭에 등장하는 사람 중에는 장(張)·고(高)·양(楊)·회(會)·

왕(王) 등 중국식 성씨를 쓰는 인물들이 상당수 있다. 이들은 중국 군현의 태수직을 갖고 있는 중국계 인물로서 백제의 외교 분야에서 자신들만의 존재 가치를 발휘할 수 있는 역할을 수행한 것이다. 또한 백제와 왜 간에 교류가 활발할 때 백제에 건너와서 활동한 왜계 백제관인들도 있었다. 그들은 백제와 왜 사이를 오가며 사신 역할이나 또는 한반도에 출병 시 군사지휘관으로서 역할을 하였는데 물부씨(物部氏)·허세씨(許勢氏)·과야씨(科野氏) 등이 대표적이었다. 백제는 이들 주변국 출신의 인적 자원들을 국가 발전에 적극 활용함으로써 국가 발전의 동력으로 삼으려 하였다.

 이러한 점들을 염두에 두면 백제 외교사의 변천 과정은 크게 네 시기로 나누어 볼 수 있다. 제1기는 국초~3세기 말까지로 백제가 고대국가로 성장 발전하는 과정에서 낙랑·말갈·마한·신라 등에 대해 능동적으로 대처하여 백제 외교의 토대를 만드는 시기다. 제2기는 4~5세기 전반까지로, 고구려의 남진과 백제의 북진정책과의 대결 양상이 전개되는 시기다. 백제 근초고왕·근구수왕 대에 고구려에 대한 공세 전개, 이어 고구려 광개토왕이 남정하여 백제를 곤핍하게 몰아세우는 시기다. 특히 근초고왕이 고구려의 남진에 대응하여 남방외교를 다각적으로 전개한 점이 주목된다. 제3기는 433년 나제동맹~554년 관산성 전투로 인해 백제와 신라 간의 동맹관계가 결렬되는 시기까지다. 이때에는 백제가 고구려의 적극적인 남진책에 대응하기 위해 신라·가야·왜, 그리고 중국의 남조를 연결하는 대고구려 봉쇄전략을 추진하던 시기다. 특히 백제 개로왕이 북위에 요청한 청병외교가 주목된다. 제4기는 6세기 후반~660년 백제 멸망기까지로, 백제가 고구려와는 소강상태를 유지하는 가운데 신라에 대해 빈번히 공격을 가하는 시기다. 결국 대당 외교에 실패한 백제가 당을 끌어들이는 기민한 외교력을 발휘한 신라에 의해 멸망당하는 시기다.

2. 백제 외교의 전 단계

1) 외교 성립의 전야

 백제는 마한 50여 국 중 한 소국인 백제국(伯濟國)이 성장 발전한 나라다. 백제는 한강 하류 유역에 정착하고 성장하는 과정에서 국초부터 주변의 여러 나라와 끊임없는 전쟁과 대외관계를 가졌다. 백제가 국초부터 화의를 맺거나 또는 주로 전쟁을 벌이고 대립적인 관계에 있었던 나라들은 마한·낙랑·말갈·마한·신라 등이었다. 이 나라들의 위협과 침략을 극복하는 것이 바로 백제의 성장 발전을 뜻한다.
 그런데 국가 형성기에는 아직 소국 단계여서 외교활동이 아직 전문화되어 있지 않았다. 이때의 전쟁은 소국 간 또는 소규모 정치체 간에 일어났기 때문에 고대국가 이후의 양상과 다르다. 따라서 백제가 지배체제를 갖추고 국가로서의 모습을 드러낸 고구려나 신라에 대해 실질적인 외교관계를 갖게 된 것은 4세기 중반 이후부터일 것이다.
 마한의 한 소국에서 출발한 백제(국)은 같은 마한 소국이나 진한·변한 소국과는 다소 차이가 있다. 백제(국)을 포함한 한강 유역과 경기 북부지역의 소국들은 다른 지역보다 상대적으로 대두 시기가 늦고 분포 밀도도 낮은 편이다. 이 지역의 정치체들은 서북지방의 한군현 세력인 낙랑·대방의 정치적 파동의 영향을 직접적으로 받았고, 동북지역의 예(濊)계 종족들과도 빈번한 접촉을 가지면서 마한의 한 세력을 구성하였다. 특히 백제가 건국한 곳은 서북방과 동북방, 그리고 마한의 세력들이 교차하는 힘의 결절지대였다. 한군현인 낙랑은 조공무역을 통해 주변의 여러 소국에 대한 분열과 억압 정책을 지속하였다.
 그런데 낙랑은 인접한 한강 하류 유역에 낙랑의 안보에 위협이 될만한 세력이 대두하는 것을 원치 않았다. 따라서 낙랑은 단독으로 때로는 동북방의 예계 세력인 말갈을 사주하여 백제를 자주 침공하였다. 마한은 철기

문화에 익숙한 고구려계 주민들을 이용하여 낙랑과 말갈의 침입에 대비하려는 의도에서 백제(국)의 건국을 도운 것이다. 일종의 이이제이 정책에 해당한다. 백제는 한강 하류 유역에 정착한 이후, 이곳을 기반으로 농업 생산력을 키워나갔고. 미추홀 등의 해상 세력을 흡수하면서 교역 활동도 활발히 추진해 나갔다.

특히 2세기 중후반 이후 혼란에 빠진 낙랑지역 주민들이 인접한 경기 북부지역에 가장 많이 유입되었다. 이곳에는 인구 밀도가 높아지고 낙랑계 이주민에 의한 새로운 선진문화와 기술이 적극 유입되어 국가 발전에 큰 힘이 되었다. 이에 백제는 중심국인 목지국을 제치고 마한 통합의 주도권을 장악하게 되었다. 이러한 물질적 기반과 정치적 성장을 바탕으로 백제는 4세기 중반 이후까지는 주변세력들을 차례로 통합해 나가면서 고대국가의 기반을 확립하게 되었다.

2) 한군현·말갈의 침입과 백제의 대응

『삼국사기』 백제본기 온조왕대 기사에서 "우리나라의 동쪽에는 낙랑이 있고, 북쪽에는 말갈이 있어 영토를 침범하므로 편안한 날이 적다"라고 적고 있다. 이에 따르면 백제가 도읍을 하북에서 하남위례성으로 천도를 해야 할 이유 중 하나가 동쪽의 낙랑과 북쪽의 말갈 세력의 빈번한 침략 때문이라는 것이다. 앞으로 백제가 성장 발전하기 위해서는 적대관계에 있는 낙랑과 말갈 세력의 현실적인 위협을 극복해 내는 일이

| 『삼국사기』 백제본기 온조왕 13년 기사

급선무였음을 보여준다.

『삼국사기』백제본기에 나타난 백제와 낙랑·말갈·마한과의 전투 관련 기사를 보면 낙랑 1회, 마한 2회에 불과한데 비해 말갈과의 전투는 14회에 이르고 있다. 낙랑과 마한은 처음에 우호관계를 유지하다가 백제의 성장 발전으로 인해 적대관계로 변화되었지만, 말갈 세력은 한차례의 우호관계를 제외하고는 대부분 적대관계에 있었다.

적대관계가 된 낙랑

백제가 건국 초에 대외관계를 가진 세력은 낙랑과 말갈이었다. 낙랑을 처음 접하게 된 것은 온조왕 4년(기원전 15)으로 되어 있다. 건국 초에 백제는 말갈의 심한 군사적 위협 아래 놓여 있었다. 건국하자마자 말갈의 침입에 대한 대비책을 마련해야 했고(기원전 17), 이듬해에는 말갈이 백제를 직접 선제 공격할 정도로 적대적 관계에 있었다. 다행히 낙랑이 먼저 백제에 사신을 보내 우호관계를 요청하면서 두 나라 간에 화의가 이루어졌다(기원전 15).

그렇지만 백제가 대외적으로 팽창해 나가면서 낙랑과의 관계는 점차 대립적인 관계로 바뀌어 나갔다. 온조왕 8년(기원전 11)에 백제는 낙랑과 말갈이 남침해오는 요충지인 마수성과 병산책에 성책을 쌓았다. 이로 인해 낙랑태수가 사자를 보내 성을 허물도록 요청하였으나 백제는 낙랑의 항의를 받아들이지 않았다. 이 일로 인해 백제와 낙랑 관계는 적대적으로 변하게 되었다. 낙랑은 이에 대한 보복으로 백제의 도읍인 위례성을 직접 공격하거나 때로는 말갈 세력을 사주하여 백제를 빈번히 공격하기도 하였다. 이에 따라 백제는 한강 북쪽 경계에 성책을 쌓고 도읍을 한강 이남으로 옮겨 그들의 침략에 대비하였다.

기리영(崎離營) 전투[1]의 발발과 백제의 성장

2세기 후반 후한 말의 정치적 혼란으로 인해 낙랑군이 약화되자 3세기 초에 대방군이 새로 설치되었다. 중국의 요동지역에 웅거하였던 공손강(公孫康)이 204년경에 둔유현(屯有縣) 이남의 땅에 설치하였다. 이때 한과 왜는 낙랑군에 이어 대방군의 관할로 들어갔다.

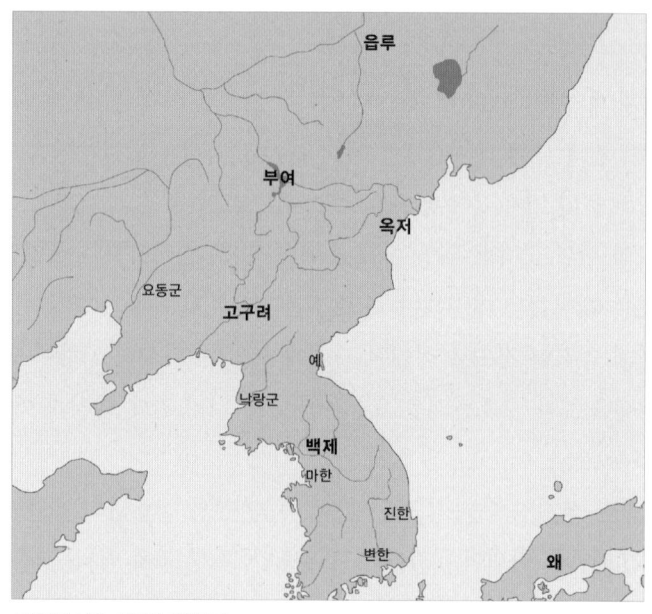

| 백제의 성장·발전과 대외관계

---

1 이 전투는 2세기 이후 지속적으로 성장해오던 한(韓) 세력과 중국 군현 세력이 충돌한 것으로 『삼국지』 한전(韓傳)에 전한다. 위나라가 부종사(部從事) 오림(吳林)을 통해 대방군 관할 하에 있는 진한 8국을 떼어 낙랑군에 배속시키려 한 것이다. 이를 시행하려던 중 통역의 잘못으로 오해가 생기고 그것이 급기야 대방군 공격에 의한 한·위 간의 분쟁사건으로 이어졌다. 이 전쟁을 주도한 신지(臣智)를 목지국의 왕이나 백제 고이왕(古爾王, 재위 234~286), 또는 신분고국으로 보는 등 여러 견해가 있어 왔다. 그런데 이는 백제 고이왕이 낙랑을 공격하여 변경의 백성들을 몰래 취하는 내용의 『삼국사기』 고이왕 13년 기사와 통하고 있다. 따라서 기리영 사건의 신지는 다름 아닌 한 세력의 수장인 백제 고이왕으로 보는 것이 합리적이다.

3세기 전반경 낙랑군과 대방군은 공손씨 세력을 멸망시킨 조위(曹魏)의 관할하에 들어가면서 다시 한번 변화를 겪게 된다. 조위는 공손씨가 대방군을 거의 방치한 것과는 달리 군현 지배를 강화하는 강경책으로 선회하였다. 태수를 정식으로 파견하였고, 그동안 한 사회와 단절되어 있던 조공관계와 책봉체제를 회복하였다. 토착세력의 수장층을 그 세력의 정도에 따라 책봉하면서 조공관계를 맺고 분열을 획책하였다. 군현과 인접한 한 사회에 대해서도 직접 지배를 실시하려고 하였다. 그 의도는 백제를 포함한 한 사회의 독자적인 대외교섭권과 외교권을 박탈하려는 것이었다. 따라서 한 사회는 이에 대해 크게 저항하는 가운데 246년 기리영(崎離營, 지금의 황해도 평산) 전투가 벌어졌다.

백제를 중심으로 한 한 세력은 위나라의 강경한 군현정책에 맞서 즉각적인 대항을 하였다. 이 전투에서 대방태수 궁준이 전사하였다. 백제는 이 사건을 계기로 한군현인 낙랑을 직접 공격함으로써 수세적에서 공세적인 입장으로 전환하게 되었다. 아울러 마한의 주변세력들에 대한 정치적 영향을 확대시키는 계기가 되었다.

대방태수의 사위가 된 백제 책계왕

3세기 말 한군현은 북쪽의 고구려와 남쪽의 백제에게 양쪽으로 포위되는 형세가 되었다. 특히 고구려의 압박을 받게 되면서 서북한 지역은 복잡한 정세가 야기되었다. 백제는 선진문물의 수입 욕구와 지속적인 말갈세력과의 적대관계 등으로 인해 한군현과의 관계개선이 필요하였다. 기리영 전투 때 습취한 낙랑 주민들을 돌려주는 것은 백제가 선택한 유화적인 외교책의 일환이었다. 한때 고구려의 압력을 받고 있던 대방군에서는 백제를 끌어들이기 위해 혼인 외교를 추진한 일이 있었다. 대방태수가 그의 딸 보과(寶菓)를 백제 책계왕(責稽王, 재위 286~298)에게 시집을 보내 혼인관계를 맺은 것이다. 때마침 고구려가 대방군을 공격하자 대방태수는 백제에 구원 요청을 하였다. 이를 계기로 백제가 대방군과 우호관계를 일시 유지하였지만 고구려와는 새로운 긴장관계에 들어서게 되었다.

그런데 백제 책계왕은 낙랑과 맥인들의 반격을 받아 전사하고, 분서왕(汾西王, 재위 298~304)은 낙랑이 보낸 자객에 의해 살해되는 등 상당한 어려움에 처하였다. 이로 인해 낙랑·대방군은 다시 백제와 적대관계로 돌아서게 되었다. 4세기 초 백제의 성장과 고구려에 의한 낙랑·대방군의 축출로 백제와 한군현의 관계는 종지부를 찍게 되었다.

백제는 건국 초기 한강 하류 유역에 정착하면서 낙랑과 대방의 중국 군현으로부터 선진문물을 받아들여 성장 발전할 수 있었다. 이에 대해 낙랑은 견제와 이이제이 정책으로 백제를 포함한 마한의 여러 소국들에 대한 통합과 대외적 팽창에 제동을 가하기도 하였다. 백제는 화의와 전쟁을 통해 이러한 낙랑의 간섭과 견제를 극복함으로써 궁극적으로 마한을 통합한 국가가 될 수 있었다.

말갈[2] 세력에 대한 강경 대응

백제가 건국 초부터 국가의 위협적인 존재로 대두한 세력은 말갈이었다. 백제가 건국 초기 나라의 기틀을 마련하는 시점에 말갈 세력의 공격을 빈번하게 받았고 거의 적대관계를 유지하였다. 백제가 나라를 세운 직후에 말갈의 침입에 대한 대비책을 세운 사실은 말갈이 직접적인 위협 세력으로 작용하고 있었음을 보여준다.

『삼국사기』 백제본기에서 백제와 말갈의 전투 기록을 분석해보면 말갈의 선제공격은 14회, 백제의 선제공격은 2회, 한군현과 말갈이 연합한 공

---

[2] 말갈(靺鞨)은 본래 수·당대 중국 동북방에 거주하던 종족이었다. 『삼국사기』 초기기록에 보이는 말갈과는 다른 존재이다. 그 실체에 대해서는 여러 견해가 있어 분명치 않지만 북쪽과 동북쪽에 걸쳐 분포하며 정치적 통합을 이루지 못한 채 낙랑의 영향력 하에 있었던 영서지역의 예 세력으로 추정된다.

격은 2회, 기타 4회로 모두 22회의 전쟁이 일어났다. 백제와 말갈이 전투를 벌인 시기는 백제 초기인 온조왕과 다루왕, 그리고 구수왕 때가 다수를 차지하고 있다. 그리고 전쟁에 동원된 병력의 수는 일부가 확인되고 있는데, 백제가 동원한 병력이 최고 1천 명이고 대부분 최하 200~300명 정도에 불과하다. 이를 통해 보면 전쟁은 대부분 소규모의 국지전이었을 것으로 이해된다. 그리고 전쟁이 일어난 때가 주로 가을 추수가 끝난 농한기인 9·10월에 집중되어 있다. 또한 말갈이 침입한 지역은 대개 임진강 유역과 경기 동북부에 해당되는 지역이었다. 말갈이 백제를 침략한 목적이 영토의 확보 내지는 정복활동에 있는 것이 아니라 다분히 경제적인 약탈에 있었던 것으로 파악된다. 그 배경에는 중국 군현 세력의 사주에 의해 이루어진 경우가 많았다.

그렇지만 백제와 말갈 간의 적대관계는 3세기 중반에 이르러 큰 변화를 보인다. 고이왕 25년(258)에 말갈 추장 나갈(羅褐)이 백제에 말 10필을 바친 사실이 주목된다. 이는 말갈이 백제에 신속하겠다는 의미로 이해되며, 이후 475년 백제가 한성 함락 때까지 한동안 백제에 대한 침략이 사라지고 있다. 따라서 백제는 화의보다도 강경책인 전투를 통해 말갈의 침략에 효과적으로 대응하였다. 말갈은 백제가 고대국가로 성장 발전하는 과정에서 극복해야 했던 외부세력 중 하나였다.

3) 백제의 마한 병합

『삼국사기』 백제본기에 따르면 마한이 백제에 의해 멸망된 시기는 온조왕 26년(서기 8)으로 되어 있다. 그러나 마한의 정복 과정이 건국 시조 온조왕 대에 집약해서 서술된 것으로 생각된다. 백제가 목지국의 영향력에서 벗어나 목지국 중심의 마한을 복속한 것은 3세기 중엽 이후라야 가능한 것이었다.

마한 맹주국으로 성장한 백제

백제는 처음에 마한연맹체에 복속되어 있었다. 당시 마한의 세력 범위는 임진강과 예성강 유역을 북방 한계로 하여 한반도 중서부와 남부지역을 포괄하고 있었다. 마한은 고고학적 성과를 바탕으로 백제국 중심의 한강 유역권, 목지국 중심의 아산만세력권, 건마국 중심의 금강 유역권, 그리고 신미국 중심의 영산강 유역권으로 구분된다. 건국 초에는 백제가 마한에게 도읍을 옮긴 사실을 통보한 일, 사냥을 나갔다가 잡은 신록(神鹿)을 바친 일, 그리고 말갈 추장을 사로잡아 보낸 일 등이 있다. 이때의 백제는 마한의 직접적인 지배를 받지 않았지만 마한에 공납물을 바치는 부용적인 관계였던 것이다.

그러나 백제가 성장 발전하면서 점차 변화를 나타내게 되었다. 3세기 중엽 이후부터 중국의 군현 세력인 낙랑·대방군의 변화와 약화, 그리고 백제의 성장에 그 원인이 있었다. 이와 때를 같이 하여 종래의 교역권이 붕괴되고 철기 보급을 통해 각 지역별로 새로운 교역의 대상과 중심지가 대두된 것이다.

백제가 마한에 대해 종래 부용적인 관계에서 벗어나 우위를 나타내는 계기는 246년 대방군의 기리영을 공격한 사건이다. 여러 견해가 있지만 기리영 사건을 일으킨 신지는 다름 아닌 한 세력의 수장인 백제 고이왕으로 보는 것이 합리적이다. 고이왕은 좌장 진충(眞忠)을 보내 대방군의 기리영을 공격하였다. 백제는 이 전투를 승리로 이끌어 군현의 간섭을 배제하고 진한 8국의 영유권을 유지하려고 하였다. 이 전투 결과 대방태수 궁준이 전사하였고, 한나해(韓那奚) 등 수십 국이 마한연맹체에서 이탈해 나갔다. 이로 인해 마한의 영도세력인 목지국의 위상이 약화되었으며, 점차 해체의 길을 걸었다. 아울러 백제가 마한연맹체를 주도하는 새로운 맹주국으로 성장하는 계기가 되었다.

목지국의 병합과 지배

4세기 초에 이르러 백제는 이이제이의 분열정책으로 백제를 압박해온 한군현이 축출되면서 마한지역 진출을 본격화하였다. 먼저 목지국을 장악하여 아산만 유역을 통합한 후 주변의 마한 세력을 복속하기 시작하였다. 당시 목지국은 삼한을 대표하는 진왕(辰王)이 되어 마한세력의 대외교섭권을 바탕으로 정치적 주도권을 행사하였다. 백제의 목지국 장악은 금강 이북지역에 대한 백제의 영도권 장악을 뜻한다. 원산성과 금현성을 근거로 저항하는 마한 잔여세력을 제압한 후 목지국 중심의 마한연맹체를 장악할 수 있었다.

4세기 중반경에는 백제가 차령산맥을 넘어 건마국을 포함한 금강유역의 대부분을 장악하였다. 이로써 백제는 영산강 유역의 신미국 중심 마한 잔여세력만을 남기고 한반도 중서부 일대를 포괄하는 고대국가로 발돋움하게 되었다.

이처럼 백제는 목지국 중심의 마한 소국들에 대한 경략이 끝나자 주요 지역에 성을 쌓아 지배의 거점을 마련하였다. 지방통치의 거점이 되는 곳에는 백제에 적극 협조하는 토착세력을 이용하여 지방을 다스렸다. 그렇지만 중앙의 지배체제가 갖추어지면서 지방의 유력한 토착세력들은 중앙과의 일정한 정치적 관계 속에서 점차 중앙귀족화 하거나 또는 지방세력화의 길을 걷게 되었다. 백제의 목지국 병합으로 인해 마한연맹체가 갖고 있었던 외교교섭권은 백제의 통제하에 귀속되었다. 『진서』 마한조에 마한과 서진(西晉)의 통교 사실이 277~290년까지 나오고 있다. 서진과의 대외교섭을 주도한 마한 세력은 바로 기리영 전투 이후 성장하고 있던 백제를 지칭하는 것이다. 이로써 백제가 마한을 복속시킨 이후 대외교섭권 장악을 통해 동아시아 무대에서 독자적인 외교활동의 서막을 연 것이다.

4) 화전(和戰) 양면의 백제와 신라

와산성(蛙山城) 전투의 발발과 화의의 성립

　백제와 신라의 첫 교섭 시작은 평화가 아닌 전쟁을 통해서 이루어졌다. 그 전쟁이 『삼국사기』 초기 기록에는 백제와 신라라는 이름으로 되어 있지만 국가 형성기의 사실로서 신뢰성에서 다소 문제가 제기되어 왔다. 이 시기의 대외교섭은 고대국가에서 나타나는 국가 간의 외교가 아니라 나중에 백제와 신라에 복속된 마한과 진한계 속국들 간의 세력다툼을 반영한 것으로 이해된다. 그렇지만 그 사건의 진행 방향은 대체로 신뢰할 만한 것으로 볼 수 있다. 『삼국사기』 초기 기록을 중심으로 본 백제와 신라 양국 관계의 추이는 1세기 후엽부터 4세기 후엽까지 두 나라의 변경지역인 소백산맥의 영로를 넘나들면서 정세 변화에 따라 전쟁과 화호를 반복하는 현상이 나타난다. 그 전개 과정을 네 시기로 구분해 볼 수 있다.

　제1기는 백제와 신라가 첫 교섭을 시도한 백제 다루왕 36년(63)에서 와산성을 중심으로 하여 전쟁 관계에 돌입하는 백제 기루왕 28년(104)까지이다. 이때는 양국이 보은으로 비정되는 와산성을 중심으로 일진일퇴의 공방전을 벌이는 양상이 전개되었다. 백제와 신라 간의 첫 교섭은 와산성 전투로 시작되었다. 신라와 백제 두 나라는 64~85년까지 모두 8차례에 걸쳐 교전을 벌였다. 교전의 이유는 백제 다루왕이 청주로 비정되는 낭자곡성을 확보하고 신라왕에게 회견을 요청하였으나 신라가 이를 일방적으로 거부한 데에 대한 보복에서 비롯된 것이었다. 백제의 파상적 공세에 밀려 신라가 와산성을 일시 빼앗기기도 하였지만 대체로 신라가 잘 방어함으로써 영토를 유지할 수 있었다.

　제2기는 와산성 전투 이후 신라와 백제 양국이 적대관계를 청산하고 화호를 모색하는 시기다. 2세기 초에는 신라와 백제가 그동안의 적대관계를 청산하고 평화적인 교섭을 벌이게 되었다. 105년 백제 기루왕이 신라에 먼저 화친을 요청하였고, 이어 113년에는 신라에 사신을 보내 교빙의 예를 다하였다. 백제가 일방적으로 두 차례나 신라에 화의의 손짓을 보낸 것이다. 백제의 정정 불안과 민심의 동요로 인해 신라와의 대립관계를 더 이상 지속할 수 없었다. 당시 신라도 대내외적 혼란에 직면하고 있어서 백제의 화호 요청을 받아들였다.

길선의 망명 사건과 화호(和好) 교섭 실패

제3기는 길선(吉宣)의 망명 사건이 발생함으로써 양국 간의 화해가 깨지고 다시 와산성 전투가 확대되는 시기다. 165년 신라의 아찬 길선이 반란을 획책하다가 사전에 발각되어 백제로 망명하였다. 신라가 길선의 신병 인도를 요청하였지만 백제는 이를 거부하였다. 이에 신라는 군사를 동원해 백제를 공격하였으나 별다른 성과없이 돌아갔다. 이 사건 이후 167~255년까지 신라와 백제 양국은 다시 전쟁 상태에 돌입하게 되었다. 이후 두 나라 간의 교전은 12차례나 벌어졌는데 대부분 백제가 신라를 빈번하게 공격하는 형세를 취하였다. 이에 대해 신라는 수세적 입장을 취하면서 백제의 잇단 공세를 잘 막아내었다.

제4기는 286년 백제 고이왕이 신라에 화호를 요청하면서 양국 간에 화의관계가 재개되는 시기다. 화의의 손길을 먼저 내민 나라는 이번에도 백제였다. 261년 백제가 신라에 사신을 파견하여 화친을 요청하였다. 당시 백제는 대내적 정치 개혁에 몰두하고 있었고, 그동안 신라 서북변에서 일진일퇴 공방전을 벌이면서 많은 인적·물적 손실을 가져온 신라와의 전쟁을 종식시키기 위해 평화관계를 모색하려 했던 것이다. 그러나 이러한 백제의 화의 제의는 신라에 의해 거부되었다. 248년 신라는 백제에 대항하기 위해 고구려에 화호를 요청하였고 고구려가 이를 받아들여 신라와 고구려 간에 화호관계가 성립되었기 때문이다.

백제의 신라에 대한 화호 요청 실패는 결국 전쟁으로 이어졌다. 백제와 신라 간의 전투가 큰 성과없이 소강상태를 유지하자 백제는 286년에 또다시 신라에 화의를 요청하고 나섰다. 이에 대해 신라는 자주 침공해 오는 백제를 불신하는 분위기가 팽배한 상태였기에 이 요청을 호의적으로 받아들이지 않았다. 그로부터 한참 뒤인 4세기 중엽에 이르러서야 두 나라는 화호의 새로운 국면을 맞게 되었다. 337년 신라가 처음으로 백제에 사신을 파견하여 화호를 요청하였으나 백제의 응답은 없었다. 두 나라가 자국의 이해에 따라 화호를 정략적으로 이용하고 있음을 보여주는 사례다.

이와 같이 백제와 신라의 관계는 불행하게도 국가 성립기부터 전쟁을 통해 마주치는 적대관계에서 시작되었다. 공교롭게도 두 나라가 각기 세력을 확장하는 가운데 그 접점인 소백산맥으로 통하는 중부 내륙 교통로 상에서 각축이 벌어졌다. 백제와 신라 간의 전쟁은 백제가 대부분 신라를 공격하는 양상으로 전개되었으며, 전투가 확대되다가도 간간히 백제의 요청으로 화의가 모색되기도 하였다. 신라가 백제의 일방적 공격을 잘 방어해 그 세력권을 지킬 수 있었던 점이 백제가 화의를 요청하게 된 요인이 된 것이다.

이 시기의 대외관계는 국가체제가 성립이 되어 국가 단위로 행해지는 영역 확장이 아니라 마한계와 진한계의 소국들 사이에서 벌어진 세력다툼의 성격을 가진 것이기 때문에 후대의 교섭과는 차이가 있다. 백제는 국가 성립기부터 신라와 오랜 전쟁을 겪으면서 상황에 따라 대처하는 능력을 경험하였는데 이는 후에 삼국 관계에서 능동적으로 대처하는 데 밑거름이 되었다.

3. 백제의 남방외교 전개와 대고구려 연합전선 구축

1) 근초고왕대 남방외교의 전개와 정복활동

4세기 초 낙랑군과 대방군이 고구려에 의해 축출된 것을 계기로 한반도의 정세는 급변하였다. 낙랑·대방의 옛땅을 차지하기 위해 고구려와 백제의 영토분쟁이 시작되었고, 군현 세력이 물러간 공백상태에서 한반도와 일본열도의 왜 사이에는 복잡한 대외관계가 전개되었다. 이때 백제에 등장한 근초고왕(近肖古王, 재위 346~375)은 백제의 역사에서 전성기를 연 제13대 군주로서 중국 정사에는 '여구(餘句)', 일본 사서에는 '초고왕(肖古王)', '조고왕(照古王)', '속고왕(速古王)' 등으로 기록되었다. 초고왕계에 의한 왕위계승권을 확립한 근초고왕은 즉위한 이후 왕권을 강화하기 위한 여러 시책을 펴 나갔다. 중앙집권체제를 갖춘 근초고왕은 안정된 왕권을 바탕으로 적극적인 정복활동을 전개하였다. 근초고왕의 정복활동은 낙동강 유역의 가야지역과 영산강 유역의 마한 잔여세력, 그리고 북으로 고구려의 세 방향으로 전개되었다. 근초고왕대의 영역 확장은 탁월한 외교정책을 바탕으로 이루어졌다. 근초고왕은 정복활동에 나서기 앞서 먼저 신라와 긴밀한 우호관계를 맺었으며, 가야 소국의 하나인 탁순국을 통해 왜국과도 국교를 수립하였다. 이러한 성과는 백제 외교의 시작을 의미하는 것이다.

'형제관계'가 된 신라

4세기 후반 백제 근초고왕은 먼저 신라와의 관계 회복에 나서게 되었다. 그동안 백제와 신라는 중부 내륙의 소백산맥 영로를 넘나들면서 빈번한 전투를 벌여 서로 적대관계를 유지하고 있었다. 고구려의 남진을 효과적으로 막기 위해서는 무엇보다도 이웃 신라의 도움과 역할이 더욱 필요해진 것이다. 이에 백제는 366년 신라에 사신을 파견하였고, 이어 368년

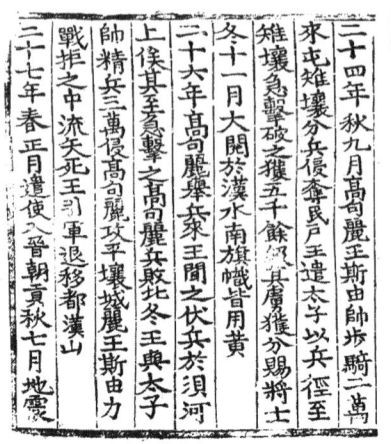
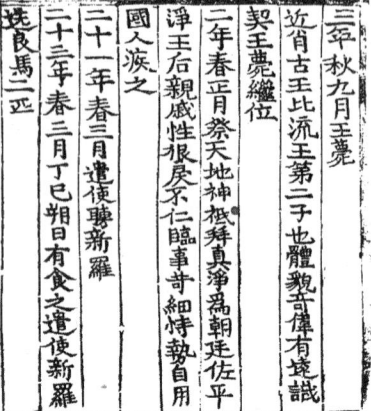

| 『삼국사기』 근초고왕 대 기사

다시 사신을 파견해 좋은 말 2필을 예물로 보내면서 신라에 대한 우호관계는 진전을 보게 된 것이다.

이러한 노력으로 양국 관계는 '형제관계[約爲兄弟]'로 발전할 수 있었다. 양국 간의 우호관계 성립 배경은 고구려의 남하에서 찾을 수 있다. 당시 고구려는 전연 모용씨 세력 팽창으로 인해 요동반도 진출이 막히게 되자 남쪽으로 방향을 틀어 남하정책을 추진하였다. 이에 불안을 느낀 백제는 고구려와의 일전을 앞두고 후방의 안정을 꾀하였다. 이런 배경하에서 백제는 먼저 신라에게 화의를 요청하였고 신라가 그 필요성을 공감하면서 나제 양국은 '형제관계'로서의 우의를 맺게 된 것이다. 나제 양국의 밀월 관계는 373년에 발생한 백제 독산성주의 신라 망명 사건으로 인해 파국의 국면에 접어든 시기까지 유지되었다.

왜국과의 첫 교섭

근초고왕 때 백제는 왜국과 첫 통교를 하여 공식적인 외교 채널을 열었다. 두 나라 간 교섭의 문을 먼저 두드린 나라는 백제였다. 백제가 구저(久

氏)·미주류(彌州流)·막고(莫古) 세 사람을 탁순국에 보내 왜와의 통교를 탐색한 적이 있었다. 이때가 갑자년 7월이었는데, 364년 즉 백제 근초고왕 19년이다. 백제가 왜와의 교섭을 중재하도록 요청한 나라는 탁순국(卓淳國)이었다. 탁순국은 369년 백제가 가라 7국을 평정할 때 백제군의 집결지였으며, 한반도 남부와 일본열도를 연결하는 해로상의 중요 거점이 되는 곳이었다. 그 위치는 이견이 있지만 창원으로 비정된다. 탁순국은 바로 인근 동쪽에 있는 김해 구야국과 함께 삼한시대에 해상교역이 활발했던 가야국이었다. 영산강 유역과 일본열도 진출에 관심이 있었던 백제가 그 중개지로서 탁순국에 주목한 것은 당연한 일이었다.

그 후 탁순국에 온 왜국 사신이 이 사실을 전해 듣고 백제에 사절을 보내자 왜국과 교섭을 원했던 백제로부터 큰 환대를 받았다. 이 일을 계기로 백제는 왜국과의 교섭에 적극 나섰다. 이듬해 백제는 앞서 탁순국에 파견했던 사신들을 왜국에 처음으로 파견함으로써, 이제 백제와 왜국 두 나라는 탁순왕의 중재로 공식적인 첫 교섭을 갖게 되었다. 이렇게 백제와 왜국은 역사상 공식적인 첫 만남을 가진 것이다.

이후 백제가 왜국에 사신을 잇달아 파견하면서 양국 간의 우호를 더욱 다졌다. 372년 백제는 왜에 양국 간의 우호의 표시로 칠지도·칠자경 등 진귀한 보물들을 예물로 보냈다. 이로써 양국은 처음으로 공식적인 통교를 맺게 된 것이다. 백제와 왜국의 교섭은 일회성의 통교가 아니라 백제가 뚜렷한 의지를 갖고 추진하였던 남방 진출 정책의 일환이었음을 보여준다.

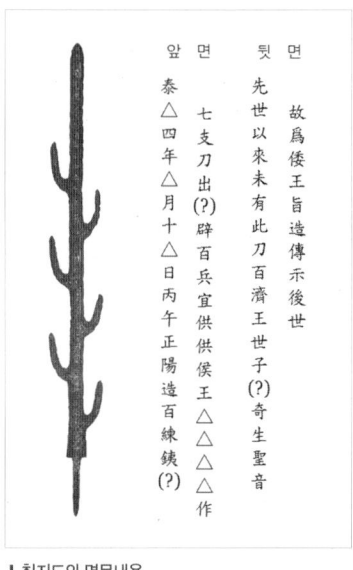

┃ 칠지도와 명문내용

이 교섭은 후에 백제와 왜국 양국이 한반도 정세와 관련하여 우호적인 동맹관계를 지속시키는 하나의 계기가 되었다. 이 통교는 얼마 후 고구려-신라의 동맹세력에 대해 백제-가야-왜로 연결되는 동맹세력을 형성하는 데 계기가 되었다. 백제는 왜국에 대해 선진문물을 제공하고 대신 왜국은 백제에 대해 정치적 군사적 파트너로서 역할을 수행하는 관계가 성립된 것이다. 이러한 이해가 합치되어 백제 멸망 때까지 백제와 왜 양국이 선린의 관계를 유지해 나갈 수 있었다.

남방경략의 단행과 지배

4세기 전반까지 백제의 남진은 노령산맥을 넘지 못하다가 4세기 중엽 근초고왕 때 백제가 아직 점령하지 못한 마한의 잔여세력에 대한 공략에 나섰다. 마한 잔여세력은 주로 영산강 유역을 중심으로 서남지역에 분포하고 있었다. 그 정복 과정에 대해서는 『일본서기』 신공기 49년조(369)에 서술되어 있다. 그 내용을 백제 중심으로 보면 백제가 가야의 7국을 평정한 다음 영산강 유역에 분포한 마한 잔여세력을 평정하는 것으로 해석이 가능하다. 백제의 가야지역 진출 과정은 군사작전에 의한 무력이 동원된 것으로 기록되어 있다.

그러나 후에 백제 성왕이 과거를 회상하는 말에 근초고왕·근구수왕 때 백제와 가야의 여러 나라가 사신을 보내 서로 통교하고 우호관계를 맺었던 사실을 언급한 적이 있었다. 그리고 백제와 가야의 관계를 자제 또는 부형(父兄)으로 서술한 것으로 보아 가야는 백제의 일정한 정치적 영향력 하에 놓여 있었던 것으로 파악된다.

따라서 백제의 가야 진출은 단순히 전략물질인 철 자원의 확보에 있었던 것이 아니라 신라의 가야 진출을 견제하는 동시에 왜국과의 교역 거점을 확보하려는 의도에서 비롯된 것으로 이해된다. 아울러 369년 근초고왕의 남정 때 가야 7국에 이어 침미다례(忱彌多禮)와 영산강 유역 장악은 백제의 마한 잔여세력의 통합과 서남해안의 중요한 해상 교역기지를 확보하게 된 것을 뜻한다. 이 지역의 지배 방식은 내부의 재지 세력들을 온존시키면서 이들을 통한 공납적 지배에 머물렀던 것 같다.

백제가 이처럼 남방외교의 성과를 바탕으로 낙동강 유역의 가야 7개 나라를 평정하고, 이어서 영산강 유역의 옛 마한 잔여세력을 정복하여 남해안까지 세력권을 확대할 수 있었다. 이것이 백제가 전력을 기울여 북진정책을 추진하여 고구려를 평양성에서 격퇴할 수 있었던 큰 힘이 된 것이다.

대방지역 진출과 평양성 전투

이에 앞서 고구려의 고국원왕(故國原王, 재위 331~371)은 전연 모용씨와의 대결에서 패전을 당하자 요동 진출을 포기하고 대외 진출 전략을 남진으로 전환하였다. 이 무렵 백제 근초고왕은 남방지역의 경략을 마무리한 다음에 옛 대방지역으로의 진출을 본격적으로 추진하고 있었다. 이에 앞서 고구려가 예성강 유역의 남쪽 옛 대방의 땅에 쳐들어오면서 두 나라 간에 첫 전투가 벌어졌다. 이 전투에서 백제는 고구려군을 크게 물리치고 포로 5천 명을 사로잡았다. 전세는 차츰 백제에게 유리하게 전개되어 371년 평양성 전투에서는 고구려의 고국원왕을 전사시킬 정도의 대승을 거두었다.

이는 백제와 고구려 사이에 일어난 전투였지만 백제의 완승으로 끝났다. 그렇지만 고국원왕을 죽인 백제와 고구려는 한동안 적대관계를 유지하게 되었고, 고구려의 남진은 일시 저지되었다.

동진(東晉)과의 통교, 백제의 위상을 높이다

백제 근초고왕은 걸출한 정복군주로서 활발한 정복활동을 전개하여 한반도 전체 면적의 약 3분의 1에 이르는 광대한 지역을 장악하였다. 북쪽으로 예성강 유역에서 남쪽으로 영산강 유역과 낙동강 유역에 이르는 지역에까지 영역을 크게 확대하여 고구려의 광개토왕이나 신라의 진흥왕에 못지않는 최대 판도를 차지하였다. 지금의 경기도, 충청도, 전라도, 낙동강 중류지역과 강원도와 황해도 일부까지 차지하여 고대 중앙집권적 귀족국가의 기반을 마련하였으며 한반도의 패권을 장악하였다.

이처럼 백제사상 근초고왕이 당대에 이루어 놓은 업적은 실로 크다. 신라와의 화호관계 유지, 왜국과의 통교와 해상 교역로 확보, 가야지역에 대한 영향력 증대, 마한 잔여세력의 통합, 그리고 대고구려전의 성공적인 수행 등 탁월한 외교활동과 정복활동을 이루었다. 372년 백제는 중국의 동진과 외교교섭을 벌임으로써 백제의 존재가 동아시아 국제무대에 드러나게 되었다. 이때 근초고왕은 동진으로부터 '진동장군영낙랑태수(鎭東將軍領樂浪太守)'의 작호를 수여받았다. 근초고왕이 받은 진동장군은 중국의 정3품에 해당하는 장군호이다. 낙랑태수는 백제가 평양성 전투에서 거둔 승리를 토대로 하여 옛 낙랑지역에 대한 영유권을 인정받았다는 의미를 가진 것이다. 근초고왕은 마한지역 전체뿐 아니라 낙랑지역까지 아우른 '백제왕'으로서의 위상을 가진 존재라는 의미를 담고 있다. 이때는 백제가 평양성 전투에서 고구려에 큰 승리를 거둔 직후였다. 동진은 이를 계기로 한반도에서 백제의 국력과 위상을 재평가하고 이러한 작호를 내린 것이다. 이후 백제는 마한 대신에 백제라는 이름으로 중국왕조와 교섭을 벌이게 되었다. 백제의 동진 교섭은 근초고왕대 이루어진 폭넓은 외교를 집대성한 성과물이라 할 수 있다.

2) 고구려 광개토왕의 공격과 백제의 연합세력 결성

관미성(關彌城)의 함락과 진사왕의 피살

4세기 후반 백제와 고구려의 두 나라가 군사적으로 충돌을 벌이게 된 원인은 고구려 고국원왕대의 남진이었다. 고구려가 대방의 옛땅을 차지하기 위해 남하함에 따라 백제의 반격이 시작되었다. 이후 백제와 고구려 사이에 공방전이 되풀이되어 근구수왕(近仇首王, 재위 375~384)과 진사왕(辰斯王, 재위 385~392)대까지 계속되었다. 진사왕은 고구려의 공격에 대비하여 386년에 청목령에서부터 팔곤성을 거쳐 서해에 이르는 관방을 설치하였다. 390년에는 달솔 진가모(眞嘉謨)가 거느린 백제군이 고구려를 공격하여 도곤성을 함락시키고 포로 200여 명을 사로잡은 일이 있었다.

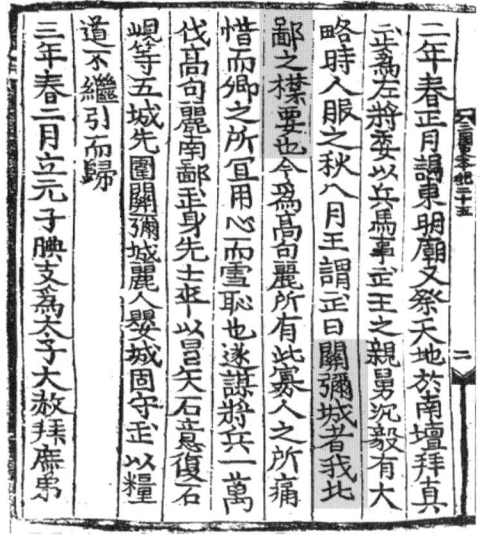

| 『삼국사기』 관미성 기사

이처럼 두 나라 사이의 전투는 일진일퇴의 공방이었다.

두 나라의 공방은 고구려 광개토왕(廣開土王, 재위 391~413)이 즉위하면서 백제에 대한 파상 공세로 나타났다. 즉위한 해인 391년에 광개토왕이 친히 4만의 군대를 이끌고 백제의 석현 등 10성을 공격하여 함락시켰다. 특히 고구려는 백제의 북쪽 변경 요충지인 관미성 공격에 나서 20여 일만에 이를 함락시켰다. 관미성은 사면이 깎은 듯 가파르고 바닷물에 둘러싸인 임진강과 한강이 합류되는 군사 요충지로 추정되는 곳이다. 고구려가 이 성을 장악했을 경우 수군을 동원하여 서해에서 강화도를 거쳐 한강에 이르는 경기만 일대의 제해권을 장악할 수 있게 된다. 백제는 전략적 가치를 지닌 관미성을 상실함으로써 고구려의 육군과 수군 합동작전에 의해 왕도 한성이 군사적 압박을 받을 수 있는 상황에까지 직면하게 된 것이다. 백제는 왕도를 지키기 위해 전략상 관미성을 반드시 확보해야 할 필요성이 있었다. 이를 위해 백제는 393년 좌장 진무(眞武)가 거느린 1만 명의 군사를 관미성 탈환작전에 투입하였으나 실패하였다.

이처럼 백제는 북쪽 변경의 요충지인 관미성과 인근의 요충인 석현성 일대를 고구려에게 빼앗김으로써 예성강 이남의 전략적 방어 거점을 잇달아 상실하게 된 것이다. 이들 지역은 386년에 쌓은 청목령에서 팔곤성과 서해안에 이르는 전략적 요충으로 여겨진다. 이로 인해 백제는 왕도 한성을 방어하는 데 큰 허점이 생겼다. 위기감을 느낀 백제 조정에서는 관미성의 상실에 따른 책임 소재와 이에 대한 대응책 마련을 두고 지배세력 간에 대립과 갈등이 야기되었다. 진사왕의 실정에 반하는 일부 귀족세력들이 구원행궁에서 왕을 살해하고 아신왕을 옹립한 것이다.

광개토왕의 백제 공격과 아신왕의 항복

진사왕이 고구려의 잇단 남진 공세에 효과적으로 대응하지 못한 채 구원행궁에서 피살된 후, 침류왕의 아들인 아신왕(阿莘王, 재위 392~405)이 왕위에 올랐다. 아신왕의 재위 기간은 대략 고구려의 영주로 일컫는 광개토왕대에 해당한다. 이때에 백제와 고구려 사이에 여러 차례 전투를 벌인 사실이 『삼국사기』 고구려·백제본기를 비롯하여 〈광개토왕릉비문〉에 잘 나타나 있다.

아신왕대에는 고구려에 대해 공세적 입장을 취하면서 진사왕대에 고구려에게 상실한 예성강 유역에 대한 실지 회복에 적극 나서게 된다. 그렇지만 관미성 탈환 작전(393), 수곡성 전투(394), 패수 전투와 청목령 전투(395)에서 백제군이 고구려를 여러 차례 공격하여 예성강 유역을 수복하려 하였으나 치열한 접전 끝에 패전을 거듭하였다. 이에 광개토왕은 백제의 잇단 공세를 잠재우기 위해 왕도 한성을 점령하여 백제를 일거에 굴복시키려는 전격전을 추진하였다. 이에 따라 고구려군은 수륙 양면 작전으로 백제군을 압박해 나갔다. 고구려의 육군이 예성강 이남지역에서 백제군과 대치하고 있을 때 광개토왕이 거느린 고구려의 수군이 전격적으로 강화도와 한강 수로를 통해 경기만 일대 해안지대의 요충을 점령하고 백제의 한성으로 거슬러 올라가 아신왕을 압박하였다. 이러한 수군 작전이 가능했던 것은 391년에 이미 해안 방어의 교두보인 관미성을 확보하였기 때문이었다.

이에 놀란 아신왕은 어쩔 수 없이 광개토왕 앞에 굴복하였다. 이 사실이 능비문의 영락 6년(396) 기사에 실려 있다. 이때 백제 아신왕은 항복하고 고구려 광개토왕에 대해 이제부터 영원히 고구려왕의 노객(奴客)3이 되겠다고 맹세하였다. 이로서 백제는 한때나마 고구려세력권에 귀속된 것이다. 이에 광개토왕은 항복의 대가로 왕제 및 대신 10여 명과 남녀 천여 명을 포로로 잡아 개선하였다. 이로써 백제는 고구려에게 모두 58성과 700여 촌을 빼앗김으로써 임진강 이북지역을 상실하게 되었다. 이처럼 아신왕대의 백제는 매우 곤핍한 정황에 처해졌다.

| 경희대학교 혜정박물관에 소장된 혜정 소장본 광개토왕릉비 원석탁본의 신미년조

---

3 노객은 「광개토왕릉비문」, 「모두루묘지(牟頭婁墓誌)」 등에 나오는 용어다. 본래는 사속민(私屬民)이나 노예를 뜻하는 말이지만 여기서는 고구려왕에 대한 신하라는 의미로 쓰이고 있다. 이 용어 안에는 고구려가 주변국에 비해 우월하다는 천하의식이 담겨져 있다.

태자 전지의 왜국 파견과 백제-왜의 연합 추진

영락 6년(396) 작전의 패배로 고구려에게 굴복한 아신왕은 세력을 만회하기 위해 특단의 외교책을 강구하였다. 이듬해 397년에 백제가 왜와 비밀리에 통교하고 왜국의 군사력 파견을 요청하기 위해 청병외교에 적극 나선 것이다. 이 임무를 띠고 왜에 수신사 내지 청병사로 간 인물이 태자 전지(腆支)였다. 여기서 주목되는 것이 백제가 왜의 도움을 끌어내기 위해 활용한 외교책이 볼모[質子] 파견이라는 점이다. 백제는 왜국와의 교섭에서 신뢰감을 주기 위해 정치적 비중이 높은 차기 왕위계승권자인 태자를 볼모로 파견하는 내용의 조건을 제시하였다. 왜국은 볼모 파견을 통해 백제의 비중있는 당국자와 교섭 라인을 확보하였기 때문에 백제의 제의를 수락하였다. 왜국은 또한 백제와 남조로 연결되는 무역 루트를 통해 국가 형성에 필요한 선진문물을 수용할 수 있으리라고 기대하였을 것이다.

백제와 신라의 볼모외교전 사례

396년 고구려의 백제 공격이 끝난 직후 백제와 신라는 왜국을 우군으로 끌어들이기 위한 외교전을 전개하였다. 고구려의 한성 공격으로 궁지에 몰린 백제는 397년 태자 전지를 왜국에 보내 청병외교를 전개한 바 있다. 신라는 앞으로 왜의 침략을 저지하기 위해 왜와의 관계개선을 모색하였다. 왜도 백제를 도와 신라를 공격하였으나 크게 참패 당한 채 별 성과를 얻지 못하였다. 이에 신라에 볼모를 요청하였고 신라는 402년 내물왕의 아들 미사흔(未斯欣)을 볼모로 파견하는 조치로 화답하였다. 그러나 왜가 고구려와 신라의 정세를 실제 정탐한 결과 신라의 요청은 받아들이지 않았다. 신라 왕자 미사흔은 박제상에 의해 구출되기까지 한동안 억류되는 신세가 되었다. 백제 외교의 승리였다.

이미 백제는 고구려에 항복한 대가로 왕제 및 대신 10명을 고구려에 볼모로 파견한 경험이 있었다. 백제가 왜국으로부터 군사적 도움이 필요할 때 종종 왕족과 같은 비중 있는 인물을 볼모로 왜국에 파견한 사례가 있다. 대외관계에서 볼모 파견은 백제뿐 아니라 신라나 고구려에서도 종종 활용한 사례를 볼 수 있다. 볼모 파견은 두 나라 간의 상하 복속관계를 나타내는 것은 아니었다. 백제가 왜에 파견한 볼모는 국왕을 대신하는 외교 특사의 성격을 가진 것이었다. 외교관계에서 상대국에게 절대 신뢰성을 보장해 주기 위해 인적 담보물을 제공한 다음 정치적 군사적 협력을 요청하는 데 목적이 있었다.

전지는 394년에 태자로 책봉되었고 397년에 왜에 파견되었다. 그가 귀환한 것은 아신왕이 죽은 405년이기 때문에 그가 왜국에 체류한 기간은 9년이 된다. 전지의 파견 목적은 왜국과의 우호관계를 맺기 위해서였지만 유사시에 원병을 얻고 아울러 일본열도 내의 친백제 라인을 구축하여 궁극적으로는 백제의 국가 이익을 극대화시키려는 의도에서였다. 이런 면에서 전지는 일종의 청병사인 동시에 왜국의 친백제 노선을 견지시키기 위한 일종의 특급 외교관 역할을 수행한 것으로 볼 수 있다.

이처럼 백제가 왜국에 군사 동원을 요청한 외교적 노력에 힘입어 왜병이 한반도에 출병한 것이 능비문의 영락 9년, 10년, 14년 기사다. 백제의 볼모 외교가 왜와의 연합으로 나타난 것이다. 그렇지만 왜군은 중장기병단과 같은 우월한 군세를 갖고 있었던 고구려군과 왜적 격퇴에 오랜 경험이 많은 신라 연합군에게 참패를 당하고 말았다.

백제-가야-왜 연합 대(對) 고구려-신라 연합세력의 대결

고구려 광개토왕대의 남정에서 주목되는 현상은 백제와 고구려가 중심세력으로 대결을 하는 가운데 주변 여러 나라가 가담하여 연합세력 간의 형태로 대결을 하였다는 점이다. 〈광개토왕릉비문〉에 보이는 전쟁은 당시 중국대륙을 제외한 만주-한반도-일본열도에 성립한 국가들이 참전한 국제 전쟁의 성격을 가진 것이었다. 이 시기에 중국대륙은 위진남북조시대의 분열 시기였고, 한반도에서는 삼국과 가야가 분립하여 서로 패권을 장악하기 위해 항쟁을 벌이고 있었다. 동아시아 전체가 분열의 상황에 처해 있었으므로 어느 한 나라가 절대적 우위를 차지하지 못하는 상황이었다. 따라서 이 시기는 어느 한 나라의 움직임에 따라 다른 나라들이 블록을 형성하여 연쇄적으로 반응을 나타내는 시대적 특징을 가졌다.

백제는 369년 남방 경략으로 가야세력을 백제의 우군으로 끌어들였다. 이때 백제는 397년 태자 전지를 왜국에 파견하여 청병과 함께 우호관계를 유지하게 되었다. 4세기 말 고구려 광개토왕이 백제를 공격할 때 수세에 몰린 백제는 왜국에 대해 볼모 외교를 전개하여 왜병이 한반도에 출병을 하는 외교적 성과를 보이게 되었다. 이로서 백제는 가야세력과 왜국을 끌어들여 백제를 중심축으로 하는 군사동맹관계를 결성하여 고구려 연합세력에 대항하는 양상이 전개된 것이다.

한편 백제와 신라 양국 간의 형제관계에 틈이 생기게 한 계기가 373년에 발생한 백제 독산성주의 신라 망명 사건이다. 백제 독산성주가 300명의 주민을 이끌고 신라에 망명을 한 것이다. 고구려와의 전투에서 패배한 데에 대한 문책을 우려해서인 것으로 생각된다. 이에 대해 백제는 독산성주의 송환을 요청하였지만 신라는 이를 거절하였다. 백제는 이 사건으로 인해 신라에 대한 반감이 증폭되었다. 그 반응이 즉각 신라에 대한 공격으로 나타났다. 이로써 한동안 유지되었던 양국 간의 밀월관계에 금이 가게 되었다. 신라는 백제와의 화호를 깨고 고구려에 접근하면서 4세기 말 이후의 삼국 정세는 새로운 국면을 맞이하게 되었다.

그러면 신라가 고구려에 접근하여 연합을 하게 된 배경은 무엇일까? 근초고왕은 371년 평양성 전투에서 고구려 고국원왕을 전사시킬 정도로 국력 팽창기를 맞이하였다. 372년에는 동진(東晋. 317~418)으로부터 '진동장군영낙랑태수'로 책봉을 받으면서 동아시아에서 백제의 위상이 한층 높아졌다. 신라는 백제의 이러한 국력 팽창에 대해서 두려움을 느끼고 백제를 견제하기 위해 고구려에 접근한 것이다. 또한 대내적으로는 왕위계승을 둘러싸고 대립관계에 있던 석씨세력을 제거하여 김씨 세습체제를 공고히 하려는 의도를 갖고 있었다.

반면 고구려는 신라를 이탈시켜 백제를 약화시키려고 하였다. 이런 배경하에서 신라는 고구려와 연합을 하게 된 것이다. 신라는 국가 이익을 위해 대외관계를 자국에 유리하게 선택하였다. 이 시기에 고구려는 신라 사신 위두(衛頭)를 전연(前燕, 349~370)에 파견하는 데 도움을 주었고, 신라는 경쟁세력인 실성(實聖)을 고구려에 볼모로 파견하면서 양국은 더욱 돈독한 관계로 자리를 잡게 되었다.

외교 시스템을 갖추다

4세기 말 이후 전개된 한반도에서의 항쟁은 백제·가야·왜 연합 대 고구려·신라 연합세력의 대결 양상을 보이게 되었다. 이 시기에 한반도의 삼국 관계는 고구려와 백제를 중심축으로 하고 여기에 신라와 가야, 그리고 일본열도의 왜세력이 가세하여 두 블록 간에 군사적 대결 양상이 전개되고 있었다. 이들 세력은 서로 대립을 하면서도 한편으로는 중국왕조에 사신을 보내 이른바 중국적 세계질서의 제도적 특징인 조공과 책봉[4]체제 형식을 근간으로 하는 동아시아 외교관계에 참여하였다. 이는 삼국 간의 항쟁에서 우위를 점하고 대내적 체제 정비에 필요한 선진문물의 수용을 통해 왕권을 강화 안정시키려는 외교적 노력이라고 할 수 있다.

한 나라의 외교관계는 상대국에 대한 정보 파악과 외교 창구의 개설,

---

4 조공(朝貢)과 책봉(冊封)은 고대 동아시아에서 중국과의 관계를 논할 때 핵심이 되는 정치적 외교적 개념이다. 조공과 책봉은 본래 천자와 제후 사이에 맺어진 복속관계로 시작되었다. 이것이 주변 국가에까지 확대되어 중국 황제는 주변 국가의 국왕에게 특정한 관직과 물품을 하사하고 주변 국가의 국왕은 특산물을 바치며 황제를 배알하는 방식으로 발전한 것이다. 이때 중국왕조와 주변 국가 사이에 외교관계를 맺고 유지해 나가는 것을 조공이라 한다. 반면 중국왕조가 주변 국가의 국왕 지위를 승인해 주는 것을 책봉이라 한다.

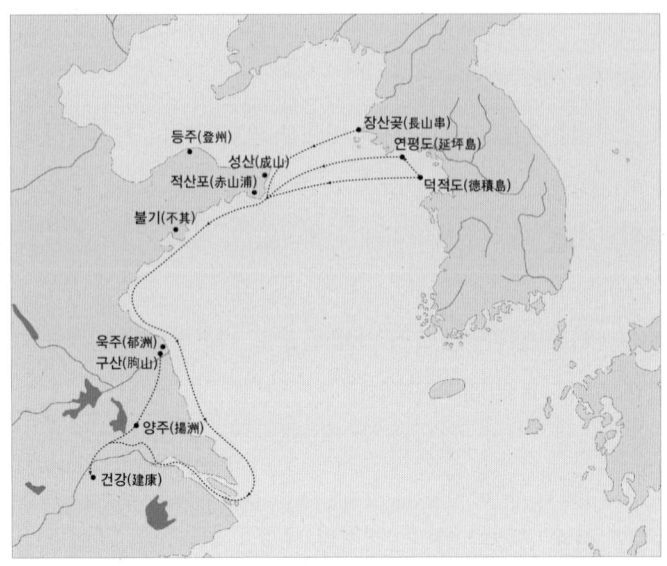

┃ 백제 한성기의 서해 횡단 항로와 남조 교섭 루트
(문안식, 2015, 「백제의 동아시아 해상교통로와 기항지」, 「사학연구」 119, 123쪽 참조)

외교 전문 인력의 확보, 외교 시스템의 구축, 그리고 항해술의 발달 정도 등에 의해 이루어진다. 이러한 대외 외교에 대한 전문적인 시스템의 존재나 외교 경험이 축적되지 않는 한 대외 외교를 독자적으로 전개할 수는 없다. 삼국이 한반도뿐 아니라 중국과 일본을 대상으로 치열하게 외교전을 벌이게 됨에 따라 전문 외교 시스템을 구축할 필요성이 대두되었다. 그러나 이에 관한 자료가 부족하여 그 외교 시스템의 전모를 밝히는 데에는 다소 한계가 있다.

 백제가 중국과의 외교를 전개할 때 중국왕조에서 운용하는 외교 시스템을 일부 원용한 사례가 있다. 한성시대에는 『송서』 백제전의 장사(長史) 장위와 대사(臺使) 풍야부, 『남제서』 백제전의 장사 고달·사마(司馬) 양무·참군(參軍) 회매·장사 모유·사마 왕무·참군 장새·진명, 그리고 『위서』 백제전에 장사 여례와 사마 장무가 기록되어 있다.

한성시대에는 중국왕조인 송·남제·북위에 파견된 사신들이 맡은 직책으로 대사·장사·사마·참군이 나타난다. 대사는 중국왕조가 책봉을 통해 부관제를 실시하기 이전에 주변국에서 보낸 사신단의 장관을 가리키는 명칭이었다. 장사·사마·참군은 원래 중국의 부관제(府官制)에서 유래한 것으로 막부에 개설된 속관들로서 군현의 행정과 군사 업무를 관장하였다. 백제는 이들 속관들을 사신단의 단원으로 임명하여 겸무 직책으로 활용하는 경우가 많았다. 장사는 대사, 사마는 부사, 참군은 판관의 역할을 하였을 것으로 생각된다. 백제는 처음에 대사라는 직책을 사용하다가 점차 부관제의 속관 체제를 외교 사신단에 원용하여 사용한 것으로 판단된다.

그런데 백제 사신들이 장(張)·풍(馮)·고(高)·양(楊)·회(會)·모(慕)·왕(王)·진(陳)이라는 성을 쓰고 있는데 대부분 백제에는 없는 중국식 성씨였다. 이들이 중국식 성씨를 사용한 것으로 보아 한군현 출신이거나 한인계 인물로서 백제에 건너와 활동한 인물로 보인다. 이들은 중국어를 구사하고 또 중국 사정에 정통하기 때문에 백제는 이들을 발탁하여 중국과의 외교 사신으로 활용하였을 것으로 짐작된다.

4. 신라와의 동맹 결성과 백제 외교의 성과

5~6세기 삼국의 대외관계에 있어서 중요한 사건은 백제와 신라의 동맹이다. 나제동맹은 고구려의 남진정책에 대항하기 위해 433년 백제의 비유왕과 신라의 눌지왕 사이에 우호관계를 맺은 이후 554년 관산성 전투를 끝으로 대략 120여 년 동안 존속되었던 상호 공수동맹으로 널리 이해되어 왔다. 이 시기 삼국 간의 정세는 전반적으로 고구려의 남진과 이에 대응한 백제와 신라 두 나라의 공동 대응이라는 역학 구도에 의해 유지되었다. 백제가 고구려의 남진에 대응하기 위해 신라와 동맹관계를 맺은 것은 백제 외교의 승리를 뜻한다.

1) 고구려 남진에 대응한 백제의 새로운 외교 전개

백제의 신라 접근과 화호의 성립

신라가 고구려와 동맹관계를 맺고 있으면서 백제와 화호를 맺은 것은 433년의 일이다. 이는 백제의 적극적 요청으로 이루어진 것이다. 433년 7월에 백제가 먼저 화호를 제의하였고, 이듬해 백제 비유왕이 양마 2필과 흰 매를 예물로 신라에 보냈다. 신라의 눌지왕도 이에 대한 화답으로 황금과 밝은구슬[明珠]을 백제에 보냄으로써 양국 간에 우호적 분위기가 조성되었다. 이로써 나제 양국은 그 동안의 적대관계에서 벗어나 화호를 맺는 계기가 되었다. 백제가 신라와의 관계 개선을 적극적으로 시도하여 화호를 맺으려 한 배경은 다음과 같다.

첫째, 고구려 장수왕이 단행한 평양천도(427)에 대응하여 이루어졌다는 점이다. 고구려는 평양천도를 계기로 적극적인 남진정책을 추진함으로써 백제뿐만 아니라 당시 정치적·군사적으로 간섭을 받고 있던 신라를 궁극적으로 병합하려는 의도를 갖고 있었다. 신라는 영토의 보존과 국가의 존립을 위해 고구려의 남진정책에 용의주도하게 대처해야 할 방안을 모색하게 되었다. 둘째, 백제의 대고구려 봉쇄전략 일환으로 추진되었다는 점이다. 백제는 고구려의 평양천도에 따른 남진정책에 대응하기 위해 다각적인 외교적 노력을 기울였다. 우선 남조의 송(宋, 420~479)과 긴밀한 외교교섭을 전개하였다. 이는 북위와 송에 양면외교를 펼치고 있던 고구려를 외교적으로 견제하려는 의도에서였다. 백제는 중국의 북위와 송, 신라, 가야, 왜, 물길을 연결하는 전방위 외교를 전개함으로써 대고구려 봉쇄망을 구축하고자 하였다. 이러한 전략의 일환으로 백제는 고구려와 밀접한 관계를 맺고 있던 신라를 이탈시켜 고구려를 약화시키려 하였던 것이다. 셋째, 신라의 대내적 요인이 작용했다는 점이다. 내물왕계 김씨 세습체제를 확립하기 위해서는 경쟁세력인 석씨세력, 박씨세력, 다른 왕실 세력 등을 견제하거나 정략적으로 제거할 필요가 있었다. 눌지왕의 왕위계승 과정에서 나타나듯이 당시 신라의 왕위계승에는 고구려의 역할이 일정하게 작용하였다.

그러나 신라가 성장 발전을 하는 데 있어서는 고구려의 정치적 군사적 간섭은 점차 걸림돌이 되었다. 백제와 신라의 화호는 고구려의 간섭을 배제하려는 신라의 자립화 움직임과 깊은 관련을 가졌다. 따라서 눌지왕은 우선 고구려에 볼모로 가 있는 복호(卜好)를 귀환시켰는데, 이로 인해 양국 간에 소원한 관계의 단초적인 조짐이 나타나게 되었다.

이와 같이 433년에 맺은 나제 간의 화호는 백제의 대고구려 봉쇄전략의 일환으로 추진된 것이며, 신라의 경우 고구려의 간섭에서 벗어나야 할 필요성과 김씨 세습체제의 확립을 위한 목적에서였다. 이러한 양국 간의 이해가 합치되면서 화호가 성사된 것이다. 신라는 이를 계기로 고구려와의 동맹관계에서 벗어나 친백제정책으로 선회하였기 때문에 이후 삼국의 항쟁사는 한동안 고구려와 나제연합의 대결 구도로 전개되었다.

5세기 후반 나제동맹을 통한 고구려 남진 저지

신라의 친백제 노선 선회는 고구려의 반발을 불러일으켰고, 450년을 기점으로 양국관계는 군사적 충돌을 벌이게 될 정도로 악화되었다.

450년 신라 하슬라주 성주인 삼직(三直)이 실직원(悉直原, 현재의 삼척)에서 수렵을 하던 고구려 변장을 살해하자 고구려는 이에 대한 보복으로 신라 서변을 공격하였다. 눌지왕의 사과로 양국 간의 험악한 관계는 일단 진정되었지만, 이후 454년~5세기 말까지 모두 8회에 걸쳐 고구려가 신라를 침입할 정도로 양국은 적대관계로 돌변하였다. 5세기 후반 삼국의 정세는 고구려가 우세한 상황하에서 전선의 균형을 유지하기 위해 백제와 신라를 교대로 침략하는 양상을 보였다. 이 시기에 고구려와 백제 간의 전투는 4회로 나타나서 고구려가 신라를 주된 목표로 군사적 공세를 전개하고 있었다. 이 시기에 신라가 고구려의 주공격 대상이 된 이유는 자비왕과 소지왕대의 대고구려 강경책을 응징하려고 했기 때문이었다. 나제 양군이 연합해 고구려의 침입에 공동으로 대응한 사례가 백제, 신라 각각 3회씩 보이고 있다.

신라와 백제 간의 관계가 더욱 공고화되어 실질적 군사동맹관계로 발전한 것은 소지왕(재위 479~499)과 동성왕(재위 479~500) 때의 일이다. 이 시기에 고구려가 신라를 침공한 것은 5세기 후반에 8회 중 6회이고, 백제는 4회 중 1회에 불과하다. 신라는 481년 고구려의 미질부 침공 때 백제의 도움을 받은 이후 모두 3회에 걸쳐 백제의 구원을 받은 대신 495년 전투 때에는 백제를 구원하였다. 475년 고구려의 한성 함락 때 신라는 백제에 1만 명을 구원해 주었고, 또 481년 고구려가 미질부(彌秩夫, 현재의 흥해)까지 침공해 와 왕도를 위협하는 사태가 발생하자 백제와 가야의 힘을 빌려 이를 격퇴시킨 일이 있었다.

이처럼 신라가 백제의 구원을 받은 것을 계기로 양국은 한동안 실질적 동맹관계로서 우호관계를 유지하고 있었다. 나제 양국의 관계는 한쪽의 힘만으로 고구려의 침략을 막지 못할 경우 구원 요청에 의해서 공동으로 대응하는 관계로 한 단계 발전하였다. 신라는 백제와의 동맹을 바탕으로 하여 대고구려 강경책을 강화해 나갔다. 더구나 493년 3월에 신라 소지왕은 백제 동성왕의 요청으로 이벌찬 비지(比智)의 딸을 보내어 혼인시킴으로써 양국은 혼인관계를 통해 군사동맹관계를 더욱 발전시켜 나갔다.

개로왕대, 외교의 다변화를 통해 고구려 견제를 모색하다

개로왕대의 백제는 고구려에 대해 일련의 공세를 전개한 점이 주목된다. 469년에 백제가 먼저 고구려를 선제공격한 다음 예상되는 고구려의 역습에 대비하기 위해 국경지대의 요충인 쌍현성과 청목령에 관방 시설을 설치하거나 수축하는 공사를 벌였다. 455년 개로왕 즉위 때 불시에 고구려의 공격을 받은 이래 고구려와 두 번째 전투를 벌인 것이다. 그동안 수세에 있던 백제가 선제공격을 가한 일이 매우 이례적이다. 이후 개로왕은 고구려에 대항하기 위해 다변화된 외교를 전개하게 된다.

먼저 개로왕이 고구려의 남진에 대항하기 위해 보다 중시한 것은 대중 관계였다. 백제는 남조 송과 18회에 달할 정도로 빈번한 교섭을 가졌다. 개로왕대에만 5회의 교섭이 있었다. 그럼에도 불구하고 송은 백제보다 고구려를 보다 중시하였다. 그것은 북위를 공동으로 견제한다는 두 나라의 이해관계가 합치되었기 때문이다. 당시 고구려는 439~462년까지 북위와는 공식적인 교섭을 중단한 채 오직 송과 교섭을 했다. 백제는 송을 대상으로 고구려와 치열한 외교전을 벌이고 있었다. 462년 고구려는 북위와 송을 동시에 교섭하는 양면외교를 전개하였다. 송은 고구려를 북위에 대적할 전략적 가치가 높은 나라로 인식하고 장수왕을 1품관인 개부의동삼사차기대장군(開府儀同三司車騎大將軍)으로 승진하여 우대하였다. 이에 맞서 백제는 467년과 471년 두 차례 송에 사신을 파견하였을 뿐이었다. 따라서 백제의 대송 외교는 열세이기는 하지만 대고구려 견제 전략의 일환으로

| 백제 왕제 곤지를 모신 아스카베 신사 (일본 하비키노시)

유지되었다. 백제가 부차적으로 송과의 교섭을 중시한 것은 선진문물의 수용에 있었다.

다음으로 고구려의 남진에 대비하기 위해 왜국과의 우호관계를 강화하였다. 5세기 전반 백제와 왜국 양국은 한동안 우호관계를 지속하였었지만 중국 남조에 대한 외교적 대처에는 차이가 있었다. 왜국은 중국 남조 외교에 적극적으로 매달리는 데에 반해 백제는 고구려의 남진에 대항하기 위해 계속적으로 왜국을 동맹세력의 일원으로 묶어두려 하였다. 백제는 왜국에 대해 태자 전지의 파견 이후 왕녀를 대신 파견하는 방식으로 전환한 바 있다. 이는 백제가 왜국과의 통혼관계를 통해 두 나라 관계를 보다 진전시키려는 의도에서였다. 그러나 이 방식에 문제가 생기자 다시 격을 높여 왕제 곤지(昆支)를 파견하였다(461). 백제는 397년 태자 전지를 왜국에 파견한 이후 주로 왕족들을 왜국에 보내 체류하게 하는 방식으로 왜국과 신뢰관계 구축을 강화한 것이 5세기 백제 대왜 외교의 기본 틀이었다.

개로왕은 고구려의 동향을 직시하여 기민하고 용의주도하게 대처하였다. 469년 백제가 먼저 고구려를 선제공격한 것은 예성강 일대의 고토를 수복하려는 개로왕의 의지와 염원이 반영된 것이었다. 또한 고구려의 군사적 압력에 대처하기 위해 다변화된 외교책을 강구한 것은 주목된다. 신라와는 나제동맹체제를 기본 축으로 하여 고구려의 남진에 대처하였고, 왕제 곤지를 일본 가와찌[河內]에 보내 일본열도 내의 백제계 이주민들을 조직화하고 배후기지로서의 역할을 수행케 하였다. 그리고 남조인 송과도 긴밀한 외교관계를 통해 고구려를 견제하면서 국가 발전에 필요한 선진문물을 수용하였다. 이로써 개로왕이 구상한 외교정책은 신라-가야-왜-남조를 연결하는 반고구려 연합전선의 결성으로 나타났다.

백제와 왜의 갈등: 중국 남조의 작호를 두고 경쟁하다

5세기의 왜국은 이른바 '왜의 5왕시대[5]'에 해당한다. 왜의 5왕은 421~478년까지 중국 남조를 상대로 책봉외교를 58년간 전개하였다. 421년 왜왕 찬(讚) 때 남조 송과 직접 첫 교섭을 시작하였다. 왜국이 서진에 사신을 보낸 266년 이후 중국과의 관계가 오랜만에 재개된 것이다. 왜국은 이때부터 시작하여 478년 왜왕 무(武)가 송에 교섭한 것을 끝으로 백제와 함께 중국의 책봉외교에 적극 참여하였다. 왜국은 이제 백제가 아니라 중

---

5 왜의 오왕은 『송서』 왜국전에만 나오는데 대략 413년에서 478년에 이르는 시기이다. 이때는 키나이[畿內]의 왜왕권을 중심으로 남조 송과 외교를 전개해 나가면서 한반도의 삼국 항쟁에 참여하였고, 대내적으로는 각 지역집단 간에 정치적 연합을 추진해 나가면서 고대국가를 형성해 나가던 시기이다. 왜의 오왕은 『일본서기』와 『고사기』의 어느 천황에 해당하는가의 문제를 놓고 오랫동안 많은 논의가 있었다. 그 비정법은 첫째는 이름을 갖고 비정하는 방법, 둘째는 계보관계로 접근하는 방법, 셋째는 각 왕의 재위 연대를 비교하는 방법이 일반적이다. 다소 논란은 있지만 찬(讚)은 닌토쿠(仁德) 천황에, 진(珍)은 한제이(反正) 천황에, 제(濟)는 인교(允恭) 천황에, 흥(興)은 안코(安康) 천황에, 무(武)는 유랴쿠(雄略) 천황에 각각 비정하는 것이 일반적이다.

국왕조와의 교섭을 통해 선진문물을 직접 수용하게 된 것이다.

　백제가 신라와 군사동맹을 맺는 관계로 발전하게 되자 백제와 우호관계를 유지하고 있던 왜와의 관계가 차츰 소원해지게 되었다. 그렇지만 백제와 왜는 현실적인 강적 고구려를 눈앞에 두고 노골적으로 대립을 하지는 않았다. 백제는 왜와 일정한 거리를 두는 대신 신라를 끌어들여 동맹관계를 맺어 실질적으로 대고구려 전선 구축에 앞장을 서는 위치에 있었다. 반면 한반도에서 소원해진 왜가 중국 남조 외교에서 백제에 대한 공세를 전개한 것이다. 중국 남조와의 외교관계를 통하여 백제보다 우위에서 연합세력의 주도권을 장악하려 하였다. 그 대립 양상은 중국 남조에서 작호를 획득하기 위한 경쟁 형태로 나타났다. 백제와 왜국 양국이 송을 상대로 서로 기싸움을 하는 외교전이 연출된 것이다.

　왜국이 백제의 도움을 받아 송과의 교섭을 전개해 나가는 중에 점차 독자적인 외교 행보를 보인 시기는 왜 5왕 중 두 번째인 진(珍) 때이다. 438년에 왜왕 진이 송에게 왜·백제·신라·임나·진한·모한의 6국에 대한 군사지배권과 2품의 안동대장군을 요청한 것이다. 진이 요청한 6국은 일본열도와 백제를 포함한 한반도 남부지역 전체를 포함하는 지역이었다. 이 요구에서 황당한 것은 왜국이 백제에 대한 군사지배권을 주장하고 있다는 점이다. 그리고 이 작호에는 백제와 신라를 포함하고 있을 뿐 아니라 이미 멸망해서 없어진 진한과 마한이 함께 들어 있는 점에서 작호의 실질성에 의문이 든다. 이에 대해 송은 왜왕의 무리한 요구를 받아들이지 않고 3품관인 안동장군과 왜왕의 신료 13명에 대한 관작 청구만 승인해 주었다.

　451년에 왜왕 제(濟)는 438년과는 달리 백제를 빼고 대신 가라로 교체하여 육국제군사를 요청한 결과 송은 이번에는 육국제군사호와 왜왕을 2품관인 안동대장군으로 관작을 높여 승인을 해주었다. 왜 5왕 중 마지막 왕인 무(武)가 즉위를 하자 다시 백제를 포함한 7국제군사를, 478년에는 고구려에게 수여됐던 1품관 개부의동삼사(開府儀同三司)를 함께 요청하였다. 송은 왜국의 요구를 다 받아들이지 않는 대신 신라를 포함한 육국제군사와 안동대장군의 작호를 승인하셨고, 이에 불만을 느낀 왜국은 결국 송과의 교섭을 단절하고 말았다. 이후 왜국은 한동안 중국의 작호를 획득하기 위한 경쟁 무대에서 사라졌다.

백제 외교의 새로운 시도 : 북위에 고구려 공격 요청

개로왕대 대중국 관계에 있어서 주목할 만한 사건이 생겼다. 472년 개로왕이 북위(北魏, 386~534)에 사신을 보내 고구려를 공격하기 위해 원병을 요청한 것이다. 그동안 남조 국가 일변도로 외교관계를 유지해 온 백제로서는 매우 이례적인 일이었다. 당시 백제의 송과의 교섭은 송의 내부적 혼란으로 인하여 471년을 끝으로 한동안 중단을 하고 있었다. 당시 고구려는 462년 북위와 교섭을 재개한 이래 465년 이후 매년 북위와 사신을 교환할 정도로 관계 개선이 이루어지고 있었다. 개로왕이 북위에 사신을 파견한 472년 8월 직전에는 고구려가 2월과 7월 두 차례에 걸쳐 사신을 파견하면서 종전보다 두 배나 많은 공물을 보냈다. 그러나 466년 고구려와 북위 사이에 혼사 문제로 틈이 벌어지고 있을 때 이때를 틈타 개로왕은 과감히 북위에 사신을 보내 고구려 공격을 위해 원병을 보내줄 것을 요청한 일이 생겼다.

개로왕은 북위에 보낸 국서에서는 고구려가 남으로 송과 통하고 북으로 유목민족인 유유(蠕蠕)와 통하고 있으며, 또 고구려가 북위의 사신을 고의로 물에 빠뜨려 죽였으므로 마땅히 응징해야 한다고 주장하였다. 개로왕은 고구려가 예상을 하지 못하게 허를 찔러 북위에 접근한 것이다. 개로왕은 북위와 고구려 사이의 외교관계를 차단하고 북위와 백제가 연합하여 고구려를 공격하자는 것이었다. 이러한 백제의 요청에 대하여 북위는 고구려와의 전통적 우호관계를 갖고 있다는 점과, 그리고 백제와 고구려 두 나라가 사이좋게 지내야 한다는 당위론을 내세워 끝내 응하지 않았

| 개로왕이 북위에 보낸 국서 기사 (『삼국사기』 백제본기)

다. 결국 개로왕의 북위를 통한 고구려 견제책은 성공하지 못하였다.
　이처럼 개로왕은 이례적으로 남조 일변도의 외교책에서 벗어나 고구려와 긴밀한 외교교섭을 하고 있던 북위에 국서를 보내 고구려 정벌을 요청하기도 하였다. 이는 개로왕대의 외교가 왕권의 안정화를 기반으로 보다 다변화되고 폭넓게 전개되었음을 보여준다. 그렇지만 475년 고구려가 불시에 백제왕도를 침공하여 백제 개로왕을 패사시키고 한강 하류 유역을 빼앗아 웅진으로 천도하는 불운의 결과가 초래하기도 하였다.

2) 6세기 전반 관산성 전투와 백제 동맹외교의 변화

　6세기에 들어와서 백제와 신라 모두가 대외관계에서 변화를 맞게 된다. 백제는 무령왕대(재위 501~523)에 이르러 한강 유역을 회복하기 위해 고구려에 대한 공세적 입장으로 전환하면서 고구려의 집중적인 공격을 받게 되었다. 반면 신라는 지증왕계에 의한 왕위계승이 이루어지면서 독자노선을 유지한 채 권력기반 강화와 여러 제도 정비 및 개혁 작업에 박차를 가하였다.

6세기 전반에는 고구려의 신라 침입 사례가 거의 나타나지 않는 점이 주목된다. 이는 541년까지 고구려가 백제와 9차례 군사적 충돌을 벌이고 있는 점과 대조를 이룬다. 5세기 후반 고구려 남진의 주된 방향이 신라였으나, 6세기에는 백제로 옮아가고 있는 것이다. 이 시기에는 고구려와 백제 간에 일진일퇴의 공방전이 벌어지고 있음에도 5세기 후반처럼 신라가 구원을 함으로써 고구려에 공동 대응하는 양상은 거의 찾아볼 수 없다. 신라는 지증왕대에 정치세력의 변화와 관련하여 대외관계상으로 어떤 변화가 있었음을 시사해 준다.

이에 대해 신라가 기존의 친백제 정책을 버리고 적대관계에 있었던 고구려와 관계 개선을 도모한 것으로 보는 견해가 주목된다. 그 동안 유지되었던 내물왕 직계 왕들의 친백제 정책은 고구려로부터 빈번한 침입을 초래케 한 결과 인적, 물적 피해가 컸을 뿐 아니라 여러 제도개혁을 추진하는 데에도 부정적 영향을 주었다. 따라서 지증왕은 고구려와의 직접적 대결을 피하는 한편 비정상적 즉위에 따른 지배세력 간의 갈등을 수습하고 대내적 체제정비와 개혁 작업을 통해 왕권의 권력기반 강화에 주력하게 되었다.

525년(법흥왕 12)에 이르러 신라는 백제와 다시 수교를 맺는 관계로 돌아갔다. 성왕(재위 523~554)은 한 동안 소원해졌던 신라와의 관계 개선을 이루는 데에 적극적이었다. 그는 백제의 염원이었던 한강 고토의 회복을 위해 신라, 가야뿐만 아니라 중국 남조의 양, 일본열도의 왜국을 우군으로 끌어들여 고구려에 공동으로 대항하고자 하였다. 이를 위해서는 친고구려 정책을 추진하고 있던 신라를 고구려로부터 이탈시킬 필요가 있었다. 반면 신라는 고구려와 백제의 대결 구도에 직접적 개입을 유보한 채 친

백제 노선을 견지하는 대신 백제를 고구려에 묶어두고 가야지역으로 적극 진출을 도모해 나갈 수 있을 것으로 기대하였다. 그리하여 525년의 수교를 계기로 하여 신라의 외교노선은 친고구려에서 친백제로 선회하였던 것이다.

그러나 진흥왕대(재위 540~576)에 이르러 나제동맹관계는 큰 변화를 맞게 되었다. 541년(진흥왕 2) 백제 성왕이 먼저 신라에 화호를 요청함으로써 기존의 우호관계를 유지하게 되었다. 당시 신라는 고구려와 백제 간의 대결 구도를 적절히 이용하면서 가야지역으로 영역 확대를 꾀할 수 있고, 나아가서는 국가 발전의 관건이 되는 한강 유역을 넘볼 수 있기 때문이었다. 548년의 독산성 전투에서 신라는 주령(朱玲)이 이끄는 3천의 군사를 백제에 파견해 고구려군을 격퇴시킨 적이 있었고, 또 551년 북진 때에는 백제와 공동작전을 벌여 남한강 유역 10군의 땅을 공취하였다. 마치 5세기 후반 나제 간에 이루어졌던 군사동맹관계가 다시 재현된 셈이다. 그러면서도 신라는 5세기 후반과는 달리 고구려와 백제 양국 간의 역관계를 교묘히 이용하면서 영역을 넓혀 나가기도 하였다. 550년 백제와 고구려가 도살성(道薩城)과 금현성(金峴城)을 각기 공취하였을 때 양군이 지친 틈을 타서 이 두 성을 신라가 공취한 일이 있었다. 신라는 동맹국으로서의 역할보다도 자국의 이익을 우선시하는 방향에서 대외정책을 추진해 나간 것이다. 이것이 5세기대의 나제동맹과의 차이점이다.

중국 양(梁)과의 우호관계 강화와 선진문물 수용

502~557년까지 존속한 남조 양은 백제의 무령왕과 성왕대로서 백제의 문물이 왕성하게 발전한 시기였다. 이 기간 동안 백제와 양 두나라 간의 교류는 『양서』 등에 7건의 기사가 남아 있다. 그 교류의 목적은 책봉(502, 521, 524)과 사신 파견(512, 521, 534, 541, 549), 그리고 문물 수입(541)으로 주로 정치적 문화적 욕구에 의한 것이었다.

『양직공도』에는 신라를 백제의 부용국으로 표기해 놓았다. 그리고 521년 백제 무령왕은 양에 사신을 보내 고구려와의 대결에서 남천하지 않을 수 없었던 국가 위기를 극복하고 다시 강국이 되었음[更爲疆國]을 천명하기도 하였다. 무령왕은 정치·사회·경제적인 개혁을 성공적으로 추진하여 대내외적으로 자신감을 갖게 되었음을 대내외적으로 선언한 것이다. 백제의 강국 선언은 신라는 물론 고구려에 맞설 수 있다는 자신감의 표출이었다. 이를 통해 무령왕 자신의 권위와 지배력을 공고히 할 수 있었다.

당시 양은 백제왕을 고구려왕보다 높은 위상을 가진 존재로 인식하고 있었다. 502년 양이 개창한 직후 행해진 책봉에서 고구려왕은 차기대장군, 백제왕은 정동대장군에 봉해져서 고구려왕이 백제왕보다 위계가 높았다. 그런데 520년 양은 고구려 안장왕을 영동장군으로 책봉한 반면 521년 백제 무령왕을 영동대장군(寧東大將軍)에 책봉하였다. 이때 백제의 장군호가 고구려의 위계보다 역전이 된 것이다. 고구려왕의 위계가 백제보다 낮은 것은 이번이 처음이다. 이는 백제의 위상을 고구려의 그것보다 높이 평가하는 양의 인식을 반영한 것이었다. 무령왕이 다시 강국이 되었다고 한 주장을 양이 그대로 받아들였던 것이다. 양은 고구려의 양에 대한 기여도와 이용 가치 등을 고려하여 백제를 높이 평가한 것이었다.

한편 백제와 양과의 관계에서 주목되는 것이 선진문물의 수입이다. 무령왕릉의 구조와 출토 유물들, 그리고 상장례 등은 백제와 양의 문화 교류를 입증해주는 좋은 자료들이다. 541년(성왕 19)에는 양이 백제가 요청한 열반경, 『시경』에 정통한 모시박사(毛詩博士), 그리고 장인과 그림을 가르치는 화사(畵師) 등을 보내준 일이 있었다. 불교와 유교 등 선진문물은 당시 성왕이 추진하고 있던 정치 개혁에 필요한 이데올로기와 통치 기술이었다.

『양서』의 갱위강국(更爲强國) 기사

보통(普通) 2년(521, 백제 무령왕 21)에 백제왕 여융(餘隆)이 비로소 다시 사신을 파견하여 표문을 올려, "여러 번 고구려를 무찌르며 [싸웠으나] 이제 비로소 우호관계를 맺게 되었습니다. 그래서 백제는 다시 강한 나라가 된 것입니다"라고 하였다. 그 해 고조(高祖)가 이렇게 조서를 내렸다. "행도독백제제군사(行都督百濟諸軍事) 진동대장군(鎭東大將軍) 백제왕 여융은 바다 밖에서 번방을 지키며 멀리서 직공의 예를 닦아 그 충성심이 환히 드러났으니, 짐이 이를 가상히 여기는 바이오. 마땅히 전례에 따라 영예로운 관직을 내리노니, 사지절(使持)도독백제제군사(都督百濟諸軍事) 영동대장군(寧東大將軍) 백제왕의 관직을 허락하오." 보통 5년(524, 백제 성왕 2)에 융이 죽었다. 조서를 내려 그의 아들 명(明)을 지절(持節) 독백제제군사(督百濟諸軍事) 수동장군(綏東將軍) 백제왕으로 삼았다.

_ 『양서』 동이열전 백제

| 「양직공도」의 백제 사신

| 무령왕릉 출토 묘지석의 '영동대장군 백제 사마왕' 기록

관산성 전투와 나제동맹의 결렬

554년 관산성(管山城) 전투는 553년 신라가 백제로부터 한강 하류 유역을 공취한 일이 발단이 되었다. 이에 앞서 551년 백제는 동맹세력인 신라·가야와 함께 북진을 단행함으로써 성왕의 오랜 염원이었던 한강 하류 유역의 실지 수복 작전을 성공리에 마칠 수 있었다. 이는 고구려가 당시 왕위계승에 따른 내분과 서북쪽 방면에서 신흥 돌궐의 군사적 압력이라는 내우외환의 위기에 빠진 데 편승한 결과이기도 하였다. 백제가 551년 이후 삼국은 한강 유역의 확보를 위해 치열한 외교전을 전개함에 따라 복잡다단한 사건들이 잇달아 일어났다.

신라는 551년 한성 고토 수복 후 아직 불안정한 영유 상태에 있던 백제의 한강 하류 일대를 공취하기 위해 주도면밀하게 대책을 마련하였다. 그 중요한 대책으로 고구려와의 밀약 체결에 성공한 것이다. 당시 내우외환에 직면한 고구려는 백제와 동맹관계에 있는 신라를 이탈시켜 백제의 전력을 약화시킬 필요가 있었다. 반면 신라는 장차 국가 발전의 기틀이 될 한강 유역의 전략적 가치에 한층 주목하고 있었다. 고구려와 신라 양국의 이해관계가 합치되어 양국 간에 밀약이 이루어진 것이다. 이로써 신라의 외교노선이 친백제에서 다시 친고구려로 급선회하는 실리외교의 양상을 띠게 되었다. 신라는 백제로부터 공취한 한강 하류 유역에 신주(新州)를 설치하고 아찬 무력(武力)을 군주(軍主)로 삼아 영역화의 길에 착수하였다.

한편 신라에 의해 한강 유역을 탈취당한 이후 백제는 신라를 다시 동맹체제에 복귀시키려 하였다. 그 고육책 중 하나로 성왕은 자신의 딸을 진흥왕에게 출가시키는 혼인정책을 추진하였다. 혼인관계를 통한 신뢰 구축 방법은 백제의 외교활동에서 자주 등장하는 외교 방책이었다. 그러나 신라 왕실과의 혼인정책은 그리 큰 효과를 보지 못했다. 이와 함께 가야와 왜국을 끌어들여 동맹관계를 공고히 하려는 외교정책을 추진하였다. 이는 신라에 대한 유화책이 더 이상 통하지 않을 유사시의 사태에 대비한 군사적·외교적 포석이었다. 이런 의도에서 백제는 왜국에 5차례에 걸쳐 청병사를 파견해 유사시에 출병을 요청하였다. 성왕은 신라가 혼인을 통한 유화책을 거부하자 강경책으로 선회해 신라 공격을 준비하게 되었다. 백제 조정 내에서 신라에 대한 화전 양면을 놓고 갈등이 야기되었지만 결국 주전파의 주장이 관철되어 신라 정벌이 결정되었다.

백제는 온갖 군사력을 기울여 신라 정벌에 나섰다. 554년 백제의 정벌군은 신라의 관산성(管山城, 지금의 옥천)을 공격하다가 큰 패배를 당하였다. 이 전투에서 백제의 성왕은 신라군에 의해 사로잡혀 죽임을 당하였고, 그의 아들 여창(餘昌, 후에 威德王)은 신라군의 포위망을 간신히 빠져 나왔으며, 좌평 4명을 비롯한 3만에 가까운 백제와 가야 및 왜의 연합군 병사가 참살을 당하였다. 이 전투는 백제의 일방적인 참패로 끝났다.

이 전투는 한반도를 포함한 동북아시아의 새로운 질서를 변화시키는 데 큰 영향을 준 일대 사건이었다. 전쟁 당사국인 백제와 신라 양국뿐 아니라 고구려·가야·일본열도의 왜정권이 직·간접적으로 참여함으로써 삼국의 항쟁 과정에서의 주도권을 확보하려는 국제전의 양상을 띠고 전개되었다. 관산성 전투는 백제와 신라 양국이 '나라의 모든 군대를 동원하였다[悉發國中兵]'고 할 정도로 총력전을 펼쳤음에도 결국 백제의 참패로 끝나고 말았다. 이로 인해 신라와 백제 간에 고구려의 남진에 공동 대응하기 위해 한동안 유지되어 오던 동맹체제가 사실상 와해되었다. 그리고 백제는 이 전투의 패배에 대한 책임 소재를 놓고 지배세력 간에 심한 내부 갈등을 겪게 되었다. 반면 한강 유역을 확보한 신라는 대가야마저 영유함으로써 삼국 항쟁에서 우위를 점하며 장차 삼국을 통일하는 기반을 마련하였다. 신라가 고구려와 백제 간의 중심축 상황을 예의주시하면서 변화된 상황에 기민하게 대처하는 탁월한 외교술을 보여준 결과였다.

왜와의 우호관계 회복 : '기브 앤 테이크' 외교 전개

백제가 동맹 파트너로서 참여시켜야 할 대상국 중 하나는 왜국이었다. 5세기 중후반에는 한때 소원한 관계를 가졌지만 유사시 신라를 견제하고 또한 고구려와 대적하는 데 군사력을 지원해줄 수 있는 좋은 파트너였기 때문이다. 더구나 백제 이주민들이 규슈지역이나 키나이지역에서 상당한 정도의 세력기반을 갖고 있어서 야마토정권이 친백제 라인을 유지하는

데 큰 역할이 기대되는 곳이기도 하였다.

무령왕대에 이르러 백제는 왜국과의 관계 회복을 서두르게 되었다. 백제는 왜국의 토라진 마음을 달래기 위해 왕족급 고위인사를 왜국에 보내는 외교책을 구사하였다. 백제의 이러한 노력으로 왜국의 마음이 점차 열리게 되었다. 513년에 오경박사 단양이가 처음으로 왜국에 파견된 이래 516년에는 단양이를 교체하여 오경박사 한고안무를 파견하였다. 왜국은 백제에 군원을 제공하는 대가로 백제로부터 선진문물을 제공받을 수 있었다. 선진문물은 고대국가 경영에 필요한 이데올로기와 통치 기술에 관한 것이었다. 왜국은 이러한 고급문화를 백제로부터 수용하면서 고대국가 형성에 유리한 조건을 확보해 나갔다.

〈표 1〉 6세기 동아시아 문물 및 박사 교류

연도	백제의 문물 교류	백제에서 왜에 파견된 인물
513		(백)→(왜) 오경박사 단양이(段楊爾)
516		(백)→(왜) 오경박사 한고안무(漢高安茂)
542	(양)→(백) 모시박사, 『열반경』, 공장(工匠), 화사(畵師)	
	(양)→(백) 강례박사 육후(陸詡)	
		(백)→(왜) 마정안(馬丁安)
554		(백)→(왜) 오경박사 왕유귀(王柳貴), 역(易)박사 왕도량(王道良)·역(曆)박사 왕보손(王保孫)·의박사 왕유능타(王有㥄陀), 채약사, 약인(藥人), 승려 등
587	(왜)→(백) 선신니(善信尼) 파견	(백)→(왜) 율사, 사공, 노반박사, 와박사, 화공 등

553년 신라가 한강하류 일대를 백제로부터 빼앗은 사건은 백제에게는 큰 충격이었다. 어제의 동맹세력이 이제 적대세력으로 바뀐 것이다. 백제는 배신한 신라에 맞서기 위해서는 굳건한 동맹국인 가야와 왜국으로부터의 군사적 도움이 절대 필요하였다. 다급해진 백제는 554년 관산성 전투가 일어날 때까지 왜국에 모두 5차례나 원병을 요청했다. 553년 왜국은

군대를 보내지 않고 군수품을 지원하는 대신 백제가 파견한 의박사 등 전문기술 인력의 교대를 요구하였다. 그러다가 554년 왜국은 자신이 요구했던 대규모 전문기술 인력들의 지원이 있고서야 비로소 군대를 파견하였다. 554년 5월 백제가 전력을 다해 신라를 총공격하는 관산성 전투에 왜국이 드디어 원병을 파견하여 참전하였다. 그동안 백제의 지속적인 청병 외교 활동이 결실을 맺게 된 것이다. 왜국이 백제에 지원한 것은 말·선박·활·화살 등 군수물자와 1천 명에 달하는 병력 파견이었다. 백제의 청병을 위한 집요한 노력에 비해 지원 규모는 미흡한 편이었다. 왜국은 백제의 긴급한 상황을 이용하여 청병을 조건으로 대대적인 선진문물의 지원을 이끌어냈던 것이다. 백제의 선진문물과 왜의 군원을 서로 주고받는 형태의 '기브 앤 테이크(give & take)' 외교 시스템이 두 나라 사이에 새로운 외교 형태로 자리잡게 되었다.

5. 백제와 신라의 각축과 백제 대당외교의 실패

1) 6세기 후반 백제의 고립과 다변외교 추진

554년 관산성 전투 패전 이후 삼국 간의 세력 다툼은 한반도뿐 아니라 동아시아 전체로 확대되었다. 백제는 한반도에서 한동안 고립 상태에 빠지게 되었다. 신라가 한강 유역을 차지함으로써 그동안 고구려의 남진에 공동으로 대처하던 동맹국 신라는 불구대천의 원수지간이 되었고, 우군이었던 가야제국도 562년 신라에 병합되면서 백제는 그야말로 고립무원의 상태에 빠졌다. 백제는 이제 한반도에서 고구려와 신라 모두를 적으로 상대해야 하는 어려운 상황이 되고 만 것이다. 관산성 패전 이후 군사력이 약화된 백제가 고구려와 신라 모두를 상대하기에는 역부족이었다. 그렇지만 6세기 후반 백제는 성왕을 패사시킨 신라에 대해 훨씬 큰 적대감을 가지고 있었다. 더구나 신라가 한강 유역을 장악하고 또 가야를 병합하여 완충지대가 없어진 점도 신라와 백제 두 나라 간에 싸움이 자주 일어나는 요인이 되었다.

성왕의 뒤를 이어 즉위한 백제 위덕왕(威德王, 재위 525~598)은 고구려와의 직접적 대결을 자제한 반면 관산성 전투에서 그의 부친 성왕을 패사시킨 신라와 대적하는 방향으로 대외정책을 정하였다. 이에 따라 위덕왕은 관산성 패전으로 위축된 백제군을 재정비하여 신라에 대한 대대적 보복전에 나섰다. 554년 9월의 진성(지금의 충남 진산) 전투를 시작으로 대가야를 구원하기 위한 562년 7월 전투, 577년 10월 전투 등 신라 공격을 멈추지 않았다. 577년 2월에는 서변 관방상의 요충인 웅현성(熊峴城)과 송술성(松述城)을 쌓아 신라의 침입에 대비하기도 하였다.

그러나 이 시기 신라와 백제의 관계는 관산성 직후에 벌어진 진성 전투와 같은 대규모 보복전을 제외하고는 대체로 소강의 국면을 맞고 있었다. 백제는 관산성 전투에서의 참패로 인해 다른 나라의 전폭적 도움 없이 전력을 다해 신라에 대적하기에는 한계가 있었다. 따라서 양국의 전투는 소강상태였지만 대신 중국 남북조를 대상으로 한 외교전이 치열하게 전개된 것이 이 시기의 특징이다. 한반도에서의 양국의 대립 양상이 중국 무대로 옮겨간 듯하였다. 위덕왕대에는 중국이 수(隋)에 의한 남북조 통일이라는 엄청난 변화가 일어난 시기다. 즉 북조에서는 북위(北魏, 386~534)에서 나뉜 동위(東魏, 534~550)와 서위(西魏, 535~556)가 북제(北齊, 550~577)와 북주(北周, 556~581)로 이어지고 다시 수(隋, 581~618)에 의해 합쳐졌다. 그리고 남조에서는 양(梁, 502~557)에서 진(陳, 557~589)으로 넘어갔다가 결국 수에 의한 남북조 통일제국이 형성된 것이다. 또한 몽골고원에서는 돌궐(突厥)이 552년에 유연(柔然)을 멸하고 새로운 강자로 부상하였다.

〈표 2〉 백제와 남북조 국가의 교섭

남북조/백제왕	위덕왕(554~597)	혜왕(598)	무왕(600~640)	의자왕(641~660)	계(건)
진(陳) 557~580	5				5
북제 550~577	4				4
북주 556~581	5				5
수(隋) 581~618	4		4		8
당(唐) 618~907			16	6	22

이러한 동아시아 국제정세의 변화에 따라 삼국은 중국의 남북조에 모두 사신을 보내는 다변외교를 발빠르게 전개하였다. 고구려는 일찍부터 남북조 국가를 아우르는 폭넓은 외교관계를 가졌다. 564년 고구려가 북제와 교섭을 벌이자 신라가 이에 가세하였다. 신라는 중국과의 교섭이 상대적으로 늦었지만 한강하류 유역을 확보한 이후 564년 북조 북제에 처음으로 사신을 파견하였고, 이듬해에는 북제로부터 책봉을 받았다. 566년에는 진에 사신을 보내 남북조 국가에 대한 다변외교에 적극 참여하였다. 이렇게 고구려와 신라가 모두 남북조 국가들과 외교관계를 맺자 백제는

이에 자극을 받아 중국왕조와의 관계 개선에 적극 나서게 되었다.

백제 위덕왕은 신라보다 늦은 567년에 남조 진에 사신을 파견한 이래 577년, 584년, 586년에 외교교섭이 이어졌다. 572년에는 북제에 사신을 파견함으로써 고구려와 신라에 대한 견제를 게을리 하지 않았다. 572년 백제와 북제의 교섭은 북제가 570년과 571년 두 해에 걸쳐 연이어 위덕왕을 책봉하면서 백제를 우군으로 삼으려 한 데에서 비롯되었다. 577년 북제가 멸망하자 백제는 진에 먼저 사신을 파견하고 이어서 북조 북주와도 외교교섭을 벌였다. 백제는 이듬해에도 다시 북주에만 사신을 파견할 정도로 북주 외교에 적극적이었지만 581년 수에 의한 멸망으로 중단되고 말았다.

이처럼 6세기 후반 백제의 외교는 관산성 전투 패전으로 야기된 백제의 고립 탈피와 한반도에서의 국가 존립과 세력 균형을 유지하기 위한 방책으로 중국 남조와 북조 모두 사신을 보내는 양면외교를 활발히 전개하였던 것이다.

외교 시스템의 정비

백제는 사비시대에 대중외교와 대왜외교가 보다 활성화되어 외교전의 양상을 띠자 이를 뒷받침할 외교 시스템을 정비하였다. 더욱이 6세기 전반 무령왕과 성왕대에는 왕권 중심의 정치 운영을 추구하면서 중앙집권적 정치체제가 갖추어지게 되었다. 5좌평-22부사제를 시행하면서 외교 업무를 전문적으로 담당하는 관서들이 등장하게 되었다.

1품인 좌평급으로는 5~6명의 좌평 가운데 외교 업무를 담당한 좌평이 내법좌평(內法佐平)이다. 내법좌평은 예법과 의례에 관한 업무를 담당하였다. 동성왕 6년(484)조에는 사약사(沙若思)가 내법좌평으로서 남제에 사신으로 간 일이 있었다. 22부사 중 국가의 일반적인 업무를 담당하는 외관 10부 중에 사도부(司徒部)가 실무 부서로 기능하였다.

사비시대에 활동한 사신으로는 『수서』 백제전의 장사(長史) 왕변나(王辯那

那)·한솔 연문진(燕文進)·좌평 왕효린(王孝隣)·국지모(國智牟)가 있고, 『구당서』 백제전에는 복신(福信) 등이 나온다. 이를 보면 백제의 사신단은 내법좌평-사도부의 외교부서 이외에 한성시대부터 사용하던 장사와 같은 부관제의 속관이 여전히 기능하고 있음을 보여준다. 한인계 인물로 보이는 장사 왕변나와 좌평 왕효린의 존재가 주목된다. 그들은 대성8족의 반열에 들지 못했지만 사신단의 단장을 맡거나 또는 최고위인 좌평에 임명된 것으로 보아 위덕왕과 무왕대에 대중관계의 중요성과 관련하여 급격히 성장한 친왕세력으로 볼 수 있다. 이 시기의 대중외교가 왕권 강화와 깊은 관련이 있음을 보여주고 있다.

2) 7세기 전반 백제의 수와의 양단책(兩端策) 외교

7세기 동아시아 역사는 수(隋)·당(唐) 통일제국의 등장으로 새로운 통합의 역사가 펼쳐진 변화와 격동의 시대라 할 수 있다. 581년 수의 건국으로 동아시아 국제정세는 급속한 변화를 맞이하였다. 수나라가 결국 중국의 남북조와 몽골고원을 장악해 통일제국을 형성하면서 동아시아는 이제 통합의 시대를 맞게 된 것이다. 수·당 통일제국의 등장으로 인해 7세기 삼국관계는 새로운 변화를 맞이하였다. 고구려·백제·신라의 삼국이 이해관계에 따라 이합집산함으로써 역관계의 균형을 유지하던 이전 시기와는 달리 삼국이 서로 물고 물리는 치열한 각축전이 벌어졌다. 그리고 각기 중국의 수·당 제국을 자기편으로 끌어들이려는 양상이 나타나면서 삼국의 역관계에 중국이 미치는 영향이 절대적 변수가 되었다. 또한 중국왕조가 삼국관계에 직접적으로 개입하면서 이전보다 훨씬 복잡한 양상을 띠게 되었다. 앞에서 본 바와 같이 삼국이 서로 동맹을 맺어 세력균형을 유지하려고 했던 양상과는 달리 각각 자국의 이해관계에 따라 서로 전투를 벌이는 새로운 양상이 생겼다.

백제와 중국의 통일왕조 수와의 첫 관계는 598년에 이루어졌다. 이때

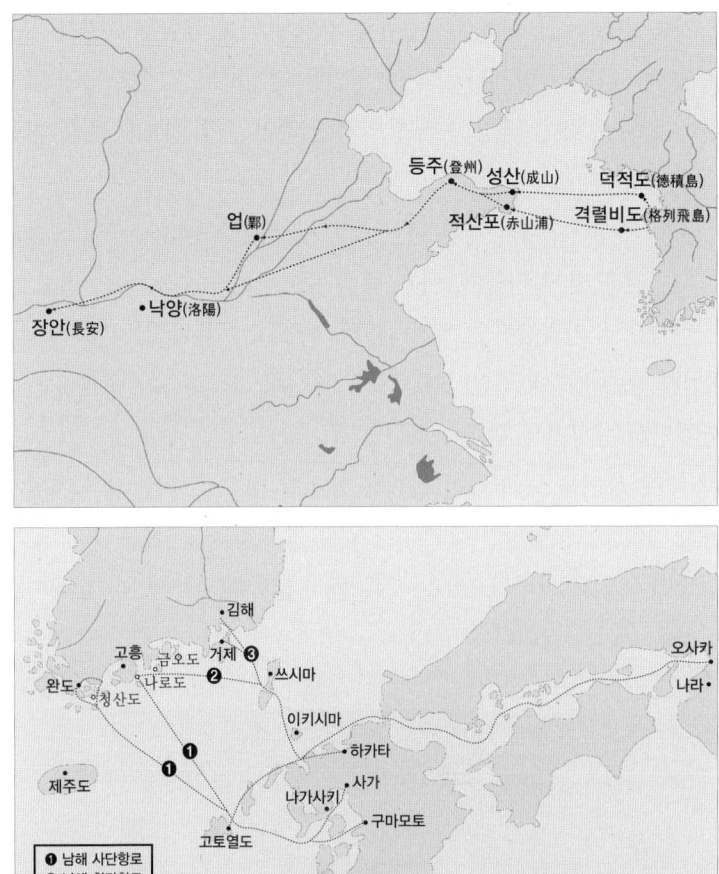

| 백제 사비기의 서해 횡단항로(위), 백제와 왜국을 연결하는 3대 해상교통로(아래)
(문안식, 2015, 「백제의 동아시아 해상교통로와 기항지」, 「사학연구」 119, 137·143 참조)

백제는 장사 왕변나를 수에 보내 고구려 공격 때 군도(軍導)가 되기를 자청한 일이 있었지만 수문제는 백제의 제의를 거절한 바 있었다. 고구려가 이에 대한 보복으로 607년 백제의 송산성과 석두성을 공격하자 백제는 한솔 연문진과 좌평 왕효린을 연이어 수에 파견하여 고구려 토벌을 요청하였다. 608년 백제 무왕(武王, 재위 600~641)은 다시 수에 사신을 보내 왜국으로 가는 수의 사신이 백제를 경유해 가도록 다리 역할을 요청하기도 하였다. 또한 611년 수양제가 고구려 정벌을 결정하자 무왕은 작전 날짜를 청하였고, 612년에는 국경 수비를 엄하게 하여 수를 원조할 뜻을 밝히기도 하였다.

그런데 백제는 수나라 편을 드는 것이 곧바로 고구려의 반발을 불러일으킨다는 것을 알게 되었다. 이후 백제는 고구려와 수의 어느 편도 들지 않는 방향으로 외교정책을 수정하였다. 이것이 이른바 실지양단(實持兩端) 정책이다. 608년 수에 파견되었던 왜국 사신이 귀국하다가 백제에게 국서를 탈취당하는 사건은 수에 반하는 행동이었다. 반면 수가 고구려를 공격할 때 수에 사신을 보내 작전 날짜를 요청할 정도로 수를 적극 지원하려 한 적도 있었다. 그렇지만 수가 고구려를 공격할 때 백제는 국경의 경비를 엄중히 하면서 실질적으로는 수를 돕지 않았다. 이것이 바로 실지양단의 정책을 보여준 것이다.

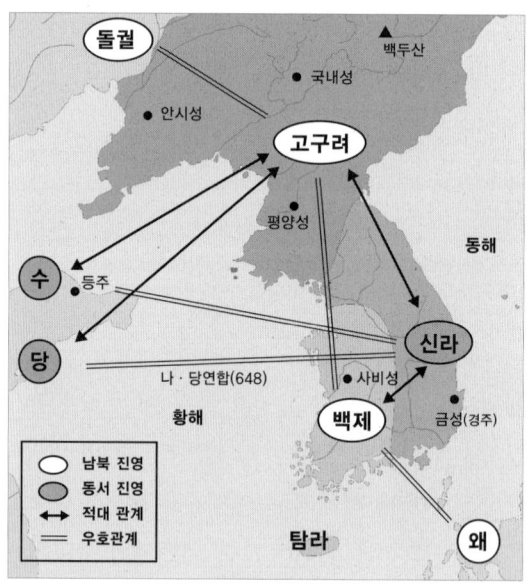

| 삼국과 수·당의 형세도

3) 백제의 신라에 대한 공세 강화

수가 멸망한 이후 고구려는 영류왕이 즉위하여 온건한 대외정책을 표방함에 따라 638년의 공격을 제외하고는 신라와 백제에 대한 공격을 거의 하지 않았다. 백제는 오히려 이 시기를 이용해 신라에 대한 군사적 공세를 강화하였다. 7세기 양국 관계는 백제가 신라를 집중적으로 공격하는 양상이 전개되었다. 623~649년까지 백제는 신라에 대한 공세를 크게 강화한 것으로 나타난다. 삼국 간의 전투가 모두 24회인데 그 중 백제가 신라를 공격한 것은 62.5%에 해당하는 15회다. 백제의 신라 공격은 변경의 요새, 신라의 당 교통로, 그리고 왕도 경주로 가는 길목과 요충에서 행해졌다.

7세기 초 백제는 무왕(600~641)이 즉위해 내분을 종식하고 왕권 안정을 추구하면서 신라가 차지한 옛 가야지역으로의 진출을 적극 추진하였다. 무왕은 602년 아막성(남원의 운봉)에 대한 공격을 시작으로 신라에 대한 포문을 열었다. 이는 관산성 전투 이후 소강상태에 있던 두 나라가 다시 치열한 공방전을 벌이는 계기가 되었다. 백제는 아막성을 확보함으로써 운봉에서 함양과 산청을 거쳐 진주 방면으로 진출하려 하였다. 좌평 해수(解讐)가 이끄는 4만의 백제군은 소타성 등 4성을 공격하였으나 신라의 선방으로 소기의 성과를 거두지 못하고 그 자신이 필마로 도망쳐 나올 정도로 참패하였다. 이처럼 백제가 운봉을 넘어 함양지역에 진출하려던 계획이 실패한 후 605년에는 도리어 신라의 반격을 받았다.

그 후 백제의 신라 공격이 재개된 것은 611년의 가잠성 전투 때였다. 그동안 고구려가 신라와 백제를 차례로 공격해 옴에 따라 신라와 백제 양국 관계는 잠시 소강 국면에 있었다. 백제가 중부 내륙지역에서 한강 유역에 이르는 지역의 요충인 신라의 가잠성을 공격한 것이다. 백제가 이를 포위하고 100여 일 동안 공격하였으나 성주 찬덕(讚德)의 선방으로 함락시키지 못했다. 이에 신라는 상주·하주·신주의 3주 군사를 원병으로 보내 백제와 전투를 벌였으나 패배하여 회군하고 말았다. 이때 신라는 가잠성을 일시 백제에게 빼앗겼으나 618년에 장군 변품과 해론의 활약에 힘입어 다시 탈환하였다.

이어 623년 백제는 신라에 대한 공격을 늦추지 않고 늑노현(지금의 충북 괴산)을 공격하였고, 624년에는 속함·앵잠 등 신라의 6개 성을 함락시켰다. 이 지역들은 함양, 합천, 산청 등으로 신라의 왕도 경주로 가는 길목의 요충지였다. 626년에는 신라의 왕재성을, 627년에는 신라 서쪽 변경을 각각 공격하였다. 또 백제 무왕이 대규모 신라 공격을 위해 웅진에 군사를 집결시키자 이에 위협을 느낀 신라는 당나라에 이 사실을 알림으로써 백제의 신라 공격을 무산시켰다. 628년에는 가잠성을 공격하였고, 마천성을 개축한 뒤 신라를 다시 공격하였으나 별 성과가 없었다. 백제의 공격은 630년대에 들어와서 다시 이어졌다. 633년에는 신라의 서곡성을 함락시켰고, 636년에는 신라의 독산성을 급습하였지만 실패하였다.

백제의 신라 공격은 의자왕대에 이르러서도 계속되었다. 즉위 초인 642년 7월에 의자왕이 친히 군대를 이끌고 신라에 대한 대대적 공세를 전개하여 미후성 등 40여 개 성을 빼앗았다. 이어 8월에는 장군 윤충이 합천 대야성을 공격하여 성주인 품석과 그 가족을 죽이고 남녀 1천여 명을 사로잡을 정도로 대승을 거두었다. 김춘추의 사위인 품석 가족이 백제에 의해 살해됨으로써 신라는 백제에 대한 큰 원한을 갖게 되었다.

643년에는 백제가 신라의 대당교통로를 차단하기 위해 고구려와 연합해 당항성 공격을 계획하였다. 이에 신라는 당에 구원을 요청함으로써 위기를 모면하였다. 위기를 넘긴 신라는 백제의 대야성 공격을 보복하기 위해 고구려에 김춘추를 보내 지원 요청을 하였으나 고구려는 죽령 이북 땅의 반환을 요구하며 신라의 요청을 거절하였다. 이제 신라가 기대할 만한 곳은 당나라밖에 없었다. 이에 643년에 당에 사신을 보내 청병을 요청하면서 적극적 친당정책을 전개해 나갔다. 당나라 또한 고구려 정벌이 강한

> **김춘추, 대야성 전투의 비보를 듣고 백제에 보복을 다짐**
>
> 겨울에 (선덕)왕이 장차 백제를 쳐서 대야성에서의 싸움을 보복하려고 하여, 이찬 김춘추를 고구려에 보내 군사를 청하였다. 처음 대야성이 패하였을 때 도독 품석의 아내도 죽었는데, 이는 춘추의 딸이었다. 춘추가 이를 듣고 기둥에 기대어 서서 하루 종일 눈도 깜박이지 않았고 사람이나 물건이 그 앞을 지나가도 알아보지 못하였다. 얼마가 지나 "슬프다! 대장부가 되어 어찌 백제를 삼키지 못하겠는가?" 하고는, 곧 왕을 찾아 뵙고 "신이 고구려에 사신으로 가서 군사를 청하여 백제에게 원수를 갚고자 합니다"라 말하니 왕이 허락하였다.
> _ 『삼국사기』 신라본기 제5 선덕왕 11년

저항에 봉착해 별 성과를 내지 못하였다. 시간이 흐르면서 신라와 당 두 나라는 백제와 고구려에 공동으로 대응하기 위해 군사연합이 필요함을 절감하게 되었다.

4) 백제 대당외교의 실패와 멸망

백제의 실지양단책은 618년 수에 이어 등장한 당에 대해서도 한동안 유지되었다. 그러나 627년 당 태종이 백제에 보낸 국서를 계기로 하여 백제의 외교책은 변화를 맞게 되었다. 당 태종이 백제와 신라의 전쟁에 적극 개입하면서 거의 일방적으로 신라의 편을 들어 백제에게 압박을 가했기 때문이다. 이에 백제는 겉으로는 당의 명령에 순종하는 듯하면서도 속으로는 당의 명령을 거부하고 곧바로 다음 해인 628년부터 신라에 대한 공격을 부단히 계속하였다. 뿐만 아니라 백제는 일시적이고 한정적인 수준이었지만 고구려와 군사적 연계 활동까지 도모하여 신라를 공격하려 하였다. 643년 백제가 당항성을 공격하여 신라의 대당교통로 차단을 도모한 사건에서 그러한 시도가 나타났다.

645년에는 당이 고구려를 공격하는 틈을 타서 백제가 신라의 7성을 빼

당 태종이 백제 의자왕에게 보낸 국서

앗았으나 곧 김유신이 반격하였다. 곧이어 647년, 648년, 649년, 659년 전투에서는 백제가 거듭해서 신라를 공격하였으나 김유신의 선방에 막혀 실패로 끝났다. 655년에는 고구려가 말갈과 함께 신라를 공격한 일도 있었다. 이 시기에는 당이 고구려를 공격하고 백제가 신라를 공격하는 양상이 전개되었다. 신라와 백제의 전쟁은 백제의 잦은 공격에도 대부분 방어에 치중한 신라의 승리로 끝났다.

이처럼 백제의 공격에 대해 수세에 처해 있던 신라는 당과의 외교에 적극적이었다. 645년 당이 고구려를 공격하였을 때 신라는 3만의 대군을 파견하여 당을 도운 일이 있었다. 반면 백제는 651년 오히려 당에 대한 외교를 전면 중단하는 일이 벌어졌다. 645년 당 태종이 고구려와 싸워 이긴 후 651년 백제에 보낸 국서에서 신라에게 지금까지 빼앗은 성을 모두 돌려주라고 명령한 것이다. 이에 백제는 653년부터 당에 파견하는 견당사를 중지하는 대당외교의 포기를 선택하였다. 고구려 역시 656년 이후 견당사를 중지하는 대당 강경책을 고수하였다. 이러한 외교책은 당 내부의 사정과 정책 변화를 제대로 파악하지 못하였고, 나아가 앞으로 전개되어 나갈

> **651년 당 고종이 백제 사신에게 내린 국서**
>
> "해동의 삼국이 나라를 세운 지 오래되어 경계를 나란히 하고 있지만 땅은 실로 개의 이빨처럼 들쭉날쭉 서로 닿아 있다. 근래에 와서 마침내 의혹과 틈새가 생겨서 전쟁이 번갈아 일어나 거의 편안한 해가 없었다. …… 지난해에 고구려와 신라 등의 사신이 함께 와서 조공을 하였을 때 짐은 이러한 원한을 풀고 다시 정성과 화목을 돈독히 하도록 명령하였다. …… 왕이 겸병한 신라의 성은 모두 마땅히 그 본국에 돌려주고, 신라도 사로잡은 백제의 포로들을 또한 왕에게 돌려보내야 할 것이다. …… (의자)왕이 만약 나아가고 머무는 것을 따르지 않는다면 짐은 이미 법민(김춘추)이 요청한 바대로 왕과 승부를 결정하도록 내맡길 것이고, 또한 고구려와 약속하여 멀리서 서로 구원하지 못하게 할 것이다. 고구려가 만약 명령을 받들지 않으면 즉시 거란과 여러 번국들을 시켜 요하를 건너 깊이 들어가 노략질하게 할 것이다. 왕은 짐의 말을 깊이 생각하여 스스로 많은 복을 구하며, 좋은 계책을 살피고 꾀하여 후회하는 일이 없도록 하라."
>
> _『구당서』 권199 상 열전 백제

정세 변화에 둔감해지는 결과를 초래하였다. 더구나 당은 백제 내부의 정치적 갈등, 신라의 집요한 친당정책 등에 영향을 받아 기존의 대고구려전에 대한 전략을 수정해 660년 백제 정벌을 결정하였다.

한편 백제는 655년(의자왕 15) 이후 의자왕의 왕비 은고(恩古)를 중심으로 한 세력이 집권하면서 성충(成忠)을 중심으로 한 세력과 권력 투쟁을 벌이고 있었다. 백제 의자왕과 집권층의 국제정세에 대한 판단 착오로 결국 660년 나당연합군의 침공에 대해 기민하게 대처하지 못한 채 멸망의 길로 접어들게 되었다. 마찬가지로 고구려는 연개소문이 집권한 이후 대당 강경책과 권력 세습에 따른 대내적 갈등으로 멸망을 초래하였다. 국가의 존립과 발전을 위해서는 시의에 맞는 대외정책의 선택과 집중이 얼마나 중요한가를 인식케 하는 대목이다. 반면에 신라는 대외관계에서 정확한 동향 파악과 이에 따른 기민한 외교정책으로 외부세력인 당을 끌어들여 국력을 극대화하고 결국 삼국통일의 값진 성과를 이루어 내었다.

참고문헌

1. 저서

노중국, 2012, 『백제의 대외교섭과 교류』, 지식산업사.
_____, 2019, 『백제정치사』, 일조각.
서울특별시시사편찬위원회, 2008, 『건국과 성장』, 한성백제사 2.
양기석, 2013, 『백제의 국제관계』, 서경문화사.
충청남도 역사문화연구원 편, 2007, 『백제의 기원과 건국』, 백제문화사대계 2.
_____, 2007, 『백제의 멸망과 부흥운동』, 백제문화사대계 6.
_____, 2007, 『사비도읍기의 백제』, 백제문화사대계 5.
_____, 2007, 『웅진도읍기의 백제』, 백제문화사대계 4.
_____, 2007, 『한성도읍기의 백제』, 백제문화사대계 3.
한성백제박물관 편, 2015, 『백제의 성장과 중국』, 백제학연구총서 쟁점백제사 5.

2. 논문

노중국, 1981, 「삼국의 역관계변화에 대한 일고찰」, 『동방학지』 28.
문안식, 2015, 「백제의 동아시아 해상교통로와 기항지」, 『사학연구』 119.
박윤선, 2006, 「5세기 중반~7세기 백제의 대외관계」, 숙명여대대학원 박사학위논문.
박재용, 2017, 「백제의 대왜교섭과 항로 -5~6세기를 중심으로-」, 『백제학보』 19.
박현숙, 2017, 「한성시기 백제의 송·북위와의 외교 배경과 그 양상」, 『선사와 고대』 51.
방향숙, 2013, 「백제의 중국 사행로 ; 5~7세기 중국왕조들의 백제에 대한 인식과 외교 전략의 변화」, 『백제연구』 57.
양기석, 1994, 「5~6세기 전반 신라와 백제의 관계」, 『신라의 대외관계사 연구』, 『신라문화제학술발표회기념논문집』 15.
_____, 2003, 「백제 위덕왕대의 대외관계 -대중관계를 중심으로-」, 『선사와 고

대』 19.
이재석, 2014.「5~6세기 백제의 대(對)왜국 외교의 추이와 그 유형」,『백제문화』 50.
정재윤, 2009.「5~6세기 백제의 南朝 중심 외교정책과 그 의미」,『백제문화』 41.

쟁 점

백제의 요서지역 진출설

공석구

백제가 요서지역을 경략하였다는 최초의 기록은 중국의『송서(宋書)』백제전(百濟傳)이다. 그 내용을 알아보면 '고구려가 요동(遼東)을 점령하니, 백제는 요서(遼西)를 점령하고 통치하였는데, 진평군(晉平郡) 진평현지역이다'라고 하였다. 이후『양서(梁書)』,『남사(南史)』,『통전(通典)』등에 유사한 기록이 전한다. 기록은 사서마다 약간의 차이를 보이고 있다.『양서』와『남사』는 '진(晉)나라 때에 이르러 [고]구려[高]句驪가 이미 요동(遼東)을 경략하자, 백제(百濟) 역시 요서(遼西)·진평(晉平) 2군(郡)의 땅을 점거하여 스스로 백제군(百濟郡)을 설치하였다'라 하였다.『통전』은 요서·진평 2군에 대하여 주석을 달아 '현재(7세기 말엽)의 유성에서 북평 사이'라고 하여 그 위치를 구체적으로 설명하려고 하였다. 또한「양직공도(梁職貢圖)」*를 보면 백제국 사신의 그림 옆에다가 '진(晉)나라 말기에 고구려가 요동을 차지하니 낙랑 또한 요서 진평현을 차지하였다'라는 기록을 붙여 진출 시기까지 구체적으로 기록하였다. 이 내용을 종합해 보면 백제가 전성기 중국의 요서지역을 차지하였던 것으로 해석할 수 있다. 더불어 이와 같은 해석을 긍정적

---

* 중국 위진남북조 시기인 양나라 원제(元帝) 재위 연간에 소역(蕭繹)이 제작하였다. 526~536년 무렵 양나라에 파견된 외국인 사절을 그림으로 그려 해설한 것이다. 일부가 소실되어 현재는 12국의 사신 그림과 기록이 남아 있다. 중국 남경박물원(南京博物院) 소장.

으로 유도하는 또 다른 사료도 어렵지 않게 찾을 수 있다.

이와 같은 기록 내용을 학자들은 어떻게 해석하고 있을까? 이를 긍정적으로 해석하는 견해와 부정적으로 해석하는 견해가 대립되어 있다. 긍정적으로 해석하는 입장은 역사기록에 나타난 사실인데 이를 신뢰해야 한다고 주장한다. 부정적으로 해석하는 입장은 사료 기록의 편향성에서 그 이유를 찾고 있다. 역사기록을 분석해 보니, 관련 기록이 남중국 측 왕조의 역사기록에는 있는데, 정작 당사자에 해당하는 북중국 측 왕조의 역사기록(『위서』, 『북제서』, 『북사(北史)』 등)에는 보이지 않는다고 한다.

이와 같은 학계의 논란은 지속될 전망이다. 사료 비판과 분석은 필요하겠지만, 사료에 생생하게 기록된 내용을 부정하기란 쉽지 않은 일이다. 이 문제는 백제가 진출했다고 소개된 요서지역, 특히 유성(현재 중국 요령성 조양시 지역)에서 북평 사이 지역의 역사를 좀 더 면밀하게 검토하는 과정에서 단서를 찾을 수 있지 않을까 생각한다. 위 사료를 긍정적으로 검토해 보면, 진나라 말기에 해당하는 4세기 요서지방에는 낙랑군이 존재하고 있었다. 372년 백제 근초고왕이 동진으로부터 수여받은 관직 중에 '낙랑태수(領樂浪太守)'를 주목해보자. 여기서 '령'은 낙랑태수를 거느린다는 의미일 것이다. 한반도에 있던 낙랑군은 313년 요서지방으로 옮겨갔다. 나아가 4세기 후반경에 요서지역에서 활동했던 낙랑태수의 존재도 사료에서 발견된다. 「양직공도」 기록을 존중한다면, 요서지역의 낙랑군과 백제의 관계에서 해결의 실마리를 풀어나가야 할 것이라 생각한다.

백제가 중국의 요서지방까지 진출했다는 사실 여부에 따라 4세기 당시 백제의 국력을 가늠해볼 수 있을 것이다. 만일 위 기록이 사실에 기반을 두고 있는 것이라면, 백제라는 국가에 대한 새로운 인식을 제공하는 획기적인 자료가 될 것이다.

• 참고문헌

강종훈, 1992, 「백제 대륙진출설의 제 문제」, 『한국고대사논총』 4.
김성한, 2013, 「백제의 요서영유와 낙랑」, 『역사학보』 52호.
백길남, 「'百濟略有遼西'記事의 기술배경과 漢人 유이민 집단」, 『韓國古代史硏究』 86.
정재윤, 2018, 「중국요서지역에 보이는 백제의 실체」, 『동북아역사논총』 61호.

백제 무령왕과 일본 황실

공석구

　2001년 12월 23일은 아키히토(明仁) 천황의 68세 생일날이었다. 그는 기자 회견에서 천황의 모계혈통이 백제계라는 사실을 이례적으로 언급했다. "나 자신은 간무천황의 생모가 백제 무령왕의 자손이라고 『속일본기』*에 기록되어 있어 한국과의 인연을 느낀다"라고 말하여 한·일 두 나라뿐만이 아니라 세계적으로도 화제거리가 되었다.
　『속일본기』를 확인해 보면 "황태후의 성씨는 화씨(和氏)이고 이름은 신립(新笠)이다. 정1위에 추증된 을계(乙繼)의 딸이다. …(중략)…황태후의 선조는 백제(百濟) 무령왕(武寧王)의 아들인 순타태자(純陁太子)에서 나왔다. 황후는 용모가 덕스럽고 정숙하여 일찍이 명성을 드러냈다. 광인천황이 아직 즉위하지 않았을 때 혼인하여 맞아들였다. 간무천왕(桓武天皇), 조량친왕(早良親王), 능등내친왕(能登內親王)을 낳았다."라고 기록하였다. 화신립(和新

---

* 『속일본기(續日本紀)』는 697년부터 791년까지 94년 간의 역사를 40권 분량으로 다룬 책이다.

쑴, 후에 高野로 성씨를 개명하여 고야신립이라고도 함. 789년 사망)은 광인천황(光仁, 재위 770~781)의 부인으로서 후일 황후가 되었으며 아들 간무천황(桓武, 재위 781~806)이 즉위하면서 황태후가 되었다. 그녀는 화을계의 딸인데, 그 선조가 무령왕(재위 501~523)의 아들인 순타(純陁)태자(513년 사망)라고 한 것이다. 또한 『신찬성씨록』에서 무령왕의 후손을 찾아보면 일본 귀족 야마토 노아손[和朝臣]의 선조였다고 한다. 이 기록을 통해 백제 무령왕의 후손이 일본에서 대대로 귀족으로 살다가 일본 황실에 들어가게 되었고, 오늘날까지 황실에 모계를 통해 이어지고 있음을 확인할 수 있다.

무령왕의 아들이 일본에 살게 된 것은 어떤 배경이 있을까? 이는 무령왕의 탄생과 관련이 있다고 생각한다. 무령왕의 탄생에 대해서는 『일본서기』가 『백제신찬』이라는 역사책을 인용하여 기록한 것이 있는데 "무령왕이 즉위하였는데 휘(諱)는 사마왕이고 곤지왕자의 아들이며 말다왕의 이모형(異母兄)이다. 곤지가 왜로 갈 때에 축자도(筑紫嶋)에 이르러 사마왕을 낳았다. 섬으로부터 되돌려보냈는데 서울에 이르지 못하고 섬에서 낳았으므로 그렇게 이름하였다. 지금 각라(各羅)의 바다 가운데 주도(主嶋)가 있는데 왕이 태어난 섬이어서 백제인들이 주도라 부른다" 하여 무령왕이 일본으로 가던 중 섬에서 태어났음을 설명하고 있다. 무령왕은 개로왕 7년 (461) 일본에서 태어나 살았다. 이후 백제로 돌아와 40세에 왕으로 즉위하여 재위 23년 만인 62세(523)에 사망하였다. 무령왕 지석에는 생시의 이름인 사마왕(斯麻王)으로 기록하여 장례시까지도 시호를 받지 못한 것으로 나타난다. 무령왕이란 시호는 매장 이후 어느 시기에 붙여진 것이다. 무령왕은 섬에서 태어나 그 이름을 도군(嶋君)이라고도 불렀다. 도군은 일본말로 시마왕 즉 사마왕인 것이다. 523년 5월 7일 사마왕이 죽은 후 2년 3개월간의 가매장(빈전) 기간을 거쳐 마침내 무령왕릉에 매장(525년 8월 12일)되었다. 그런데 무령왕을 담은 목관을 조사해 보니, 일본에서 자생하는 나무 즉 금송(金松)으로 확인되었다. 무령왕의 죽음이 일본에 알려지자 목관을 제작해 보내온 것이라고 추정해 볼 수 있다. 사실 백제와 일본과의 관계는 합리적으로 설명되지 않는 부분도 있다. 한 예로 백제가 나당연합군의 공격으로 멸망하게 되자, 왜는 백제에 군사를 파견하였는데, 구원군 만여 명이 바다를 건너왔다고 한다. 또한 이때 동원된 부여풍과 왜 연합군이 탄 배가 400척이었다고 하여 엄청난 규모를 짐작케 한다.

무령왕에게 순타라는 아들의 존재가 있었고, 그가 태자라는 사실도 알게 되었다. 나아가 여기서 백제 성왕이 무령왕의 원자가 아님도 추정케 한다. 일본에 살았던 순타의 후손이 어떻게 연결되었는지 불분명하다. 어느 정도 추정되는 것은 505년 일본에 파견된 사아군(斯我君, 순타태자일 가능성) → 법사군(法師君) → 웅소리기군(雄蘇利紀君) → 화사우나라(和史宇奈羅, 화씨로 개명, 귀화) → 화사율승(和史粟勝) → 화사정촉(和史浄足) → 화사무조(和史武助) → 화사을계(和史乙継) → 화신립(和新笠)이다.

• 참고문헌

노중국, 2012, 「무령왕대 백제의 동아시아 상에서의 위상」, 『백제문화』 46.
박재용, 2018, 「일본 사료로 본 백제 웅진시기 왕계」, 『한일관계사연구』 61.
윤용혁, 2003, 「무령왕 '출생전승'에 대한 논의」, 『백제문화』 32.
최욱진, 2015, 「武寧王(斯麻) 卽位過程 檢討」, 『백제문화』 53.

제 6 장
신라 국가 발전기 대외관계와 그 전개

주보돈

1. 기본적 이해
2. 외교 시작의 전야(前夜)
3. 신라 외교의 전개와 특징
4. 평가

1. 기본적 이해

 삼국을 하나로 통합하기 이전의 신라는 영토를 접속한 고구려나 백제에 견주어 오래도록 정치적·문화적 후진성을 면치 못하였다. 한반도의 동남쪽에 치우친 지리적 여건에서 비롯한 부득이한 일이었다. 그와 같은 지리적 불리함을 극복해가면서 선진의 고구려 및 백제를 따라잡아 어깨를 나란히 할 수 있는 경쟁 대열에 끼어들기 위해 신라는 각고의 노력을 줄기차게 기울여야만 하였다. 그런 의미에서 신라사의 입장에서 삼국기의 역사를 한마디로 정의한다면 '후발주자로서 선발주자를 따라잡아간 과정'이라고 평가할 수 있다. 신라는 마침내 백제와 고구려를 차례로 누르고 삼국을 통합하는 최후의 승자가 되기에 이르렀다.
 국가의 명운(命運)이 내걸린 전쟁에서 승리할 수 있는 기본적 요인으로는 흔히 정치적·군사적·경제적 요소 등을 종합한 총체적 역량을 드는 것이 일반적 경향이다. 그렇지만 신라의 경우 통일전쟁을 치르기까지 후발주자의 상태를 끝내 완전히 극복하지 못한 까닭에 그런 요소를 꼭 그대로 승리의 기본 동인(動因)으로 내세우기 곤란한 독특한 측면을 지니고 있다. 전후의 여러 사정을 고려하면 신라가 승리하게 된 요소로서 가장 앞에 배치해두어야 할 대상은 외교로 손꼽는 것이 순리일 듯하다. 삼국을 통합할 수 있게 된 근본 요인은 외교전(外交戰)에서의 승리라 보아도 지나치지 않을 정도로 신라사에서 외교가 차지하는 비중이 그만큼 컸기 때문이다. 이는 약체인 신라가 오랜 세월에 걸쳐 외교에 각별한 무게중심을 두었고, 그것이 적절한 시기에 맞추어 꽃을 활짝 피우고 열매를 맺게 된 것이라 하겠다.
 신라가 외교 역량을 하루아침에 갖춘 것은 아니었다. 역사적 전개 과정에서 온갖 고난과 풍파를 겪으면서 경험을 꾸준히 온축(蘊蓄)해 온 결과였다. 선진의 고구려와 백제를 따라잡으려는 도정에서 외교가 갖는 중요성을 절실히 느껴 각별히 동향을 살피면서 꾸준히 경험을 쌓아나갔다. 지리적 불리함에서 비롯한 태생적 한계를 극복하기 위해 외교에다 유난스러울 정도로 비중을 크게 둔 것이었다. 국제 동향을 민감하게 주시하고 적절한 대응책을 강구함으로써 외교적 역량이 차츰 길러진 것이었다. 신라사의 전개를 살피는 데 외교력이 축적되는 과정을 소홀히 다루어서는 안 되는 것도 바로 그런 사정 때문이다. 국가 형성기부터 7세기 중엽 통일전쟁을 승리로 이끌기까지 신라 외교사의 흐름을 추적해 볼 필요성이 여기에 있다.

정치적·군사적 약자가 강자를 적절히 이용함으로써 생존전략을 구사하고 내부의 발전을 도모하는 일은 세계사의 흐름을 점검하면 다반사(茶飯事)로 확인되는 사실이다. 신라가 삼국을 통합한 사건도 바로 그런 전형의 하나로 손꼽아도 무방하다. 신라는 생존 도모를 위해 때로는 강대국 고구려를 적절히 이용하였고, 때로는 거꾸로 과감하게 적으로 돌리면서 오히려 적대관계였던 백제 쪽으로 접근하는 외교전략을 구사하기도 하였다. 그러다가 끝내는 두 강국을 동시에 적으로 돌리는 국운을 건 승부수를 던지기도 하면서 발전의 길을 걸어갔다. 마침내 세계제국으로 부상 중이던 당(唐)나라에 적극적으로 접근함으로써 성공을 거두었다. 삼국 간 전쟁이 빈번하게 벌어지던 도중에 당을 자기편으로 끌어들여 경쟁 세력을 차례로 제압함으로써 마침내 이들을 통합하기에 이르렀다.

이런 정황을 놓고 일각에서는 당이란 외세(外勢)에 기대어 동족국가(同族國家)를 멸망시킨 비열한 배신행위로 재단함으로써 신라에 의한 삼국통일을 의도적으로 낮추어 평가하기도 한다. 국가 간에 벌어진 외교관계에 그처럼 개인 간의 관계에서 나타나는 도덕적 잣대를 무조건 들이대는 행태는 올바른 접근이 아니다. 약육강식이 치열하게 난무하는 세계에서 외교는 어디까지나 자국의 이익이 최선의 목적이자 목표로 하는 것이기 때문이다. 정당한 평가를 내리려면 역사적 실상에 대한 명확한 이해를 전제로 해야 하는데 그러지 못하다는 점에서 그와 같은 인식은 근본적 문제를 안고 있다.

꾸준한 외교 활동을 통해 당을 군사동맹 세력으로 삼은 사실을 마냥 비난하려고 할 때 신라가 추진한 외교 자체는 물론이려니와 이를 적극 추진해서 성공으로 이끈 인물에 대해서도 저절로 낮추어서 평가하게 마련이다. 김춘추(金春秋)나 김유신(金庾信)과 같은 인물에 대한 역사적 평가의 추이를 살피면 그런 양상이 뚜렷하게 드러난다. 그렇지만 신라의 입장에서 바라보면 당시 고구려와 백제도 어디까지나 당이나 왜(倭)와도 마찬가지로 외세에 지나지 않을 따름이다. 당시 삼국은 서로를 같은 뿌리에 연원을 둔 민족이라고 인식하지 않았다. 삼국이 모두 고대국가로서 모습을 갖춘 이래 오랜 기간 상호 교섭을 통해 접촉의 면적을 넓히고 때로는 부딪쳐 다투면서 문화적 기반을 상당 부분 공유하는 가운데 서로 인근의 당이나 왜와는 어딘가 다르다는 생각을 어렴풋하게나마 갖게 되었다. 그렇지만 그것이 곧 원래 같은 뿌리에서 기원한 동족의식으로까지 발전하지는 못한 상태였다. 서로는 비슷한 족속(族屬)이나 부류(部類)에 속한다는 이른바 동류의식(同類意識) 정도로 여겼다. 이런 상황 아래 이들은 서로 영원히 공존하기란 불가능하므로 하나가 될 수밖에 없다는 의식을 쌓아갔다. 삼국 간에 끊임없이 치열한 전쟁을 펼친 것도 바로 그 때문이다. 오랜 기간의 전쟁을 마무리 지으면서 최후로 승자가 된 신라는 그런 사정을 배경으로 삼국의 주민과 문화에 대해 완전한 화학적 결합을 겨냥해 각별히 '일통삼한(一統三韓)'이란 정치적 슬로건을 전면에 내걸었다. 이는 역사적 실상과는 다르게 삼국이 본디 같은 하나의 뿌리로부터 나왔다는 동족관계를 의도적으로 부회(附會)해서 강조한 데 지나지 않는다.

이상과 같은 의미에서 신라가 외교를 추진해간 실상을 구체적으로 더 들어보는 것이 필수적인 작업이라 하겠다. 물론 백제사나 고구려사의 입장에서 볼 때는 같은 사안이라고해도 똑같은 모습으로 기술될 리 만무하다. 당시에 이미 삼국은 각기 근본적 입장에서 차이가 났고, 그에 따라 언제나 이해관계를 달리하였기 때문이다. 당대부터 다른 시각과 입장에서 접촉 사실이 정리, 기록되었을 것임은 너무도 당연하다. 이처럼 동일한 대상이라도 다르게 해석되므로 외교사 서술은 완전한 객관성을 담보하기 무척 까다로운 대상이다. 하지만 그런 점이야말로 오히려 외교사의 진면목으로서 흥미를 끄는 것이 아닐까 싶다.

2. 외교 시작의 전야(前夜)

1) 이해를 위한 몇 가지 전제

외교사를 다루려 할 때 다른 분야에 견주어 각별히 유념해야 할 몇 가지 전제에 대한 이해가 선행되어야 한다. 익히 알다시피 사전적 의미의 외교는 기본적으로 나라들 사이에 이루어지는 국제관계를 뜻한다. 하나의 사안을 놓고 두 나라가 관계함이 기본이지만 때로는 여러 나라가 복잡하게 연루되기도 한다. 그래서 외교관계는 그리 간단하게 전개되는 것이 아니다. 같은 사안을 놓고 많은 나라가 얽힐수록 대단히 복잡한 양상을 띠게 마련이다. 이것이 외교의 실상을 파악하기 쉽지 않은 이유 중 하나다.

둘째, 외교에는 반드시 상대가 있으므로 주어진 사안을 특정 국가가 기획한 대로 마음껏 결정지을 수가 없다는 데에 또 다른 특징이 있다. 상대방의 대응 여하에 따라 적절하게 반응해야 하므로 변화무쌍한 양상을 띠게 마련이다. 마치 살아 움직이는 표적을 맞추는 것이 매우 어렵듯이 외교관계의 실상도 적확하게 집어내기란 무척 까다로운 일이다. 각자가 지닌 입장을 그대로 드러내는 경우란 거의 없으므로 안팎이 일치하지 않는 때가 많다.

셋째, 흔히 외교상에는 영원한 동지도 영원한 적도 없으며, 오로지 자국의 이익만이 존재할 뿐이라는 사실이다. 이는 외교란 상대방을 위한 것이 아니라 어디까지나 자국의 현실적·실리적 목적을 위해 추진됨을 뜻한다. 그러므로 외교의 실상은 전면에 내세워진 것과는 자연히 다른 모습을 띠고서 나타나게 마련이다. 외교관계의 실상은 기록으로 남겨질 당초부터 분식(粉飾)·왜곡(歪曲)될 개연성이 매우 크므로 이를 다룰 때 각별히 신중을 기해야 한다. 이는 곧 외교적 실상에 접근하기 매우 어려움을 뜻하는 것이기도 하다.

넷째, 외교는 곧 내정(內政)의 연장이라는 사실이다. 내정과 외교가 각기 다른 별개의 영역으로 움직이는 것이 아니라 상호 밀접하게 연동하면서 추진됨을 의미한다. 내정이 외교에 반영되며, 외교의 결과는 곧바로 내정에 깊은 영향을 미친다. 어쩌면 외교는 자체만의 독자적 운동성을 갖고 추진되기보다는 내정의 결정적 영향 아래 놓인 것이라고도 말할 수 있다. 내정의 형편 여하에 맞추어서 외교가 펼쳐지는 것이다. 그러므로 외교의 흐름을 읽을 때 내정을 염두에 두지 않는다면 피상적 이해에 그칠 위험이 뒤따른다. 외교사의 실상을 객관적으로 파악해 내기 쉽지 않은 이유다.

외교관계에는 기본적으로 정치적 관계를 전면에 내세우지만 밑바탕에는 군사적·경제적·문화적 요소도 동반되게 마련이다. 그러므로 외교관계 파악에는 이런 점도 아울러서 고려되어야 한다. 외교를 추진하는 수단도 매우 다양하다. 직접적인 접촉과 문서 등 공식 수단이 기본이지만, 그밖에 다른 수많은 요소가 동원된다. 이를테면 볼모의 파견이나 교환, 혹은 정치적 목적의 혼인 등을 꼽을 수 있다. 이는 외교적 목적을 달성하기 위해 온갖 수단이 동원됨을 의미한다.

국가 형성기부터 외교를 전문적으로 다루는 기구(機構)나 외교가(外交家)를 완벽하게 갖추고 출발하는 경우는 없다. 국가체제가 점차 갖추어져 가면서 상황에 걸맞게 기구가 만들어지고 그에 어울리게 전담 관료가 양성되며, 마침내 외교전문가까지 나오게 되는 것이다. 이들은 하루아침에 이루어지는 것이 아니며 오랜 외교관계의 추진을 통해 수많은 경험을 축적하고 효율성을 극대화해 가면서 온축된 결과다. 외교사를 다루면서 이들 또한 소홀히 보아 넘길 수 없는 대상이다.

이상에서 지적한 몇몇 기본 사항을 염두에 두면서 이제부터 신라 외교사의 흐름을 구체적으로 살펴보고자 한다.

2) 외교 씨앗으로서의 교역

신라가 외교를 시작한 시점을 언제부터로 잡는 것이 적절할까? 어떤 경우라도 기원의 문제를 명료하게 잡기란 쉽지 않은 법이다. 다만, 외교가 일단 국가 간에 이루어지는 관계라는 일반적 정의를 받아들인다면 역시 신라가 국가로서 모습을 드러낸 시점을 기준으로 삼는 것이 적절하겠다. 신라도 역시 지배체제를 제대로 갖춘 뒤 내부 필요성 때문에 인접 국가와의 관계를 모색하였을 것이다. 그러므로 외교 시작의 시점을 논의 대상으로 삼기에 앞서 신라가 국가로 형성되는 과정을 명료하게 해둠이 순서이겠다.

신라의 모태는 경주분지에 자리한 읍락국가(邑落國家)인 사로국(斯盧國)이었다. 사로국은 원형(原形)이기는 하였으나 그 자체가 신라는 아니었다. 한반도 남부지역 고고자료의 출토 양상으로 미루어, 지석묘로부터 목관묘(木棺墓) 문화로 크게 바뀌는 기원전 2세기 말에서 1세기 초 무렵에 사로국을 비롯한 주변의 비슷한 국가들이 출현한다고 추정되고 있다. 이들 각각이 독립성을 지니면서 마냥 홀로 존속한 것은 아니었다. 바깥으로부터 가해지는 정치적 위협이나 압박에 수시로 힘을 합쳐 대처하고, 일상에서 소요되는 생활필수품과 함께 선진문물의 안정적 입수를 위해 일정한 공동의 관계망을 구축하였다. 그래서 처음 일정한 범위 내에서 비교적 작은 규모로 출발하여 점점 관계망의 범위를 넓히고 규모를 키워나갔다. 그 결과 기원전 1세기 무렵 여러 읍락국가들이 결속하면서 진한(辰韓)이란 광역의 연맹체, 혹은 국가연합체를 결성하기에 이르렀다.

진한의 이웃에서는 비슷한 시기 영남지역의 중앙부를 북에서 남으로 관류(貫流)해 남해안으로 흘러들어가는 낙동강(洛東江)을 주요한 교통의 수단으로 삼은 읍락국가들이 여럿 결속해서, 따로 변한(弁韓)이란 연맹체를 이루었다. 그에 견주면 진한은 낙동강을 수로로 활용하는 범주를 벗어난 상류 지역과 동해 연안을 대외 통로로 이용할 수 있는 읍락국가들의 결속으로 구성된 것이라 하겠다. 당시 가장 값나가는 실용적 재화는 철재(鐵材)였다. 그래서 풍부한 양질의 철산(鐵山)을 보유하고 철재가 다량 이동하기에 용이한 수로 교통의 거점 지역이 선도적 역할을 맡게 되는 구조였다. 이로 말미암아 낙동강 수로를 활용한 변한에서는 바로 그 입구에 자리한 구야(狗邪), 즉 금관국(金官國)이 매우 유리한 상황이었다. 언제부터인가 구야국이 변한 연맹체를 이끄는 맹주국(盟主國)으로 부상하였다. 한편 진한 연맹체에서는 영남의 내륙으로부터 동해안 방면으로 나아갈 때 통로가 모여드는 결절지(結節地)이면서 동시에 동해안에서 내륙으로 들어가는 데에 거쳐야만 하는 관문지(關門地)로서 기능한 사로국이 맹주로서 행세하기 시작하였다.

진한과 변한은 각기 소속 읍락국가들이 줄곧 독립성을 유지했던 것으로 미루어 정치성이 비교적 미약하고 경제성을 강하게 띤 성격의 조직체였던 것 같다. 구성 읍락국가들이 강제적으로 연맹체에 가담한 것은 아니었다. 국가마다 자체 내부의 필요성에 따라 입출(入出)을 비교적 자유롭게 하였다. 스스로 부담을 강하게 느끼거나 자국에 도움이 되지 못한다고 여겨질 때에는 연맹체를 이탈해 독자적인 길을 걷거나 소속 연맹체를 달리할 수도 있었다. 그래서 진한과 변한의 연맹체를 구성한 읍락국가의 수가 3세기 무렵에는 공히 12개씩이었으나 그것이 언제나 고정불변하지는 않았다. 읍락국가들 사이에는 경제적 우열이나 격차가 있었으며 그 형편에 따라 정치 지배자도 신지(臣智)나 읍차(邑借) 등으로 다르게 불리었다. 그렇다고 이들 사이에 정치적 상하관계가 뚜렷이 설정된 것은 아니었다. 연맹체를 움직이는 상설기구는 회의체 형태로 존재하였는데, 발언권에서 약간의 우열이 뒤따랐을 따름이다.

이처럼 진한과 변한은 각각 독립성을 강하게 지닌 여러 읍락국가들로 구성되었다. 읍락국가들은 내부 교류에서는 각기 고유한 국명을 사용하였다. 그러나 연맹체 바깥의 다른 세계와 접촉할 때에는 반드시 진한이란 명칭만을 내세웠다. 사로국도 비록 맹주로 주도하기는 하였으나 어디까지나 진한이란 이름으로만 대외적 교류를 추진하였다. 당시 대외교류는 약간의 정치성을 지녔으나 매우 약하였고, 대부분은 경제적 성격을 띤 교역이었다. 읍락국가들은 연맹조직을 매개로 생필품을 조달하고 선진문물을 입수하였다. 따라서 아직 외교라고 이름붙일 만한 성격의 교류는 형성되지 않았다고 볼 수 있다. 이때의 접촉을 통해 확보한 선진지역의 사정이나 교통로 및 지리 지세에 관한 정보 등은 뒷날 외교를 본격화하는 데에 기본적 요소로서 기능하였을 것은 물론이다. 외교의 부재(不在)는 생산력의 발달을 토대로 한 구심력과 조직체계를 갖춘 국가가 제대로 출현하지 못한 데서 말미암는다. 읍락국가가 단독으로 정치력을 발휘하기는 위험하고 부담스러웠기 때문이다.

3) 교역에서 외교로의 전환

3세기 후반에 이르러 진한 내부에서 변화의 조짐이 일기 시작하였다. 270년대의 마한(馬韓)에 뒤이어 280년대부터 진한은 갑자기 중국 본토의 진(晉)나라와 교류하기 시작하였다. 290년대에 이르기까지 대략 10여 년 동안 비록 세 차례에 그쳤을 따름이지만, 어떤 내부적인 강렬한 욕구가 발로된 결과로 보인다. 그동안 진한이 선진문물 도입의 창구로 삼은 것은 대동강(大同江)과 재령강(載寧江) 유역의 낙랑(樂浪) 및 대방(帶方) 등 중국의 군현이었다. 3세기 말에 이들을 뒤로하고 삼한, 특히 마한과 진한이 앞서 진나라의 본토까지 나아가 교류한 것은 내부의 커다란 변화가 있었기 때문이다. 이는 교류·교역의 창구나 체계에 근본적 변동이 벌어질 것을 예고해 주는 일대 사건이었다.

그 요인이 분명히 드러나지는 않으나 진한의 내부 사정에서 말미암은 것으로 추정된다. 물론 당시 낙랑과 대방이 아직 건재한 상태였으므로 이들과의 교류가 완전히 단절되지는 않았지만, 위험 부담이 더욱 큰 원거리(遠距離) 교역을 추진할 정도로 진한의 내적 욕구가 커졌음을 뜻한다. 달리 말하면 낙랑과 대방 상대의 교역만으로는 만족하기 어려운 수준에 이르렸던 것이다. 이는 진한 내부의 생산력이 향상되어 재부가 그만큼 축적되었기에 가능한 일이었다. 2세기 이후 많은 철기와 장신구를 부장한 목곽묘(木槨墓)가 조영되었는데, 실제로 중국 군현이 토착사회의 급속한 성장을 매우 우려스럽게 여길 정도였다. 이들이 3세기 중엽 대방군을 대상으로 먼저 선공하여 전투를 유발한 사실도 확연히 달라진 면모를 입증해준다. 머지않아 진한의 내부가 크게 요동칠 것임을 예고해 주는 일이었다.

그러나 진한과 마한이 중국 본토로 나아가 추진하던 대외교역은 갑작스레 중단되었다. 두 연맹체가 각각 진행하던 교역이 일시에 함께 중단된 것은 중국 본토에 어떤 문제가 생겼음을 뜻한다. 과연 당시 진나라 내부는 심각한 난맥상이 연출되어 정치적 혼돈 속으로 빠져들고 있었다. 이런 불안정한 정세로 말미암아 진한과 마한은 대중 교역을 더 이상 추진할 수 없어 중단된 것이었다. 이제 축적된 에너지가 내부로 돌려지는 분위기가 조성되었으니 곧 정치적 통합운동이었다.

바로 이 무렵 그런 분위기에 한층 박차를 가하는 일대 사건이 벌어졌다. 4세기 초 북중국 방면에서 유목민인 오호(五胡)가 일시에 황하 중류의 중원(中原)으로 진출하던 때에 발맞추어 한반도 북부 지역에서는 고구려가 남으로 내려와 313~314년 낙랑과 대방을 멸망시키는 사태가 발발하였다. 이로부터 발생한 유이민이 대량 남쪽으로 옮겨가면서 진한 사회에 (물론 변한도 포함) 커다란 파장을 몰고 왔다. 그렇지 않아도 축적된 에너지가 발산될 시점을 기다리고 있던 중인 진한도 이를 기화로 내부의 통합을 추진하였다. 삼한 각지는 정치적 통합운동의 소용돌이 속으로 급속히 빨려 들어 갔다. 그 결과 진한 연맹체에서 최후의 승리를 거둔 것이 맹주인 사로국이었다.

그런 과정에서 사로국 내부에서도 주도세력이 교체되는 등 변동이 뒤따랐다. 뒷날 6세기 중엽 자신들의 정체성을 드러내기 위해 김(金)을 성씨로 내세운 족단이 새로운 지배세력으로 부상하였다. 김씨 족단은 정치적 통합이 어느 정도 마무리되자 광역의 영역을 가졌다는 의미의 신라(新羅)를 새로운 국호로 사용하기 시작하였다. 새 국호에 어울리게 최고지배자의 호칭도 기존의 이사금(尼師今) 대신 마립간(麻立干)이라 바꾸면서 변화된 양상을 드러내었다. 김씨 족단은 낙랑, 대방에서 신라로 들어온 유이민으로부터 선진문물과 함께 이를 보유한 기술자를 적극 받아들임으로써 지배 기반을 본격적으로 확대해 나갔다. 이때부터 이전과는 다르게 금은(金銀)이 철을 대체하여 최고 가치를 지닌 재화로 부각되었다. 김씨는 금은 일체를 보유하면서 기존의 교역망과 교역체계 전반을 바꾸어나갔다. 이로써 교역에 대신해 외교라 이름할 수 있는 새로운 장(場)이 열리게 된 것이다.

3. 신라 외교의 전개와 특징

1) 고구려와의 우호관계 수립

삼국의 정립과 외교의 본격화

삼한 가운데 연맹체인 마한과 진한은 정세 변동에 발빠르게 대응하였다. 그로부터 새로운 성격의 고대국가(古代國家)인 백제와 신라가 탄생하였다. 이들과 함께 일찍이 고대국가로서 모습을 갖추어 발전의 길을 걷던 북쪽의 고구려를 합하여 흔히 삼국이라 일컫는다. 삼한 가운데 별달리 뚜렷한 움직임을 드러내지 않고 있던 변한은 끝내 정치적으로 통합된 왕국으로 전환하는 데 실패해 기존의 분립 상태를 그대로 이어갔다. 변한으로부터 일정 정도 탈바꿈한 정치사회를 일반적으로 가야(加耶)라 통칭하고 있다. 가야는 비록 정치적으로 분립된 상태를 이어갔으나 이후 200년 가까운 기간 동안 특이하게도 삼국 사이의 외교관계상에서 상당한 변수로 작용하였다.

오랜 기간의 분립 상태를 끝내고 큰 규모의 외형을 갖춘 삼국이 정립되자 여러모로 여건은 달라졌다. 삼국 간에 전례없던 생존경쟁이 치열하게 벌어지기 시작한 것이다. 경쟁 대열에서 뒤처지지 않고 최후의 승리를 일구어내기 위해서 일단 내부의 지배체제를 제대로 정비하여 국력을 기르는 데 힘을 쏟아야만 하였다. 그 방편으로 대외관계에도 각별히 신경 쓰지 않을 수 없게 되었다. 삼국 중 어떤 국가도 어느 한쪽 상대를 일방적으로 제압할 정도로 완전한 우위에 선 상태는 아니었다. 일반적 양상에서 드러나듯 삼국 정립기에는 어느 한 나라가 특별히 두드러진 우세를 보이지 않는 한 상대를 쉽게 제압하기는 곤란하다. 만일 비등한 두 나라가 연합할 경우 웬만해서는 이겨내기 힘든 것이다. 삼국이 정립되면서 비로소 국가 사이의 외교가 본격화되고, 그 비중이 차츰 커져가는 양상을 보이게 된 것도 바로 그런 사정 때문이었다. 삼국이 이른 시기에 하나로 통합되지 않고 비교적 오랜 기간 분립 상태로 이어져간 것 또한 그런 결과였다. 한편 선진의 중국 및 북쪽의 유목사회와 영역을 접속해 치열하게 우열을 겨루면서 발전해 가던 고구려는 남쪽만이 아니라 북방지역의 움직임에도 관심을 기울여야 하였다. 북방지역의 상황 또한 삼국 관계에서 변수로 작용하였다.

신라는 삼국 가운데 정치적·경제적으로 가장 약소한 국가였다. 게다가 바로 인근에는 낙동강을 사이에 두고 비록 단일 국가를 일구어내지는 못하였지만 일정한 수준의 결속력을 갖추고 369년 이후 백제로부터 지원을 받고 있던 가야가 내부 통합 추진과 함께 세력 확장의 기회를 호시탐탐 노리는 형세였다.

한동안 삼국 간 외교의 중심축을 이룬 것은 고구려와 백제 두 나라였다. 북방의 문화를 주요 기반으로 삼은 고구려는 일찍부터 고대국가를 출범시켰다. 유목집단 및 중국과 국경을 접하면서 이들로부터 선진 문물을 받아들인 고구려는 사회적 토대를 단단하게 구축함으로써 많은 굴곡을 겪으면서도 꾸준히 발전하였다. 4세기 초에는 낙랑과 대방까지 장악함으로써 삼국 중 가장 빠르게 우위에 섰다. 한편 뒤늦게 한강 유역을 중심으로 고대국가를 출범시킨 백제의 지배세력은 같은 뿌리에서 나왔다는 강한 경쟁의식에서 강적 고구려와 끊임없이 대립·대결하려는 의지를 드러내었다. 두 나라가 서로 우위에 서기 위해 줄곧 다투면서 신라를 자기 편으로 끌어들이려고 노력하였다. 이런 국면은 신생 약체인 신라에게는 매우 유리하게 작용하였다. 두 나라가 시종 대결로 일관하는 한 신라가 선택권을 가질 수 있기 때문이었다. 이후 신라는 두 나라 사이에서 적절히 줄타기를 하면서 내적 발전을 도모해갔다. 이는 신라가 외교의 중요성을 절감하고 능력을 축적해갈 수 있게 된 배경이다.

백제와 고구려는 각각 신라를 자기 편으로 끌어들이기 위하여 줄곧 애를 썼다. 처음에는 고구려에 견주어 상대적 약세인 백제가 신라에 적극 다가갔다. 백제는 고구려에 대항하기 위해 여타 주변 정치세력에도 매우 적극적인 입장을 취하였다. 백제의 정복군주 근초고왕(近肖古王)은 369년 마한의 잔여세력을 모두 제압하고 낙동강 유역까지 진출해 가야를 영향권 아래에 넣었다. 372년에는 바다 건너 왜, 그리고 중국의 동진(東晋)과도 긴밀한 외교관계를 맺었다. 물론 모든 국가와의 관계가 대등하였던 것은 아니다. 백제는 각각의 형편을 고려한 정책을 적당하게 구사하였다. 이제 주변 정치세력 가운데 영원한 적대국으로 설정한 고구려를 빼고서 남은 대상은 신라뿐이었다.

고대국가로서의 지배체제를 막 갖추고서 출범한 신라는 백제의 적극적인 외교 공세를 받자 일단 저울질을 시작하였다. 오래도록 선진문물의 창구였던 낙랑과 대방이 없어진 마당에 새로운 대안을 찾지 않을 수 없는 입장이었다. 한반도의 동남쪽에 치우친 지리적 한계 때문에 신라가 주요 파트너로 선택할 수 있는 대상은 고구려와 백제 둘 중 하나였다. 신라는 마침내 낙랑과 대방을 장악한 여세를 몰아 백제 쪽으로 압박을 가해가던 고구려를 파트너로 선택하였다. 백제가 뒤에서 가야를 대상으로 영향력을 행사하고 있는 점도 그런 결정에 큰 몫을 하였던 것 같다. 4세기 후반 백제를 중심으로 가야와 왜, 그리고 중국의 동진으로 이어진 관계망과 고구려를 중심으로 신라가 가담한 또 다른 관계망이 서로 전선을 이루어 대치하는 형세였다. 이로써 외교가 매우 큰 비중을 차지하는 새로운 시대가 본격적으로 열렸다.

고구려 및 전진(前秦)으로 사신 파견

신라는 4세기 중엽 이후 고구려를 새로이 선진문물 창구로 삼아 적극적으로 접근해 갔다. 당시 급성장한 국왕권과 함께 지배체제의 일단을 보여주는 것이 신라 왕경인 경주분지에 조영된 고총(高塚)인 적석목곽분(積石

木槨墳)이다. 여기에서 출토된 유물의 양상은 그런 실상을 방증하기에 충분하다. 이전에는 보이지 않던 무기와 마구, 그리고 권위를 나타내는 금은세공의 위세품(威勢品)이 다량으로 부장되었다. 이중에는 낙랑과 대방 계통의 유이민들이 제작한 것들도 당연히 포함되었지만 고구려와의 교섭을 통해 획득한 것들이 적지 않았다. 고구려와의 우호관계는 선진문물의 획득뿐만 아니라 백제로부터 가해지는 위협을 막는 데에도 상당한 효과를 발휘하였다.

신라는 고구려와의 관계를 유지하면서 그로부터 북중국 관련 정보까지 얻게 되자 이에 상당한 관심을 보였다. 그래서 377년 고구려의 안내를 받아 신라 사신도 직접 전진까지 나아갔다. 신라로서는 비록 혼자만의 힘은 아니었지만 처음으로 동아시아 국제무대에 얼굴을 내민 일대 사건이었다. 당시 고구려와 전진은 우호적 관계를 맺고 있었다. 영토를 접한 선비족 계통 왕조인 전연(前燕)으로부터 가해지는 압박에 한참 시달려온 고구려는 동시에 371년 남쪽 백제의 급습으로 고국원왕(故國原王)이 피살당해 일시 위기 국면을 맞았다. 이를 계기로 고구려는 전연을 이은 전진으로부터 율령과 불교, 태학 등 선진의 새 문물과 제도를 적극 수용해 지배체제의 재정비에 박차를 가하던 중이었다. 그런 때에 고구려의 도움으로 신라가 처음 국제무대에 이름을 올리게 된 것이었다. 신라는 382년 다시 한번 더 전진에 위두(衛頭)를 사신으로 보내었다. 이때 전진의 국왕 부견(符堅)과 위두가 나눈 대화의 일부 내용이 『자치통감(資治通鑑)』에는 일서(逸書)인 『진서(秦書)』를 인용한 형식으로 다음과 같이 실려 있다.

부견 : 그대의 말에 해동의 일이 예전과 같지 않다는데 어떻게 된 것인가?

위두 : 중국에서 시대가 변혁하면 명호(名號)가 고쳐지고 바뀌듯이 (해동이라고) 지금 어찌 옛날과 같을 수가 있겠습니까?

사신의 이름이 기록상 확인되는 것은 매우 이채로운 일이거니와 거기에는 신라가 내적 변동을 겪던 실상이 어렴풋하게나마 반영되어 있다. 신라 국가의 출범 및 새로운 왕호인 마립간의 사용 등 지배체제 변화 양상이 뚜렷이 느껴지는 대목이다. 신라는 발전의 여세를 몰아 고구려는 물론 전진에까지 사신을 파견해 국제 동향을 파악하는 등 적극성을 보였다. 당시 신라 지배층의 선진 신세계에 대한 강렬한 욕구와 동경이 솟구치고 있는 모습을 여실히 보여주는 장면이다.

그러나 이후 6세기 초에 이르기까지 국제무대에 사신을 파견한 사례는 더 이상 확인되지 않는다. 신라가 그럴만한 필요성을 별로 느끼지 못한 탓인지 아니면 고구려가 독자적 교섭에 제약을 가한 데서 비롯한 것인지 분명하지 않다. 물론 전진의 멸망과 후연(後燕)의 등장 등 북중국 일대의 요동치는 정세도 바닥에 작용했을 것이다.

고구려에의 예속과 갈등

391년 18세의 혈기왕성한 나이로 즉위한 고구려 광개토왕은 백제에게 살해당한 자신의 할아버지 고국원왕의 원수를 갚겠다는 명분과 함께 일단 남쪽의 안정을 도모할 필요를 절실히 느끼고 있었다. 고구려로서는 그것이 북중국 및 동북 방면으로 영역을 확장해 가는 데에 긴요한 전제였기 때문이다. 광개토왕은 396년 보기(步騎) 5만의 병력을 직접 이끌고 한강을 건너서 백제 왕성을 압박해갔다. 고구려의 대대적 공세를 더 이상 견디기 어렵다고 판단한 백제 아신왕(阿莘王)은 화의의 의사를 표명하였다. 광개토왕은 앞으로 반발하지 않는다는 조건과 보상금만으로 백제의 화의 요구를 선뜻 받아들였다.

백제는 고구려의 공세에 잠시 굴복하는 시늉을 했으나 안으로는 복수의 칼날을 준비해가고 있었다. 고구려의 재공격에 대비하는 한편 물밑에서는 가야와 왜를 끌어들여 신라를 공격하도록 사주하였다. 신라가 고구려의 편에 가담해 있는 한, 고구려와 한바탕 결전을 펼치기 곤란하다고 판단한 까닭이었다. 백제의 사주를 받은 가야와 왜의 연합세력은 399년 전면적 공세에 나서 신라 왕성을 함락시키는 전과를 올렸다. 거의 멸망 지경에 다다른 신라의 나물왕(奈勿王, 356~402)은 북쪽으로 황급히 도망해 고구려에 구원병을 요청하였다.

이에 대해 광개토왕은 400년 보기(步騎) 5만으로 이루어진 신라 구원병을 낙동강 전선으로 파견하였다. 일단 왕도 탈환에 성공한 고구려와 신라의 연합군은 퇴각하는 가야와 왜를 추격해 임나가라의 종발성(從拔城)에 이르러 항복을 받아내었다. 이때 낙동강을 주요 경계선으로 해 신라가 수비병을 배치함으로써 두 세력 사이의 국경선이 되었다. 이 구원전의 승리를 계기로 고구려는 계속 도와준다는 명분 아래 신라의 왕도뿐만 아니라 군사 요충지에도 병력을 배치하였다. 이는 결국 앞으로도 계속 신라에게 영향력을 강하게 행사하겠다는 의지의 표명이었다. 401년 고구려에 볼모로 가 있던 실성(實聖, 402~417)을 귀국시켜서 402년 사망한 나물왕의 뒤를 잇도록 지원하였다. 나물왕에게는 아들이 여럿 있었지만 이들을 배제시키고 친고구려적 입장에 선 실성을 계획적으로 내세웠다. 신라의 내부 분열을 획책하면서 정치적인 간여를 시작한 것이었다. 신라는 고구려의 강한 정치적 간섭을 받는 일종의 예속국(隸屬國)과 같은 상태로 전락하였다.

당시 신라로서는 고구려로부터 적당한 수준의 비호를 받는 것이 상대적으로 유리한 측면도 있었다. 그로부터 각종 선진문물을 수용하기 용이하기도 하려니와 가야·왜의 재침이나 백제로부터 가해질 압박에서 벗어날 수 있었기 때문이다. 그러나 반대급부로서 신라는 몇 가지 근본적 문제점을 안게 되었다.

첫째, 고구려의 지나친 정치적 간섭이 자연스럽게 뒤따랐다. 실성을 즉위시킨 데에서 이미 그런 사정이 드러났으며, 앞으로 정도를 점점 높여갈 것이 불을 보듯 뻔하였다. 둘째, 신라 내부의 분란을 한층 조장할 여지가 컸다. 친고구려와 반고구려 입장으로 갈려 대립하는 분열의 양상이 초래될 터였다. 실제 친고구려적 성향의 정책을 추진하고 그런 인사를 중용하려고 시도하였다. 셋째, 고구려는 신라를 비호해 준다는 미명 아래 경제적 부담을 더욱 더 크게 지웠다. 신라가 감내하기 어려울 정도로 점점 커져갔을 공산이 컸다.

이처럼 신라는 고구려로부터 군사적 도움을 받는 대신 만만치 않은 부담을 지지 않으면 안 되었다. 시간이 흘러갈수록 신라의 불만이 누적되면서 이를 벗어날 계기와 시점만 기다리는 상태가 되었다.

2) 나제동맹(羅濟同盟)의 성립과 자주화 추구

나제동맹의 결성

고구려가 실성(實聖)으로 하여금 나물왕의 뒤를 잇도록 한 데에는 실성의 친고구려적 성향과 함께 내부의 정치적 기반이 미약한 점이 크게 고려되었다. 그래서 고구려는 실성을 마음대로 조종할 수 있다고 여겼던 것 같다. 실성은 고구려의 든든한 지원을 받아 자신 중심의 체제를 강화해가는 정책을 펼쳤다.

실성은 먼저 정치적 경쟁세력의 기반을 약화시키려 시도하였다. 그 일환으로 나물왕의 둘째 아들 복호(卜好)를 고구려에, 막내 미사흔(未斯欣)을 왜에 볼모로 보내었다. 자신의 기반을 어느 정도 구축한 417년에는 나물왕의 장남 눌지(訥祗)까지도 고구려의 병력을 이용해 제거하려고 하였다. 눌지를 죽이도록 의뢰 받은 고구려 병사는 이를 도리어 눌지에게 알려 실성을 죽였다. 고구려는 실성과 눌지를 놓고 저울질하다가 결국 눌지를 선택한 것으로 보인다. 고구려가 실성을 버린 이유는 그가 차츰 고구려에 반발해 간 데에 있었다. 이는 거꾸로 고구려의 정치적 간여 정도가 견디기 곤란한 수준에까지 이르렀음을 의미한다. 실성 대신 눌지를 앞세운 고구려는 여전히 강한 영향력을 행사하였다. 그러나 눌지도 역시 그 정도가 지나치자 차츰 반(反)고구려적 기치를 내걸기 시작하였다.

눌지는 즉위 직후 고구려와 왜에 볼모로 간 자신의 두 동생 복호와 미사흔을 귀국시키려고 하였다. 그런데 예상 밖으로 고구려는 복호를 쉽게 돌려주지 않으려 하였다. 눌지를 압박하는 수단으로 복호를 이용하려는 속셈이었을지 모른다. 그러자 눌지는 뛰어난 책략가 박제상(朴堤上)을 등용해 공식 통로 대신 편법으로 복호를 고구려에서 탈출시키는 데 성공하였다. 당시 고구려 내부에서도 복호는 물론 신라의 문제를 놓고 서로 다른 입장이 대립하였다. 박제상은 복호의 탈출에 그런 분위기를 적절히 활용하였다. 이 사건은 눌지도 머지않아 반고구려적 입장으로 돌아설 것임을 예고하고 있었다.

눌지는 정치적 간섭과 경제적 부담이 견디기 어려울 정도가 되자 고구려를 견제하기 위해 백제를 이용하려고 하였다. 때마침 백제도 427년 고구려가 수도를 평양으로 옮겨 압박을 강화해 오자 심각한 위기를 느끼면서 곤란에 처한 신라를 우군으로 끌어들이려 하였다. 이처럼 신라와 백제 두 나라의 상황이 맞아떨어져 433년 흔히 나제동맹으로 불리는 우호관계가 체결되었다. 그렇다고 신라가 당장 드러내어 놓고 반고구려적 입장을 내세운 것은 아니었다. 아직 군사력이 고구려와 직접 맞붙을 수준에 이르지는 못하였기 때문이다. 게다가 내부에는 친고구려 입장을 강하게 견지한 세력도 만만치가 않은 상황이었다. 백제의 본심을 명확히 살피는 데도 일정한 시간이 필요하였다. 그래서 눌지는 즉각 대응하지 않고 점진적 과정을 밟아 고구려의 예속을 벗어나는 방식을 취하였다. 신라는 고구려와 백제를 놓고서 저울질하려는 속셈이었다.

신라가 고구려의 간섭에서 벗어나려는 입장을 굳혀가는 도중 두 나라의 접경지역에서는 이따금씩 전투가 벌어졌다. 신라는 외교적 루트를 통해 화해와 타협으로 문제를 해결해 갔다. 백제와의 우호관계도 적절히 활용하였음은 물론이다. 신라가 백제 쪽으로 점차 기울어지고 변경에서의 다툼이 빈발하자 두 나라 갈등의 골은 더욱 깊어져 갔다. 이제 파탄의 선언 시점이 문제일 뿐이었다. 신라는 마침내 464년에 이르러 왕경에 마지막 군사고문단(사실상 감시를 위한 잔여 병력)으로 주둔하고 있던 고구려의 병사 100여 명 전부를 일시에 살해하였다. 고구려도 신라와의 순조로운 관계 유지가 더 이상 곤란하다고 판단해 후속 조치를 준비하던 중이었다. 신라가 그런 사정을 간파해 선수를 친 셈이었다. 이제 거꾸로 백제와의 동맹이 본격적으로 빛을 발하는 상황을 맞아갔다.

백제와의 공동 대응과 자주화

고구려와 완전한 적대관계로 돌아선 신라는 장차 고구려의 공세가 가열차게 뒤따를 것을 예상해 군사 요충지에 성(城)을 쌓는 등 만반의 대비책을 마련해 갔다. 석성을 쌓아 방어태세를 갖추는 방식은 고구려로부터 배운 것이었다. 신라는 축성(築城) 과정에서 지방민을 조직화하고 나아가 이들을 군사력으로 적극 활용하려 하였다. 신라는 그동안 자신의 영역으로 편입된 지역에 따로 지방관을 파견하지 않고 재지(在地) 유력자를 활용한 이른바 간접지배 방식을 취해왔다. 전국적 차원에서 지방민을 동원해 축성하면서 이들을 조직화함으로써 군사력으로 이용할 기반이 마련된 셈이었다. 이는 왕명을 대행하는 지방관을 파견해 직접 지배로 전환하는 계기가 되기도 하였다.

한편 백제는 웅지를 품은 개로왕(蓋鹵王)이 개혁적 시책을 적극 추진해 상당한 성과를 올리던 중이었다. 직전까지 오랜 기간 유력 귀족으로서 만만치 않은 기반을 지녀온 진씨(眞氏)와 해씨(解氏)라는 두 족단의 극심한 견제를 받음으로써 국왕권은 미약하기 이를 데 없었다. 개로왕은 이들을 누르는 데 왕족을 적극 활용함으로써 국왕 중심의 지배체제를 강화하는 데 상당한 성과를 올렸다. 지배질서가 새롭게 갖추어지자 한층 자신감을 얻은 개로왕은 여세를 몰아 고구려 공세에 나섰다. 드디어 선공을 감행하면서 472년 북위(北魏)에 국서를 보내어 고구려에 대한 공격을 요청하였다. 개로왕이 전면전을 각오하고 추진한 일이었다.

그렇지 않아도 고구려는 백제를 공략할 채비를 하고 있었다. 고구려는 신라가 자신을 적으로 돌린 배후에 백제가 작용한 것으로 의심하였다. 그래서 북중국의 강자인 북위의 동정을 살펴가면서 백제를 공략할 시점을 점검하던 중이었다. 고구려 장수왕(長壽王)은 완벽한 승리를 거두기 위하여 도림(道琳)이란 승려를 첩자로 보내어 백제의 내부 정보를 수집, 보고하도록 하는 한편 개로왕이 실정(失政)을 범하도록 유도하였다. 이로 말미암아 적지 않은 백제 귀족들이 개로왕의 시책에 반발하면서 고구려로 이탈해 갔다. 장수왕은 어느 정도 준비를 끝내자 475년 백제에 대한 총공세에 나섰다. 고구려는 백제의 왕도 한성(漢城)를 7일간 공략해 성공하고, 도망치던 개로왕을 사로잡아 지휘본부가 있던 아차산성(阿且山城)으로 끌고 가서 목을 베었다. 백제로서는 일대 위기 상황에 직면하였다. 동맹군인 신라에 도움을 청하러 간 개로왕의 동생 문주(文周)가 1만 병력을 빌려서 되돌아왔지만 이미 상황을 끝낸 고구려가 한강을 건너 철수한 뒤였다. 문주는 일단 한성에서 즉위한 뒤 폐허를 뒤로 하고 금강 유역의 웅진으로 옮겨 국가 재건에 착수하였다.

승승장구하던 백제 개로왕이 과욕을 부린 나머지 일대 위기를 자초한 반면 고구려의 움직임에 대비하던 신라 자비왕(慈悲王, 458~479)은 475년 초 왕궁을 미리 준비해 둔 요새인 명활산성(明活山城)으로 옮겼다. 이후 소지왕(炤知王, 479~500)은 재위 10년(488)에 이르기까지 13년 동안 거기에 머물면서 지방 통제를 비롯해 군사 정비를 도모하고 왕경과 왕궁을 재정비하는 등 체제 강화에 골몰하였다. 487년 왕궁인 월성(月城)의 전면적 수리를 끝내고 이듬해 이거(移居)하였다.

고구려는 464년 이후 신라를 단속적으로 공격하였다. 481년에는 고구려가 동해안을 따라 남하해 왕경과 가까운 미질부(彌秩夫)까지 다가왔으나 신라는 백제와 가야 연합군의 도움을 받아 이를 물리침으로써 위기를 극복할 수 있었다. 나제의 군사동맹이 효력을 발휘한 순간이었다. 이후 신라와 백제 두 나라는 더욱 적극적으로 공조하여 갔다. 그러나 간혹 우호관계를 재점검하지 않으면 안 될 정도의 마찰이 빚어지기도 하였다.

양(梁)나라와의 첫 교섭

고구려와의 관계가 파탄을 맞은 뒤 신라는 대체로 고구려와는 적대관계로, 백제와는 우호관계로 일관하였다. 그러나 이따금씩 변동의 조짐이 일기도 하였다. 그런 양상은 이미 5세기 말부터 보였다. 493년 3월 백제 동성왕(東城王)의 청혼 요구에 따라 소지왕은 이벌찬 비지(比智)의 딸을 보내어 기존 우호를 재확인하였다. 그런데 바로 얼마 뒤 501년에는 동성왕이 탄현(炭峴)에 신라의 공세에 대비한 성책(城柵)을 세웠다. 겉으로 드러나지는 않지만 두 나라 사이에 무엇인가 석연치 않은 일이 벌어지고 있었음이 감지되었다. 그런 사정의 일단을 시사해주는 것이 당시 확인되는 신라와 북위(北魏)와의 관계다.

국내의 기록에는 없지만 중국 『위서(魏書)』에는 502년과 508년 두 차례에 걸쳐 사라(斯羅)가 북위에 교섭 사절을 파견한 사례가 보인다. '사라'라는 국명은 중앙아시아 지역에도 있으며, 또 두 차례 모두 함께 사절을 보낸 나라가 대부분 그들 지역이었다. 그래서 사라의 실체를 놓고 크게 논란이 되고 있어 신라로 단정하기는 어렵다. 왜 신라가 아닌 사라로 갑작스레 북위에 사절을 보낸 것인지가 분명하지 않기 때문이다. 가령 이 사라가 곧 신라라고 한다면 그렇게 표기된 것은 고구려를 매개로 하였기 때문일 여지도 있다. 고구려나 백제는 당시 신라를 조그마한 나라라는 의미로서 사라라는 이름을 사용하였다.

이처럼 단정하기는 어렵지만 신라가 만약 이때 북위에 두 차례나 사신을 보냈다면 고구려가 도움을 주었을 가능성을 배제하기 어렵다. 여기서 이 무렵 신라가 백제와의 갈등이 불거지자 고구려에 접근하는 방식으로 불만을 표출하였다는 풀이가 가능해진다. 국내 사서에는 그런 사정을 확정할 명백한 증거가 보이지 않는다. 다만, 충추 고구려비의 건립 연대를 어느 때로 보느냐에 따라 그를 입증할 결정적 증거로 활용할 수 있을 만한 여지가 있다. 이후 고구려와 신라 사이에 공방전이 벌어진 적이 없는 점, 백제와의 우호관계가 이어진 사정을 고려하면 신라는 어느 쪽으로도 기울지 않는 등거리 외교를 펼쳤을 공산이 크다. 여하튼 신라와 백제 사이에 원만한 관계를 그대로 이어가기 어렵도록 만든 석연치 않은 일이 벌어졌을 여지는 충분하다. 무령왕(武寧王)의 즉위와 함께 진행된 가야지역으로의 진출도 그런 추정을 보강해 준다.

한강 유역을 상실한 백제는 자나 깨나 재탈환의 꿈을 키워왔다. 특히 개로왕의 아들인 무령왕이 즉위하면서 이는 두드러지게 표출되었다. 기반을 거의 갖지 못한 웅진으로 급히 천도한 뒤, 백제에서는 한강 유역 상실의 책임 소재를 둘러싼 논란이 벌어졌다. 특히 남하 귀족과 웅진을 중심으로 토착해 새로이 부상한 신흥 귀족 사이에 일어난 대립과 갈등으로 조용할 날이 없었다. 이런 혼동의 틈바구니에 백가(苩加)가 가림성(加林城)을 근거로 반란을 일으켜 동성왕을 시해하는 사건을 이용해 무령왕이 즉위하였다. 이후에는 백제의 내부 혼란상이 대체로 잦아들었다.

무령왕은 내부 질서를 재정비하면서 정치적·경제적 기반의 안정적 확충에 심혈을 기울였다. 이를 토대로 한강 유역으로 재진출하려는 꿈을 꾸었다. 그리고 이런 꿈을 실현하기 위해 오랫동안 소홀히 하고 방치해두었던 영산강 및 섬진강 권역의 개발과 경영에 적극 나섰다. 당시 이 권역은 백제의 암묵적 동의 아래 대가야가 자신의 영향권으로 편입시켜 남해안으로 나아가는 통로로 활용하고 있었다. 이제 백제가 기존의 연고(緣故)를 명분으로 적극 진출하게 되자 두 나라의 이해관계는 크게 상충하는 모습을 보였다. 대가야는 오래도록 백제의 도움으로 발전의 길을 걸었고, 479년에는 남조의 양(梁)나라와 독자적 힘으로 통교하기까지 하였다. 대가야는 백제의 혼란상을 엿보아 자립화의 길을 모색해 나가고자 하였다. 백제로서는 이 사건이, 앞으로 내부적 안정을 되찾는다면 대가야를 가만히 두어서는 안 된다는 생각을 갖게 한 주요 계기가 되었을지도 모른다.

영산강을 거쳐 섬진강까지 재진출해오는 백제로부터 가해지는 공세에 강한 압박을 느낀 대가야는 6세기 초 방어망을 구축하는 등 근본 대책을 강구하는 한편, 적대관계였던 신라에 접근하여 도움을 요청하였다. 이로써 백제·대가야·신라의 관계 전반이 재편될 분위기를 맞았다. 물론 아직 가장 선진의 백제가 주도적 입장에 서 있었음은 분명하지만 한강 유역 진출에 대한 희구, 대가야에 대한 압박, 대가야의 신라 접근 등이 관계 재편의 커다란 변수로 작용함으로써 일촉즉발의 전운이 감돌았다. 외교가 한층 더 크게 비중을 차지하는 시대로 점점 진입해가는 양상이었다.

그런 가운데 521년 신라는 백제의 안내를 받아 양나라에 사신을 파견하였다. 신라로서는 처음으로 남중국에 얼굴을 내민 셈이었다. 백제는 양과 교섭하면서 신라를 적절히 활용해 국제무대에서 위상을 드높이려 하였다. 그래서 신라(사라)뿐만 아니라 대가야(반파半跛)를 비롯한 여러 인근 나라들이 자신에게 부용(附庸)한다고 소개하면서, 이제 고구려 공격으로 인한 일시적 위기를 극복하고 다시 강국(强國)으로 부상하였다고 뽐내었다. 양나라에서 목도한 선진의 문화나 백제의 위세가 신라에게 던진 충격은 대단히 컸던 것으로 보인다. 귀국한 사신으로부터 상황을 보고받은 법흥왕(法興王, 514~540)은 장차 신라가 나아가야 할 방향을 재점검하고 새로운 길을 모색해 나갔다.

3) 한강 유역 진출과 자립 외교 표방

대가야와의 결혼동맹과 파탄

백제는 6세기 초 대가야의 영향력이 미치는 지역으로 진출하면서 대(對)가야 정책의 기조를 바꾸었다. 백제는 오래도록 밀접한 관계를 맺으면서 지원해 온 대가야 대신 안라(安羅)를 주요 파트너로 선택하였다. 이는 대가야의 국력이 백제로서는 쉽게 통제하기 곤란할 정도로 커버린 탓이었다. 그래서 백제는 이제 대가야를 견제하면서 가야권에 영향력을 행사하기 위해 창구를 안라로 교체한 것이었다. 백제는 안라를 내세워 대가야를 압박하면서 동시에 신라의 진출도 뒤에서 막으려는 속셈이었다. 한편 백제와 신라 사이에는 가야를 놓고 겉으로 드러나지 않게 물밑 외교가 펼쳐졌다. 가야에 대한 각자의 입장을 노골화시키지 않은 것은 서로 동맹관계를 해치지 않으려는 생각에서였다. 두 나라는 아직 우호동맹 유지가 절실하다고 판단하고 있었다.

대가야는 백제의 공세를 막으면서, 생존 도모를 위해 백제를 뒤로하고 신라에 적극 접근해 갔다. 신라의 힘을 빌어 일단 백제의 파상적 공세를 막아보려는 심산이었다. 522년 대가야의 이뇌왕(異腦王)은 신라에 청혼을 요구하였다. 이에 대해 신라에서는 이찬 비조부(比助夫)의 여동생을 보내어 요청에 화답하였다. 얼마 뒤 두 사람 사이에 월광태자(月光太子)라 불린 아들까지 태어났다. 이로써 두 나라는 우호를 기조(基調)로 하면서도 백제는 안라와, 신라는 대가야와 긴밀한 관계를 맺는 두 전선이 형성되어 대결하는 형세가 되었다. 그러나 각자의 속셈이 노골화되면서 그런 상태는 오래 지속되지 못하였다.

신라는 일단 대가야와 우호관계를 맺는 척하였으나 근본적 입장은 그와 달랐다. 신라는 이를 오히려 가야 방면으로 본격 진출하는 절호의 기회로 삼았다. 왕녀를 대가야에 보내면서 종자(從者)를 무려 100인이나 딸려 보낸 사실에서 그 점은 드러났다. 대가야는 이들을 한 곳에 두지 않고 각지에 분산 배치시키면서 그들이 옷을 바꾸어 입도록 지시하였다. 이를 흔히 변복사건(變服事件)이라고 일컫는다. 대가야가 내밀히 침략을 추진하려는 신라의 근본 의도를 알아차린 데서 비롯한 조치였다. 변복의 구체적 내용을 놓고 논란이 있지만 대가야는 신라의 종자들을 분산 배치하면서 자신의 지시대로 복장을 바꾸도록 줄기차게 요구하였다. 변복 문제를 두고 두 나라는 끝내 의견 합치를 보지 못하였다. 대립·갈등은 마침내 회복이 불가능할 정도에 이르렀다. 갈등이 계속되자 신라는 더 이상 정상적 관계 유지가 어렵다고 판단해 관계 파탄을 선언하였다. 신라는 이후 점진적인 유화책을 버리고 가야 영역으로 적극 진출하는 쪽으로 가닥을 잡았다. 이때 가장 먼저 진출 대상으로 떠오른 것은 가장 약세인 금관국(金官國)이었다. 이후 가야 제 세력을 대상으로 한 신라의 병합 작전이 본격적으로 추진되었다.

신라의 공세에 직면한 금관국은 한동안 버티다가 532년 투항하였다. 이로써 신라는 가야지역 진출을 위한 교두보를 마련하게 되었다. 신라는 금관국의 지배층을 진골 귀족으로 편입시키고 그 본국을 식읍(食邑)으로 인정해주는 등 각별히 우대하였다. 제반 실상을 목격한 대가야는 심각한 위기를 느꼈지만 달리 어쩔 도리가 없었다. 한편 안라를 후원하던 백제도 금관국을 지원하기 곤란한 입장이었다. 신라의 금관국 공세가 점점 드세어져 가던 즈음인 525년 성왕(聖王)은 오히려 신라에 교빙(交聘)을 요청하는 등 기존의 우호를 거듭해서 확인하였다. 백제로서는 가야 문제 때문에 드러내어 놓고 신라와 적대할 수 없는 입장이었다. 그들의 앞에는 과거 오랜 본거지였던 한강 유역의 재탈환이란 숙명적 과업이 놓여 있었기 때문이다. 신라는 도리어 그런 정황을 적절히 활용하면서 가야 영역을 조금씩 잠식해 들어갔다.

지배체제의 변화와 새로운 외교의 시작

앞서 언급한 것처럼 신라는 백제의 도움을 받아 521년 양나라에 사신을 파견해 남조 왕조와의 첫 통교 문을 열었다. 그런데 이때 얻은 선진문물과 관련한 각종 정보 및 국제무대에서의 백제 위상 등이 신라에게 던진 충격은 실로 컸다. 이후 신라 내부 정책의 행보나 양나라에 사신 및 유학승을 파견한 것은 그런 사정을 반영해준다.

520년 율령을 반포한 법흥왕은 본격적인 체제 개혁을 표방하였으나 양나라와의 통교를 계기로 더욱 박차를 가하였다. 기존 상태로는 앞으로 치열하게 전개될 백제와의 경쟁에서 승산을 보장받기 어렵다고 판단해서 일단 백제를 표적으로 삼아 쫓는 형식을 취한 것 같다.

법흥왕은 무조건 전통을 고수하려는 보수 귀족들의 반발을 억누르면서 528년 불교를 공인하였다. 불교 공인을 시도하면서 구태(舊態)를 지켜 내려는 정치적 적대세력도 제거하였다. 백제가 강국으로 발돋움해가는 모습을 눈여겨 보면서 밑바탕에 불교가 작용한 것으로 생각하였을지 모른다. 그래서 성왕의 정책을 모방해 스스로 전륜성왕(轉輪聖王)을 자처하면서 내정 개혁을 추진하였다. 531년 상대등(上大等)을 설치하여 국왕을 초월자로 삼은 새로운 지배체제 재정립을 도모하였다. 536년 건원(建元)이란 독자적 연호 사용을 표방하면서 개혁을 일단락 지었다. 이는 신라의 지배체제가 새로운 면모로 재탄생되었음을 대내외적으로 선포한 것이었다. 이런 조치는 6부(部) 중심으로 운영되던 기존 부체제(部體制)의 해체와 동시에 국왕을 정점으로 한 완전한 중앙집권적 귀족국가 출범의 선언이었다. 국왕권이 그만큼 강화됨으로써 대외적 팽창을 강력하게 추진해 나갈 수 있는 기반이 마련되었다.

진흥왕(眞興王, 540-576)은 법흥왕이 추진한 내정 개혁의 성공을 배경으로 영역 확장 정책을 본격적으로 펼칠 수 있었다. 진흥왕이 불과 7세의 어린 나이로 즉위할 수 있었던 것은 국왕 중심의 지배체제가 제대로 갖추어졌음을 뜻한다. 진흥왕의 아버지 입종갈문왕(立宗葛文王)은 이미 사망한 상태였으므로 어머니 지소(只召)태후가 섭정하였다. 지소태후의 섭정을 최측근에서 보좌한 인물은 이사부(異斯夫)와 거칠부(居柒夫)였다. 이들은 법흥왕이 추진한 국왕 중심 지배체제를 한층 굳건히 뿌리내리기 위한 수단으로서 중앙의 핵심 군단인 대당(大幢)을 설치하는 등 군사조직 전반을 정비하였다. 이때 516년 둔 병부령(兵部令) 1인에 1인을 더 증치해 복수로 하면서 군정(軍政)과 군령(軍令)을 분담하도록 하였다. 이 또한 국왕 중심의 정치 운영을 도모한 것으로 이후 대외적 정복전쟁을 본격적으로 펼쳐갈 기반을 마련한 셈이었다.

진흥왕은 551년 성년이 되자 친정(親政)하면서 연호를 개국(開國)으로 고쳤다. 새 연호를 '나라를 열다'라는 뜻의 '개국'으로 삼은 것에는 진흥왕의 의지가 강하게 배어 있다. 장래의 신라를 기왕과는 다른 새로운 국가로 만들어가겠다는 의지의 표명이었다. 직전까지의 신라 역사와 현 실태는 545년 거칠부 주도 아래 편찬된 최초의 역사서인 『국사(國史)』로 일단 정리되었다. 진흥왕은 이제 그 내용을 기준으로 신라의 면모를 과감하게 일신(一新)시켜 나가겠다는 의욕을 드러낸 것이었다. 영역 확장을 본격적으로 추진하고 내부의 안정을 도모하려고 하였다. 인근 여러 나라와의 기존 관계도 재편해 나갈 분위기가 점점 무르익어 가고 있었다. 그 결정적인 계기는 한강 유역 진출을 둘러싸고 벌어진 일련의 사건이었다.

관산성(管山城) 싸움과 자립 외교의 선언

백제는 무령왕이 즉위한 뒤 강적 고구려를 대상으로 복수의 칼날을 갈면서 줄곧 한강 유역으로 다시 진출할 결정적 기회를 노려왔다. 무령왕을 이은 성왕은 더 이상 할아버지 개로왕의 실패를 되풀이해서는 안 되는 입장이었다. 그래서 한강 진출을 성공적으로 이끌기 위해 무엇보다도 신라의 도움이 절실히 필요하였다. 신라는 532년 금관가야를 멸망시킨 이후 가야 영역을 차츰 잠식해 들어가고 있었다. 절박한 상황에 처한 여러 가야 세력이 다함께 간절한 도움의 손길을 내밀었음에도 백제는 이렇다 할 반응을 내보이지 않았다. 한강 유역 진출을 앞둔 마당에 자칫 신라와의 관계가 어그러지면 모든 것이 수포로 돌아갈지 모른다는 생각에서였다. 신라는 이런 전후 사정을 적절히 활용해 가면서 가야를 압박해 나갔다. 신라는 새로운 도약을 위해 아무래도 백제와의 관계를 재정립해야 하였고, 그 시점은 점차 다가오고 있었다.

신라가 백제와의 기존 관계를 재정립해 나갈 조짐은 한강 유역 진출에 앞서 벌써 드러나고 있었다. 548년 고구려가 예족(濊族)을 이끌고 백제의 독산성(獨山城)을 공격해 싸움을 유발하였다. 한강 유역으로 진출해 나가는 데 벌어진 일종의 전초전인 셈이었다. 백제가 도움을 요청하자 신라는 그에 부응해 3천의 병력을 보내었다. 2년 뒤인 550년에는 백제가 먼저 고구려의 도살성(道薩城)을 공격하였다. 이에 대해 고구려는 백제의 금현성(金峴城)을 보복 공격함으로써 두 나라 사이에 전면전 분위기가 한층 고조되었다. 두 나라가 치열하게 공방전을 펼치다가 잠시 지쳐서 휴전한 틈을 타서 신라는 일시에 두 성을 모두 급습하여 수비병을 배치하였다. 신라는 이들 지역을 한강 유역으로 진출하는 교두보로 삼고자 한 것이었다.

신라의 행태는 사실상 백제와의 기존 관계를 말끔히 청산하고 적대관계로 돌아서겠다는 선언이나 다름없었다. 신라로서는 그동안 근근이 이어져 온 백제와의 관계 파탄을 노골화한 셈이었다. 그럼에도 백제는 신라와 딴판으로 그것이 마치 별다른 일이 아니라는 듯한 자세를 보였다. 이듬해 백제의 원병 요청을 받은 신라는 가야와 함께 고구려와의 싸움에 연합군으로 참전하였다. 이 싸움에서 백제는 한강 중류 지역의 한성(漢城)과 평양(平壤, 남양주) 등 6개 군을 확보한 반면 신라는 상류 지역의 10군(郡)을 장악하였다. 백제는 신라의 속셈을 알고 있었지만 한강 유역 진출이 긴요하였기 때문에 즉각 신라를 적으로 돌리지 않았다. 서로 다른 속셈을 가졌던 신라와 백제 두 나라의 결별은 이제 시간문제일 따름이었다.

한강 유역을 차지한 뒤 백제는 왜(倭)에 구원병을 요청하는 사신을 보냈다. 신라가 고구려와 밀약(密約)해 자신을 공격할 준비를 하고 있음을 명분으로 내세웠다. 신라와 고구려 사이의 밀약이 사실인지 아닌지를 놓고 지금도 논란이 있지만 여하튼 그 자체는 백제도 신라가 이미 딴 생각을 품고 있음을 알아차렸음을 뜻하는 것이다. 그리고 이후 백제도 신라와의 우호관계를 청산하는 결별의 수순을 밟아갔음을 알 수 있다. 설사 밀약이 사실이 아니더라도 신라가 도발을 감행하고 고구려에게 구원을 요청하게 된다면 백제로서는 홀로 감당하기 벅찬 일이었다. 그래서 두 나라 사이에 밀약하였다는 첩보를 입수한 백제로서는 눈물을 머금고 힘들게 확보한 한성에서 일단 병력을 철수시키지 않을 수 없었다. 신라는 백제가 철군한 틈을 타서 한성에 무혈 입성함으로써 고대하던 한강 유역을 확보하기에 이르렀다.

자나 깨나 옛 본거지 한강 유역의 재탈환을 희구해 오던 백제로서는 목적 달성을 위해 신라의 비위를 거스르지 않도록 온갖 부분을 양보해 왔다. 그러나 마지막 순간 신라의 책략으로 모든 것이 일시에 무위로 돌아가고 말았다. 한강을 신라에 빼앗긴 백제는 전열을 가다듬어 보복전을 준비하였다. 성왕에게는 일단 전면전의 채비를 갖추기 위한 절대적 시간이 필요하였다. 신라와 직접 싸워서 한성을 상실한 것이 아니라 자진 철군하였으므로 일단 기존의 우호관계를 재확인하고 신라의 내부 동향을 살필 필요도 있었다. 그래서 우선 자신의 딸을 진흥왕의 소비(小妃)로 보내는 방식을 취하였다. 전쟁 준비를 하면서 백제 내부에서는 찬반 양론으로 나뉘어 격론이 벌어졌다. 마침내 차기 왕위계승권자인 태자 여창(餘昌)의 강경 주장이 받아들여져 전면전을 추진하는 쪽으로 결론이 났다. 신라는 머지않아 백제의 보복이 당연히 뒤따르리라 예상하고 전국적인 역역(力役)을 동원해 명활산성(明活山城)을 대대적으로 수리하는 등 만반의 대비 태세를 갖추었다.

백제는 554년 가야와 연합해 3만의 정예병으로 신라 총공세에 나섰다. 백제 왕도에서 신라 왕도로 나아가기 위한 가장 가까운 직선거리는 가야 영역을 거쳐야 하였다. 백제는 자국의 군사행동이 가야 공략으로 오해받을 염려도 있었으므로 곧장 지리산을 넘지 않고 북쪽으로 에둘러서 신라 경역으로 나아갔다. 추풍령이나 화령 방면의 통로를 이용함으로써 신라의 허를 찌를 심산이기도 하였다. 그래서 익산, 금산을 거쳐 옥천 방면으로 북상해 가다가, 길목에 위치한 요새지인 관산성(管山城)에서 신라군을 맞닥뜨려 일대 접전을 벌였다. 이 싸움에서 백제가 먼저 승리를 거두었다. 현지에서 날아온 승전보를 접한 성왕은 승리에 도취된 나머지 여창을 격려하기 위해 극소수의 병력만을 거느리고 가장 빠른 길로 전장을 향해 내달았다. 이 선택은 성왕으로서는 돌이킬 수 없는 화근이 되었다.

백제의 파상적 공세에 밀리던 신라는 한강 유역에 나가 있던 신주군주(新州軍主) 김무력(金武力)으로 하여금 관산성 방면으로 나아가 돕도록 지시하였다. 신주병을 이끌고 남하하던 김무력은 관산성 가까이에 이르러 척후병을 먼저 보내어 주요 길목에 매복시켰다. 삼년산군(三年山郡) 출신의 유력자인 도도(都刀)가 이끌던 매복병은 뜻하지 않게 소수의 병력만으로 관산성으로 성급히 나아가던 성왕을 사로잡는 엄청난 전과를 올렸다. 포로가 된 성왕은 신라의 본진(本陣)으로 끌려가 목을 베임으로써 최후를 맞았다. 뜻밖의 위기 사태를 맞은 백제 병력은 전의(戰意)를 상실하고 참패당하고 말았다. 이로써 신라와 백제의 관계는 물론 가야와의 관계도 전혀 새로운 국면을 맞게 되었다.

신라는 한강 유역을 차지함으로써 삼국 간의 쟁패에서 매우 유리한 고지에 올라섰다. 기존의 신라 영토 못지않은 범위의 영역을 확보함으로써 인적·물적 토대가 크게 늘어났다. 그러나 신라가 한강 유역을 도모할 수 있었던 것은 사전 정지작업과 정확한 형세 판단이 선행되었기에 가능한 일이었다. 고구려는 물론 오랜 우방이었던 백제까지도 동시에 적으로 돌림으로써 한층 더 큰 위험성을 안게 되었기 때문이다. 그만큼 사전에 국제정세나 각국의 동향에 대한 정보 확보나 분석이 제대로 이루어지지 않았다면 실로 위험하고 무모하기 짝이 없는 시도였다. 신라가 한강 유역 작전을 감행하고 성공한 것은 수집된 많은 정보, 진흥왕의 정확한 정세 판단과 과단성이 어우러진 결과였다. 고구려와 백제를 동시에 적으로 돌렸지만 두 나라가 연합하게 되면 금방 한강 유역을 잃게 될 것은 불을 보듯 뻔하였다. 그렇지만 진흥왕은 두 나라 간의 오랜 역사적 추이로 볼 때 이들이 결코 연합하지 않으리라 판단하였다. 설사 그런 위험이 뒤따르더라도 한강 유역이 가져다 주는 효용성이 그것을 압도할 수 있다는 계산을 한 것이었다.

    신라는 오랫동안 고구려나 백제에 의존해서 대중 외교를 폈다. 양나라와는 사신을 계속 주고받으며 유학승을 보내기는 하였으나 여전히 백제의 도움을 받거나 그 경역(境域)을 거치지 않으면 불가능한 일이었다. 신라로서는 백제에 예속된 상태나 다름없는 모습에 내심 크게 불만을 품었다. 그런 상태가 지속되는 한 앞으로도 백제를 딛고서 웅비하기를 기대하기는 어려웠다. 개국을 선언한 진흥왕은 그런 상황을 더 이상 이어가지 않기로 작정한 셈이었다. 이에 백제를 완전히 적으로 돌리면서까지 한강 유역으로의 진출을 감행하였다. 일차적 목표는 다른 무엇보다 대중 교통을 위한 안정적인 직항로 확보에 두고 있었다. 이는 곧 백제에의 의존을 벗어난 자주 자립 외교의 선언으로서, 신라의 외교사상 일대 전환점이었다고 할 만하다. 다만, 당장 대중 교섭을 적극 추진해 가기에는 미리 처리하지 않으면 안 되는 과제가 산적한 상태였으므로 그 실현은 잠시 뒤로 밀쳐두지 않을 수 없었다.

4) 외교 중시의 시대와 통일전쟁

외교 전담 관부의 설치

한강 유역 장악이란 승부수를 던져 성공한 뒤 신라의 눈앞에 놓인 가장 시급한 과제는 가야 처리 문제였다. 통합을 이루지 못한 가야의 여러 정치세력은 비록 약체이기는 하였으나 힘을 합쳐 자구(自救)를 위해 결속한다면 그리 만만히 볼 상대가 아니었다. 배후에서 백제가 암묵적으로 지원하는 것도 신라로서는 큰 걸림돌이었다. 그래서 530년대에 금관국을 비롯한 몇몇 가야를 영역화시켰지만 더 이상 나아가지 못한 채 주춤거리던 중이었다.

그러나 이제 백제와 완전하게 등 돌린 마당이어서 더 이상 문제될 게 없었다. 신라는 백제와의 전면전에서 승리한 여세를 몰아서 가야에 대한 총공세에 나섰다. 더 이상 방치해 둔다면 머지않아 백제가 전열을 재정비하여 가야에 눈을 돌리게 될 것이고, 그 때는 결과를 예측하기 어려울 터였다. 그래서 가야가 백제와 연합한 사실을 구실로 총공세에 나서 눈앞의 가시를 완전히 제거하려고 하였다.

562년에 이르러 신라는 가야 세력 모두를 제압하는 데 성공하였다. 이로써 명실상부하게 삼국이 정립(鼎立)하게 되었다. 한반도 내부에서 삼국 간 쟁패에 작용할 변수는 말끔히 정리되었다. 이는 한반도 바깥 세계와의 외교관계 비중이나 중요도가 그만큼 커진 상황임을 뜻하는 것이기도 하다. 이제 이전과는 전혀 다른 새로운 국면이 전개되게 되었다. 신라는 가야 영역을 손아귀에 넣자마자 일단 백제나 고구려의 동향을 조심스레 살피면서 한반도 바깥 세계와의 교류로 눈을 돌리기 시작하였다. 그 첫 대상은 가장 선진의 중국 방면이었다.

신라는 4세기 고구려의 도움으로 전진과, 6세기 초에는 백제에 의존해 양과 통교할 수 있었지만 사실 자신의 힘으로 대중 교섭을 시행한 적이 없었다. 그래서 일단 내부 안정을 확인하자마자 먼저 오래도록 희구해 왔던 대중 외교를 자력으로 추진하였다. 564년 북제(北齊)에 사신을 파견해 북조 왕조와 처음 통교하고, 이듬해에는 그로부터 '사지절동이교위낙랑군공신라왕(使持節東夷校尉樂浪郡公新羅王)'이란 작호를 받았다. 독자적 교섭을 통해 중국에게 받은 최초의 작호였다. 신라가 국제무대에 공식적으로 얼굴을 내밀어 정식으로 존재를 인정받았다는 데에 일정한 의의가 있는 일이었다. 같은 해에는 양(梁)을 뒤이은 진(陳)이 사신과 함께 승려를 신라로 보내어 관계를 이어갔다. 신라는 이듬해 진나라에 사신을 파견함으로써 응답하였다. 이로써 신라는 독자적으로 대중 외교를 추진하게 되었고, 거의 동시에 남북 두 왕조와 관계를 맺었다. 동아시아 국제무대에서 외교 역량을 본격적으로 키워나갈 발판을 마련한 것이다.

독자적 대중 외교에 큰 관심을 쏟으면서 신라가 동시에 소홀히 할 수 없는 또 다른 대상은 바다 건너 왜였다. 왜는 기본적으로 백제와 오래도록 긴밀한 관계를 맺어왔으면서도 경쟁상대라고 여기고 있었다. 동시에 가야와는 우호관계를 이어가려고 적극 노력하였으나 신라와는 적대관계로 일관하였다. 이제 가야가 완전히 사라졌으므로 두 나라 관계를 재조정해야 할 계기를 맞게 된 것이다. 신라로서는 한반도 바깥 세계와의 외교를 적극 추진하면서 왜를 마냥 적대시할 수 없는 노릇이었다. 자칫 기존 상태를 그대로 이어간다면 신라는 고구려, 백제, 왜 세 나라에 포위되어 고립무원의 위기 상태에 빠질 위험성이 뒤따랐다. 백제, 고구려와의 관계는 돌이키기 어려웠으므로 왜와의 우호관계가 가장 손쉽고 절실한 대상이었다. 왜 방면으로 계속 뒷문이 열려진 상태라면 대중 교섭도 원만하게 추진하기 곤란하였다. 이에 신라는 각별히 왜에 대한 신경을 곤두세웠다. 그것은 왜와의 교섭 창구를 전담하는 관부로서 왜전(倭典)을 따로 둔 데서 여실히 드러난다.

진흥왕이 적극적으로 펼친 영역확장 정책이 성공을 거둠으로써 영토와 주민은 거의 3배나 늘어났다. 현상을 그대로 유지하려면 지배체제의 전반적 정비가 뒤따라야 하였으니 이를 추진한 것은 진평왕(眞平王, 579~632)이었다. 곡절을 거쳐서 즉위한 진평왕은 할아버지 진흥왕이 쌓은 업적을 제대로 이어가기 위해 6세기 말 관료조직에 대한 대대적 정비 작업에 착수하였다. 이때 각종 관부 가운데 6전(典)조직의 기반이 모두 갖추어졌다는 점에서 진평왕대는 신라 관제 발달사에서 일대 전기(轉機)라고 이를 만하다. 그 가운데 외교와 관련해 각별히 주목되는 것은 이때 예부(禮部)를 처음 둔 사실이다. 예부는 명칭에서는 물론이고, 뒷날 종교 의례(儀禮)를 맡은 대도서(大道署)나 유학 교육을 담당한 국학(國學)이 속사(屬司)로서 두어진 데서 알 수 있듯이 국가의 공식 의례 일체를 맡은 관부였다. 외교를 전담하는 관부가 따로 두어지기 이전에는 성격상 예부가 외교까지도 맡았을 것이다.

그런데 진평왕 43년(621) 외교를 전담하는 관부인 영객전(領客典) 설치된 사실이 주목된다. 영객전은 뒷날 영객부(領客府)로 승격되거니와, 갑작스레 설치한 것이 아니라 원래의 왜전을 영객전으로 바꾼 것이었다. 왜전은 명칭으로 미루어 왜에 대한 교섭 창구를 전적으로 맡은 기구였음이 분명하다. 대외 교섭의 창구를 제대로 두지 않았던 시절에 오로지 왜전만을 따로 둔 것은 신라가 각별하게 이에 신경을 쓴 증거다. 왜전이 두어진 시점을 확정하기는 어렵지만 가야가 멸망한 뒤 외교관계 전반을 재편하던 중이었고, 때마침 여러 관부들도 본격적으로 설치되던 6세기 후반 진평왕대로 보인다. 대중 외교와 관련한 일체의 정보와 의례를 당시 예부가 관장하였다면 바로 이 무렵 왜 관련 사항만을 다룬 왜전도 따로 두게 된 듯하다. 그러나 당시 신라가 중국과 왜를 대등한 선상에 두고 취급한 것은 아니며, 각각의 특수 사정을 고려해 별도로 대응하려 한 데서 나온 조치였다. 영객전에서 대외 교섭을 맡도록 하면서 왜전은 아예 없애버렸다가 뒷날 통일기에 궁중 업무를 총괄하는 내성(內省) 산하에 다시 왜전만을 따로 둔 데서 그와 같은 사정이 유추된다.

진평왕대를 거치면서 예부를 설치하고 왜전을 두는 등 전례 없던 외교 담당 관부를 설치한 사실 자체는 외교가 차지하는 비중이나 중요도가 그만큼 커진 실상을 보여 주는 것이다. 특히 왜전을 영객전으로 승격시킨 것은 새로이 통일왕조로 출범한 당(唐)을 중심으로 외교 창구를 일원화하려는 데서 비롯한 것으로서 외교사상 눈여겨 볼 대목이다. 바로 이해에 신라가 처음으로 당에 사신을 파견한 것도 그와 밀접히 관련된다. 바야흐로 동아시아 외교는 당을 중심으로 일체화해서 펼쳐지기 시작하였음을 뜻한다. 신라는 그런 사정을 정확히 간파하고 한층 적극적으로 대응하기 위해 외교 전담 관부를 따로 둔 것이었다.

통일제국 당의 등장과 신라의 외교

국가의 공적 의례 전반을 관장한 예부, 왜국이라는 특정한 국가만을 창구로 맡은 왜전, 외교 전반을 전담한 영객전 등을 순차적으로 둔 것은 외교의 비중이 점차적으로 커졌음을 뜻함과 동시에 국제관계가 이전과는 다르게 돌아간 데서 말미암는 일이었다. 중국에서는 6세기 말 수(隋)가 등장해 남북조의 분열시대를 종식시키고 통일을 이루었다. 중국의 통일왕조 등장은 주변 지역을 바짝 긴장하게 만들었다. 특히 수나라는 그동안 남북 분열 시대를 적절히 활용하면서 북중국 방면의 위협세력으로 부상한 고구려를 마치 눈엣가시처럼 여기고 있었다.

백제와 신라는 수가 등장하자 앞다투어 사신을 보내어 고구려 공격을 요청하였다. 그렇지 않아도 초기의 내정이 심히 불안한 바탕 위에 창업자 문제(文帝)를 이은 아들 양제(煬帝)가 비정상적 수단을 동원해 즉위함으로써 그런 불안정을 더욱 부추긴 셈이 되었다. 이를 해소하기 위해 양제는 고구려 쪽으로 눈을 돌리던 중이었다. 그러나 국내 상황 타개를 겨냥한 수의 여러 차례에 걸친 대대적인 고구려 공격은 번번이 실패하였다. 지배체제를 제대로 정비하지도 못한 상태에서 이루어진 무리한 외정의 실패로 국력은 거의 소진되었다. 결국 수나라는 지배층의 내분과 함께 각지에서 일어난 반란으로 30년만에 몰락하고 말았다.

수의 뒤를 이은 당은 이런 실패를 거울삼아 외정을 서두르기보다는 내부 정돈을 먼저 도모한 바탕에서 차근차근 주변세력을 제압해갔다. 중국의 통일왕조가 자신들을 중심으로 국제질서를 재편하려 하면서 동아시아 세계는 전쟁의 시대로 본격 진입해 가는 분위기가 조성되었다. 이에 대해 한반도 삼국은 각자의 생존 도모를 위해 대책 마련에 부심하게 되었는데, 이런 상황에서 외교가의 주가(株價)는 상한가로 치달아갔다. 앞서 신라가 영객전을 따로 둔 것은 그런 정황 속에서 나온 대책이었다.

당이 주변세력을 차례로 제압하는 데 성공하자 삼국 내부의 위기 국면은 한층 고조되었다. 당이 최후의 표적으로 삼은 것은 고구려였다. 돌궐, 토번(吐蕃) 등을 차례로 제압하고 640년 고창(高昌)까지 멸망시킴으로써 이제 위협 세력은 고구려만을 남겨 둔 상태였다. 당으로서는 고구려를 공격하다가 실패해 멸망한 수의 전철을 밟지 않으려고 매우 신중한 접근을 꾀하였다. 착실하게 정보를 수집·분석하고 한반도 삼국의 내부 동향까지 낱낱이 파악하는 등 고구려 공격을 위해 철저하게 준비하였다.

머지않아 당의 공세가 있으리라 예상한 고구려는 사신을 파견해 봉역도(封域圖)를 바치고, 당의 국교라 할 도교(道敎)를 적극 신봉하는 등 겉으로는 매우 유화적 자세를 취하였다. 이와 함께 천리장성을 쌓는 등 만약의 사태에도 대비하였다. 한편, 당은 태종이 즉위 후 사실상 외정을 결정하면서 고구려 공격을 기정사실화 했다. 당시 고구려에서는 대외 정책에 대한 입장을 놓고 크게 강온(强穩)의 두 입장으로 나뉘었으나 642년 강경론자 연개소문(淵蓋蘇文)이 쿠데타로 집정하면서 강경 대응책으로 굳어졌다.

신라는 지구책의 일환으로 적극적으로 당에 접근하였다. 한반도에서 고립된 신라로서는 달리 선택의 여지가 없었다. 대외정책에서는 적극론과 소극론의 차이는 있을지언정 당에 접근하는 자체에 대한 반대론은 없었다. 당과의 우호적 외교관계를 어떻게 성사시키느냐는 곧 내정의 향방과도 직결되어 있었다. 632년 진평왕의 뒤를 이어 최초의 여왕 선덕의 즉위 문제를 놓고 심각한 내분이 있었으나 적절한 선에서 타협이 이루어짐으로써 갈등은 한시적이나마 봉합된 상태였다. 여왕 지지파와 반대파가 상호 견제하면서 만들어낸 세력균형의 상태가 근근이 이어지고 있었다. 하지만 그것은 시한폭탄과 같은 것이었다.

고구려에서 강경파인 연개소문이 집정한 642년, 신라는 백제 의자왕의 총공세에 밀려 옛 가야권인 낙동강 이서(以西)를 상실하는 일대 위기 상황을 맞았다. 삼국 간 전쟁이 본격화해가는 신호탄이었다. 당시 낙동강 방면을 책임진 인물은 대야성도독(大耶城都督) 김품석(金品釋)이었다. 그가 총사령관으로서 보인 행태는 여러 모로 지배층에게 요구되던 기본적 덕목이라 할 세속오계(世俗五戒)를 크게 벗어났다. 특히 대야성의 함락에 즈음해 죽죽(竹竹)을 비롯한 지방 유력자들이 끝까지 항전을 주장하였으나 김품석은 이를 뿌리치고 항복하였다. 당시 신라인에게 엄청난 비난의 표적이 될 행위였다.

그런데 김품석은 당시 여왕을 지지하던 주축인 김춘추(金春秋)의 사위였다. 사위의 일탈적 행위로 말미암아 김춘추는 매우 불리해지게 되었다. 마치 살얼음을 디디는 듯이 유지되던 견제와 균형이 깨어질 위기 상황을 맞았다. 여왕 지지파들은 이를 무마하고 사태를 수습하기 위해 적극 나설 수밖에 없었다. 김유신이 백제의 공세를 직접 막아내는 등 군사 방면에서 큰 역할을 했고, 김춘추는 적극적인 외교 활동에 나섰다. 약체 신라가 생존을 위해 오랜 경험을 통해 쌓아온 외교력을 제대로 발휘할 시간이 다가왔다. 외교가(外交家)가 탄생하는 순간이기도 하였다.

김춘추의 활동과 외교전의 승리

백제의 파상적 공세에서 벗어나기 위해 신라는 먼저 당에 구원을 요청하는 이른바 청병사(請兵使)를 급파하였으나 목적한 바를 이루어내지 못하였다. 그렇다고 마냥 앉아서 기다리고만 있을 정도의 한가로운 상황도 아니었다. 이에 당시의 정치적 유력자로서 여왕 지지파의 주축인 김춘추는 자신의 명운(命運)을 건 외교 활동에 직접 나섰다. 그는 643년 호랑이 잡으러 굴로 뛰어드는 심정으로 고구려에 들어갔다. 당시 당의 공격에 대비하고 있던 연개소문이 김춘추의 요구를 쉽게 들어줄 리 만무한 일이었다. 연개소문은 도리어 김춘추를 옥에 가두었다. 당시 고구려는 당과의 일전 준비에 매진 중이어서 김춘추를 염탐한다고 의심한 것이었다. 김춘추는 죽을 고비를 넘기면서 탈출하였으나 아무런 성과를 올리지 못한 채 돌아왔다.

당 태종은 오랜 준비 과정을 거친 끝에 드디어 645년 직접 출정하여 고구려 총공세에 나섰지만 실패하였다. 이때 당은 신라에도 병력을 파견해 측면 지원할 것을 요구하였다. 신라 내부에서는 그를 둘러싼 찬반이 있었지만 마침내 파병으로 결말이 나 3만(5만이라는 기록도 있음)에 달하는 병력을 보냈다. 이 싸움의 최종 승리는 고구려에게 돌아갔다. 이후 당은 전면전을 피하면서 국지전과 아울러 장기전을 펼치는 방향으로 전략을 수정하였다. 당을 위해 구원병을 파견한 신라 내부는 다시 논란의 소용돌이에 휩싸였다. 병력 파견을 주장한 여왕 지지파가 책임 소재의 문제로 크게 불리해졌다. 이에 여왕 반대파인 비담(毗曇)에게 상대등 자리를 양보하는 선에서 일단 타협이 이루어져 표면상 분란이 무마되었다. 하지만 선덕여왕이 노년에다 병약한 상태였으므로 차기 왕위계승 문제가 시한폭탄으로 남아 있었다. 그때 대화개신(大化改新)이란 개혁정책을 추진하던 왜로부터 신라에 사절이 파견되어 왔다. 신라의 내정 파악과 함께 우호관계의 체결이 목적이었다.

김춘추는 646년 말 귀국하는 왜 사신을 따라 일본으로 건너갔다. 신라의 현실을 타개할 실마리를 찾는 방편의 하나로서 군사동맹을 맺으면서 왜의 내부 정세를 파악함이 목적이었던 듯하다. 그런데 김춘추가 부재한 틈을 타서 즉위를 겨냥한 상대등 비담이 647년 1월 초 난을 일으켰다. 김유신의 주도로 비담의 난을 진압하면서 여왕 지지파는 정국 운영의 주도권을 완전히 장악하고서 다시 진덕여왕(眞德女王, 647~654)을 즉위시켰다. 김춘추는 이제 최고 정치적 실력자가 되었다. 그러나 직접 즉위하기에는 넘어야 할 난관이 너무 많았다. 아직 반대파가 만만치 않게 유지되던 상태였기 때문이다. 김춘추로서는 시간을 벌 필요가 있었고 그래서 다시 여왕을 즉위시켰다.

일단 진덕여왕이 즉위하였으나 실권자인 김춘추는 자신이 즉위할 방도를 찾아갔다. 이를 위해서는 결국 자파 중심으로 지배체제를 재정비하여 내부의 안정을 도모하고 나아가 바깥으로부터 줄기차게 가해지는 백제의 위협을 완화시켜야 하였다. 이 두 가지 전제를 동시에 풀어낼 길은 당의 도움을 받는 것뿐이었다. 그래서 외교 활동을 통해 당과의 우호관계를 맺는 한편, 당으로부터 새로운 선진 문물인 유학과 그에 부수되는 일체의 지배체제를 수용하고자 하였다.

김춘추는 자신의 목표를 실현하려는 사명감을 가지고 648년 입당하였다. 당 태종을 만나자마자 가장 먼저 요구한 것은 국학(국자감)에 나아가 강경(講經)과 석전(釋奠) 행사에 참관하는 일이었다. 이는 곧 김춘추가 장차 신라의 지배질서 구축의 방향을 어디에 두고 있었는가를 잘 보여준다. 김춘추는 신라를 유학에 토대를 둔 왕도정치의 이상을 구현하는 사회로 새롭게 만들어가려는 꿈을 꾸어왔다. 국학 참관은 그를 추구하려는 하나의 시도였다. 다른 한편 김춘추는 군사동맹에 대한 당의 즉각 확답을 받고자 하였다.

당은 줄곧 고구려를 선공(先攻)하려는 전략을 구사하여 왔다. 그러나 신라는 백제 선공으로 바꾸도록 설득하였다. 김춘추는 고구려 선공이란 당나라 전략의 큰 흐름을 당장 바꾸는 데 성공하지는 못했다. 그러나 당과 일종의 군사동맹을 체결함으로써 고구려와 백제를 함께 공격하기로 결정하였다. 이는 당 태종이 김춘추를 대상으로 고구려와 백제 두 나라를 장악한 뒤 백제 영토는 신라가, 고구려 땅은 당이 갖는 것으로 약조한 데서 드러난다. 김춘추는 입당할 때 세운 목적을 충분히 달성한 셈이었다. 그는 이를 구체화시키는 과제를 안고서 귀국길에 올랐다.

김춘추는 귀국하면서 자신의 아들 문왕(文王)을 당 태종의 숙위(宿衛)로 남겨두었다. 아마도 그로 하여금 국제적 감각을 길러 국제 동향과 고급 정보를 파악하면서 선진문물의 수입 창구로 삼겠다는 생각이었다. 이후 계속해서 숙위를 보낸 것도 그 때문이었다. 이로써 김인문(金仁問)과 같은 외교를 전담하는 전문가도 탄생할 수 있었다. 김춘추는 공식 관복을 당복(唐服)으로 바꾸고, 진골 재위자(在位者)로 하여금 아홀(牙笏)을 갖게 하며, 정월초의 하정지례(賀正之禮)를 관례화하고, 집사부(執事部)를 설치하는 등 당제를 모방한 정책을 적극적으로 추진하였다. 그러는 한편 독자적 연호 사용을 포기하고 당의 연호를 사용하기로 결정하였으며, 장남 법민(法敏) 편으로 당의 황제를 칭송하는 태평송(太平頌)을 지어 보내기도 하였다.

이상과 같이 김춘추는 대당 우호 정책을 펼치면서 군사동맹 관계를 꾸준하게 이어나갔다. 한편 당제를 모방해 내부 혁신을 도모함으로써 자신의 즉위 기반을 닦아 나갔다. 그리고 이때 맺은 나당동맹을 구체적으로 실현시키려는 데 힘을 쏟았다.

외교가 중시되고 비중이 높아져가면서 외교 분야를 전담하는 전문가가 여럿 배출되기도 하는 시대 상황을 맞아가고 있었다. 김춘추를 그런 대표적 사례로 손꼽을 수 있다. 사실 김춘추는 외교를 배경으로 즉위하였고 나아가 이후 중대(中代) 왕조가 한동안 이어질 수 있는 기반까지 마련할 수 있었다. 그것이 가능했던 것은 시대가 외교를 절실하게 요구하고 있었기 때문이었다. 김춘추는 최고 실력자로서 직접 외교를 담당하였지만, 실무적인 업무를 맡은 전문가가 배출된 것은 그런 시대 양상을 잘 반영해준다. 김인문이 그런 사례에 속한다. 한편 김다수(金多遂)와 같이 당은 물론 일본에까지 나아가기도 하는 등 동아시아 세계를 대상으로 외교를 펼친 중급 관료 출신의 전문가도 보인다. 그리고 강수(強首)처럼 외교문서를 전담해 공헌한 인물이 배출된 것도 이러한 시대상을 잘 반영해준다.

4. 평가

　신라가 삼국을 통일할 수 있었던 밑거름은 오랜 기간에 걸쳐 쌓아온 여러 요소의 총체적 역량이 집적된 결과이겠지만 그중 가장 결정적인 요인 하나를 들라면 단연 외교를 손꼽을 수밖에 없다. 가장 약체였던 신라가 삼국 통합의 주역으로 부상한 것은 당시의 실상으로 미루어 자신의 힘만으로는 전혀 불가능하였으며 당의 도움을 받아 비로소 가능했기 때문이다. 당의 힘을 이용한 것은 어디까지나 외세 의존이 아닌 극대화된 외교적 역량의 표출이었다. 그런 의미에서 신라의 삼국 통합은 한마디로 외교전의 승리였다고 평가하여도 지나치지 않다.

　외교적 역량은 하루아침에 갖추어지는 것이 아니다. 장구한 경험 속에서 꾸준히 축적된 결과였다. 약체인 신라가 주변의 강자와 대결해서 살아남고 승리할 수 있었던 원동력은 외교 역량을 충분히 길러온 데에 있었다. 무조건 강경하거나 혹은 오로지 굴종의 자세를 취하기만 한 것이 아니었다. 신라는 때로는 유연하게 접근하고 때로는 비굴하게 비쳐질 자세로 강자의 힘을 빌리고 적절히 활용하면서 결정적인 순간 형세를 적확하게 읽어내어 행동으로 옮기는 과단성 있는 면모를 보였다. 취할 것은 취하고 버릴 것은 과감히 버리면서 처절한 생존경쟁의 세계에서 최후의 승자가 되었다.

　마침내 절대 강자로 군림한 동맹세력이었던 당과의 한판 승부까지 감행한 것도 정세나 국제관계의 동향과 흐름을 정확하게 파악하고 분석한 바탕 위에 가능한 일이었다. 신라의 외교사를 더듬어볼 필요성을 바로 이런 데서 찾을 수 있다.

〈주요 사건 연표〉

연도	왕	주요 사건
366	나물 11	백제와 교빙을 요청해 옴.
368	나물 13	백제가 사신을 파견해 좋은 말 두 마리를 보냄.
373	나물 18	백제의 독산성주가 3백 명을 거느리고 투항해 옴.
377	나물 22	전진(前秦)에 사신을 보냄.
382	나물 27	전진(前秦)에 위두(衛頭)를 사신으로 보냄.
392	나물 37	실성(實聖)을 고구려에 볼모로 보냄.
399	나물 44	왜와 가야 연합병의 공격으로 왕성이 함락. 고구려에 구원을 요청함.
400	나물 45	고구려가 보기(步騎) 5만을 파견해 구원해 줌.
401	나물 47	실성이 돌아옴.
402	실성 1	왜국과 통호하고 나물왕자 미사흔(未斯欣)을 볼모로 보냄.
412	실성 11	나물왕자 복호(卜好)를 고구려에 볼모로 보냄.
417	눌지 1	나물왕자 눌지(訥祇)가 고구려의 도움을 실성을 죽이고 즉위함.
418	눌지 2	복호가 박제상(朴堤上)과 함께 고구려에서 돌아옴. 미사흔이 박제상의 도움으로 왜국에서 도망해 귀국함.
433	눌지 17	백제가 화의를 요청하자 이를 받아들임.
434	눌지 18	백제왕이 좋은 말 두 필과 흰매를 보내옴. 이에 부응해 황금, 명주(明珠)로 보답함.
450	눌지 34	하슬라성주(何瑟羅城主) 삼직(三直)이 고구려의 변장(邊將)을 살해함. 이에 고구려가 공격하자 화의를 요청하여 성사됨.
464	자비 7	왕성에 주둔하던 고구려 병사 백여 명을 몰살시킴.
468	자비 11	고구려와 말갈이 실직성을 공격해 옴.
470	자비 13	삼년산성을 쌓음.
475	자비 18	왕이 명활산성으로 이거함. 백제가 고구려의 공격을 받아 문주(文周)를 보내어 구원을 요청하자 구원병을 파견함.
481	소지 3	고구려가 말갈과 함께 북변을 공격하자 백제와 가야의 도움을 받아 물리침.
488	소지 10	왕이 월성을 옮겨 옴.
493	소지 15	백제 동성왕(東城王)이 청혼하자 이찬 비지(比智)의 딸을 보냄.
495	소지 17	고구려의 공격을 받은 백제가 구원을 요청하자 병력을 보냄.
496	소지 18	가야가 꼬리가 5척이나 되는 흰 꿩을 보내옴. 고구려가 우산성을 공격하자 니하(泥河)에서 싸워 격파함.
497	소지 19	고구려가 우산성을 함락시킴.
501	지증 2	백제가 탄현(炭峴)에 책(柵)을 세워 신라의 공격에 대비함.
521	법흥 8	양(梁)나라로 가는 백제 사신에 딸려서 사신을 파견함.
522	법흥 9	대가야 이뇌왕(異腦王)이 청혼하자 이찬 비조부(比助夫)의 딸을 보냄.
524	법흥 11	왕이 남쪽 경역을 개척하자 가야왕이 와서 만남.

연도	왕	주요 사건
525	법흥 12	백제가 내빙해 옴.
532	법흥 19	금관국왕 김구해(金仇亥)가 나라를 들어 항복해 옴.
541	진흥 2	백제가 사신을 보내어 화의를 요청해 받아들임.
548	진흥 9	고구려와 예(濊)의 공격을 받은 백제가 구원을 요청하자 도와줌.
549	진흥 10	양나라가 사신과 함께 입학승 각덕(覺德)에 따라 불사리(佛舍利)를 보냄.
550	진흥 11	백제가 고구려 도살성(道薩城)을 공격하고, 고구려가 백제의 김현성(金峴城)을 공격해 모두 피폐해진 틈을 타 두 성을 공략하고 수비병 천명을 배치함.
551	진흥 12	백제·가야와 연합해 고구려를 공격하여 한강 상류 지역 10군(郡)을 확보함.
553	진흥 14	백제가 장악한 한강 유역을 장악하여 신주(新州)를 설치하고 김무력(金武力)을 군주(軍主)로 삼음.
554	진흥 15	관산성(管山城)을 공격해오는 백제 성왕을 맞아 싸워서 죽임.
562	진흥 23	이사부(異斯夫)를 보내어 가야를 멸망시킴.
564	진흥 25	북제(北齊)에 사신을 보내어 조공함.
565	진흥 26	북제로부터 사지절동이교위낙랑군공신라왕(使持節東夷校尉樂浪郡公新羅王)의 책봉호를 받음. 진(陳)나라에서 사신을 보내옴.
594	진평 16	진(陳)나라에 사신을 보내어 상개부낙랑군공신라왕(上開府樂浪郡公新羅王)으로 책봉됨.
602	진평 24	백제가 아막성(阿莫城)을 공격해 옴.
603	진평 25	고구려가 북한산성(北漢山城)을 침공하자 막아냄.
605	진평 27	백제의 동쪽 변경을 침.
608	진평 30	원광(圓光)으로 하여금 걸사표(乞師表)를 지어 수나라에 보내어 고구려를 치도록 요청함.
611	진평 33	백제가 가잠성(椵岑城)을 공격해 함락시킴.
616	진평 38	백제가 무산성(母山城)을 공격함.
618	진평 40	백제로부터 다시 가잠성을 빼앗음.
621	진평 43	당(唐)나라에 사신을 보냄. 당에서도 화답하여 사신을 보내어 선물함.
624	진평 46	백제의 공격으로 속함(速含) 등 6성을 빼앗김.
625	진평 47	당나라에 사신을 보내어 고구려가 조공 통로를 막는다고 호소함.
627	진평 49	백제가 서쪽 국경 2성을 공격함.
628	진평 50	백제가 가잠성을 공격하자 격파함.
629	진평 51	용춘(龍春)·서현(舒玄)·유신(庾信)을 보내어 고구려 낭비성(娘臂城)을 쳐서 빼앗음.
632	선덕 1	당나라에 사신을 보내어 조공함.
633	선덕 2	당나라에 사신을 보내어 조공함. 백제가 서변을 공격함.
635	선덕 4	당이 사신을 보내어 왕을 주국낙랑군공신라왕(柱國樂浪郡公新羅王)으로 책봉함.
636	선덕 5	백제가 독산성(獨山城)을 공격해와 알천(閼川)을 보내어 모두 죽임.
638	선덕 7	고구려가 칠중성(七重城)을 공격해 옴.
640	선덕 9	귀족의 자제들을 당나라에 보내어 국학에 입학시킴.

연도	왕	주요 사건
642	선덕 11	당에 사신을 보냄. 백제에게 미후성(獼猴城) 등 40여성을 빼앗김. 당에 백제·고구려가 모의해 당항성(黨項城)을 공격해 조공로를 끊으려 한다고 알림. 백제가 대야성을 공격해 함락시킴. 김춘추(金春秋)를 고구려에 보내어 도움을 요청함.
643	선덕 12	당나라에 사신을 보내어 위급한 상황을 알려 구원을 요청함.
644	선덕 13	당나라가 고구려에 사신을 보내어 신라 공격을 그만두도록 요청함. 김유신을 보내어 백제를 공격해 7성을 장악함.
645	선덕 14	백제가 공격해오자 김유신이 나가서 싸움. 당의 태종이 직접 고구려를 원정하자 병력 3만 혹은 5만을 파견해 도와줌.
647	진덕 1	당이 사신을 보내어 선덕왕(善德王)을 광록대부(光祿大夫)로 추증(追贈)하고 진덕왕(眞德王)을 주국 낙랑군왕(柱國 樂浪郡王)으로 책봉함.
648	진덕 2	백제가 사변을 침공해오자 김유신이 싸워 막음. 당이 신라의 독자적 연호 사용을 문제로 삼음. 김춘추가 아들 문왕(文王)을 데리고 당나라에 가서 병력을 여청해 출사(出師)를 허락받음.
649	진덕 3	당나라 의관을 입게 함. 백제가 공격해 오자 김유신을 보내어 막아냄.
650	진덕 4	왕이 오언시(五言詩)의 태평송(太平頌)을 비단에 짜서 당나라에 보냄. 이때부터 중국 연호를 사용함.
651	진덕 5	김인문(金仁問)을 당나라에 보내어 숙위하게 함.
652	진덕 6	당나라에 사신을 보냄.
653	진덕 7	당나라에 사신에 김총포(金總布)를 바침.
654	무열 1	당나라가 왕을 개부의동삼사신라왕(開府儀同三司新羅王)으로 책봉함. 당나라에 산신을 보내어 감사를 표함.
655	무열 2	고구려 백제 말갈의 공격으로 13성을 빼앗김. 당나라에 구원을 요청함.
656	무열 3	김인문이 당에서 돌아오자 대신 문왕을 보냄.
659	무열 6	백제가 변경을 공격하자 당나라에 병력을 요청함. 당에서는 이듬해에 출병 예정임을 알려옴.
660	무열 7	당과 연합 병역에 백제와 전면전을 벌여 항복을 받아냄.
663	문무 3	당과 함께 백제 부흥군 및 그를 도우러 온 왜를 제압함.
668	문무 8	당과 연합하여 고구려를 멸망시킴.
670	문무 10	설오유(薛烏儒)로 하여금 고구려의 고연무(高延武)와 함께 압록강을 건너 말갈을 격파함. 백제의 옛땅 80여성을 공취함. 안승(安勝)을 고구려왕으로 책봉하고 금마저(金馬渚)에 안치시킴.
671	문무 11	당병과 석성(石城)에서 싸워 격파시킴.
672	문무 12	고구려병과 함께 백수성(白水城)에서 당병을 격파하였으나 석문(石門)에서는 패배함.
673	문무 13	당이 말갈 거란병을 거느리고 공격해오자 호로(瓠瀘)·왕봉(王逢) 두 곳에 대파시킴.
675	문무 15	칠중성에서 당병에게 대패 당함. 백제의 옛땅을 장악해 주군(州郡)을 설치함. 당병과 매초성(買肖城)에서 싸워 이김.
676	문무 16	당병과 소부리주 기벌포(所夫里州 伎伐浦)에서 싸워 격파시킴.

참고문헌

1. 저서

권덕영, 1997,『고대 한중외교사』, 일조각.
김창석, 2013,『한국고대 대외교역의 형성과 전개』, 서울대출판부.
노태돈, 2009,『삼국통일전쟁사』, 서울대출판부.
서영교, 2006,『나당전쟁사 연구』, 아세아문화사.
역사학회편, 2006,『전쟁과 동북아의 국제질서』, 일조각.
이상훈, 2012,『나당전쟁사』, 주류성.

2. 논문

노중국, 1981,「고구려·백제·신라의 역관계 변화에 대한 일고찰」,『동방학지』28.
양기석, 1994,「5-6세기 전반 신라와 백제의 관계」,『신라의 대외관계사 연구』(신라문화제학술발표회논문집 15).
정운용, 1996,「나제동맹기 신라와 백제의 관계」,『백산학보』46.
주보돈, 2003,「웅진도읍기 백제와 신라의 관계」,『고대 동아세아와 백제』, 충남대학교 백제연구소.
_____, 2006,「5-6세기 중엽 고구려와 신라의 관계」,『북방사논총』11, 고구려연구재단.
_____, 2016,「대중 외교와 그 흐름」,『신라의 대외관계와 국제교류』(신라 천년의 역사와 문화 12), 경상북도.

제 7 장
가야의 외교

김태식

1. 한반도 남부 국제 교역의 등장
2. 4세기 이전 가야의 외교
3. 5~6세기 초 가야의 외교
4. 6세기 전반~중엽 가야의 외교
5. 가야의 외교에 대한 개요
   쟁점 임나일본부설

| 주요 사건 연표 |

3세기 전반   김해의 가야국은 변한 12국에 걸쳐 전기 가야연맹체를 형성함.
266년   야마타이국의 왜 여왕이 서진에 사신을 파견함.
400년   고구려의 병력이 왜군을 추격하여 가야지역을 강타함.
442년   고령의 반파국은 국호를 '가라(=대가야)'로 개칭함, 후기 가야연맹체를 형성함.
479년   가라왕 하지, 남제에 사신을 파견함.
512년   백제, 임나 4현을 병합함.
513년   백제, 기문·대사를 병합함.
514년   대가야, 사방을 축성함
522년   대가야와 신라가 결혼 동맹을 맺음.
532년   신라, 김해 금관국을 병합함.
541년   제1차 사비 회의를 개최함.
544년   제2차 사비 회의를 개최함.
548년   안라 왜신관, 고구려에 사신을 파견함.
552년   백제, 왜국에 사신을 파견함.
562년   고령 대가야국이 신라에 멸망함.

1. 한반도 남부 국제 교역의 등장

1) 국제 무역항 늑도의 등장

대동강 유역에 위만조선이 들어선 후 한반도에서는 멀리 떨어진 지역을 연결하는 원거리 교역 체계가 나타났다. 거기에는 한반도 남부와 일본 열도의 사회 발전에 따른 선진문물 수요가 크게 작용하였다.

그 중심지는 기원전 2세기 이후의 경상남도 사천 늑도(勒島) 유적이다. 이곳에서는 한반도 남부 재지계의 토기와 함께 중국 전한의 화폐, 일본의 야요이 토기 등이 출토되었다. 이는 늑도가 중국 한나라 및 위만조선과 일본열도를 잇는 동북아시아 해상 교역의 국제 무역항 역할을 담당하고 있었음을 보여준다.

이 시기의 늑도에는 질서를 관장하는 토착 세력의 존재가 없이, 멀리서 배를 타고 온 외국 상인들의 자유무역 공간이라는 의미만 있었다. 이러한 선진문물의 흐름과 상업 이익의 존재는 차츰 그 주변 사회의 발전을 부추겼다.

2) 기원 전후의 창원 다호리와 김해

한 무제의 공격으로 위만조선이 멸망하고 중국 군현이 들어서면서 한반도에는 커다란 변화가 일어났다. 위만조선의 유민들이 각 지역으로 퍼지면서 한 차원 높은 계급 사회와 문명이 한반도 남단 끝에까지 전파된 것이다.

서력 기원을 전후한 시기에 경남 해안지대에 새로운 문화적 중심이 형성되면서, 그곳이 낙랑군을 통해 중국과 일본을 연결하는 중계 무역 기지로 부상되었다. 그 결과 기원전 1세기 이래 낙동강 하구에 가까운 경남 창원 다호리 1호분과 김해 패총, 양동리 고분군 등에서 중국제 청동거울과 화폐, 위만조선의 기술을 이은 것으로 평가되는 각종 철기와 칠기 및 회색 와질토기 등의 유물들이 출토되었다.

　김해 및 창원 지역은 일본열도와의 해상 교통이 편리하다는 지형적 요인으로 인하여, 왜와 밀접한 교류를 하였다. 이 지역은 청동기나 철기와 같은 선진문물을 획득하려는 규슈지방 왜인들의 수요에 부응하여 상업적 이익을 축적하며 크게 발전하였다.

2. 4세기 이전 가야의 외교

1) 진왕을 통한 대 중국(낙랑) 외교

2~3세기 무렵 남한은 마한 54국, 진한 12국, 변한 12국의 삼한으로 나뉘어 있었다. 기본적으로 중국 군현과 삼한 신지(臣智) 사이에는 인수(印綬)와 의책(衣幘)을 매개로 한 '공적 교섭'이 이루어졌는데, 군현은 소국의 크기에 따라 차등을 두어 인수(印綬)를 발행하였다. 마한 목지국(충남 천안)의 진왕은 삼한 전체를 거의 대표하는 존재로, 규모가 큰 외교 교섭에서는 여러 소국과의 종주 관계를 토대로 주도적 역할을 하였다.

진왕의 권위는 특히 마한과 변한에 대하여 미치고 있어서 변한 소국들은 서열 1~2위인 구야국(김해)과 안야국(함안)을 대표로 내세워 진왕을 통하여 중국(낙랑)과 간접적인 외교를 수행하기도 하였다. 다만 변진 관련 기록에 "12국 역시 왕이 있었다"고 하므로, 변한에서 가장 유력한 소국의 지배자는 변한 전체의 왕으로 불리기도 했다고 추정된다.

고고학적 유물을 통하여 검증해 보면, 대중국(낙랑) 교류의 측면에서 김해 지역의 우월성이 가장 두드러진다. 2세기 후반의 덧널무덤인 김해 양동리 162호분에서 출토된 청동거울, 쇠솥 등과 3세기의 양동리 322호분에서 출토된 청동세발솥[銅鼎], 수정제 곡옥, 대형 다면옥(多面玉) 등은 낙랑군에서 수입한 물품으로 추정된다.

2) 김해 가야국은 왜의 교역 중계기지

『삼국지』 한전에서 변한에서는 철이 생산되는데, 한·예·왜에서 모두 와서 가져갔고, 사고 팔 때에 모두 철을 화폐처럼 사용하였으며, 또한 철을 낙랑군과 대방군에도 공급하였다고 한다. 이로 보아 김해와 같이 해로 교통이 편리한 곳에서는 각지에서 모여든 상인들 사이에서 '중심지 시장 교역' 형태의 직접 거래도 이루어졌음을 알 수 있다.

『삼국지』왜인전에서는 낙랑 및 대방군에서 왜로 갈 때 한반도 서남해안의 연안 항로를 취하다가 구야한국, 즉 김해의 구야국(=가야국)에서 비로소 바다를 건너 왜의 쓰시마국에 이르며, 혹은 그곳을 왜의 북안(北岸)이라고 인식할 정도로 왜에게 중요한 교통 거점이었다고 한다. 따라서 늦어도 3세기 전반에 가야국은 풍부한 철의 생산과 양호한 해운 조건을 활용하여 변한 12국을 주도하는 완만한 소국 연맹체, 즉 전기 가야연맹을 이루었다고 하겠다.

김해의 가야국은 주로 일본열도의 규슈지방과 교역하였으나 3세기 무렵에는 그 범위를 산인, 산요지방으로 확대하였으며, 3세기 중엽에는 긴키[近畿]지방과도 교류하였다. 『진서』사이전에서 서진 태초 2년(266)에 일본 서부지역의 소국 연합세력인 야마타이국의 왜 여왕이 사신을 보내, 거듭되는 통역을 거쳐 입공[重譯入貢]했다고 하는데, 왜의 사신을 중국까지 안내하고 통역해 준 주체는 변한 구야국과 마한 목지국을 빼놓고 생각하기 어렵다.

3) 진한과 변한 각국의 통합 및 세력화

3세기 후반에 서진의 통제력 약화에 대응하여 남한 각지에서는 이해관계를 함께하는 각 지역 소국들이 통합을 강화하는 현상이 나타났다. 이 시기에 동이(東夷)의 소국들은 적게는 3~5국, 많게는 20~30여 국으로 집단을 이루어 서진이 요동지역에 마련한 유주자사 또는 동이교위에 이르러 조공하였다. 이는 삼한 소국들이 보다 유리한 교역을 성사시키기 위하여 의도적으로 큰 단위를 이루어 중국과 외교한 것을 반영한다.

고고학적 유물 출토 상황으로 보아 3세기 후반을 기점으로 영남 일대의 유물 출토 상황은 많은 변화를 일으켰다. 가야국의 왕묘인 김해 대성동 29호분에서 두귀항아리로 대표되는 도질토기, 오르도스형 청동솥[銅鍑], 순장 등의 북방계 문화 요소가 새로이 나타났다. 또한 분묘에 철제 무기가 대량 매납되고, 무기를 보유한 계층이 확대되며, 철제 갑주가 등장하였다. 특히 소국 지배층의 무력 강화 현상은 진한 지역에서도 나타났다.

이로 보아 진한 사로국과 변한 구야국은 3세기 후반에 주변 소국들을 정복하여 정치적으로 좀 더 강한 소국 연맹체를 이루었다. 『삼국사기』 탈해 이사금 21년(77) 조부터 지마 이사금 5년(116) 조까지 보이는 신라와 가야의 전쟁 기사는 실제로는 이 시기의 현상으로 해석된다.

4) 가야의 무력 강화와 대왜 교류

중국 북방에서는 호한(胡漢)의 대립과 융합이 치열하게 일어나는 가운데 결국 서진이 316년에 멸망하고 그 이듬해 남쪽에서 동진을 재건하였다. 고구려 미천왕은 이런 혼란을 틈타 낙랑군과 대방군을 313년과 314년에 각각 병합하였으며, 이에 따라 그 지역과 한반도 남부의 선진문물 교역 체계가 붕괴되었다.

낙랑·대방의 멸망과 함께 중국 선진문물의 교류가 쇠퇴하게 되자, 김해 가야국(금관가야)의 통치력이 약화되고 연맹 내부가 동서로 분열되기도 하였다. 이에 가야국은 일본열도와의 외교에 더욱 몰두하여, 김해 대성동 계통의 철 소재인 납작도끼는 이 시기에 후쿠오카현, 오사카부, 나라현, 교토부 등 일본 각지에서 출토된다.

4세기 가야지역에는 전통적인 해상 교통로를 통하여 간헐적으로 중무장 기마 전사단 문화가 파급되었다. 철제 종장판 투구와 판갑옷, 단면 마름모꼴의 실용적인 쇠투겁창, 관통력이 예전에 비해 강력해진 목긴 쇠화살촉, 기승용 마구 등이 그것이다. 가야는 이처럼 무력을 강화하고 왜와 교류하면서 신라에 대한 반격을 준비하였다.

5) 가야가 백제의 대왜 외교를 중계

백제는 옛 대방 지역의 이주민을 받아들이면서 외교 능력이 크게 발전하여, 4세기 중후반에 중국 남조의 동진과 교류하고 동시에 가야와의 친교를 모색하였다. 특히 근초고왕은 황해도 지방에서 고구려와 패권을 다투는 과정에서 배후 안정과 교역 이익을 위해 가야 제국의 협조를 구하였다. 그러자 가야연맹은 김해의 가야국을 중심으로 재통합되어, 일본열도와의 인적·물적 교류 전통을 바탕으로 철 및 기술자를 원조하고 왜의 군사력을 도입하였다.

4세기 후반 일본열도 긴키지방 서부의 오사카 후루이치[古市]와 모즈[百舌鳥] 고분군에서 가야의 덩이쇠와 원통형 창끝꾸미개[筒形銅器]가 장착된 쇠투겁창 및 철제 판갑옷이 나타나고, 김해 대성동 2호분, 13호분, 18호분, 23호분에서 일본 긴키지방의 바람개비 모양 방패꾸미개가 부착된 방패와 벽옥제 돌화살촉 등이 나타나는 것은 양자 사이의 동맹관계를 나타낸다. 또한 가장 이른 스에키 가마터인 오사카부 오바데라[大庭寺] 유적에는 김해, 부산 등지의 가야 계통 기술자가 파견되어 생산이 시작되었다.

이에 따라 백제는 360년대부터 380년대까지 옛 대방 지역을 둘러싼 고구려와의 전쟁에서 우세를 점하였고, 가야는 낙동강 동쪽 신라와의 경쟁에서 우위를 드러냈다. 그리하여 4세기 후반에 변진에 속한 독로국이면서도 진한과 변한의 중간적 속성을 나타내던 부산 복천동 고분군에서 신라계 유물이 단절되는 변화가 나타났으니, 이는 부산의 독로국(=거칠산국)이 가야에게 복속된 것을 반영한다.

6) 고구려의 신라 구원과 전기 가야연맹의 해체

391년에 고구려 광개토왕이 즉위하면서 백제 우위의 전세는 급격히 역전되었다. 백제는 고구려에게 한강 이북 지역이 상실될 위기에 처하자 397년에 태자 전지를 왜에 보냈고, 가야의 중계로 왜군이 대거 파견되었다. 한편 낙동강 동쪽 지역에서는 가야의 강세가 지속되자 신라가 고구려에게 구원을 요청하였다.

신라가 끌어들인 고구려의 병력이 400년에 왜군을 추격하여 가야지역을 강타하자, 부산의 복천동 고분군 축조 집단은 신라에게 투항하였다. 그 밖에 낙동강 동쪽 연안의 가야 소국들도 신라에 대한 굴복 태세를 보였다. 이로 인하여 백제는 경남 지역의 우군을 상실하였고, 얼마 지나지 않아 김해 가야국 중심의 전기 가야연맹이 해체되었다.

당시에 왜군의 무장 체계는 한반도에 비해 수준이 낮아 활용도가 떨어졌다. 고구려군은 중장 기병 위주의 앞선 것이었고, 가야군도 쇠투겁창과 철제 판갑옷 위주의 장병(長兵) 체계를 갖추었으나, 왜군의 무장은 그에 훨씬 못 미치는 쇠단검과 두께가 얇은 쇠화살촉 위주의 단병(短兵) 체계였다. 이들은 404년에 백제를 따라 대방계(帶方界) 전투에도 동원되었으나 전혀 힘을 쓰지 못하였다.

3. 5~6세기 초 가야의 외교

1) 가야 각국과 일본열도 각지의 개별 외교

5세기 전반에 전기 가야연맹이 해체된 후 가야지역에서 일본열도로 철이나 선진문물을 수출할 수 있는 주도 세력이 사라졌다. 그럼에도 불구하고 5세기 이후 일본열도의 고대 문화에는 급격한 변화가 일어, 단단한 스에키뿐만 아니라 새로이 못으로 연결하는 철제 판갑옷과 투구, 그때까지 전혀 보이지 않았던 마구 등이 나타났다.

일본열도의 이러한 문화 발전에는 4세기 후반 김해 가야국의 기술자 지원[援助工人]과 4세기 말 5세기 초 전기 가야연맹의 해체에 따른 피난민 유입에 따른 여파도 있지만, 5세기 전반 이후 김해 주변의 소국들이 일본 각지의 세력들과 소규모로 왜와 교섭한 것에도 원인이 있다. 한반도와 일본열도 각지의 세력 간에 도질토기 제작 기술자 파견을 매개로 한 개별적인 교섭 관계가 보이기 때문이다.

토기 문화의 유사성으로 보아 5세기 전반의 한일 교류는 김해 가야국을 대신한 부산 독로국과 긴키지방 야마토 정권의 관계가 주류를 이룬다. 또한 그에 더하여 가야연맹의 유력 소국인 경남 함안 안라국(=아라가야)은 시코쿠 지방 가가와·에히메현 일대의 세력들과, 고성 고자국(=소가야)은 규슈지방 후쿠오카현 일대의 세력들과 교섭 활동을 이루고 있었다.

2) 대가야와 백제의 외교

고령, 거창, 합천 등의 경상 내륙 지방은 안정된 농업 기반을 토대로 한 토착 세력이면서도 후진적인 문화에 머물러 있었으나 5세기 전반에 낙동강 하류 지역으로부터 선진 기술자들의 이주를 받으면서 성장하기 시작하였다. 그중에서도 고령의 반파국은 가야산 야로 지방의 철광산을 개발하며 급속한 발전을 이루었다.

이를 바탕으로 하여 고령 지산리 고분군 축조 세력은 5세기 중엽에 이르러 서쪽의 남원 월산리 고분군 축조 세력과 동쪽의 합천 옥전 고분군 축조 세력을 영향력 아래 넣으면서 신라 및 백제, 왜와의 물자 교역을 주도할 수 있게 되었다. 이에 따라 442년 무렵에 경북 고령의 반파국은 국호를 '가라(=대가야)'로 개칭하고 대가야 중심의 후기 가야연맹체를 형성하였으며, 그 지배자인 기본한기는 '가라국왕'을 자칭하였다.

반파국이 급속한 발전을 토대로 대왜 교역을 주도하기 시작하자 백제는 그들을 가야연맹의 대표로 인정하고 후원하였다. 백제와 대가야를 연결시킨 백제 귀족 목라근자는 옛 마한 맹주국인 목지국의 후예로서 천안 직산이나 화성리 또는 청주 신봉동에 근거를 둔 세력이었다. 다만 고령 지산리 고분군의 유물들로 보아 이곳에 미친 백제의 영향력은 강압적인 것이 아니라 상호 동맹적인 성격이었다.

3) 대가야와 남제의 외교

475년에 백제가 고구려와의 대결에서 패하여 웅진으로 천도하고, 가야 지역과의 중개를 맡았던 목씨 가문의 목만치가 중앙 정쟁(政爭)에서 패배함으로써 백제-가야-왜의 교통로는 일시적으로 두절되었다.

이처럼 백제의 혼란이 잇따르고 주변 지역에 대한 장악력이 약화되자 479년에 가라왕 하지(荷知)가 남제에 사신을 보내 보국장군 본국왕을 제수 받았다. 가야의 가실왕이 중국의 쟁을 개조하여 가야금을 만들었다거나 우륵 12곡의 악곡명 중에 중국 남조의 기악곡인 보기(寶伎)와 사자기(師子伎)가 있는 점으로 보아, 가야의 사행은 문화 사절단을 겸한 대규모의 것이었다.

대가야는 독자적으로 국제무대에 등장한 이후 한반도 안에서도 그 권위를 상승시켰다. 그리하여 481년에 고구려가 신라 호명성(경북 영덕) 등 일곱 성을 빼앗고 다시 미질부(경북 포항시 흥해읍)로 진군하는 것에 대하여 대가야는 백제와 함께 원병을 보내 막기도 하였다.

4) 대가야와 일본열도 각지의 외교

가야지역이 고령의 대가야를 중심으로 통합되자 일본열도 각지의 왜인들도 대가야와의 외교를 서둘렀다. 왜인들은 5세기 후반까지도 독자적인 철 생산을 할 수 없어서 가야로부터 철 소재를 수입해서 이를 가지고 단야 과정을 거쳐 철기를 생산해왔기 때문이다. 대가야는 일본 각지와의 외교에 적극적으로 응하였다.

5세기 중엽 이후로 일본열도의 규슈, 시코쿠, 주부, 긴키, 간토 지방 등 각지에서 고령 계통의 금동관과 귀걸이 등의 위세품과 목항아리를 비롯한 토기가 분포되기 시작하고, 고령 계통의 축소 모형 철제 농기구가 6세기 초엽까지 성행하였다. 이는 고령의 대가야가 자신의 문물과 일부의 백제 문물을 가지고 왜와 교류한 것을 반영한다.

한편 왜의 무력 강화를 위한 원조로서 일본열도에 말을 사육하는 집단의 집중적인 이주가 이루어져 5세기 중반부터 후반에 걸쳐 대가야 계통의 마구들이 성행하였으나, 실용적인 기마 무장보다 장식 마구의 생산이 성행하였다. 5세기 말 6세기 초에는 일본열도에서 자체적으로 철 생산도 이루어지기 시작하였는데, 철 생산 기술은 대가야가 아닌 가야 소국 또는 영산강 유역의 백제 계통 소국들로부터 전해졌을 것으로 보인다.

5) 대가야의 대왜 외교와 왜인 병력의 활용

대가야는 위와 같이 긴키지방의 야마토[大和]를 비롯한 일본열도 각지의 세력과 교류하며 덩이쇠와 더불어 장신구, 마구 등의 물품들을 수출하고 기술자를 원조하였으며, 그 대가로 왜로부터 병력을 들여다 활용하였다. 5세기 후반에 가야가 왜인 병력을 활용하고 있었다는 근거는 『일본서기』 기록들을 통하여 확인할 수 있다.

편년이 불안정하고 윤색이 심하나, 464년에는 고구려가 신라의 축족류성(강원 삼척)을 공격하자 임나왕이 가시하데노오미 이카루가[膳臣斑鳩] 등의 왜군을 보내 이를 구원하였다는 기사가 나온다. 487년에는 백제가 고구려 영토였던 이림(충북 음성)을 공격하는 과정에서 백제군의 일원으로 참가했던 백제계 왜인 세력 기노오이와[紀生磐] 및 가야의 나기타갑배 일행이 고구려와 내통하여 백제에 대한 적대행위를 하였다고 한다.

백제는 가야와 협력관계를 맺고 있었으나 웅진 천도 이후 그 권위가 흔들려 내부에서도 반란 행위가 일어나고 있었다. 또한 가야군은 자신들이 동원한 왜인 병력과 함께 신라를 지원하기도 하고 백제를 지원하기도 하면서 고구려와 적대적인 입장에 섰으나, 이는 모두 자국의 이익을 취하기 위한 행동이어서 상황에 따라 쉽사리 변하였다.

6) 대가야의 호남 동부지역 교통로 이용

낙동강의 동쪽 지역 일대는 신라의 세력권 아래 있었기 때문에, 대가야는 왜와 무역할 때 낙동강 수로를 거쳐 김해 지방을 이용하기보다는 서쪽의 하동 방면을 이용했다. 고령에서 하동으로 연결되는 교통로는 고령 → 거창 → 함양 → 남원 → 섬진강 → 하동으로 연결되는 길이 가장 유력시 되며, 6세기 전반에는 고령 → 합천 → 삼가 → 진주 → 하동(또는 사천)의 길도 이용되었을 것으로 추정된다.

이와 같은 교통로상에 있는 합천, 함양, 남원, 순천 지방의 대형 고분군에서는 5세기 후반 이래 고령 양식의 위세품과 더불어 고령 양식의 토기, 마구, 무구, 무기가 출토되고 있다. 6세기 전반에는 그 범위가 삼가, 진주, 산청, 고성 등으로 확장되는 것으로 보아, 교통로의 변화를 추정할 수 있다. 다만 유리한 수운을 가진 낙동강 하구를 이용하지 못한다는 점은 대외 교섭의 큰 한계였다.

그런 한계성 때문에 경남 고성의 고자국(=소가야)은 5세기 후반 이후 6세기 중엽까지 내륙을 통해 대가야계 토기와 마구를 받아들이면서, 한편으로는 남해안 해상 교역망을 통해 일본열도 규슈의 왜와 중점적으로 교류하여 스에키, 마구, 왜계 석실 등을 받아들였다. 이로 보아 고성 고자국의 지배층은 대가야지역과 영산강 유역 및 규슈 북부 지역과의 정치적 유대관계 속에서 한반도와 일본열도 사이 교역망의 일부분을 담당하였다.

7) 호남 동부지역을 둘러싼 대가야와 백제의 경쟁

5세기 말 6세기 초에 백제는 담로제를 정비하여 호남 서부지역을 점유하고, 호남 동부지역을 공략하였다. 『일본서기』 기록에 따르면, 512년에 백제는 왜국에게 임나국의 상다리(전남 여수), 하다리(돌산), 사타(순천), 모루(광양) 4현을 달라고 요구하면서, 왜와 교역하기 위해서는 좋은 항구가 필요하다는 점을 명분으로 내세웠다. 513년에는 백제가 왜에 사신을 보내 기문(전북 남원, 임실, 장수 번암) 땅을 달라고 요구하면서, 반파국이 백제 땅인 기문을 공격하여 빼앗았으니 이를 돌려달라는 명분을 댔다. 이에 따라 왜는 임나 4현과 기문·대사(경남 하동)를 백제에게 주었다고 한다.

결과적으로 보아 원래 임나국 또는 반파국, 즉 대가야에 소속되어 있던 가야연맹의 임나 4현 및 기문 땅을 백제가 병합한 것이다. 일본 측에서 이를 '왜의 임나 각지 할양'이라고 인식한 것은 그 땅이 원래 왜왕의 소유였다는 것이 아니라, 멀리 떨어져 있는 교역 대상자인 왜왕의 호응을 얻으려는 백제의 외교적 수사(修辭)에 현혹되어 생긴 왜 측의 환상일 뿐이다. 실은 왜와의 교역을 빙자하여 가야연맹 소국을 잠식해 들어오는 백제의 외교 방식을 보여준다. 백제는 자신의 외교적 명분에 동의하여 영토 확장에 도움을 준 왜에게 513년, 516년에 오경박사를 보내 유학을 전수하였다.

결국 호남 동부의 임나 4현 및 기문의 땅이 백제에게 넘어감으로써 가야와 백제는 소백산맥을 경계로 삼게 되었고, 그 후 가야연맹은 왜국에 대한 외교 주도권을 백제에 넘겨주게 되었다. 그 이유는 첫째로 가야-왜

교역의 주요 종목이었던 철을 6세기 초에 왜가 스스로 생산하면서 가야에 대한 관심이 줄었기 때문이고, 둘째로는 중국 남조와의 교역을 통해 다양한 선진문물을 보유하고 있었던 백제가 호남 동부지역을 통해 왜와 직접 교역할 수 있는 통로를 마련하였기 때문이었다.

8) 『양직공도』 백제국사전과 호남 동부지역의 종말

그 이듬해인 514년에 대가야는 자타(경남 진주)과 대사(하동)에 성을 쌓아 만해(전남 광양)에 이어지게 하고, 봉수대와 저택을 설치하여 백제 및 왜국에 대비했다. 또한 이열비(경남 의령군 부림면)와 마수비(창녕군 영산면)에 성을 쌓아 마차해(삼랑진) 및 추봉(밀양)에까지 뻗치고, 사졸과 병기를 모아서 신라를 핍박했다. 그리하여 515년에 대가야는 대사강(하동 부근의 섬진강)에 도착하여 백제와 교통하려 했던 왜의 일행을 무력으로 쫓아내기도 하였다.

그런데 『양직공도』 백제국사전에 따르면, 양(梁) 보통 2년(521)에 백제왕이 수도를 고마(공주)에 두고 지방에는 22담로를 두어 통치하였는데, 인접한 소국으로 반파, 탁, 다라, 전라, 사라, 지미, 마련, 상기문, 하침라 등이 그에 부속되어 있다고 하였다. 여기서 사라, 즉 신라가 백제에게 부속되어 있다거나 혹은 가야연맹의 유력한 소국들인 반파(경북 고령), 탁(경남 창원), 다라(합천), 전라(함안)가 백제에 부속되어 있다는 것도 백제 측의 과장된 이야기다.

다만 그 이하의 지미, 마련, 상기문, 하침라 등이 소국으로 존재하고 있다는 것은 새겨볼 점이 있다. 지미(=신미국, 탐미다례)는 전남 서부의 해남이고, 마련(=모루, 만해)은 전남 동부의 광양이고, 상기문은 전북 동부의 임실·번암이며, 하침라는 제주도이다. 그렇다면 521년 단계에도 호남 동부의 몇몇 세력은 여전히 백제에게 독립성을 유지하고 있었다고 하겠다. 그러나 520년대 후반 이후 가야연맹이 분열과 함께 약세를 보임에 따라 호남 동부의 마지막 가야 소국인 마련과 상기문은 백제에게 복속되었을 것이다.

4. 6세기 전반~중엽 가야의 외교

1) 가야가 신라의 대왜 외교를 중계

대가야 이뇌왕은 522년에 법흥왕대의 신라 왕실에 청혼하여 이찬 비조부의 누이동생과 결혼함으로써 동맹관계를 맺고 백제에 대항하였다. 가야와 신라의 협력은 한반도 남부와 일본열도 사이의 교류 측면에서 파란을 일으켰다.

527년에 규슈 북부에 세력을 떨치고 있던 쓰쿠시노쿠니노미야츠코[筑紫國造] 이와이[磐井]가 신라의 사주를 받아 한반도 각지에서 오는 배들을 유치하고 야마토 정권의 원정군이 출발하는 것을 막다가, 이듬해에 중앙 귀족인 모노노베노 아라카히[物部麤鹿火]의 토벌군에게 진압 당하였다. 그런데 이와이가 죽은 후에 축조된 무덤으로 알려진 후쿠오카현 야메시[八女市] 이와토야마[岩戸山] 고분은 전체 길이 132미터의 전방후원분으로서 규슈 북부 최대의 고분이나 일본 긴키지방과 다른 독자적인 설계를 보여주고 있다.

이로 보아 규슈지방은 이때 야마토 정권에 종속되었다고 해도 여전히 독립적인 지위를 유지하는 동맹자 관계에 있었다고 추정된다. 규슈 북부의 호족이 가야 및 신라의 계책에 따라 백제와 왜 왕권 사이의 교류 관계를 막으려다가 긴키지방의 야마토 정권에게 진압되었다는 것은, 한반도와 일본열도 사이의 외교에서 규슈 왜인의 중간 역할이 무력화됨을 뜻한다.

2) 한반도 남부와 일본열도 사이의 외교 패턴 전환

6세기 전반 이후로는 백제가 본격적으로 일본열도 긴키지방의 야마토 정권과 교류하기 시작하였다. 야마토 정권은 이미 제철을 비롯하여 어느 정도의 물질 기반을 갖추었기 때문에 고대국가 통치체제의 정비 과정에서 필요한 지식을 백제에서 구하고자 하였다. 이에 백제는 왜에게 오경박사, 승려, 기술자 등을 교대로 보내주어 고급 정신문화를 전수하였고, 그 대가로 신라와 대결하는 과정에 필요한 군병을 요청하였다.

반면에 가야 남부 지역의 고성군 송학동 고분뿐만 아니라 의령군 경산리, 운곡리 고분군 등에서 북규슈계 석실 구조와 대가야 양식의 토기, 마구, 청동주발 등의 부장품을 갖춘 고분들이 나타났다. 일본 규슈 후쿠오카현과 구마모토현 등지에서도 고령 양식의 귀걸이와 토기, 고성 양식의 토기 등이 나타나므로, 가야와 규슈 왜인 사이의 국지적인 관계가 상정된다.

이로 보아 6세기 전반에 들어, 고대 한일 외교의 패턴은 기존의 '백제-가야-규슈왜-긴키왜'를 거치는 형식으로부터 '백제-긴키왜'로 직결되는 형식이 우세하게 되었다. 이에 반발하여 가야와 규슈 북부 사이에 전통적인 교류 통로가 강화되는 현상도 일부 나타났으나 국제적인 영향력을 미치지는 못하였다.

3) 백제가 안라에 대왜 무역 중개소 설치

531년에 백제는 가야연맹의 분열을 틈타 걸탁성 및 구례모라성(경남 함안군 칠원면)에 군대를 진주시켰으며, 호남 동부지역과 경남 하동 일대에 군령·성주와 같은 지방관을 설치하였다. 그 결과 안라(함안) 및 그 서남부의 가야 소국들은 백제의 정치적 영향력 아래 놓이게 되었다.

백제는 이를 계기로 좀 더 안정적인 대왜 교역 통로를 확보하면서도 신라나 가야 제국으로 하여금 거부감을 가지지 않도록 할 필요가 있었다. 그리하여 백제는 가야연맹 남부 제국의 강자인 함안의 안라국에 친백제계 왜인 관료인 이키미(印支彌)나 고세노오미(許勢臣) 등이 상주하는 기구를 설치하고, 이를 매개로 하여 기존의 섬진강 유역보다 대왜 교역에 유리한 탁순로, 즉 마산-창원 지방으로 통하는 길을 운영하려고 하였다.

한편 백제-왜 사이의 교역 기관을 두게 된 안라는 중계 거점으로서의 위치를 십분 활용하여 가야 남부 제국에서의 패권을 수립할 수 있었다.

이렇게 백제의 의도와 안라의 부응에 따라 성립된 '임나일본부', 즉 안라 왜신관은 안라에 위치하는 왜국 사절 주재관(駐在館)이라는 명분을 지녔지만 실제로는 '백제의 대왜 무역 중개소'와 같은 성격을 띠는 것이었다.

4) 안라의 왜신관 개편과 왜인 관료

신라 법흥왕은 가야 남부에 대한 백제의 영향력 확대를 우려하여 가야 연맹의 전 연맹장인 김해의 금관국(=남가라국) 왕족을 우대함으로써, 532년에 투항을 이끌어냈다. 또한 신라는 창원 탁순국을 회유하여 538년경에 편입시켰으며, 한 걸음 더 나아가 칠원 구례모라성에 주둔한 백제군을 물리쳐 쫓아냈다.

안라는 이 기회에 백제의 영향력으로부터 벗어나서 자국 내에 있는 왜신관을 개편하였다. 안라는 원래부터 자국 내에 거주하던 왜인들을 왜신관에 채용하기도 하고, 또는 친안라 왜인 관료들을 수용하기도 하였다.

안라 왜신관은 대신(大臣)=경(卿) 이쿠하노오미[的臣], 신(臣)=집사(執事) 기비노오미[吉備臣] 및 하급 관인 가후치노아타히[河內直], 이나사(移那斯), 마도(麻都) 등으로 구성되어 있었다. 이들은 모두 왜인이거나 왜계 혈통과 관련이 있었다. 또한 그 관인들은 왜국과 일정한 관계가 있는 것처럼 내세우며, 이른바 '임나집사(任那執事)', 즉 가야 각국에서 파견된 대표자들과 함께 가야연맹체의 주요한 대외 정책 결정에 참여하였다.

5) 가야연맹 사신단의 제1차 사비 회의

후기 가야연맹은 530년대를 거치면서 고령 대가야국과 함안 안라국 중심의 남북 이원 체제로 분열되었다. 그러나 그들은 국제 환경의 어려움을 극복하고 독립을 유지하기 위하여 7~8개 국의 집사들로 구성된 대외 교섭 단체를 마련하고 백제와 신라 양측과 외교 교섭을 도모하였다.

백제의 성왕은 538년에 사비(충남 부여)로 천도하고, 얼마 후 가야연맹의 회의 요청을 받아들였다. 그리하여 541년 4월에 안라(경남 함안), 가라(경북 고령), 졸마(경남 함양), 산반해(합천군 초계면), 다라(합천), 사이기(의령군 부림면), 자타(진주시) 등 7개 소국의 한기(旱岐)와 왜신관의 신(臣)이 백제 수도에 모였다.

제1차 사비 회의에서 가야연맹의 사신단은 자신들의 독립 보장 및 신라의 공격에 대한 우려를 표시하였다. 이에 대하여 백제 성왕은 안이한 자세로 가야연맹 제국을 부속시키려고 하였기 때문에, 상호 간의 구체적인 요구 사항이 잠복해 있는 상태에서 별다른 성과를 내지 못했다.

6) 가야연맹 사신단의 제2차 사비 회의

그해 7월에 백제는 가야연맹의 사신단이 신라에 가서 회의한다는 소식을 듣고 안라에 사신을 보내 신라와의 계략 모색을 비난하고, 백제 사비성에서 2차 회의를 갖자고 제안하였다. 그러나 가야연맹은 정월 제사, 안라 왜신관의 반대, 왜왕의 다른 견해 등을 핑계로 백제와의 회의 개최를 거절하였다.

이에 백제는 왜왕의 견해를 독자적으로 타진한 다음, 그것을 빌미로 하여 가야연맹 사신단을 다시 초대하였다. 3년 후인 544년에 열린 제2차 사비 회의에서 백제 성왕은 세 가지 계책을 제시하였다. 그 내용은 ① 가야연맹 및 왜의 협조 아래 가야의 변경에 6성을 축조하여 이를 바탕으로 신라의 구례산 5성을 쳐서 회복하고 ② 안라 중심의 독자 세력 추진 집단인 왜신관을 무력화시키며 ③ 임나의 하한(下韓)에 파견된 백제의 군령·성주는 그대로 유지한다는 것이었다.

성왕이 제시한 것은 가야 영토에 대한 점진적 침탈 정책에 지나지 않았으며 가야를 위한 양보는 거의 없었다. 이에 가야연맹 사신단은 백제의 계책은 마음에 들지만 돌아가서 안라 왜신관 대신(大臣), 안라왕(安羅王), 가라왕(加羅王)께 가부를 여쭤보고, 사신을 보내 왜왕의 견해도 확인해 보아야 한다는 식으로 완곡하게 거절하였다.

7) 안라 왜신관의 해체

　백제는 가야연맹에 존재하는 독립적 기운을 확인한 후, 그들을 외교적으로 회유하려고 노력하였다. 백제는 545년부터 3년에 걸쳐 가야 제국과 왜국에 대하여 문물 증여를 통해서 마음을 달래고, 그 대가로 성왕의 세 가지 계책을 관철시키려고 노력하였다. 이에 대하여 대가야를 중심으로 한 가야 북부 소국들이 동조하여 백제-대가야-왜로 이어지는 외교 라인이 구축되고, 548년에는 왜 병사를 보내줄 것을 약속하였다.

　그러자 가야 남부의 안라국은 위기의식을 느껴서 고구려에게 백제 정벌을 요청했고, 고구려는 그에 따라 백제의 독산성, 즉 마진성(충남 예산)을 공격했다. 그런데 신라가 백제를 구원하여 참전함으로써 마진성 전투에서 고구려가 패배하고, 포로의 증언으로 고구려와 안라 사이의 밀통이 발각되었다. 그에 따르면 '안라국(安羅國)과 야마토노 미코토모치[日本府]'가 고구려군을 부르러 왔다고 한다.

　백제가 이를 확인하기 위하여 안라와 왜국에 사신을 보냈고, 왜왕은 안라 왜신관이 고구려와 몰래 통하였다는 것은 믿기 어렵고 자신이 명하지 않았다고 부인하였다. 안라의 상층부는 백제에 대응할 수 없어 무력화되었고, 안라 주변의 가야 소국들도 가야연맹 전체 회의체에서 안라를 응원할 수 없었다. 대가야는 이제 신라를 믿지 못하여 백제의 호의에 기댈 수밖에 없었고, 대가야 편에 선 소국들도 비슷한 상황이었다. 결국 백제의 외교로 그 뜻이 관철되어, 가야연맹은 550년을 전후하여 백제에게 종속적으로 연합되었다.

8) 안라 왜신관의 행적과 성격

　『일본서기』의 기록들을 통해서 볼 때, 왜신관 관인들은 541년과 544년에 백제에 가서 가야연맹 전체의 앞날을 논의하는데 참여했고, 541년에 신라에 가서 안라의 경작 문제를 논의하였고, 544년에 왜국에 가서 왜국의 의도를 물어보기도 하였으며, 548년에 고구려에 사신을 보내 백제 공격을 권유하기도 하였다.

안라 왜신관 관인들은 백제와 신라에 갈 때는 가야연맹 전체 사신단의 일원으로 갔고, 왜국이나 고구려에 갈 때는 안라만을 위해 단독으로 갔다. 또한 543년에는 왜의 사신이 신라나 백제에 가기 위하여 가야지역을 지나갈 때 그 파견 목적을 확인한 적도 있고, 544년에는 그 때 얻은 정보를 기반으로 하여 가야연맹 대표단에게 백제왕이 주도하는 회의에 참여하지 않을 명분을 제공한 적도 있다.

이와 같은 행적으로 보아, 안라 왜신관 관인들은 야마토 정권과 직접적인 관련을 맺고 있지는 않지만 한반도에 오래 거주한 왜인이거나 왜계 인물이기 때문에 일본어 소통 능력을 토대로 일본열도의 정보를 알아내어 가야연맹이 타국과 대외 관계를 수립하는 데 중요한 역할을 하였다. 그러므로 540년대의 안라 왜신관은 가야연맹의 제2인자였던 안라국이 운영하였던 특수한 외무 관서였고, 그 관인들은 왜계 안라 관료였다.

9) 외교권 상실 이후의 가야연맹

552년에 백제는 가라(=대가야), 안라(=아라가야) 및 왜신관과 함께 왜국에 사신을 보내 고구려와 신라를 치기 위한 병력을 요청하였다. 이로 보아 가야연맹의 맹주국인 가라와 안라 및 왜신관이 백제의 외교에 협조하고 있음을 알 수 있다. 가야연맹 유력 국가들의 독립성은 유지되고 있으나, 이제 외교권을 상실하고 백제 외교의 들러리를 서고 있을 뿐이었다.

553년에는 백제가 왜국에 사신을 보내, 이쿠하노오미[的臣]가 왜왕의 명령을 받고 와서 여러 사무를 보았으나 불행하게도 죽었음을 고하고, 왜왕이 속히 그를 대신할 사람을 보내 임나를 진정시켜 달라고 요청하였다. 또한 활이나 말과 같은 전쟁 물자의 보급을 요청하였다. 그러나 안라 왜신관의 수장인 이쿠하노오미를 늘 비난하던 백제가 그를 칭찬한 것은 이

기사가 유일하다. 또한 이쿠하노오미가 왜왕의 명령을 받고 온 사람이라는 말은 백제의 외교적 수식에 불과하다. 그러므로 이는 왜국의 협조 아래 안라 왜신관을 백제와 왜국 사이의 대외 교역 중개소로 다시 개편하여 운영하려는 백제의 희망이 담긴 제언이라고 하겠다.

  백제의 요청에 따라 왜국에서는 전쟁 물자도 보내고 1천 명의 병력도 보냈다. 백제는 그 병력을 받아 한강 유역의 영유권 문제로 반목한 신라를 치기 위해 554년에 관산성(충북 옥천) 전투를 일으켰다. 이 전투에는 적어도 1만의 백제군과 2만 이상의 가야군이 참여하였으니, 1천의 왜군이 그리 큰 비중을 차지하지는 않았다. 그러나 여기서 백제-가야-왜 연합군이 크게 패배하고 2만 9,600명 이상의 전사자를 내자, 가야연맹은 큰 피해를 입고 좌절하였다. 그 후 가야 제국은 개별적으로 신라에게 투항하기 시작하였으며, 가야연맹의 제2인자였던 안라국은 560년에 신라에 복속되었다. 가야연맹의 맹주국인 대가야국은 끝까지 독자적 존립을 모색하였으나, 결국은 562년에 신라의 기습적인 공격을 받고 멸망하였다.

5. 가야의 외교에 대한 개요

1) 4세기 이전 한일 외교의 중심은 김해의 가야국

2~6세기까지 가야는 한반도 지역에서 일본열도와 가장 긴밀한 외교 교섭을 이룬 세력이었다. 그들 사이의 교역은 가야가 왜에게 물적 자원을 공급하고 그 대가로 왜의 인적 자원을 공급받는 방식이 주류를 이루었고, 외교는 이런 교역에 부수하여 이루어졌다.

2~3세기에는 김해의 가야국이 철과 낙랑의 선진문물을 가지고 왜와 교역하였고, 4세기에는 낙랑과 관계없이 가야국 단독으로 왜와 교역하였다. 그러나 4세기 말에는 가야와 왜 사이의 외교 관계가 백제에게 정략적으로 이용당하여 김해 가야국을 중심으로 한 전기 가야연맹의 파멸로 이어졌다.

2) 5~6세기 한일 외교의 중심은 고령의 대가야국

5세기에는 고령의 대가야국이 철과 위세품 및 백제의 선진문물을 가지고 왜와 교역하였으며, 여기에는 호남 동부지역과 규슈지방 왜인들의 중개가 필수적이었다. 5세기 후반에 고구려의 공격으로 백제가 위기에 처하면서 일시적으로 대가야의 국제적 움직임이 활발해졌으나, 대가야는 이를 제도적으로 정착시킬 만한 힘을 발휘하지 못하였다.

6세기 전반에 백제가 국력을 회복하고 대가야와 대왜 외교 경쟁을 벌여 호남 동부지역을 손에 넣었다. 한편 일본열도의 야마토 정권은 규슈의 독립적인 정권을 약화시키면서 직접적인 대외 교섭을 모색하였다. 백제와 야마토 정권이 직접 교섭하자 가야의 외교 능력은 크게 쇠퇴하였다. 대외적인 외교 교섭의 약화는 곧바로 정권 자체의 약세로 이어져 결국 후기 가야연맹은 백제와 신라 사이에서 시달리다가 562년에 신라에게 병합되고 말았다.

참고문헌

1. 저서

김태식, 1993, 『가야연맹사』, 일조각.
_____, 2002, 『미완의 문명 700년 가야사 1~3권』, 푸른역사.
_____, 2014, 『사국시대의 한일관계사 연구』, 서경문화사.
김현구, 1993, 『임나일본부 연구 -한반도 남부 경영론 비판-』, 서울: 일조각.
남재우, 2003, 『안라국사』, 혜안.
백승옥, 2003, 『가야 각국사 연구』, 혜안.
연민수, 1998, 『고대한일관계사』, 혜안.
이영식, 2016, 『가야제국사 연구』, 생각과종이.
천관우, 1991, 『가야사연구』, 일조각.

쟁점

임나일본부설

김태식

임나일본부설의 성립

일본의 고대 사서인 『일본서기』에는 가야지역의 일부를 임나라고 부르며, 이 지역을 일본이 다스렸다는 주장이 실려 있다. 일본 에도시대의 국학자들은 제10대 일왕 슈진[崇神] 말년을 임나 지배의 개시 연대로 잡고, 제15대 오진[應神] 일왕의 모후인 진구[神功] 왕후가 임나를 위하여 신라를 정벌하여 한국 땅에 일본부를 두고 다스렸다는 식의 연구를 이어갔다.

20세기 전반에 광개토왕릉비와 칠지도의 발견과 일본 근대 문헌 고증 연구가 이어지면서 임나일본부설은 점차 구체화되었고, 1949년에 스에마쓰 야스카즈가 이를 정립하였다. 왜가 4세기 중엽 369년부터 6세기 중엽 562년까지 거의 200년 동안 가야지역에 해외 통치 기관인 임나일본부를 두고 한반도 남부를 지배했다는 것이 그 요점이다.

임나일본부설에 대한 선풍적인 반론들

고대 한일 관계사에서 또 하나의 큰 틀을 제시한 것으로 일본 에가미 나미오의 기마민족 정복 왕조설(1949, 1967, 1992)이 있다. 이 견해는 일본의 천황족이 변한=가야지역에서 건너간 기마민족이라고 그 기원을 설명하면서, 그때부터 가야지역은 일본의 영토가 되었다고 하여 임나일본부설과 결합하고 있다.

한편 북한의 김석형은 일본열도 내 분국설(1966)을 냈다. 그는 『일본서기』에 나오는 고구려, 백제, 신라, 가야(임나) 등의 국명은 한반도에 있는 본국이 일본열도에 세운 분국을 가리킨다고 하여, 고대 한국의 일본 지배를 주장하였다.

1970년대 말, 1980년대 초에 걸쳐 남한의 천관우가 임나일본부 관련 사료들을 재검토하여 백제 위주의 가설을 제기하였다. 『일본서기』의 편찬자들에 의한 역사 조작을 배제하면 369~562년까지 가야를 지배한 것은 백제군사령부가 된다는 것이다.

임나일본부의 성격에 대한 두 부류의 학설들

'임나일본부'라는 용어는 『일본서기』의 541~544년까지의 기록에 5회 나올 뿐이고, '일본부'라고만 나오는 것을 포함하면 464~552년까지 35회 나온다. 그러므로 그것의 존재 시기가 사료를 크게 벗어날 수는 없다.

임나일본부의 성격에 대한 학설은 크게 보아 ①임나 지배설과 ②외교 교역설로 나뉜다. 임나 지배설은 임나 지역이 왜나 백제 등과 같은 외부의 다른 세력으로부터 지배를 받고 있었고, 임나일본부는 외부 세력이 임나에 설치한 지배 기관이었다고 보는 견해들이다. 외교 교역설은 가야지역에는 독립적인 정치 세력이 있었고, 임나일본부는 가야와 외부 세력 사이의 외교 또는 교역을 위하여 어느 쪽이 설치한 기관이었다고 보는 견해이다.

임나 문제에 대한 최근 연구 동향

위에 설명한 바와 같이 선풍적이었던 반론들을 제외하고, 임나일본부 관련 사료들을 충실히 재검토한 1970년대 말 이후 최근에 이르는 문헌 고증적인 연구들은 몇 가지 공통적인 특징을 가지고 있다. 즉 임나 문제에 대한 학계의 대세는 다음과 같다.

첫째, 이른바 '임나일본부'라는 것의 존속 기간을 200년 정도 되는 긴

기간으로 보지 않고, 6세기 중엽 가야 멸망 단계에 있었던 30년 이하의 짧은 기간으로 보고 있다.

둘째, 왜의 의도를 강조하는 일방적인 연구보다는 신라·백제와 가야의 상황을 함께 고려하는 복합적인 연구가 주조를 이루고 있다.

셋째, '임나일본부'를 왜나 백제의 임나(가야) 지배 기관으로 보는 시각은 퇴조하고, 가야와 왜 사이의 교역 또는 외교 기관으로 보는 시각이 대세를 이루고 있다.

이러한 시각 변화에는 고고학적인 발굴에 의한 가야사 확립이 크게 기여하였다. 이 지역에 대하여 20세기 이후 백년 이상을 발굴해 보아도, 백제나 왜가 장기간에 걸쳐 점령하거나 지배한 흔적은 나타나지 않고, 오히려 가야라는 정치 세력이 수백 년간에 걸쳐 독립적으로 발전한 흔적만 확인되었기 때문이다.

임나일본부설의 잔재

전형적인 임나일본부설을 주장하는 전문 연구자는 이제 없다. 그러나 아직도 많은 일본 측 개설서나 역사 교과서에서 고대 일본이 가야 제국을 중심으로 하여 한반도 남부를 지배했다는 관념을 전제하거나 혹은 이를 암시하는 표현으로 서술하고 있다. 일본 학계에도 임나일본부설이 변형된 임나 문제는 여전히 존재하고 있다. 이것은 고대 한일 관계사 전반에 걸쳐 있는 일본 우위의 관점이다. 그리하여 고대 한반도로부터 선진문물의 전래를 인정하면서도 왜 왕권은 철을 생산 공급하는 지역인 가야를 확보하였다거나 적어도 그 지역 세력이 왜 왕권에 종속적이었다고 주장한다.

앞으로 고대 한일 관계사에 대한 연구는 이런 점을 유의할 필요가 있다. 가장 큰 과제는 가야의 독립성과 가야와 왜 사이 교류의 실체를 밝히는 일이다.

• 참고문헌

김석형, 1966, 『초기 조일관계 연구』, 사회과학원출판사(평양).
김태식, 2014, 『사국시대의 한일관계사 연구』, 서경문화사.
김현구, 1993, 『임나일본부 연구』, 일조각.
연민수, 2003, 『고대한일교류사』, 혜안.
천관우, 1991, 『가야사연구』, 일조각.

스에마쓰 야스카즈(末松保和), 1956, 『임나흥망사』, 吉川弘文館.
에가미 나미오(江上波夫), 1976, 『기마민족국가』, 中公新書.

제8장
통일신라의 외교

전덕재

1. 실리와 명분을 함께 강조한 통일신라의 외교정책
2. 대당 외교의 성격과 추이
3. 대일 외교의 전개와 변화
4. 사대와 교린의 외교를 실천한 통일신라

| 주요 사건 연표 |

648	나당동맹을 체결함.
660	백제가 멸망함.
663	백강구전투 벌어짐.
668. 9	고구려가 멸망함.
	신라, 일본에 김동엄을 파견함.
669 봄	신라, 백제지역에서 당군을 공격함.
669. 5	신라, 김흠순 등을 사죄사로 당에 파견함.
670. 3	설오유·고연무, 압록강 건너 당군을 공격함.
	대형 검모잠 고구려부흥운동을 전개함.
670. 6	고구려왕 안승, 검모잠 살해, 신라에 투항함.
671. 11	당나라, 곽무종 일행을 일본에 파견함.
672. 8	신라, 석문전투 패배함.
672. 9	신라, 당에 사죄사 파견함.
673 무렵	고구려유민, 신라군에 편입됨.
674. 1	당나라, 문무왕의 관작 박탈, 김인문을 신라왕으로 봉함.
675. 2	신라, 당나라에 사죄사 파견, 문무왕의 관작을 회복함.
675. 9	신라, 매소성전투에서 승리함.
676. 11	신라 기벌포전투에서 승리함.
	당군, 한반도에서 철수함.
701	일본, 대보령 반포함.
731	일본, 병선 300척으로 신라 공격함.
735. 2	신라, 일본에 사신 파견, 국호를 왕성국이라고 자칭함.
736. 2	일본, 신라에 사신 파견, 신라가 일본 사신을 받아들이지 않음.
752. 윤3월	신라, 왕자 김태렴을 일본에 파견, 동대사 대불 개안식에 참석함.
753. 8	신라 경덕왕, 무례하다는 이유로 일본 사신의 접견을 거부함.
755. 1월	당, 안녹산의 난 발발함.
759	일본, 신라정토 계획 추진, 762년 중반에 중단함.
816	숙위왕자 김장렴, 당에 신라인 매매를 금지시켜 줄 것을 요청함.
	당나라 헌종, 신라인을 노비로 삼는 것을 금지시킴.
821. 8	평로군절도사 설평, 당 목종에게 신라인 매매를 금지시켜 줄 것을 요청함.
	당나라 목종, 칙령을 내려 신라인을 노비로 매매하는 것을 금지시킴.
822. 3	신라, 김헌창이 반란을 일으킴.
823. 1	당 목종, 칙령을 내려 노비에서 방환된 신라인을 송환하도록 함.
	신라 사신 김주필, 당에 신라인 귀국 편의 제공을 건의함.
828. 4	장보고, 청해진 설치, 해적을 소탕함.
840. 12	장보고, 일본에 사신을 파견함. 일본은 신라정부에서 보낸 사신이 아니라고 하여 받아들이지 않음.
841.	장보고, 일본에 회역사를 파견함.
841.11	장보고 사망함.
845	신라, 표착한 일본인 50여 인을 송환함.
885. 4	신라, 일본에 서선행과 고흥선 등을 사신으로 파견함.
889	신라 전국에서 도적 봉기, 신라 통치체제 붕괴됨.
897.6	진성여왕 퇴위, 효공왕 즉위함.
	당나라에 사신을 파견하여 양위 사실을 통고함.
897.7	당 소종, 경문왕을 태사, 헌강왕을 태부로 추증함.
	후에 효공왕, 당나라에 사은사를 파견함.
900.	견훤, 후백제를 건국함.
	후백제, 오월에 사신을 파견함.
901.	궁예, 후고구려를 건국함.
918.	왕건, 고려를 건국함.
923.	신라, 후당에 사신 파견함.
925.	후백제, 후당에 사신 파견함.
935	신라, 고려에 항복함.
936	고려, 후삼국 통일함.

1. 실리와 명분을 함께 강조한 통일신라의 외교정책

648년에 나당동맹을 체결하면서 신라는 당 중심의 일원적인 세계질서와 천하관을 수용하였다. 이때부터 신라는 당의 번국(蕃國)으로 자처하였고, 대당 외교에서 번국으로서의 예식(禮式)을 충실하게 이행하였다. 나당전쟁 기간 동안 신라는 한편으로 당과 싸우면서도, 다른 한편으로 사신을 파견하여 당 조정을 달래는 화전양면전술을 구사하였다. 730년대 전반에 신라 성덕왕은 당과 발해의 갈등을 노련하게 활용하여 패강(浿江, 대동강) 이남 지역으로 진출할 수 있는 기반을 닦았다. 9세기 전반에 해적들이 신라인을 약탈하여 중국에서 노비로 팔자, 신라 정부는 당 조정에 신라인 매매를 금지시켜 줄 것을 청원하고, 노비에서 방환된 사람들의 귀국에 필요한 편의를 제공해 달라고 요청하였다. 결국 신라는 조공·책봉관계를 수용하면서 적극 실리를 챙기는 방향으로 대당 외교를 전개하였다고 정리할 수 있다.

7세기 후반에서 8세기 전반까지 나당전쟁 이후 당과의 긴장관계가 완전히 해소되지 않았기 때문에 신라는 한동안 일본이 신라 사신을 번국의 예로써 접대하는 것에 이의를 달지 않았다. 733년 당과의 관계가 나당전쟁 이전의 수준으로 회복되자, 신라인은 자국을 스스로 군자국(君子國), 일본을 문화적으로 낙후된 이적국(夷狄國)으로 인식하고, 일본이 신라 사신을 번국의 예로써 접대하는 것에 대해 반발하면서 두 나라 사이에 외교적 마찰이 자주 빚어졌다. 9세기에 들어 신라와 일본 사이에 국가 차원의 외교적 현안이 별로 없었기 때문에 두 나라의 공식적인 교류는 그리 많지 않았고 대신 민간 교류가 활성화되었다.

신라는 6세기 후반에서 7세기 전반까지 명분보다는 실리를 챙기는 방향으로 대일 외교를 전개하다가 730년대부터 명분을 강조하는 외교를 전개하였다고 이해할 수 있다. 732년 발해의 당 공격 이후 신라는 발해를 이적국으로 인식하였고, 당에서 여러 가지 문제를 둘러싸고 발해와 대립한 것으로 보아, 대발해 외교는 실리보다는 명분을 강조하는 전략을 추구하였다고 규정할 수 있다.

   이 장은 통일신라의 대당·대일 외교를 정리하기 위하여 준비한 것이다. 신라의 대발해 외교는 발해의 외교를 다루는 부분에서 자세하게 언급할 예정이므로 이 글의 서술 대상에서 제외하였다. 여기에서는 신라의 대당·대일 외교가 시기에 따라 어떠한 양상을 띠었는가를 중심으로 정리하였다. 통일신라의 외교사를 살필 때 외교의례 문제가 매우 중요하다고 보지 않을 수 없는데, 그에 대한 자료가 매우 영성하여서 자세하게 다루지 못하였다. 또한 사신단이 중국과 일본에 이르는 항로, 입국과 귀국절차 등에 대해서도 거의 언급하지 못하였다. 이러한 한계들은 추후에 수정, 보완할 기회가 있을 것으로 판단된다.

2. 대당 외교의 성격과 추이

1) 전쟁과 외교의 노련한 줄타기

648년 신라의 김춘추(金春秋)는 당에 들어가 태종(太宗)과 나당동맹(羅唐同盟)을 체결하였다. 신라와 당은 이후 660년에 백제를, 668년에 고구려를 공격하여 멸망시켰다. 그런데 고구려가 멸망한 지 8개월 뒤인 669년(문무왕 9) 5월에 문무왕이 각간(角干) 흠순(欽純)과 파진찬(波珍湌) 양도(良圖)를 당나라에 보내 사죄(謝罪)하게 하였는데, 이때 신라가 함부로 백제의 토지와 유민(遺民)을 빼앗아 차지하였기 때문에 당 고종이 (문무왕을) 책망하며 분노하여 사신들을 억류하였다고 『삼국사기』 신라본기에 전한다. 흠순은 한동안 당에 억류되었다가 그 다음 해 정월에야 비로소 귀국이 허락되었지만, 양도는 계속 억류되었다가 끝내 감옥에서 목숨을 잃고 말았다.

고구려 정벌 이후 당나라는 나당동맹 체결 당시에 백제 땅을 주겠다고 약속한 것을 지키지 않았을 뿐만 아니라 경계를 넘어 신라의 영토를 침범하고, 문무왕을 계림주대독(雞林州大都督)으로 삼아 신라를 당의 기미주(羈縻州)로 편입하려고 하였다. 이에 반발하여 신라는 669년 5월 이전 어느 시기에 선제적으로 경계선을 넘어 백제(웅진도독부)를 공격하여 토지와 유민을 빼앗았다. 신라의 공격에 대해 당나라가 항의하자, 문무왕이 흠순 등을 당나라에 보내 사죄하였다고 볼 수 있다. 흠순은 당시 신라의 실세였던 김유신의 친동생이자 문무왕의 외숙이었다. 파진찬 양도는 여러 전투에 참전한 장군이자, 중국어에 능통하여 여섯 번이나 당에 사신으로 파견된 바 있는 베테랑 외교관이었다. 신라는 노련한 외교관과 집권세력의 핵심인사인 흠순을 사죄사로 선발하여 당나라에 최대한의 성의를 표시하였다고 이해할 수 있다.

흠순은 당나라의 반발로 한동안 장안에 억류되었다가 다음 해 정월에 귀국이 허락되었고, 이해 7월에 신라로 돌아왔다. 이때 흠순이 신라와 백제의 경계를 그린 지도를 가지고 귀국하였는데, 지도에 그어진 경계는 665년 8월에 그은 국경선과 일치하였다. 당 고종은 흠순에게 신라가 차지한 백제 땅을 되돌려주면 용서해주겠다고 언급하고, 흠순에게 귀국을 허락하면서 이러한 사실을 문무왕에게 통보하라고 지시하였을 것이다. 이와 더불어 당 고종은 대신 양도를 볼모로 삼아 신라를 외교적으로 압박하려 하였지만, 신라가 그 후에 본격적으로 당군을 공격하자 양도를 감옥에 가두었고, 불행하게도 그는 감옥에서 생을 마감하였던 것이다. 신라는 비록 베테랑 외교관인 양도를 잃었지만, 시의적절하게 비중 있는 인물을 사죄사로 파견함으로써 당나라의 즉각적인 반격을 무마하고, 당과의 전면전을 준비할 수 있는 시간을 버는 외교 성과를 거두었다고 평가할 수 있다.

견당사의 종류

신라가 당나라에 파견하는 사신단, 즉 견당사(遣唐使)는 크게 정기적 견당사와 비정기적 견당사로 나눌 수 있다. 매년 정기적으로 연말 혹은 연초에 입당하여 황제의 안부를 묻고, 당국(唐國)의 번영을 기원하는 신년 축하사절을 하정사(賀正使)라고 부른다. 시기에 구애받지 않고 특별한 사안이 있을 경우에 파견하는 비정기적 견당사에는 당으로부터 어떤 시혜를 받았을 때 그것에 보답하기 위해 보내는 사은사(謝恩使), 자국 내 또는 당과의 사이에 어떤 일이 생겼을 경우에 사건의 진상을 알리고 또는 시비(是非)를 밝히기 위해 파견하는 고진사(告陳使), 당에 특정 사안을 요청하기 위해 파견하는 주청사(奏請使), 당에 경사스러운 일이 있을 때 그것을 축하하거나 흉사(凶事)를 위문하기 위해 파견하는 경하사(慶賀使)·조위사(弔慰使), 당에 어떤 일에 대해 사과할 목적으로 파견한 사죄사(謝罪使) 등이 있었다.

670년 3월에 사찬 설오유(薛烏儒)와 고구려 태대형(太大兄) 고연무(高延武)가 압록강을 건너 당군을 공격하자, 수림성(水林城) 사람 검모잠(劍牟岑)이 연개소문의 동생 연정토(淵淨土)의 아들이자 보장왕의 외손자인 안승(安勝)

을 고구려왕으로 삼아 고구려부흥운동을 전개하였고, 이해 6월에 안승이 검모잠을 살해하고 신라에 투항하면서 고구려 유민과 신라군이 연합하여 본격적으로 당군을 공격하기 시작하였다. 신라군은 670년 7월에 백제 지역에 주둔한 당군을 공격하여 승리한 이후부터 672년 8월까지 백제와 임진강 유역에 위치한 여러 전장에서 당군과 치열하게 접전하였다. 신라와 고구려부흥군이 여러 전투에서 승리하였지만, 672년 7월에 당군이 적극 공세로 전환함에 따라 처음으로 석문전투(石門戰鬪)에서 당군에 크게 패하였다. 석문전투에서 참담한 패배를 맛본 신라는 한편으로 당군의 예봉(銳鋒)을 둔화시키고, 다른 한편으로 평원의 야전보다 요충지 방어에 주력할 수 있는 시간을 벌기 위해 다시 672년 9월에 당나라에 사죄사를 파견하였다.

문무왕은 급찬 원천(原川)과 나마 변산(邊山)을 포로로 잡았던 병선낭장(兵船郎將) 겸이대후(鉗耳大侯), 내주사마(萊州司馬) 왕예(王藝), 본열주장사(本烈州長史) 왕익(王益), 웅주도독부사마(熊州都督府司馬) 예군(禰軍), 증산사마(曾山司馬) 법총(法聰) 및 군사 170인을 함께 당나라에 보내, 표를 올려 사죄(謝罪)하게 하면서 당에 은 3만 3,500푼(分), 구리 3만 3,000푼, 침 400매(枚), 우황(牛黃) 120푼, 금 120푼, 40승포(升布) 6필(匹), 30승포 60필을 바쳤다.

673년 9월까지 약 1년 동안 당군이 신라를 공격하지 않은 것으로 보건대, 신라 문무왕이 사죄사(謝罪使)를 파견함으로써 당나라의 공격을 늦추는 성과를 거두었다고 볼 수도 있다. 신라는 1년 사이에 충북 충주의 국원성(國原城), 경북 경주의 북형산성(北兄山城), 경북 의성군 금성면의 소문성(召文城), 경북 고령의 이산성(耳山城), 강원도 춘천의 주양성(走壤城), 강원도 고성군의 주잠성(主岑城), 경남 거창의 만흥사산성(萬興寺山城), 양산의 골쟁현성(骨爭峴城) 등을 쌓았다. 신라는 당군의 공세가 둔화된 672년 9월부터 673년 9월 사이에 주요 요충지에 성을 쌓아 대비한 것이다.

673년 9월과 겨울에 걸쳐 당군이 신라를 공격하면서 여러 곳에서 일진일퇴의 공방전이 전개되었다. 『삼국사기』 고구려본기에 함형(咸亨) 4년(673) 윤5월에 당나라 연산도(燕山道) 총관대장(摠管大將) 이근행(李謹行)이 호로하(瓠瀘河, 경기도 연천군 장남면을 흐르는 임진강)에서 고구려부흥군을 쳐부수고 수천 명을 사로잡았으며, 나머지 무리들은 모두 신라로 달아났다고 전한다. 현재 이를 근거로 하여 673년에 고구려부흥군이 신라군에 편입되면서 고구려부흥운동은 막을 내렸다고 이해하는 것이 일반적이다. 674년 정월에 문무왕이 고구려의 배반한 무리를 받아들이고 또 백제의 옛 땅을 차지하고서 사람을 시켜 지키게 하니, 당나라 고종이 크게 화를 내어 조서를 내려 왕의 관작을 박탈하고, 대신 왕의 동생 김인문을 신라왕으로 삼아 귀국하게 하였다. 이와 동시에 유인궤(劉仁軌)를 계림도대총관으로 삼고, 이필(李弼)과 이근행을 보좌하게 하여 군사를 일으켜 신라를 공격하게 하였다. 다음 해 2월에 유인궤가 칠중성(七重城, 경기도 파주시 적성면)에서 신라군을 공격하여 물리치고, 군사를 이끌고 귀국하였으며, 대신 이근행을 안동진무대사(安東鎭撫大使)로 삼아 신라를 경략케 하였다.

당 고종이 문무왕의 관작을 박탈하고, 당군을 보내 신라를 대대적으로 공략하자, 신라의 조정은 커다란 압박을 느끼지 않을 수 없었다. 문무왕은 다시 당에 사죄사(謝罪使)를 파견하여 당나라의 예봉을 피하고자 하였다. 『삼국사기』 신라본기에서는 신라가 사신을 보내 사죄하자, 당 고종이 문무왕을 용서하고 관작을 다시 회복시켜 주었다고 하였다. 신라는 675년 9월에 천성(泉城, 경기도 파주시 교하읍)과 매소성(買肖城)에서, 676년 11월에 기벌포(伎伐浦, 금강 하구)에서 당군을 크게 물리쳤다. 이 전투 이후 당군은 한반도에서 철수하였다. 신라는 이를 계기고 삼국통일의 위업을 완수할 수 있었다.

648년 이래 신라는 당과 조공·책봉관계를 맺었다. 나당전쟁 기간 중에 신라는 당의 외교적 압력과 군사적인 공세가 격화되면, 사대(事大)의 예를 다한다는 명분을 앞세워 당에 조공을 바쳤고, 시의적절하게 사죄사를 파견하여 당나라 조정을 달랬다. 신라의 노련한 외교는 당과의 전쟁 국면에서 때로는 당군의 예봉을 둔화시켜 군사력을 복구하여 전력을 강화할 수 있는 기회를, 때로는 새로운 전술 개발에 필요한 시간을 벌 수 있는 기회를 제공하였다. 이러한 측면에서 신라가 한반도에서 당군을 축출하고 삼국을 통일하는 데에 고구려와 백제 유민, 신라인들을 한데 묶어 군사력을 극대화하여 당군과 싸워 승리하였다는 측면 이외에 신라의 문무왕과 김유신을 비롯한 당시 집권세력의 시의적절하고 노련한 외교가 한몫을 하였다는 데에 대하여 누구도 이의를 달기 어렵지 않을까 한다.

2) 친당 외교의 추진과 북방 개척

당나라는 고구려 멸망 후에 평양에 안동도호부(安東都護府)를 설치하여 고구려고지를 통치하려 하였다. 670년에 고구려부흥운동이 일어나자, 안동도호부의 치소(治所)를 평양에서 요동의 신성(新城, 중국 라오닝성 무순시 고이산성)으로 옮기고, 다시 676년 2월에 그 치소를 요동성(遼東城, 중국 요녕성 요양시)으로 옮겼다. 당나라는 요동지역에 대한 지배체제가 어느 정도 궤도에 오른 678년에 신라 정벌 계획을 수립하였다. 그러나 티베트고원에 위치한 토번(吐蕃)이 안서(安西) 4진(鎭)을 공격하자, 재상 장문관(張文瓘)이 '토번이 변경을 침범하고 국경에 군대를 주둔하는 것에 비한다면, 신라는 비록 귀순(歸順)하지 않고 있지만, 당의 영토를 침공하지는 않았습니다. 그런데 동쪽과 서쪽 양면으로 정벌전을 펼친다면, 백성들이 그것을 감당하기 어려울까 두렵습니다. 청컨대 병사를 쉬게 하고 덕을 쌓아 백성을 편안하게 하기를 청하옵니다'라고 아뢰니, 이에 당 고종이 신라 정벌 계획을 포기하였다고 한다. 이 무렵 안동도호부의 통치 범위는 사실상 요동반도 일대에 한정되었고, 한반도에는 그것의 지배력이 미치지 못하였다.

한편 신라는 임진강 이북과 예성강 이남에 위치한 황해도와 경기도 지역만을 한산주(漢山州)의 군현으로 편제하고, 예성강 이북 지역으로 더 이상 진출하지 않았다. 그 이유는 당나라가 패강(대동강) 이남 지역에 대한 신라의 영유권을 공식적으로 인정하지 않은 것에서 찾을 수 있다. 이 때문에 한동안 예성강 이북과 대동강 이남 지역은 당과 신라의 완충지대로 남겨지게 되었다.

676년 나당전쟁이 끝난 후에도 신라와 당과의 긴장관계가 완전히 해소되지 않았기 때문에 자연히 신라의 대당 외교 활동도 뜸할 수밖에 없었다. 신문왕과 효소왕은 재위한 21년 동안 2차례만 당나라에 사신을 파견하였을 뿐이다. 신문왕과 효소왕대에 신라와 당이 비록 불편한 관계였다고 하여도 두 나라 사이의 교류마저 완전히 냉각된 것은 아니었다. 681년에 문무왕이 사망하자, 당 고종은 신라에 사신을 파견하여 문무왕의 태자 정명(政明, 신문왕)을 신라왕으로 책봉하고 부왕(父王)의 관작을 그대로 승계하게 하였다. 또한 692년에 신문왕이 훙거(薨去)하자, 측천무후가 사신을 신라에 보내 조문·제사하게 하고, 이어 신문왕의 태자 이홍(理洪, 효소왕)을 신라왕(新羅王)으로 책봉하였다. 694년(효소왕 3) 4월 29일에 당나라 수도 장안에서 김인문(金仁問)이 서거(逝去)하자, 측천무후는 대의서령(大醫署令) 육원경(陸元景) 등에게 김인문의 영구(靈柩)를 신라로 호송하게 하였다고 한다. 측천무후는 689년 11월, 즉 자월(子月)을 정월(正月)로 삼았고, 700년 10월에 다시 인월(寅月)을 정월로 복구하였다. 그런데 효소왕은 695년에 당나라의 정삭(正朔)을 받아들여 자월을 정월로 삼았다가 700년에 다시 인월을 정월로 복구하였다. 당과의 관계가 더 악화되는 것을 원치 않았던 신라는 당의 정삭을 수용하고 책봉을 받는 등 당 중심의 국제질서에 순응하는 태도를 견지하였고, 당나라 역시 토번이 서쪽에서 위협하는 상황이었기 때문에 신라와의 조공·책봉관계의 기본적인 틀을 그대로 유지하는 편이 바람직하다고 판단한 것으로 이해된다.

702년에 효소왕에 이어 그의 동생인 성덕왕이 즉위하였다. 성덕왕은 신문왕·효소왕과 달리 적극적인 친당 외교를 펼쳤다. 성덕왕은 재위 36

년간 무려 46회에 걸쳐 당나라에 사신을 파견하였다. 매년 한 차례씩 사신을 보내는 것이 일반적이었고, 성덕왕 2년(702)과 12년, 13년, 18년, 23년, 25년, 29년, 31년에는 두 차례, 성덕왕 5년(706)과 34년(735)에는 세 차례에 걸쳐 사신을 보내기도 하였다.

당나라는 702년에 성덕왕을 보국대장군(輔國大將軍) 행좌표도위대장군(行左豹韜衛大將軍) 계림주도독(雞林州都督)으로 책봉하였다. 그런데 『당회요(唐會要)』 권95 신라조에 신룡(神龍) 3년(성덕왕 6. 707)에 당에서 성덕왕에게 표기대장군(驃騎大將軍)이란 작호를 수여하였다고 전하고, 『삼국사기』 신라본기에 713년(성덕왕 12) 10월에 성덕왕을 표기장군(驃騎將軍) 특진(特進) 행좌위위대장군(行左威尉〈衛〉大將軍) 사지절대도독(使指節大都督) 계림주제군사(雞林州諸軍事) 계림주자사(雞林州刺史) 상주국(上柱國) 낙랑군공(樂浪郡公) 신라왕(新羅王)으로 책봉하였다고 전한다. 보국대장군은 정2품의 무산계(武散階)이고, 표기대장군은 종1품의 무산계이다. 또한 이때에 성덕왕에게 정3품의 중도독(中都督) 또는 종3품의 소도독(小都督)에 비견되는 도독을 종2품의 대도독으로 높여 수여하였다. 이에 따른다면, 707년에 당이 성덕왕의 작호를 한 등급 높여주었다고 이해할 수 있다. 신라본기에 전하는 '표기장군'은 '표기대장군'의 잘못으로 이해되고, 특진은 정2품의 문산계(文散階)이다. 신룡(神龍) 연간(705~707)에 좌표도위대장군을 좌위위대장군으로 개칭하였다. 상주국은 정2품의 훈직에 해당한다.

이밖에 713년 10월에 당나라는 성덕왕에게 사지절도독, 계림주제군사, 계림주자사 등의 작호를 추가로 수여하였다. 사지절은 성덕왕에게 독자적인 군사권을 부여한다는 의미이고, 계림주제군사는 성덕왕에게 계림주, 즉 신라를 군사적으로 통제할 수 있는 권한을 인정한다는 의미이다. 그리고 계림주자사는 성덕왕에게 계림주, 즉 신라를 독자적으로 다스릴 수 있는 행정권을 부여한다는 뜻으로 이해된다. 결과적으로 당 현종이 713년 10월에 책봉이라는 형식을 통해 성덕왕에게 신라를 독자적으로 통치할 수 있는 모든 권한을 위임하였다고 볼 수 있는 것이다. 8세기 초반에 당이 신라에 대해 유화적인 정책을 펼친 이유와 관련하여 종래에 중국 동북지방에 새로이 등장한 발해를 견제하기 위한 현실적 필요성에 주목하였다. 물론 이러한 측면도 무시할 수 없지만, 그러나 보다 더 중요한 이유는 성덕왕이 즉위 후에 적극적인 친당 외교를 펼쳤던 것에서 찾을 수 있지 않을까 한다. 즉 성덕왕이 자주 당에 사신을 파견하여 조공(朝貢)하자, 신라에 대한 적대적인 감정이 상당히 누그러졌고, 이에 당 현종이 713년에 성덕왕에게 신라를 독자적으로 통치할 수 있는 모든 권한을 위임하는 내용의 책봉호를 수여하였다고 이해하는 것이 보다 더 합리적이라는 판단이다.

한편 당나라 현종(玄宗)은 733년(성덕왕 32)에 성덕왕의 작호를 더해주어 개부의동삼사(開府儀同三司) 영해군사(寧海軍事)로 삼았다. 개부는 막부(幕府)를 개설할 수 있는 권한을 부여받은 것을 말하며, 의동삼사란 칭호는 그것을 수여받은 자가 재상인 삼공(三公)과 같은 대우를 받는다는 뜻이다. 개부의동삼사는 문산계 가운데 가장 높은 종1품에 해당하였다. 이때에 성덕왕을 정2품의 특진에서 정1품의 개부의동삼사로 문산계를 한 등급 올려주었다고 볼 수 있다. 영해군사는 발해로 인해 깨진 해동(海東)의 안녕(安寧)을 회복하기 위해 독자적인 군사권을 허여한다는 의미에서 수여한 별도의 작호로 이해된다. 이후 신라왕에게 영해군사를 계속 수여하는 것이 관례였다.

당나라는 진덕왕에게 개부의동삼사란 작호를 추증(追贈)하였고, 태종무열왕을 개부의동삼사 신라왕으로, 문무왕을 계림주대도독(雞林州大都督) 좌위대장군(左衛大將軍) 개부의동삼사(開府儀同三司) 상주국(上柱國) 신라왕(新羅王)으로 책봉한 바 있다. 이후 신문왕과 효소왕에게 개부의동삼사란 작호를 수여하지 않다가 733년 7월에 다시 성덕왕에게 이 작호를 더해준 것이다. 당나라가 성덕왕에게 개부의동삼사란 작호를 수여한 것은 신라와의 관계를 나당전쟁 이전 수준으로 복구하겠다는 강력한 의지를 천명한 것으로 이해하여도 무방할 것이다. 당나라와 신라의 관계 회복에 결정적인 계기를 제공한 사건은 732년 발해의 당나라 등주(登州) 공략이었다.

732년(성덕왕 31) 9월에 발해가 당나라의 등주(登州, 중국 산동성 봉래시)를 공격하여 자사(刺史) 위준(韋俊)을 죽였다. 이전에 발해 무왕(武王)의 동생인 대문예(大門藝)가 흑수말갈의 공격에 반대하며 당으로 망명하였는데, 발해가 대문예를 송환하라고 당에 요구하였으나 들어주지 않았다. 이에 무왕이 장문휴(張文休)에게 수군을 이끌고 당나라를 공격하게 하였던 것이다. 당나라 현종은 즉시 좌령군장군(左領軍將軍) 개복순(蓋福順, 또는 갈복순葛福順)에게 군사를 일으켜 반격하게 하였다. 그리고 그 다음 해 정월에 대문예로 하여금 유주(幽州)로 보낸 군사를 일으켜 발해를 정벌하게 하였다. 대문예가 이끄는 당군은 때마침 큰 눈이 내리고 산길이 험하여서 군사가 절반이나 죽었으므로 아무런 공도 없이 퇴각하였다고 한다.

현종은 대문예에게 발해를 정벌하라고 명령하면서 동시에 하행성(何行成)과 당나라에서 숙위(宿衛)하던 태복원외경(太僕員外卿) 김사란(金思蘭)을 신라에 보내어 군사를 일으켜 발해의 남쪽 변방을 치도록 하였다. 이와 더불어 성덕왕에게 개부의동삼사 영해장군이란 작호를 추가로 수여하였다. 김사란 등은 733년(성덕왕 32) 정월에 당나라 장안을 출발하여 7월에 신라에 도착하여 현종의 뜻을 알렸다. 성덕왕은 이해 겨울에 김유신의 손자 윤중(允中)과 윤문(允文) 등 네 장군에게 군사를 거느리고 발해 남쪽을 공격하도록 명령하였다. 윤중 등이 군사를 이끌고 발해를 공격하였으나, 마침 큰 눈이 내리고 산길이 막혀 군사 가운데 절반이 죽어서 어쩔 수 없이 퇴각하였다고 알려졌다.

당의 사신 하행성은 734년 2월경에 당에 귀국하여 신라의 정벌이 실패하였음을 알린 것으로 추정된다. 이해 2월에 당에서 숙위하던 김신충(金信忠)이 당 현종에게 표(表)를 올려 귀국을 허락하여 주기를 청하면서, 성덕왕이 다시 발해를 공격할 뜻을 가지고 있음을 아뢰었다. 김신충의 상표(上

表)에 대해 이해 7~8월경에 현종의 답서(答書)가 내려졌는데, 여기서 현종은 '근래 들으니, 이 도적(발해)이 곤궁하여 바닷가 구석에서 구차하게 살면서 오직 노략질로 바닷길을 막고 있다고 한다. 경(卿, 성덕왕)이 마땅히 가까이 다가가서 틈을 엿보다가 엄습하여 취하라. 만약에 기특한 공이 이루어진다면, 후한 상을 내리는 것을 어찌 아끼겠는가?'라고 언급하였다. 실질적으로 현종은 답서에서 신라 성덕왕에게 발해를 공격하도록 독려하였다고 볼 수 있다. 현종의 답서는 김신충이 신라로 귀국하여 이해 10월경에 전달된 것으로 추정되지만, 신라가 다시 발해를 공격하였다는 정보는 전하지 않는다.

735년(성덕왕 34) 정월에 성덕왕은 김의충(金義忠)을 당나라에 보내 새해를 축하하였다. 이때 부사(副使)로 김의충과 동행하였던 김영(金榮, 또는 김조영(金祖榮)이 당나라에서 사망하였다.『삼국사기』신라본기 제8 성덕왕 34년 2월 기록에서는 의충이 돌아올 때, (현종이) 조칙(詔勅)으로 패강(浿江,대동강) 이남의 땅을 주었다고 하였다. 그런데 735년(성덕왕 34) 늦봄, 즉 3월 중·하순경에 작성된 '칙신라김흥광서(勅新羅金興光書)'에는 성덕왕이 김사란을 통해 패강에 수자리(변방을 지키는 군사)를 두고자 한다고 알렸고, 현종이 이를 허락한다고 전하고 있다.

'칙신라김흥광서'가 735년 3월 중·하순경에 작성되었으므로, 김사란이 성덕왕의 뜻을 알리는 내용을 담은 표문은 그 이전에 올렸다고 볼 수 있다. 아마도 김사란이 김의충 일행이 당나라로 떠난 후에 곧바로 패강에 군사를 두어 지키겠다는 성덕왕의 의지를 전달받고, 그 내용을 알리기 위해 김의충 일행이 떠난 지 얼마 후에 당나라로 출발하였으며, 3월 초순경에 장안에 도착하여 표문을 올린 것으로 짐작된다.『책부원귀(冊府元龜)』권 971 조공조에 개원(開元) 24년(736) 6월에 신라왕 김흥광이 사신을 보내 하정(賀正)하고 표문을 바쳤다고 전하므로, 신라 사신이 신라를 출발한 것은 735년 11월경으로 추정된다. 다만 어떠한 이유인지 잘 알 수 없지만, 신라

당 현종(玄宗)이 김흥광(金興光, 성덕왕)에게 내린 칙서

근래에 또한 (김)사란(思蘭)이 올린 표문(表文)에서 경(卿, 성덕왕)이 패강에 수자리(변방을 지키는 군사)를 두고자 한다고 언급한 사실을 알게 되었다. (이곳은) 본래 발해에 접한 요충지이다. 다시 평로장군(平盧將軍) 녹산(祿山, 安祿山)과 서로 (발해의 동정을) 살피고, 이어 원대한 계획을 세운다면, 진실로 좋은 계책이라고 할 수 있다. 또한 조그마한 발해는 오래 전에 이미 (당의) 토벌을 면하였고, 거듭해서 군사를 피로하게 하였지만, 아직 쳐서 없애지 못하였다. 경이 매양 (발해를) 미워하니, 심히 가상할 만하도다. 도적을 경계하고 변방을 안정시키는 데에 어찌 불가(不可)하다고 할 수 있겠는가! 일을 다 처리하고 마치면, 사신에게 일러 보고하게 하라.

_ 『문원영화(文苑英華)』 권471 한림제조(翰林制詔) 번서(蕃書)4

사신이 표문을 올린 것은 이해 6월이었다. 신라에서 당나라로 가면서 무엇인가 곡절이 있어 늦게 도착한 것으로 이해된다. 『책부원귀』에 실린 성덕왕의 표문에서는 "엎드려 '마땅히 패강 이남에 신라에게 (군사를) 안치(安置)하도록 하라'라는 은혜로운 칙서를 받들었습니다"라고 전하지만, 『삼국사기』 신라본기에서는 '패강 이남의 땅을 준다는 은혜로운 칙서를 삼가 받았습니다'라고 기술하였다. '패강 이남에 신라에게 (군사를) 안치하도록 하라(浿江以南 宜令新羅安置)'라는 표현과 '패강 이남의 땅을 준다(賜浿江以南地境)'라는 표현은 뉘앙스의 차이가 있다. 신라인은 현종이 패강에 군사를 두어 지키겠다는 성덕왕의 뜻을 받아들인 것을 현종이 패강 이남 지역에 대한 신라의 영유권을 공식적으로 인정해준 것이라고 받아들였던 것으로 이해하였고, 이에 기초하여 후대에 신라인 또는 『구삼국사』 또는 『삼국사기』 찬자가 표문의 글귀를 약간 수정한 것으로 추정된다.

신라는 현종이 패강 이남 지역의 영유권을 인정한다는 칙서를 받은 이후부터 본격적으로 패강 지역의 개척에 나서기 시작하였다. 신라는 736년 (성덕왕 35) 11월에 윤충(允忠, 윤중과 동일인물)과 사인(思仁), 영술(英述)을 파견하

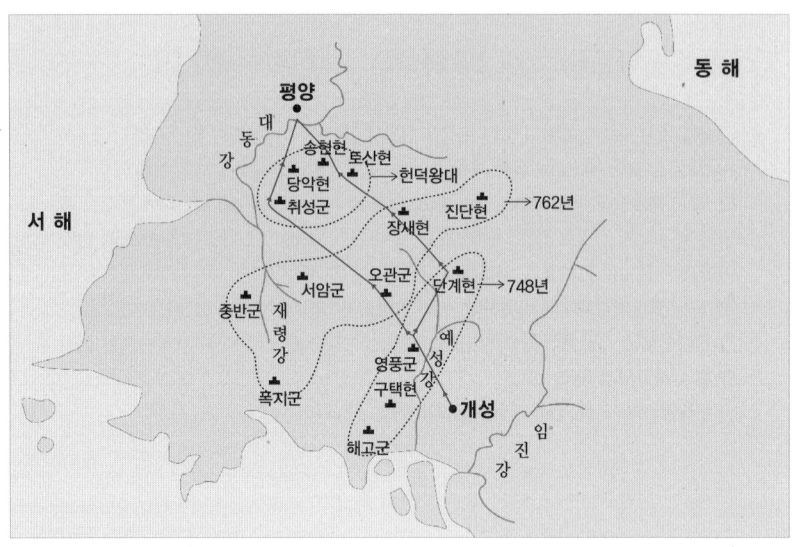

| 경덕왕과 헌덕왕대 설치한 군현

여 평양주(平壤州, 한강 이북의 한산주)와 우두주(牛頭州)의 지세를 살펴보게 하였는데, 이것은 북방 개척을 위한 준비작업의 성격을 띠는 것이었다. 이후 경덕왕 7년(748)에 대동강 이남과 예성강 이북의 패강 지역에 대곡군(大谷郡, 영풍군(永豊郡))과 수곡성현(水谷城縣, 단계현(檀溪縣)), 동삼홀군(冬彡忽郡, 해고군(海皐郡)), 도랍현(刀臘縣, 구택현(雊澤縣))을, 경덕왕 21년(762)에 오곡군(五谷郡, 오관군(五關郡))·휴암군(鵂巖郡, 서암군(栖嵒郡))·한성군(漢城郡, 식성군(息城郡), 중반군(重盤郡))·장새군(獐塞郡)·지성군(池城郡), 내미홀군(內米忽郡, 폭지군(暴池郡))·덕곡군(德谷郡, 십곡군(十谷郡))의 6군을 설치하였다. 이 가운데 장새군과 덕곡군은 후에 장새현, 십곡현(鎭湍縣)으로 강등되었다. 이어 헌덕왕 대에 취성군(取城郡)과 그것의 영현(領縣) 3개를 설치하였다. 『삼국사기』 지리지에 전하는 한주(한산주)의 28군과 49현은 신라가 경덕왕대에서 헌덕왕 대에 걸쳐 북방을 개척한 결과 모두 갖추어지게 되었고, 이로써 신라의 영역은 대동강 이남까지 확장되었다.

성덕왕은 정확한 정세 판단과 기민하고 노련한 군사적, 외교적 대응으로 당과의 갈등을 깔끔하게 해소하여 대내외적인 안정을 이룩할 수 있었다. 이와 더불어 당으로부터 패강 지역의 영유권을 공식적으로 인정받는 가시적인 성과를 얻어내, 마침내 경덕왕대와 헌덕왕 대에 걸쳐 예성강과 대동강 사이에 위치한 패강 지역을 신라의 영역으로 편제할 수 있었다. 이러한 측면에서 734~736년에 걸친 성덕왕의 대당 외교는 명분과 실리를 모두 얻은 한국외교사상 대표적인 성과 중 하나로 평가하여도 지나치지 않을 것이다.

3) 신라인 노비 송환을 위한 외교적 노력

하대에 들어 한동안 신라와 당 사이에 특별하게 쟁점이 되는 외교적인 사안이 없었기 때문에 조공·책봉관계의 기본 틀은 흔들림 없이 유지되었다. 그러다가 9세기 전반에 이르러 두 나라 사이에 외교적인 현안이 대두되었는데, 그것은 중국 내에서 횡행한 신라인 노비의 매매를 둘러싼 문제였다. 『책부원귀』권42 제왕부(諸王部) 인자문(仁慈門) 당 헌종(憲宗) 원화(元和) 11년조에 '신라인을 생구(生口, 노비)로 삼는 것을 금지시켰다. 경계에서 가까운 곳에 위치한 주(州)와 부(府)의 장리(長吏)들로 하여금 이를 단속하게 하였다. 신라 숙위왕자(宿衛王子) 김장렴(金張廉)이 글을 올려 진정하였으므로, 이런 까닭에 명령을 내린 것이다'라고 전한다. 원화 11년은 816년(헌덕왕 8)에 해당한다. 그런데 『삼국사기』 신라본기에 헌덕왕 9년(817)에 왕자 김장렴을 당나라에 보내 조공하였다고 전하고, 최치원열전에 '원화 12년(817)에 본국의 왕자 김장렴이 태풍을 만나 명주(明州) 해안에 다다랐을 때 절동(折東, 중국 절강성 전당강〈절강〉 동쪽)의 관리가 수송하여 수도(장안)에 들어갔다'고 전한다. 헌덕왕에게 아들이 없었기 때문에 김장렴은 왕의 근친으로 추정된다. 『삼국사기』에서는 김장렴이 817년에 당에 사신으로 파견되었다고 하였고, 『책부원귀』에서는 816년에 그가 헌종에게 글을 올려 진정하였다고 언급하여 차이가 난다. 김장렴이 816년까지 당나라에서 숙위하였다가 이해에 귀국한 다음, 다음 해에 당나라에 사신으로 파견된 것으로 추론할 수 있다.

816년에 당 헌종이 신라인을 노비로 삼는 행위를 금지하라는 칙령을 내렸지만, 그 이후에도 신라인을 노비로 삼아 매매하는 행위가 근절되지 않았다. 『당회요』 권86 노비(奴婢) 장경(長慶) 원년(821) 3월조에 평로절도사(平盧節度使) 설평(薛苹)이 당 목종(穆宗)에게 상주(上奏)한 글이 전한다. 여기서 설평은 '해적들이 신라 양민[良口]들을 꾀여 납치하여 (자신이) 관할하는 등주(登州)와 내주(萊州) 및 연해(緣海)의 여러 도(道)에 데리고 와서 노비로 팔고 있습니다. 엎드려 생각하건대, 신라국은 비록 외이(外夷)라고 하여도 항상 정삭(正朔)을 받들고 끊이지 않고 조공을 하였으니, 내지(內地, 중국)와 다를 바가 없습니다. 그 나라의 백성 양민들이 항상 해적들에게 납치되어 팔리고 있으니, 실로 이치에 어긋난 일이라고 할 수 있습니다. 앞서 이를 금지하라는 제칙(制勅, 황제의 명령)이 있었으나, (자신이) 관할하는 곳이 오랜 동안 해적의 수중에 있었던 연유로 인해 앞의 제칙을 이어 계속 법도를 지킬 수 없었습니다. 수복한 이래로 도로[바닷길]가 막히지 않게 되자, 서로 번갈아 사고파는 것으로 인한 폐단이 더욱 심해졌습니다. 엎드려 바라옵건대, 특별히 확실한 조칙(詔勅)을 내리셔서 지금 이후부터 연해의 여러 도에서 응당 해적들이 신라 양민들을 꾀여 파는 것을 일체 금지하게 하시옵소서. 청하옵건대, 소재(所在)한 관찰사가 엄격하게 단속하도록 하시옵소서. 만약에 어기는 자가 있으면, 법에 준하여 엄단하도록 칙지(勅旨)를 내려주시기 바랍니다'라고 하였다. 816년에 신라인을 노비로 매매하는 행위를 금지하는 조칙을 내렸지만, 821년 무렵에도 그러한 행위가 근절되지 않고 오히려 더욱 더 성행하였음을 알려주는 자료로서 주목된다.

당 목종은 설평의 건의를 받아들여 장경 원년(821) 3월 11일에 신라 양민들을 팔아서 노비로 삼는 것을 금지하는 내용의 조칙을 내렸다. 그런데 이후에도 신라인을 노비로 매매하는 행위는 여전히 근절되지 않았다. 『당회요』 권86 노비조에 '태화(太和) 2년(828, 흥덕왕 3) 10월에 "신라 노비는 장경 원년(821) 칙령에 따라, 해적들이 신라 양민들을 꾀여 납치하고 연해의 여러 도에 데리고 와서 팔아서 노비로 삼는 것을 모두 금지하게 하였습니다. 비록 명확한 칙령이 있음에도 불구하고 아직도 완전히 근절되지 않고 있습니다. 엎드려 청하옵건대, 이전에 내렸던 칙령을 거듭 명확하게 내세워 다시 여러 도로 하여금 힘써 금지하도록 하옵고, 마땅히 칙지(勅旨)에 따르게 하시옵소서"라는 기록이 전하는 것을 통해 이러한 사실을 살필 수 있다.

설평의 상주문에서 821년 이전에 평로군절도사의 관할지역이 오랜 동안 해적의 수중에 있었다고 언급하였다. 주지하듯이 북중국 영주(營州)에서 태어난 고구려 유민 이정기(李正己)가 765년에 평로치청절도관찰사(平盧淄靑節度觀察使)가 되어 산동지역 전체를 통치하였고, 이후 그의 아들 납(納), 손자 사고(師古)와 사도(師道)에 이르기까지 이씨 일가가 계속해서 자립적으로 통치하였다. 당 헌종이 810년대에 번진세력의 토벌에 나섰고, 마침내 819년 2월에 이사도를 토벌하여 산동지역에 대한 통치권을 회복하였다. 이씨 일가가 산동지역을 관할하던 시기에 산동반도 연안지역에서 해적이 크게 발호한 것으로 이해되고, 설평의 상주문 등을 통해서 819년 이후에도 여전히 해적들의 활동이 끊이지 않았음을 살필 수 있다. 그들 가운데 일부는 산동반도의 연해지역을 벗어나 활동 반경을 신라지역까지 넓혀 신라의 서남 해안지역에 거주하던 신라 양민들을 잡아다가 산동반도의 등주와 내주, 연해의 여러 도에 팔기도 하였던 것이다.

그런데 9세기 전반에 해적들의 신라인 약탈과 매매가 기승을 부릴 수 있었던 원인은 당 내부의 혼란한 상황에서만 기인한 것은 아니었다. 보다 근본적인 원인은 서남해안지역에서 횡행하던 해적들을 효율적으로 제어하지 못한 신라 내부에서 찾을 수 있다. 9세기 전반 헌덕왕대에 자연재해와 흉년, 기근 등이 집중적으로 발생하였다. 이에 따라 굶어죽거나 자손을 팔아 생활하는 자가 생겼고, 일부는 도적이 되어 봉기하기도 하였다. 특히 816년에 흉년이 들어 백성들이 굶주렸는데, 이때 170여 명이 중국 절동지방(折東地方)에까지 가서 먹을 것을 구했다는 기록도 전한다. 이밖에 810년대에 서해안과 남해안에서 해적들이 횡행하였음을 알려주는 사례가 다수 발견된다. 810년(헌덕왕 2)에 김파형(金巴兄), 김승제(金乘弟), 김소파(金小巴) 등 3인이 어떤 현의 곡식을 운반하다가 해적을 만나 일행은 모두 죽고 그들만이 겨우 살아서 일본에 표착하였다. 또한 811년 12월 6일에 신라 배 1척이 대마도(對馬島)에 상륙하고, 2척은 달아난 사건이 발생하였으며, 7일에는 20여 척의 배가 섬의 서쪽 바다 가운데에서 횃불로 서로 연락하기도 하였다. 일본인은 이들 배를 모두 신라 해적선으로 이해하여 경계를 강화하였다. 또한 813년(헌덕왕 5) 3월에 일본 구주(九州) 북서부에 위치한 비전(肥前)의 국사(國司)가 5척의 배를 타고 소근도(小近島)에 온 신라인 110인 가운데 섬 주민들이 9명을 때려죽이고, 101인을 사로잡았다고 대재부(太宰府)에 보고한 내용도 일본 사서에 전한다. 810년대 전반에 남해안에서 해적이 횡행하였음을 알려주는 사례들이다.

해적들은 남해안뿐만 아니라 서해안에서도 횡행하였다. 대안사적인선탑비에 814년(헌덕왕 6) 8월에 적인선사(寂忍禪師) 혜철(慧徹)이 죄인의 무리와 함께 배를 타고 중국으로 향하다가 취성군(取城郡, 지금의 황해도 황주군)의 군감(郡監)에게 잡혀 감옥에 갇혔는데, 이때 죄인 30여 명은 목 베여 처형당하고, 혜철만이 겨우 죽음을 면하였다는 일화가 기록되어 있다. 혜철과 함께 배를 탄 죄인에 대한 자세한 정보가 전하지 않는다. 그러나 혜철이 중국에 유학할 목적으로 죄인과 같이 배를 타고 있었음을 미루어 보건대, 죄인들은 서해안에서 활동하던 해적이었을 가능성이 높다. 여기에다 822년(헌덕왕 14) 3월에 김헌창이 반란을 일으켰는데, 여기에 웅천주와 무진주, 완산주, 청주(菁州), 사벌주 5개 주와 국원경, 서원경, 금관경 등 3소경이 동조하였다. 지방의 2분의 1 이상이 김헌창의 반란에 동조하였던 것이다. 김헌창의 반란은 결국 진압되었지만, 이후 신라 정부의 지방에 대한 통제력은 급격하게 약화되었다고 이해되고 있다.

헌덕왕대에 신라 정부의 지방에 대한 통제력이 약화되어 서·남해안에서 횡행하던 해적들을 효율적으로 제어하는 것은 기대하기 어려웠다고 보아도 과언이 아니다. 828년(흥덕왕 3) 당에서 귀국한 장보고가 흥덕왕의 도움을 받아 청해진(淸海鎭)을 설치하여 해적들을 완전히 소탕하기 전까지 해적들이 신라인을 약탈하여 중국에서 노비로 파는 행위가 계속 이어졌음을 앞에서 살핀 바 있다.

810~820년대에 신라 정부가 해적들을 제대로 제어할 수 없는 상황에서 중국에서 신라인을 매매하는 행위가 사회문제로 대두되자, 816년에 신라 정부가 숙위왕자 김장렴을 통해 당 조정에 신라인 매매를 통제해줄 것을 요청하였고, 이에 당 조정에서 여러 차례에 걸쳐 신라인을 매매하는 행위를 금지하는 내용의 칙령을 반포하여 호응하였던 것이다. 당에서 칙령을 강력하게 집행함에 따라 노비에서 방환된 신라인들이 많아졌고, 자연히 이들의 본국으로의 송환이 새로운 문제로 제기되었다고 짐작해볼 수 있을 것이다. 이에 당 목종(穆宗)은 장경 3년(823) 정월에 '조칙을 내려 신라인을 팔아 노비로 삼을 수 없도록 하고, 이미 중국에 있는 사람들은 즉시 그(신라) 나라로 돌려보내도록 하라'(『구당서』 권16 목종본기 장경 3년 정월)'고 조치하였다. 822년(헌덕왕 14) 12월에 사신으로 파견되어 당나라 수도 장안에 머물러 있던 김주필(金柱弼)이 목종이 칙서를 내리자, 다음 해 정월에 상장(上狀, 황제에게 올리는 글)을 올려 신라인들이 본국에 귀국하고자 하나, 많은 어려움이 있는 바, 당의 관리들이 귀국을 희망하는 신라인에게 각종 편의를 제공해줄 것을 요청하고, 이와 더불어 신라인들이 본국으로 귀국할 수 있는 배편을 마련해줄 것과 표류해온 신라인들도 본국으로 돌려보낼 것을 건의하였다.

> **당 목종(穆宗)에게 올린 진장(進狀)**
>
> 앞서 은혜로운 조칙을 내려 양민을 팔지 못하도록 하였습니다. 가고자 하는 곳에 따라 임의로 맡겼는데, 노약자는 항상 바쁘고 집이 없어 많이 이웃의 해촌(海村) 마을에 기거하며 돌아가고자 하여도 길이 없습니다. 엎드려 바라옵건대, 여러 도 근처의 해변 주현(州縣)에 첩(牒, 공문)을 내리셔서 매양 출항하는 배가 있으면, 편의대로 돌아갈 수 있도록 맡기고, 주현으로 하여금 제약을 두게 하지 마시옵소서. (천자의) 칙지(勅늘)로 신라인의 매매를 금지하라고 하셨습니다. 얼마 후에 정칙(正勅)이 있었는데, 말씀하신 바와 같이 만약 표류하여 기거(寄居)하는 자가 있다면, 진실로 임의대로 돌아가도록 맡기는 것이 합당하옵니다. 응당 소재 주현에 위임하여 일체를 모두 심사하여 맞추어보고, 본국 백성으로 돌아가기를 원하는 자는 책임지고 살펴 이제 (고국으로) 돌아갈 수 있도록 하여 주시옵소서.
>
> _ 『당회요』 권86 노비

김주필의 건의를 당 조정에서 받아들여 신라인들의 본국 송환을 위해서 얼마나 노력하였는가를 알 수 있는 자료는 전하지 않지만, 목종이 신라인을 본국으로 조속히 송환하라는 칙령을 내렸던 바, 적지 않은 신라인들이 신라로 귀국하지 않았을까 짐작된다. 오늘날 재외공관 외교관들의 주요 업무 가운데 하나가 해외 체류 국민의 생명과 재산을 보호하고, 대한민국의 안전한 해외 활동을 할 수 있도록 돕는 것이라고 할 수 있다. 이에 따른다면, 9세기 전반에 해외에서 곤경에 처한 본국 백성들을 구원하고, 그들의 본국 송환을 위해서 노력한 김장렴과 김주필 등은 한국 역사 속의 진정한 외교관의 표상이라고 해도 지나치지 않을 것이다.

4) 쇠락한 왕조의 대당 외교 활동

889년(진성여왕 3)에 정치 기강이 해이해져서 전국 곳곳에서 도적들이 벌떼처럼 일어나 국가의 통치체제가 완전히 붕괴되기 시작하면서 신라 왕조는 몰락의 길을 걷기 시작하였다. 이러한 혼란한 상황에도 불구하고 신라의 사신 파견은 계속 이어졌다. 891년(진성여왕 5)에 진성여왕이 최원(崔元)을 당에 파견하여 888년 3월에 즉위한 소종(昭宗)의 등극을 축하하고, 최영(崔霙) 등의 유학을 청하였다. 893년(진성여왕 7)에 진성여왕이 정절(旌節, 중국 황제가 신라의 왕을 승인하기 위해 보낸 신표인 깃발)을 반납하기 위해 병부시랑(兵部侍郎) 김처회(金處誨)를 파견하였으나, 도중에 풍랑을 만나 익사하였다. 이어 추성군(楸城郡, 혜성군(槥城郡), 충남 당진군 면천면) 태수 김준(金峻)과 부성군(富城郡, 충남 서산시) 태수 최치원을 계속해서 당에 사신으로 파견하려고 하였으나 도적들이 사행길을 막아 실패하였다.

896년(진성여왕 10)에 최예희(崔藝熙)를 당에 사신으로 파견하였고, 그 다음 해 6월에 진성여왕이 왕위를 조카인 요(嶢, 효공왕)에게 물려준 뒤, 수창부시랑(守倉部侍郎) 급찬 김영(金穎)을 당에 파견하여 진성여왕의 양위(讓位) 사실을 알리고, 아울러 885년에 당에 유학한 김무선(金茂先) 등을 신라로 돌려보내고 대신 최신지(崔愼之, 최언위) 등의 유학을 요청하였다. 최치원이 대필한 '양위표(讓位表)'에서 진성여왕은 신라에 도적들이 횡행하여 사행(使行)이 오랫동안 막혀 있었고, 나라의 재난을 진정시키기 위해 헌강왕의 아들인 요를 왕위에 추천하였으며, 자신은 몸을 보양코자 물러났다고 언급하였다.

진성여왕이 양위하기 전에 경문왕과 헌강왕을 추증하여 달라고 청원하였는데, 897년 7월 5일에 당 소종(昭宗)이 경문왕을 태사(太師), 헌강왕을 태부(太傅)로 추증한다는 조서를 내렸고, 이것을 891년에 당에 사신으로 갔다가 숙위하였던 최원이 가지고 귀국하였다. 이에 대해 897년 6월에 즉위한 효공왕은 사은사(謝恩使)를 당에 파견하여 최치원이 대필한 '사은표(謝恩表)'와 '사사위표(謝嗣位表)'를 올려 경문왕과 헌강왕을 추증한 데에 대해 감사를 표시하고, 자신의 즉위 사실을 알렸다. 태사와 태부는 태보(太保)와 함께 삼사(三師)라고 불렀다. 품계는 정1품이고, 정해진 직사(職事)가 없는 허직(虛職)의 성격을 지녔다. 삼사는 명목상이긴 하지만, 관직 가운데 최고위

직에 해당하고, 이 가운데 태사가 가장 높고, 그 다음이 태부이다. 따라서 당에서 경문왕과 헌강왕을 태사와 태부로 추증하였다는 것은 신라왕에게 당나라의 최고위직을 수여하였다는 의미와 통한다. 진성여왕이 나라가 어지러운데도 불구하고 열과 성의를 다하여 사신을 보내 중국에 조공하자, 이에 감읍하여 최고의 예우를 갖추어 신라를 대접한 것으로 이해할 수 있다. 비록 신라와 당나라 모두 내부적인 혼란을 겪고 있는 상황이기 때문에 경문왕과 헌강왕을 태사, 태부로 추증하는 것이 신라의 대외적 위상을 크게 높여준다고 평가하기가 망설여지는 측면이 없지 않지만, 그러나 그것으로 인하여 신라인의 자존감이 한껏 고조되었던 것만은 분명하다고 말할 수 있을 것이다.

국가체제가 문란해져서 더 이상 왕조를 지탱하기 어려운 상황이었으나 진성여왕은 당에 사신을 파견하려고 무진 애를 썼다. 국내의 어려운 처지를 당에 호소하여 무엇인가 도움을 받을 수 있지 않을까 하는 일말의 희망을 가졌다는 의구심을 떨쳐버리기 어렵다. 그러나 당나라조차 정치적으로 혼란한 상황이었기 때문에 진성여왕의 적극적인 대당 외교는 신라의 국내 상황을 호전시키는 데에 별로 도움을 주지 못하였다. 그럼에도 불구하고 신라는 인재를 뽑아 계속 당에 유학생을 파견하고, 국자감 입학을 허락하여 달라고 요청한 점이 매우 인상적인데, 훌륭한 인재를 양성하여 왕조의 위기를 구했으면 하는 신라 집권세력의 바람이 읽혀지는 대목이다.

900년에 견훤이 후백제를 건국하고, 901년에 궁예가 후고구려를 건국하면서 후삼국시대가 도래하였다. 후삼국시대에 신라는 923년(경명왕 7)과 924년(경명왕 8), 927년(경애왕 4), 932년(경순왕 6)에 후당(後唐)에 사신을 파견하였다. 그런데 924년과 927년에는 경남 진주의 호족세력으로 추정되는 천주절도사(泉州節度使, 지강주사(知康州使)) 왕봉규(王逢規)가 독자적으로 후당에 사신을 파견하였음이 확인된다. 호족세력도 독자적으로 사신을 파견하여 자신의 존재를 외국에 알리려고 노력하였음을 시사해 주는 측면으로 주목을 끈다. 한편 견훤의 후백제는 900년과 909년, 918년, 927년에 오월(吳越)에, 925년과 936년에 후당에 사신을 파견하였고, 927년에는 거란이 후백제에 사신을 파견하였다는 기록이 전한다. 궁예의 후고구려(태봉)는 915년에 한 차례, 918년에 2차례에 걸쳐 거란에 사신을 파견하였던 것으로 확인된다.

후삼국시대에 후백제와 후고구려는 자신의 존재를 외국에 알리려고 사신을 오월과 후당, 거란 등에 파견하거나 또는 그들과 교류한 것으로 이해할 수 있다. 물론 중국왕조와 거란과의 교류를 통해서 한반도의 다른 나라를 견제하거나 압박하려는 의도도 있었을 것으로 짐작된다. 신라 역시 후백제와 후고구려를 견제하기 위해 후당에 사신을 파견하였을 것이다. 그러나 현실적으로 후삼국의 대중국 외교는 후삼국 사이의 역관계와 국내정세에 별다른 영향을 끼치지 못하였다. 중국왕조와 거란이 한반도의 정세에 전혀 변수가 되지 않는 상황에서 후삼국시대가 전개되었고, 급기야 고려의 후삼국 통일이 이루어졌다고 볼 수 있다. 통일신라시대에 당이 국제질서의 중심축으로 굳건한 위상을 지녔던 반면, 고려시대에는 국제질서의 유동성이 매우 심하였다. 따라서 통일신라시대와는 달리 고려시대에 사대조공의 명분보다는 실리 위주의 외교정책을 펼칠 수 있었을 것으로 예상되며, 아마도 후삼국시대에 그러한 외교의 단초가 마련되었다고 보아도 무방하지 않을까 한다.

3. 대일 외교의 전개와 변화

1) 공세적인 대일 외교의 추진

『일본서기(日本書紀)』에 천지천황(天智天皇) 7년(668) 9월 계사(癸巳, 12일)에 신라가 사훼부(沙喙部) 급찬(汲湌) 김동엄(金東嚴) 등을 왜에 사신으로 보냈다는 기록이 보인다. 제명천황(齊明天皇) 3년(658)에 왜[일본]에서 신라에 사신을 파견하였고, 그 다음 해 7월에 왜의 사문(沙門) 지통(智通)과 지달(智達)이 칙명을 받들어 신라의 배를 타고 당나라에 갔다고 한다. 이후 『일본서기』에서 한동안 신라와 왜 사이의 교류에 대한 기록을 찾을 수 없다. 658년과 668년 사이에 신라와 당이 연합하여 백제와 고구려를 정벌하였고, 663년에는 왜군이 백강구(白江口)에서 나당연합군과 싸워 크게 패배한 바 있었다. 따라서 약 10년 동안 신라와 왜는 적대적인 관계였다고 봄이 옳을 것이다. 그렇다면 신라가 668년 9월을 전후한 시기에 갑자기 적대적인 관계였던 왜에 사신을 파견한 이유는 무엇이었을까?

『자치통감』에서는 668년 9월 12일(癸巳)에 이적(李勣)이 평양성을 함락시켰다고 전한다. 『삼국사기』 신라본기에서는 9월 21일에 신라군이 당나라 군대와 합하여 평양을 에워싸자, 고구려 보장왕이 연남산(淵男産) 등을 이적에게 보내 항복을 청하였다고 하였다. 김동엄이 668년 8월 하순경에 경주에서 출발하였을 것인데, 결국 그는 나당연합군이 고구려 평양성을 함락시키기 바로 직전에 왜에 사신으로 파견된 셈이 된다. 9월 26일(丁未)에 왜의 중신(重臣) 중신겸족(中臣鎌足, 후에 등원씨(藤原氏)를 사여받아 등원겸족(藤原鎌足)이라고 부름)이 신라 상신(上臣, 상대등) 대각간(大角干) 김유신(金庾信)에게 배 한 척을 주었고, 9월 29일(庚申)에 천지천황이 신라 문무왕에게 배 한 척을 주었다. 그리고 11월 초하루에 신라왕에게 비단 50필, 풀솜(綿) 500근, 무두질한 가죽 100매를 주고, 김동엄을 비롯한 사신단에게도 선물을 사여하였다. 김동엄 일행은 11월 5일(乙酉)에 왜의 사신과 함께 나라(奈良)를 출발하여 신라로 향하였다. 신라는 1년 뒤인 669년 9월에 사찬 독유(督儒)를 왜에 사신으로 파견하였고, 670년 9월에 왜에서 아담련협수(阿曇連頰垂)를 신라의 사신으로 파견하였다. 한편 이에 앞서 왜는 669년 하반기에 하내직경(河內直鯨)을 당에 사신으로 파견하여, 고구려 평정(平定)을 축하하였다고 한다.

　왜 조정에서 신라의 문무왕과 김유신에게 각기 배 한 척을 보내고, 김동엄 일행을 환대한 것으로 보아, 김동엄의 사행(使行)은 나름 소기의 성과를 거두었다고 평가할 수 있다. 그 성과란 다름 아닌 두 나라의 국교 회복이었을 것으로 짐작된다. 김유신을 비롯한 신라의 집권세력은 고구려 정벌 이후에 당과의 일전(一戰)이 불가피하다고 예측하였고, 후방에 위치한 왜와의 관계 개선이 시급하다고 판단하였을 것으로 짐작된다. 백강구전투에서 참담한 패배를 맛본 왜는 당의 침략에 대비하여 대마도, 일기도(壹岐島), 축자국(筑紫國), 장문국(長門國) 등지에 산성을 비롯한 각종 방어시설을 설치한 바 있다. 고구려 평정 후에 당나라가 자신들을 침략할 것이라고 의심하였음이 분명하다. 이에 따라 당의 사정을 살피기 위해 669년 하반기에 당에 사신을 파견한 것으로 이해된다. 이와 같은 여러 정황과 더불어 왜 조정에서 김동엄 일행을 환대한 사정 등을 두루 감안하건대, 김동엄이 왜에 도착하여 국교의 회복을 제의하였고, 왜 조정에서 이에 흔쾌히 호응하였다고 봄이 옳을 것이다. 두 나라가 국교를 회복함으로써, 신라는 후고(後顧)의 염려를 덜고 당과의 전쟁에 집중할 수 있고, 일본은 당군의 전력을 약화시킬 수 있을 뿐만 아니라 신라가 당과 일전을 벌이게 되면, 당의 침략 위협을 크게 줄일 수 있기 때문이다. 등원겸족이 신라 상신 대각간 김유신에게 배 한 척을 보내준 것을 통하여 두 나라의 국교 회복에 두 사람이 커다란 역할을 수행하였던 것으로 추정된다.

　신라는 왜(일본)에 사신을 파견하여 후고의 염려를 덜게 되자, 670년부터 본격적으로 당과의 일전을 전개하였다. 나당전쟁 기간 동안에 신라는

671년 6월과 10월, 673년 11월, 674년 윤6월, 676년 2월에 일본에 사신을 파견하였다. 이에 대해 일본에서는 670년 9월, 676년 7월에 신라에 사신을 파견하였다. 신라가 일본보다 더 많이 사신을 파견하였고, 특히 676년 2월에는 신라에서 왕자 김충원(金忠元)을 사신의 대표로 파견한 점을 미루어 보건대, 당과 일전을 치르고 있는 신라가 대일 외교에 공세적인 태도로 임하였다고 평가할 수 있다. 이와 같은 기조의 신라의 대일 외교는 대체로 당과 신라의 긴장관계가 계속 이어진 730년대 전반까지 지속되었다. 이때에 안승의 보덕국(報德國)이 일본에 고려(고구려)라는 이름으로 사신을 여러 차례 파견하였고, 신라는 보덕국의 사신을 호송하였다. 신라는 보덕국의 사신을 일본에 파견하게 하여 신라와 고구려가 힘을 합해 당에 맞서고 있고, 고구려를 자신들의 번국으로 보호해주고 있음을 과시한 것으로 이해된다.

668년 9월부터 730년대 전반까지 신라가 대일 외교에 적극 나섰다는 근본 기조는 변하지 않았지만, 그 사이에 신라의 대일 외교에 미묘한 변화가 없었던 것은 아니었다. 『일본서기』에 689년(지통천황(持統天皇) 3) 5월에 천무천황(天武天皇)의 조문사절(弔問使節)로 급찬(級飡) 김도나(金道那) 등이 방일(訪日)하였는데, 이때 지통천황이 김도나 등에게 효덕천황(孝德天皇)의 사망 사실을 알리는 사신이 신라에 갔을 때에 의찬(醫飡, 이찬) 김춘추(金春秋)가 사신을 접대하였는데, 이제 예전에 소판(蘇判, 잡찬)의 지위에 있는 관리가 왜의 사신을 접대하였다는 관행을 들어 다시 소판으로 하여금 일본 사신을 접대하게 한 점, 천지천황(天智天皇)이 사망하였을 때는 일길찬 관등의 관리를 조문사로 파견하였으나, 지금은 급찬의 관등을 가진 관리를 조문사로 보낸 점, 단지 배 한 척으로 조부(租賦)를 바친 점 등에 대해 불만을 토로하며, 이러한 사항 등을 김도나 등에게 본국으로 돌아가 신라왕에게 알려 시정하도록 요구하였다는 기록이 전한다.

689년을 전후하여 신라가 일본에 파견하는 사신의 격을 낮추고, 사신단의 규모, 일본에 제공하는 선물을 축소하는 조치를 취하였고, 이에 대해서 일본 조정이 시정할 것을 요구한 것으로 이해된다. 종래에 일부 학자는 689년을 전후하여 신라가 당과의 외교를 더 중시하고, 대일 외교의 비중을 낮추었다고 이해하기도 하였으나, 이 무렵에 신라가 당과의 외교를 중시하였다는 구체적인 증거를 찾을 수 없다. 689년(신문왕 9) 정월에 녹읍을 혁파하고, 관리들에게 세조(歲租)를 지급하였으며, 또한 이 해에 달구벌(達句伐, 대구광역시)로 천도하는 계획을 세웠다. 신문왕이 정치 개혁을 추진하면서 대일 외교에 대한 기본 지침을 수정한 것과 연관시켜 이해하는 것이 바람직하다고 보인다.

일본은 701년에 대보령(大寶令)을 반포하였다. 대보령에서는 당은 인국(隣國), 신라는 번국(蕃國)이라고 규정하였다. 대보령 반포 이후에 일본은 신라 사신을 번국의 사신으로 대우하였다. 일본이 요구하는 조공국(朝貢國)으로서의 외교형식을 갖추는 것을 흔히 빈례(賓禮)를 받는다고 표현하는데, 빈례는 입경(入境)의 허락을 받은 다음, 일본 궁궐의 조당(朝堂)에서 개최하는 원일조하(元日朝賀)의 의례 등에 참여하여 방물(方物, 특산물)을 헌상하고, 이어 연회에 참석하여 관위와 선물을 수여받으며, 국서(國書, 편지)와 천황이 내리는 선물 등을 수령하는 절차로 구성되었다. 만약에 빈례를 받아들이지 않으면, 일본에서는 신라 사신을 대재부(大宰府)에서 돌려보냈는데, 일본측 사서에서는 이것을 '반각(返却)', '방환(放還)', '방각(放却)', '각회(却會)' 등으로 표현하였다.

690~732년까지 원명천황(元明天皇)의 사망으로 김건안(金乾安) 등의 신라 사신이 축자(筑紫)에서 방환(放還)된 721년(성덕왕 20)의 경우를 제외하고 모두 신라의 사신들이 빈례를 수용하였음이 확인된다. 이것은 대보령 반포 이후에 일본에서 신라 사신을 번국의 사신으로 접대한 것에 대해 신라에서 크게 이의를 제기하지 않았음을 반영한다. 신라는 일차적으로 당과의 관계가 완전히 회복되지 않은 상태였기 때문에 일본과의 외교적 마찰이

빚어져 군사적 충돌로 번지는 것을 피하기 위해서 일본의 요구를 수용한 것으로 이해된다. 신라는 722년(성덕왕 21)에 일본적(日本賊)이 침입하는 길을 막을 목적으로 울산광역시와 경북 경주시 경계 지점에 모벌군성(毛伐郡城)을 쌓았다. 한편 『삼국사기』 신라본기에 731년(성덕왕 30)에 일본국의 병선(兵船) 300척이 바다를 건너 신라의 동쪽 변경을 습격하자, 신라군이 이를 깨트렸다고 전한다. 이처럼 일본과의 군사적 충돌 위험이 상존한 상황이었으므로, 일본의 요구를 수용하지 않으면 일본이 신라를 군사적으로 침략할 수도 있다고 우려하였을 가능성이 높다고 보인다.

두 번째로 성덕왕대 전반기에 신라의 상재상(上宰相) 김순정(金順貞)이 집권자로서 친일정책을 추진한 점도 주목할 필요가 있다. 『속일본기(續日本紀)』 권33 광인천황(光仁天皇) 신구(神龜) 3년(726) 7월 기록에 이찬 김순정이 지난 해(725년) 6월 30일에 죽었는데, 그가 생전에 충성(忠誠)으로 우리(일본) 조정을 섬겼다고 전한다. 김순정은 사망하기 전까지 상재상(上宰相)으로서 국정을 총괄하는 집정자(執政者)의 지위에 있었다. 김순정이 친일정책을 폈던 것도 일본이 신라 사신을 번국의 사신으로 대우하는 것에 대하여 크게 이의를 제기하지 않은 배경의 하나로서 지적할 수 있음은 물론이다.

그러나 여기서 문제는 비록 일본이 신라 사신을 번국의 사신으로 접대하였다고 해서 신라가 일본을 당과 같은 종주국(宗主國)으로서 예우하였던 것은 결코 아니었다는 점이다. 신라는 621년(진평왕 43)에 왜전(倭典)을 별도로 영객전(領客典)으로 개칭하고, 651년(진덕여왕 5)에 영객전을 영객부(領客府)로 승격시켰다. 영객부의 주요 업무는 당나라의 사신을 접대하는 것이었다. 이 무렵에 영객부와 별도로 왜국의 사신을 접대하기 위해 왜전을 설치한 것으로 추정되고 있다. 일반적으로 중앙 행정관서 가운데 '~전(典)' 을 칭하는 관서의 최고 책임자는 감(監)이라고 불렀고, 거기에는 나마(奈麻)와 대나마(大奈麻)의 관등을 가진 관리가 임명되었다. 반면에 영객부의 장관은 령(令)이었고, 거기에는 대아찬에서 각간의 관등을 가진 관리가 임용되었다. 당나라의 사신을 접대하는 영객부의 위상이 왜전에 비하여 훨씬 높았던 것이다. 더구나 670년(문무왕 10)에 왜에서 '일본(日本)'이란 국호를 사용하기 시작하였는데, 이후에도 신라에서 왜전을 일본전으로 개칭하지 않았다. 통일기에도 여전히 일본 사신을 접대한 관서가 왜전이었던 사실을 통해 신라가 일본을 당과 같은 종주국으로서 예우하지 않았음을 엿볼 수 있음은 물론이다.

『속일본기』에서 일본천황이 신라왕에게 관작을 수여하였다거나 또는 새로운 왕이 즉위하였을 때에 당의 경우처럼 천황이 신왕(新王)을 책봉하는 조치를 취하였다는 기록을 찾을 수 없다. 한편 번국의 왕이 중국에 나아가 직접 조공(朝貢)하는 경우, 표문(表文)을 올리지 않고, 구두(口頭)로 상주(上奏)하며, 사신을 파견하는 경우는 국왕이 작성한 표문을 중국 천자에게 올리는 것이 관례였다. 그런데『속일본기』에 752년 6월에 효겸천황(孝謙天皇)이 신라 사신에게, '지금 이후로는 국왕이 직접 아뢰도록 하고, 만약 다른 사람을 보내 입조(入朝)할 때에는 표문을 가지고 오도록 하라'고 요구하였다는 기록이 보인다. 이것은 이전에 신라 사신이 국왕이 작성한 표문을 가지고 오지 않고, 단지 일본에서 천황에게 구두로 상주하였음을 시사해주는 자료다.『속일본기』권33 광인천황(光仁天皇) 보구(寶龜) 5년(774) 3월 기록에 일본 조정에서 신라가 일본을 항례(亢禮)의 인국(隣國)으로 대우하였다고 전한다. 항례는 항례(抗禮)라고 표기하기도 하는데, 한쪽으로 치우치지 않게 똑같은 예로 대접하거나 또는 그렇게 대접하는 예를 가리키는 용어이다. 위의『속일본기』기록은 신라가 일본을 종주국이 아니라 교린(交隣)의 대상으로 인식하였음을 알려주는 증거인 셈이다.

일본은 대보령 반포 이후에 신라를 번국으로 규정하였지만, 그러나 신라는 일본을 결코 종주국으로 인정하지 않고, 줄곧 교린의 대상으로 인식하였을 뿐이다. 물론 신라가 한동안 일본이 신라 사신을 번국의 사신으로 접대하는 것에 대하여 이의를 제기하지 않아 표면적으로 일본 중심의 세계질서와 천하관에 부응하는 듯한 태도를 취하긴 했지만, 그러나 이러한 신라의 태도는 일본과의 평화교린을 유지하기 위한 외교적 제스처, 그 이상도 그 이하도 아니었다. 일본이 그들이 중심이 된 세계질서 속에서 이탈하지 못하도록 신라를 강하게 압박할 수 있는 현실적인 힘을 가지고 있지 않는 한, 신라의 태도에 따라 일본과 신라의 관계는 언제든지 변동의 가능성을 내포하고 있었다고 규정할 수 있을 것이다.

2) 고압적인 대일 외교로 전환하다

702년에 즉위한 성덕왕은 적극적으로 친당 외교를 추진하였다. 702~732년 사이에 신라와 일본은 상대국에 서로 9차례에 걸쳐 사신을 파견하였다. 반면에 성덕왕은 즉위 이후부터 732년까지 무려 39번에 걸쳐 당나라에 사신을 파견하였다. 신라가 당과 일본에 사신을 파견한 횟수를 비교해보면, 성덕왕이 일본보다 당나라에 대한 외교를 훨씬 더 중시하였음을 쉽게 살필 수 있다. 그러나 성덕왕은 733년에 나당전쟁 이전의 당과의 관계를 회복하기 전까지 668년 9월 이래의 대일 외교의 근본 기조를 변경하지 않았다.

그런데 733년 이후에 신라와 일본 사이에 외교적 마찰이 잦아졌다. 두 나라 사이에 외교적 마찰이 빚어진 빌미를 제공한 자료가 다음에 제시한 기록이다.

중납언(中納言) 정3위(正三位) 다치비진인현수(多治比眞人縣守)를 병부조사(兵部曹司)에 보내 신라 사신이 입조(入朝)한 이유를 묻게 하였다. 그런데 신라국이 갑자기 본호(本號, 신라국호)를 고쳐 왕성국(王城國)이라고 불렀으므로, 이로 인하여 그 사신을 되돌려 보냈다.

_ 『속일본기』 권12 성무천황(聖武天皇) 천평(天平) 7년 2월 계축(癸丑)

천평 7년은 735년(성덕왕 34)에 해당한다. 신라 사신 김상정(金相貞) 등이 734년 12월에 대재부(大宰府)에 도착하였고, 다음 해 2월에 서울(나라)로 들어왔다. 일본 조정은 김상정 등이 신라국을 왕성국이라고 고쳐 부르자, 이에 반발하여 신라 사신을 받아들이지 않고 곧바로 돌려보냈던 것이다.

천평(天平) 8년(736)에 일본에서 아배조신계마려(阿倍朝臣繼麻呂) 등을 신라에 파견하였다. 일본 사신단은 737년 1월경에 귀국하였는데, 정사(正使) 아배조신계마려는 신라에서 천연두에 걸려 귀국 도중 대마도에서 사망하였고, 부사(副使) 대반숙예삼중(大伴宿禰三中)은 천연두로 인해 한동안 서울에 들어가지 못하다가 2월에 입조(入朝)하여, '신라국이 상례(常禮)을 잃고 사신의 뜻을 받아들이지 않았습니다'라고 아뢰었다. 이에 성무천황이 5위 이상과 6위 이하의 관인(官人) 총 45인을 궁궐 안(內裏)으로 불러 의견을 개진하게 하였고, 후에 제사(諸司)에서 혹은 사신을 파견하여 그 까닭을 물어야 한다거나, 혹은 군대를 보내 정벌해야 한다고 하였다고 『속일본기』에 전한다. 신라국이 상례를 잃었다고 언급한 것을 통해, 736년에 신라가 일본 사신을 접대하는 예우가 이전과 크게 달라졌음을 짐작해볼 수 있다. 구체적인 내용은 기록에 전하지 않지만, 일본 사신이 가져온 국서(國書 또는 조칙(詔勅))를 이찬 또는 소판 이하의 관등을 가진 관리에게 수령하게 하였다거나, 고압적인 내용을 담은 일본 국서를 신라가 수령을 거부하였거나 또는 일본 사신의 격이 낮다고 핑계 삼아 신라왕이 일본 사신의 접견을 거부하였을 가능성 등을 예상해 볼 수 있다.

신라 사신이 신라의 국호를 왕성국이라고 고쳐 부른 것과 신라에서 일본 사신에 대한 예우를 변경한 것은 상호 연관성을 지녔을 것으로 짐작된다. 상고시대(上古時代) 중국인의 동심원적인 세계관에 따르면, 왕성(王城)이 천하의 중심 소재지이고, 왕성 밖의 천하는 크게 3대 권역으로 구분된다고 하는데, 첫 번째 권역이 바로 전복(甸服), 즉 왕기(王畿)이고, 두 번째 권역이 후복(侯服)과 수복(綏服), 즉 대·소제후가 소재(所在)하는 곳으로서 중국의 범위에 해당하며, 세 번째 권역이 만이요복(蠻夷要服)과 융적황복(戎狄荒服), 즉 이른바 오랑캐가 거주하는 곳이라고 한다. 신라 사신이 일본에 가서 자신들의 나라 이름을 고쳐 왕성국이라고 자칭하였음을 염두에 두건대, 734년 무렵에 신라인들이 중국인의 동심원적인 세계관을 차용하여 신라가 천하의 중심인 왕성의 위상을 지닌 국가라고 인식하였다고 볼 수 있을 것이다. 신라는 상고시대 중국과 마찬가지로 자신들의 천하를 9주(州)로 구분하여 통치하였다. 따라서 9주의 영역은 후복과 수복에 비견되고, 일본은 9주의 바깥에 존재하므로, 세 번째 권역인 만이요복과 융적황복에 비견될 수 있다. 따라서 734년에 신라가 일본에 가서 본국의 국호를 왕성국이라고 고쳐 불렀던 것은 당시에 신라인이 자신의 국가를 왕성의 위상을 지닌 국가로, 반면에 일본을 이적국(夷狄國)으로 인식하였음을 반영한다고 이해할 수 있다. 신라인들이 자국을 왕성(王城)의 위상을 지닌 국가로 인식한 것은 자국을 중국과 대등한 유교문화를 발전시킨 군자국(君子國)이라고 자부한 것과 관련이 깊다.

  734년에 신라가 일본을 이적국으로 규정하면서 일본 사신을 접대하는 예를 대폭 변경하였을 뿐만 아니라 일본이 자신들을 번국의 예로써 대우하는 것에 대하여 강력하게 반발하였고, 이에 대해 일본의 관리 가운데 일부가 신라를 정벌하자는 의견을 개진하기까지에 이른 것으로 이해된다. 신라가 대일 외교의 전환을 모색한 배경과 관련하여 733년에 신라와 당과의 사이가 나당전쟁 이전의 관계로 완전히 회복되었음을 주목할 필요가 있다. 733년 당과의 긴장관계가 완전히 해소됨에 따라, 외교적인 측면에서 일본의 전략적 가치가 크게 떨어졌을 것이다. 이에 따라 신라는 문화적으로 낙후된 이적국으로 인식한 일본과 번국의 예를 수용하여 교류하는 이른바 저자세의 외교정책을 전면 수정하였을 것이고, 김상정 등의 신라 사신이 일본에 대해 고압적인 태도를 취한 것은 대일 외교의 근간이 바뀌었음을 알려주는 시그널로 해석할 수 있다.

신라가 대일 외교의 기조를 수정한 또 다른 배경으로 725년(성덕왕 34) 6월 30일에 친일정책을 추진하던 김순정이 사망하고, 대신 반일외교를 주도한 김사공(金思恭)이 권력의 핵심으로 부상한 사실을 눈여겨 볼 필요가 있다. 728년(성덕왕 27)에 김사공이 상대등에 취임하였다. 그는 718년(성덕왕 16)에서 720년까지 집사부 시중(侍中)을 역임하였고, 732년(성덕왕 31) 12월에 이찬 정종(貞宗), 사인(思仁), 윤충(允忠) 등과 함께 각간(角干)으로서 장군에 임명되었다. 이러한 경력으로 보아, 상대등에 취임한 728년 무렵에 김사공은 권력의 핵심에 있었던 인물임이 틀림없다고 보인다. 그런데『속일본기』권18 효겸천황 천평승보(天平勝寶) 4년(752) 6월 기록에 '전왕 승경(承慶, 효성왕)과 대부(大夫) 사공(思恭) 등은 말과 행동이 게으르며 지켜야 할 예를 잃었다'라고 전한다. 효성왕과 집정대부(執政大夫, 집정자(執政者))인 사공이 반일정책을 추진한 것에 대해 효겸천황이 질책한 것으로 이해된다. 이를 통해서 730년대 이후에 고압적인 대일 외교를 추진한 주체가 바로 김사공이었음을 엿볼 수 있다. 결과적으로 김순정 사후에 김사공이 권력 핵심에 부상하면서 대일 외교의 변화를 모색하였고, 731년(성덕왕 30) 일본국 병선 300척의 신라 동쪽 변경 침략, 733년 당과의 관계 회복 등은 김사공 등이 고압적인 대일 외교를 추진하는 계기를 제공하였다고 볼 수 있을 것이다.

734년 이후 738년(효성왕 2) 정월, 742년(효성왕 6) 2월, 743년(경덕왕 2) 3월, 752년(경덕왕 11) 윤3월에 신라가 일본에 사신을 파견하였다. 752년 윤3월의 사신 파견을 제외하고, 나머지는 모두 일본이 대재부에서 여러 이유를 들어 방환(放還)시켰다. 한편『삼국사기』신라본기에 742년(경덕왕 원년) 10월에 일본국 사신이 이르렀으나 받아들이지 않았다고 전한다. 일본국 사신은 효성왕을 조문하고, 경덕왕의 즉위를 축하하며, 양국의 관계를 개선하기 위한 목적으로 신라에 온 것으로 추정되지만, 양국 간의 교섭은 원활하게 이루어지지 않은 것으로 보인다. 743년 이후에 두 나라는 서로 사신을 교환하지 않다가 752년 정월에 일본이 사신을 파견하였고, 이에 대해 이해 윤3월에 신라가 왕자 김태렴(金泰廉)을 정사(正使)로 삼고, 700여 인의 사신단을 7척의 배에 태워 일본에 보냈다. 정월 신라에 온 일본 사신이 나라에 있는 동대사(東大使)의 대불개안식(大佛開眼式)에 참석하기를 권유하자, 이에 대해 신라 조정에서 호응한 것으로 이해된다.

신라 사신단 가운데 일부는 대재부에 머물렀고, 김태렴 등은 동대사 대불개안식에 참석한 후, 이해 7월에 귀국하였다. 김태렴이 왕자의 신분이고, 또한 동대사 대불개안식에 참석하기 위한 목적 등을 감안하여, 일본 조정에서 김태렴 일행의 입경(入京)을 허락하였던 것으로 보인다.『속일본기』에 김태렴이 옛날부터 신라가 일본에 조(調)를 바쳤고, 그러한 관행에 따라 신라왕을 대신하여 자신이 입조(入朝)하여 조(調)를 바친다고 언급한 것으로 보아, 김태렴 등도 나름 일본에 대해 고압적인 자세를 취하지 않으려고 자제한 것으로 짐작된다. 현재 학계에서는 김태렴이 700여 명의 대규모 사신단을 이끌고 간 사실을 주목하여, 대불개안식을 축하하기 위한 목적뿐만 아니라 일본과의 대규모 무역을 위한 목적으로 신라에서 752년 윤3월에 일본에 사신을 파견한 것으로 판단하고 있다.

그런데 752년 사행으로 신라와 일본과의 관계가 호전된 것은 아니었다. 다음 해, 즉 753년(경덕왕 12) 8월에 일본국 사신이 이르렀는데, 오만하고 예의가 없었으므로 왕이 그들을 접견하지 않자, 마침내 돌아갔다는 기록이『삼국사기』신라본기에 전하기 때문이다. 이후 한동안 두 나라 사이에 사신 교환이 이루어지지 않았다. 반면에 이 무렵을 전후하여 일본과 발해와의 교섭이 활발하게 진행되고 있어 주목된다. 일본이 신라를 견제하기 위해 발해와의 교섭에 적극 노력한 사실을 반영한 것으로 이해된다. 753년 8월 이후 일본은 779년(혜공왕) 단 한 차례만 신라에 사신을 보냈고, 반면에 신라는 760년(경덕왕 19) 9월, 763년(경덕왕 22) 2월, 764년(경덕왕 25) 7월, 769년(혜공왕 6) 11월, 774년(혜공왕 10) 3월, 779년(혜공왕 15) 10월에 일본에 사신을 파견하였다. 이 가운데 주목되는 것이 760년 9월과 763년 2월, 764년 7월의 사행(使行)이다.

755년 11월에 안녹산이 유주(幽州)의 범양(范陽, 중국 하북성 탁현)에서 반란을 일으켰고, 이후 중국이 커다란 혼란에 빠졌다. 이 무렵에 일본의 집권자였던 등원중마려(藤原仲麻呂)는 혼란에 빠진 당이 신라를 구원하지 못할 것이라고 판단하여 신라정토계획(新羅征討計劃)을 추진하였다. 등원중마려는 759년 6월에 신라를 칠 목적으로 대재부로 하여금, '행군식(行軍式, 동원계획)'을 만들게 하였고, 8월에는 대재수(大宰帥) 3품(三品) 선친왕(船親王)을 신공황후(神功皇后)를 제신(祭神)으로 하는 향추묘(香椎廟)에 보내, 신라를 정벌하려는 상황을 알렸다. 그리고 9월에 제도(諸道)로 하여금 배 500척을 건조하도록 명령하였다. 일본의 신라정토계획은 762년 중반에 등원중마려(藤原仲麻呂, 후지와라 나카마로)가 실각하면서 중단되었다.

신라는 일본의 신라정토계획을 인지하고, 이에 대비하였음을 시사해주는 기록이 『속일본기』에 전한다.

> (기조신우양(紀朝臣牛養) 등이) "근래에 당신 나라(신라)에서 투화(投化)해온 백성들이 본국에서는 지금 병사를 징발하여 경비하고 있는데, 이것은 혹 일본국이 죄를 물으러 올까 보아서다라고 말하는데, 그 일의 허실(虛實)이 어떠합니까?"라고 묻자, (신라 사신은) "당나라의 사정이 난리로 어지럽고 해적이 빈번하게 출몰하고 있다. 이로 인하여 병사를 징발하여 변방을 경계하고 있는 것이다. 이것은 국가의 대비책일 뿐이며, 일은 결코 거짓이라 할 수 없다"라고 대답하였다.
> _ 『속일본기』 권25 순인천황(淳仁天皇) 천평보자(天平寶字) 8년 7월

위의 인용문은 764년(경덕왕 23) 7월에 일본에 파견된 신라 사신 대나마(大奈麻) 김재백(金才伯)과 일본의 관리 기조신우양 등과의 대화 내용을 기술한 것이다. 이때 김재백은 당 칙사(勅使)의 의뢰로 당에서 일본으로 귀국

한 승려 계융(戒融)의 소식을 알아보기 위해 일본에 왔다고 주장하였다. 김재백은 일본 관리가 신라가 일본의 침략에 대비하여 군사를 징발한 다음, 변방을 경비하고 있느냐고 묻자, 면전에서 그것을 부정하였다. 그러나 일본의 신라정토계획을 인지하고 있었던 신라로서는 그에 대비하지 않을 수 없었음을 염두에 둔다면, 김재백의 언급은 일본 측과의 외교적 마찰을 피하기 위한 수사에 불과하였다고 보는 것이 옳을 것이다. 일본에 귀화한 신라인들이 언급한 내용이 진실을 전한 것으로 볼 수 있는데, 신라는 한편으로 군사적으로 대응하면서 다른 한편으로 외교적인 노력을 기울였음이 분명하다고 보인다. 이러한 측면에서 760년 9월과 763년 2월, 764년 7월의 사행은 일본의 신라정토계획과 무관하다고 보기 어렵지 않을까 한다.

『속일본기』에는 760년 9월에 일본에 파견된 신라 사신이 신라정토계획의 추진을 중단할 것을 요구하였다는 구체적인 내용은 전하지 않는다. 하지만 당시 신라 사신이 오랫동안 '직공(職貢)'을 닦지 않았기 때문에 조공을 다시 바치러 왔고, 또 일본의 풍속과 언어를 배우기 위하여 '학어(學語)' 2인을 머물도록 허락할 것을 부탁하는 등 전반적으로 일본과의 우호관계의 회복을 요구하였던 것에 반하여 일본은 조공국으로서의 예의를 갖추지 않으면 신라의 요구를 그대로 수용하기 어렵다는 강경한 입장을 취하였다. 즉 일본은 신라 사신에게 관계 개선을 위한 전제조건으로서 앞으로는 '책임을 지고 대응할 수 있는 자[전대지인(專對之人)]', '성의가 있고 믿음이 있는 예[충신지예(忠信之禮)]', '예로부터의 조[잉구지조(仍舊之調)]', '명확하고 근거가 있는 말[명험지언(明驗之言)]' 등 4가지를 갖출 것을 요구하였던 것이다.

이럼에도 불구하고 신라는 763년 2월에 다시 사신을 일본에 파견하였다. 물론 이때도 신라가 일본의 요구조건을 들어준 것은 아니었다. 때문에 일본 측은 이에 대하여 불쾌감을 표시하고, 다음에는 반드시 신라의 왕자가 아니면, 집정대부(執政大夫)로 하여금 입조(入朝)하도록 요구하였다. 신라가 734~753년까지 일본에 대하여 고압적인 자세의 외교정책을 추진하였는데 760년 무렵에 비록 조공국의 예를 갖추어 사신을 파견한 것은 아니었다고 하더라도 일본에 대한 신라의 태도는 이전에 비하여 저자세라고 할 수 있다. 여기에서 신라가 일본에 사신을 파견하지 않으면 안 되는 시급한 사정이 있었음을 엿볼 수 있는데, 당시 시급한 대외적 과제란 바로 신라정토를 준비 중인 일본의 동향을 살피고, 외교적인 차원에서 일본 집권세력의 반신라 인식을 완화시켜 일본의 신라정토계획을 무산시키는 것이었다고 볼 수 있다. 따라서 760년 9월과 763년 2월의 사행은 일본의 정토계획에 대한 신라의 외교적인 대응의 일환이었다고 보아도 무방할 것이다.

760년 9월과 763년 2월 일본에 사신을 파견한 주체와 관련하여 김옹(金邕)을 주목할 필요가 있다. 김옹은 760년(경덕왕 19) 4월에 시중에 임명되어 763년 8월에 시중에서 면직되었다. 혜공왕대에 김옹은 대각간으로서 병부령, 전중령(내성사신), 상재상을 겸임하며 집정자로서 정무를 총괄하였던 것으로 알려졌다. 그런데 『속일본기』 권33 광인천황 보구 5년(774) 3월 기록에 "본국(신라) 상재(上宰, 상재상) 김순정(金順貞)이 (집정하고) 있을 시에 (사신의) 왕래가 잦아서 항상 직공(職貢)을 닦았다. 지금 그 손자 옹(邕)이 지위를 계승하여 집정(執政)하고 있는데, (그는) 가문의 명성을 쫓아서 (일본 조정을) 공봉(供奉)하려고 마음을 먹고 있다. 이로 말미암아 옛날의 우호를 다시 닦고 사신의 방문을 요청하려는 것이다"라고 전한다. 김옹이 성덕왕대에 친일외교를 추진한 김순정의 손자였고, 그들 가문이 대대로 일본과의 외교를 강조하였을 뿐만 아니라 그가 혜공왕대에 대일 외교에 적극적인 태도로 임하였던 사실을 두루 고려하건대, 760년 9월과 763년 7월의 사행은 당시 시중이었던 김옹이 주도하였다고 보아도 이견이 없을 것이다.

경덕왕은 일본이 정토계획을 세워 신라를 위협하고 있는 상황을 극복하기 위해서는 군사적 대비뿐만 아니라 대일 외교를 강화하는 것이 필요하다고 생각하였고, 김옹이 이러한 경덕왕의 의지를 실현할 수 있는 적임자라고 판단하여 그를 시중에 등용하였던 것으로 이해된다. 김옹은 정토계획의 상황을 살피는 한편, 다른 한편으로 일본 집권세력의 반신라 감정을 누그러뜨리기 위해 두 차례에 걸친 사행을 추진하였던 것으로 볼 수 있다. 김옹의 뒤를 이어 764년(경덕왕 23) 정월에 김양상(金良相)이 시중에 임명되었다. 김양상은 혜공왕대에 김옹의 집정을 보좌하는 제2인자의 위치였던 것으로 확인된다. 그는 김옹을 이어 계속 대일 외교를 중시하였고, 764년 7월의 사행은 그의 주도로 이루어졌을 가능성이 높다고 보인다. 김옹과 김양상의 적극적인 대일 외교가 어느 정도의 성과를 거두었는가에 대해 정확하게 말하긴 어렵지만, 두 사람이 대외적 위기상황을 극복하기 위해 군사적, 외교적인 노력을 기울였다는 사실만은 높이 평가하여도 지나치지 않을 것이다.

3) 민간외교의 시대로

하대에 들어 803년(애장왕 4) 7월에 양국이 서로 사신을 교환하였고, 804년 5월과 806년(애장왕 7) 3월, 808년(애장왕 9) 2월에 일본국 사신이 신라를 예방하였다. 특히 808년 2월에는 애장왕이 일본국 사신을 두터운 예[厚禮]로서 접대하였다고 알려졌다. 애장왕대에 왕을 대신하여 섭정(攝政)하던 김언승이 대일 외교에 적극 나섰음이 분명하지만, 현재 그 이유에 대해서는 정확하게 밝히지 못하고 있다. 한편 일본의 문헌에는 803년 4월과 804년 7월에 일본에서 신라에 사신을 파견하여, 견당사(遣唐使)가 탄 배가 신라에 표착하거나 신라 연안을 경유할 경우에 협조를 부탁하거나 또는 당으로 떠난 배가 행방불명되자, 그에 대한 소식을 알리고 협조를 요청하였다는 내용이 전한다. 9세기 전반에 일본이 견당사의 안전한 항해를 위해 신라와의 관계 개선에 관심을 기울였음을 시사해주는 측면으로 주목된다.

『삼국사기』 신라본기에는 애장왕대 이후에 한동안 일본과의 교류에 관한 기록이 보이지 않다가 864년(경문왕 4) 4월과 878년(헌강왕 4) 8월, 882년(헌강왕 8) 4월에 일본국 사신이 신라를 예방하였다고 전한다. 애장왕대 이후에 신라가 일본에 사신을 파견한 기록을 신라본기에서 찾을 수 없다. 반면에 일본의 문헌에 신라와 일본 정부가 교류하였다는 기록이 여럿 전한다. 『속일본후기(續日本後紀)』 권5 인명천황(仁明天皇) 승화(承和) 3년(836, 흥덕왕 11) 기록에 일본에서 견당사의 배가 바람과 파도의 급변(急變)으로 혹시 신라 땅에 표착할까 걱정이 되어 태정관(太政官)의 첩문(牒文)을 사신인 무장국권대연(武藏權大掾) 기삼진(紀三津)에게 딸려 신라에 보냈고, 이에 대해 신라에서는 집사성(執事省) 첩문을 태정관에 보냈다는 기록이 전한다. 집사성 첩문의 핵심 내용은 일본 사신 기삼진의 죄목을 열거하면서 그를 일본에 보내니, 형편에 따라 처분하여 주기를 바란다는 것이다. 또한 『속일본후기』 권15 인명천황 승화 12년(845, 문성왕 7)에 신라인이 강주(康州, 경남 진주)의 첩문 2통을 가지고 본국(일본)의 표류인(漂流人) 50여 인을 압송하였다는 내용이 전한다.

이밖에 『일본삼대실록(日本三代實錄)』 권28 청화천황(淸和天皇) 정관(貞觀) 18년(885, 헌강왕 11) 6월 20일 기록에 885년 4월 12일에 신라국사(新羅國使) 판관(判官) 서선행(徐善行)과 녹사(錄事) 고흥선(高興善) 등 48인이 배 한 척을 타고 비후국(肥後國) 천초군(天草郡)에 도착하여, "지난 해에 표류하다가 마침 해안에 도착할 수 있었는데, 관에서 양곡을 지급해주어 고향에 돌아갈 수 있었습니다. 이제 어진 은혜에 보답하고자 국첩(國牒, 집사성첩(執事省牒)과 신물(信物) 등을 가지고 내조(來朝)하였다"라고 말하자, 일본 조정에서는 집사성첩만 있고 국왕의 계(啓)가 없는 점, 집사성첩에 찍힌 도장 등이 옛날의 실상과 다른 점 등을 들어 공식적인 외교사절로 받아들이지 않고 돌려보냈다는 내용이 전한다. 그러나 서선행 등이 집사성첩을 가지고 일본에 입국한 것으로 보아, 신라에서 공식적으로 파견한 사신이었을 가능성이 높다고 보인다. 9세기 후반에 일본에 표류한 신라인들을 송환해 준 일본에 감사의 표시를 전하고, 이를 계기로 양국 간에 국교를 회복하려고 하였으나 일본의 거절로 뜻을 이루지 못하였던 것으로 이해된다.

9세기에 이르러 신라와 일본 사이에 견당사 파견과 표착 문제, 표류한 신라인과 일본인의 송환 문제 등을 둘러싸고 사신의 교환이 이루어졌음이 확인되고, 국가 차원의 외교적 마찰이 빚어진 사례를 거의 찾을 수 없다. 이에 반해 하대에 신라와 일본 사이의 국가 간 공식적인 교류 이외에 민간 차원의 교류가 활발하게 이루어졌다. 일본 문헌에 9세기에 신라 상인들이 일본에 가서 활동하였다는 자료가 다수 발견되고 있다. 이외에 『일본삼대실록』 권17 청화천황 정관 12년(870) 2월 15일 기록에 신라 상선(商船)이 때때로 대재부에 이르러 제 멋대로 물건을 판매한다 하면서 침략하고 포악한 일을 하였다거나 (신라인) 윤청(閏淸) 등은 오랫동안 교관(交關)에 종사하면서 이 땅에 붙어살며 여러 가지 사정을 살필 수 있었다는 기록이 전한다. 윤청 등은 일본에 거류하면서 신라와 일본과의 교역에 전념한 것으로 추정된다.

9세기에 민간외교를 주도한 대표적인 인물이 장보고(張寶皐)였다. 장보고는 828년(흥덕왕 3)에 설치한 청해진(淸海鎭)을 거점으로 대규모 선단을 꾸려 당과 일본, 신라를 연결하는 무역을 활발하게 추진하였다. 중국에서 장보고의 선단을 교관선(交關船)이라고 불렀고, 신라 정부와 별도로 대당매물사(大唐賣物使)를 파견하여 중국에서 교역하였다. 9세기에 들어 국가 사이의 공무역 이외에 민간 차원의 사무역이 널리 활성화되었음을 장보고의 무역활동을 통해서 엿볼 수 있다. 장보고가 일본에 파견한 무역사절을 회역사(廻易使)라고 불렀고, 회역사에 이충(李忠), 양원(揚圓) 등이 선임되기도 하였다. 『속일본후기』에 840년(문성왕 2) 12월에 신라의 신하 장보고가 사신을 파견하여 토산물을 바치자, 대재부에서 신하된 자로서 외국과 교류할 수 없다고 하면서 사신을 쫓아버렸다고 전한다.

　일본의 대외교섭 창구였던 대재부는 무역을 위해 파견된 장보고 선단의 사람들을 홍려관(鴻臚館)에 체재하게 하면서 교역하게 하였다. 또한 장보고는 일본 내에 무역지점을 설치하고, 현지 일본 관리를 상대로 직접 상품을 팔았을 뿐만 아니라 회역사가 가지고 온 상품이 인기가 너무 높아서 일본에서는 이를 구입하기 위해 대금을 미리 납부하기도 하였다. 그리고 이들 상품이 너무 고가이기 때문에 일본인 중에 가산(家産)을 탕진하는 사람이 적지 않게 발생하자, 일본 정부에서는 이를 경계하는 조치를 취하기도 하였다. 841년 장보고의 사망 이후, 회역사의 활동은 종결되었지만, 이후에도 신라 상인들의 교역 활동은 여전히 줄어들지 않았다. 9세기에 들어 신라와 일본 정부 사이의 공식적인 외교 활동이 뜸해졌고, 이에 반해 장보고선단을 중심으로 하는 사무역이 활발하게 이루어졌다. 종래에 학계에서는 9세기에 들어 민간 사이의 교류가 활발하였다는 점에 주목하여, 9세기를 국가 간 공식적인 외교보다 민간외교가 더 활성화된 시기였다고 평가하기도 한다.

4. 사대와 교린의 외교를 실천한 통일신라

　신라는 648년에 당과 동맹을 체결하면서 당 중심의 일원적인 세계질서와 천하관을 수용하였다. 이때부터 신라는 당의 번국(藩國)으로 자처하였고, 대당 외교에서 번국으로서의 예식을 충실하게 이행하였다. 반면에 신라는 당과 달리 일본과 발해는 상호 교린(交隣)을 기저로 외교관계를 맺었다.

　668년 나당연합군이 고구려를 정복한 이후, 당나라가 백제 땅을 신라에게 주겠다는 약속을 지키지 않고, 신라 땅을 침략하려는 야욕을 드러내자, 신라가 이에 반발하여 670년부터 당군을 공격하면서 나당전쟁이 개시되었다. 나당전쟁 기간 동안 신라는 한편으로 당과 싸우면서, 다른 한편으로 사대조공의 예를 바친다는 명분을 내세워 당에 사신을 파견하여 당 조정을 달래는 화전양면전술을 적절하게 구사하여 결국 당군을 한반도에서 축출하고 삼국통일을 이룰 수 있었다. 나당연합군의 고구려 평양성 함락이 임박한 668년 9월을 전후한 시기에 신라는 당과 본격적으로 전쟁하기에 앞서 배후에 있는 일본과의 관계를 개선할 필요가 있다고 판단하였기 때문에 일본에 사신을 파견하여 한동안 단절된 국교의 회복을 제안하였고, 침략할지도 모르는 당군의 전력을 약화시키려면 신라와의 국교 수립이 절실하였던 일본이 여기에 호응하면서 두 나라 사이에 수교가 이루어졌다.

　732년에 발해가 당을 공격하자, 당 현종이 신라에게 도움을 요청하였다. 이에 신라가 발해 남쪽을 공격하였는데, 이를 계기로 두 나라의 관계가 나당전쟁 이전의 수준으로 회복되었다. 이 무렵에 신라의 성덕왕은 당과 발해의 갈등관계를 노련하게 활용하여 당으로부터 패강 이남 지역에 대한 영유권을 공식적으로 인정받고, 북방 개척의 기틀을 다졌다. 이후 경덕왕대에서 헌덕왕 대에 걸쳐 패강 이남 지역을 신라의 영토로 편제하기에 이르렀다.

일본에서 701년에 대보령(大寶令)을 반포하면서, 신라를 번국(蕃國)으로 규정하고, 신라 사신을 번국의 예로써 대우하였다. 신라는 비록 일본을 당과 같은 종주국(宗主國)으로 인식하지 않았지만, 신라와 당 사이의 긴장관계가 완전히 해소되지 않았기 때문에 한동안 전략적으로 일본의 요구를 수용하였다. 그러나 733년 당과의 관계가 나당전쟁 이전의 수준으로 회복되면서, 신라인은 스스로 자국을 군자국(君子國), 일본을 문화적으로 낙후된 이적국(夷狄國)으로 인식하고, 일본이 신라 사신을 번국의 예로써 접대하는 것에 대해 반발하였다. 이후 신라는 일본을 교린의 대상으로, 일본은 신라를 번국으로 대우하면서 두 나라 사이에 외교적 마찰이 자주 빚어졌고, 일본이 급기야 신라정토계획을 세우는 단계로까지 나아갔다. 신라는 일본의 침략에 대비하여 군사를 징발하여 변방의 경계를 강화하는 동시에 일본에 사신을 파견하여 정토계획의 실상을 살피고, 일본 조정의 반신라 감정을 완화시키는 양면전술을 전개하였다.

9세기 전반에 신라와 당이 혼란한 상황에 처하자, 해적들이 서남해안 지역에서 신라인을 약탈하여 중국에 노비로 파는 사례가 크게 늘어났다. 신라 정부는 외교사신을 통해 당 조정에 신라인 매매를 금지시켜 줄 것을 청원하였고, 당 황제는 이를 수용하여 신라인을 매매하는 행위를 금지시켰다. 이후 신라 정부는 노비에서 방환된 신라인을 송환하기 위한 외교적인 노력을 기울여 나름의 성과를 거두었다. 9세기에 들어 신라와 일본 사이에 국가 차원의 특별한 외교적 현안이 없었기 때문에 두 나라의 공식적인 교류는 그리 많지 않았다. 다만 일본에서는 견당사의 안전한 항해를 위해 신라에 여러 차례 사신을 파견하였고, 표착한 신라인과 일본인의 송환 문제를 둘러싸고 두 나라 사이에 외교적 접촉이 이루어지기도 하였다. 국가 간의 공식적인 교류가 뜸해진 반면, 9세기에 이르러 민간 사이의 교류가 활발해졌다. 특히 장보고는 청해진을 거점으로 하여 회역사(廻易使)를 파견하는 등 일본과의 교류에서 두각을 나타냈다. 이러한 이유 때문에

9세기에 들어 신라와 일본 사이에 민간외교가 활성화된 시대라고 평가하기도 한다. 732년 발해의 당 공격 이후 신라는 발해를 이적국으로 인식하였고, 당에서 서로 여러 가지 문제를 둘러싸고 갈등하기도 하였다. 그러나 때때로 사신을 파견하거나 또는 신라도(新羅道)를 통한 교류가 지속되었다고 알려졌다.

전국에서 농민들이 봉기하여 신라 통치체제가 마비된 9세기 말에 신라의 진성여왕이 여러 차례에 걸쳐 당에 사신을 파견하여 당의 구원을 바랐으나 별다른 실효를 거두지 못하였다. 후삼국시대에 신라는 후당에 여러 차례 사신을 파견하였고, 강주(경남 진주)의 호족인 왕봉규도 신라와 별도로 후당에 사신을 파견하여 교류하였다. 백제는 오월과 후당, 거란과 고류하였고, 후고구려는 거란에 사신을 파견하였음이 확인된다. 그러나 후삼국의 대중국 외교는 후삼국 사이의 역관계와 국내정세에 별다른 영향을 끼치지 못하였다.

참고문헌

1. 저서

권덕영, 1997, 『고대한중관계사-견당사연구-』, 일조각.
노태돈, 2009, 『삼국통일전쟁사』, 서울대출판부.
박남수, 2011, 『한국 고대의 동아시아 교역사』, 주류성.
이기동, 1984, 『신라 골품제사회와 화랑도』, 일조각.
이상훈, 2012, 『나당전쟁연구』, 주류성.
이성시 지음·김창석 옮김, 1999, 『동아시아의 왕권과 교역-신라·발해와 정창원 보물』, 청년사.

2. 논문

고경석, 2006, 「청해진 장보고세력 연구」, 서울대학교 박사학위논문.
김은숙, 1991, 「8세기의 新羅와 日本의 關係」, 『國史館論叢』 29, 국사편찬위원회.
_____, 2006, 「일본 최후의 견당사 파견과 장보고 세력」, 『한국고대사연구』 42.
김종복, 2017, 「8세기 초 발해·당의 긴장관계에 대한 신라의 외교전략-나당간의 국서를 중심으로-」, 『대구사학』 126, 대구사학회.
김창석, 2005, 「통일신라의 천하관과 대일 인식」, 『역사와 현실』 56.
박남수, 2013, 「신라 성덕왕대 패강진 설치 배경」, 『사학연구』 110.
연민수, 2003, 「통일기 신라와 일본관계」, 『강좌한국고대사』 4(대외관계), 가락국사적개발연구원.
윤선태, 1997, 「752년 신라의 대일교역과 바이시라기모쯔게(買新羅物解)」, 『역사와 현실』 24.
이기동, 1976, 「신라 하대의 패강진-고려왕조의 성립과 관련하여-」, 『한국학보』 4.
전덕재, 2013, 「신라 하대 패강진의 설치와 그 성격」, 『대구사학』 113.
_____, 2015, 「8세기 신라의 대일 외교와 동아시아 인식」, 『일본학연구』 44, 단국대학교 일본연구소.

제9장
발해의 외교

한규철

1. '해동성국' 발해제국 : 고구려 계승성과 황제성
2. 발해 외교의 집행기구
3. 당과의 외교
4. 일본과의 외교
5. 신라와의 외교
6. 유목민족과의 외교
7. 발해 외교의 특징과 개요
   쟁점 발해는 황제국가였다

1. '해동성국' 발해제국 : 고구려 계승성과 황제성

　발해는 668년 고구려가 멸망하고 30년 만에 옛 고구려 땅에 698년 건국된 왕조로서 926년까지 고왕 대조영으로부터 15대 왕까지 229년간 신라와 '남북국'의 형세를 이루며 통치되던 왕조였다. 발해는 지금의 중국 지린성 지역과 헤이룽장성, 랴오닝성 일부 그리고 북한지역을 통치영역으로 삼았고, 면적도 50만km² 내지 80만km²나 되었다. 고구려의 1.5배 내지 2배, 신라의 4~5배, 현대 남북한의 4배, 일본의 2.2배 정도를 차지한 왕조로서 당 중심의 『신당서』에서도 인정하던 '해동성국(海東盛國)'이었다.

　발해 외교에 대해서 가장 큰 쟁점은 발해가 과연 당과의 관계에서 자주성을 갖는 왕조였는가 아니면 당의 '지방정권'과 같은 왕조였는가 하는 점이다. 그러나 한국사에서는 이보다 더 큰 쟁점은 발해제국이 과연 고구려 계승국이었는가 아니면 이와 다른 말갈왕조였는가이다. 발해가 지배층은 고구려 유민, 피지배층은 고구려와 다른 말갈의 연합왕조였는가 하는 점 등의 문제다. 피지배층이 고구려와 다른 말갈이었다면 이 역시 발해의 말갈왕조설과 가까운 견해에 속하게 된다. 한국은 지배층과 피지배층을 달리 보는 연합왕조설이 많지만 필자와 같이 말갈도 고구려의 변방 주민에 대한 또다른 호칭이었다는 주장과 함께 고구려 유민설이 제기되어 있고 북한도 다수의 고구려 유민설로 통일되어 있다. 물론 발해 영역에서 현대사가 진행되고 있는 중국과 러시아는 말갈중심설이 지배적이고 일본은 연합왕조 내지 말갈왕조설이 혼재되어 있다.

　발해는 황제국의 기준이기도 한 발해 스스로의 연호를 당의 간섭없이 사용하던 황제국이었다. 발해는 그들 스스로 왕을 '황상(皇上)'으로 왕의 비를 '황후(皇后)'라 하기도 하였다. 다만 발해는 당 중심의 외교적 승인 행위였던 책봉을 수용하고 밖으로는 '왕'을 칭하였던 '외왕내제(外王內帝)'의 실리 외교를 추구하던 왕조였다. 특히 문화적인 측면에서는 한자문화에 바탕을 둔 당의 유교문화를 적극 수용하여 교육·행정 등에 응용하며 능동적인 외교 관계를 취하고 있었다. 그러나 자주성을 지키고 있던 발해제국은 당과 군사적 충돌을 빚기도 하였다. 즉 발해는 발해 건국기로부터 당으로부터 한동안 '말갈'이라 멸시받으며 대결하였는가 하면, 제2대 무왕 인안 14년(732)에는 흑수말갈 문제로 당을 해상과 육상으로 공격하기까지 하였다.

발해는 당, 돌궐, 거란, 일본, 신라 등과 교섭하였던 사실이 여러 기록을 통해서 확인된다. 당 중심의 『신당서』 발해전은 발해에서 일본으로 가는 '일본도(日本道)'와 신라로 가는 '신라도(新羅道)', 당으로 가는 '조공도(朝貢道)'와 '영주도(營州道)', 거란으로 가는 '거란도(契丹道)'가 있었다고 전한다. 또한 러시아의 에.붸.샤브꾸노프는 발해에서 중앙아시아로 가는 '담비길'이 있었다고 주장하기도 한다. 특히 『속일본기(續日本紀)』는 발해제국이 일본과의 관계에서 많은 교류를 하여 '환동해' 경제와 문화 교류를 한 것으로 전하고 있다. 이와 같이 발해는 당은 물론이고 중앙아시아와 일본 등에까지 적극적인 외교를 하였던 국제적인 왕조였다.

발해는 당과 229년간 160여 회 즉 발해에서 당으로 130회(후량. 후당 제외), 당에서 발해로 30회나 사신들이 왕래하였다. 한편 일본과도 발해에서 일본으로 34회, 그리고 일본에서 발해로 14회 사신들이 왕래하여 48회나 교류하였다. 발해가 당과 일본과의 외교에서 능동적으로 활동하였음이 확인되고 있다. 한편 인접하였던 신라와는, 발해에서 신라로 2차례, 그리고 신라에서 발해로 2차례 사신을 파견하였다는 기록만을 갖고 있다. 이 밖에 발해는 돌궐 및 서역과도 교섭하였다. 돌궐과는 정치·외교적 관계도 깊었던 것으로 나타나고 있지만, 서역과의 관계는 돈황 자료 등 매우 제한적인 면에서 그 교섭을 유추하고 있다.

2. 발해 외교의 집행기구

발해의 외교사는 『삼국사기』나 『고려사』와 같은 정사 기록이 없어 발해와 당, 일본 그리고 신라와 돌궐 등의 관계사로 언급될 수밖에 없는 한계를 갖고 있다. 남아 있는 기록들이 발해 중심이 아닌 당과 일본 등이라는 점에서 발해 외교사 복원에 한계를 가질 수밖에 없다. 따라서 당 중심의 기록을 발해로 바꾸어 생각해야 하고, 발해의 외교정책이 어떠한 전략에 의해 수립되었는가 하는 점 등에 대해서는 당시의 국제정세 등을 통해서 이해할 수밖에 없다.

왕조시대의 외교정책은 전제군주인 왕이 최고의 정책 결정자였다. 발

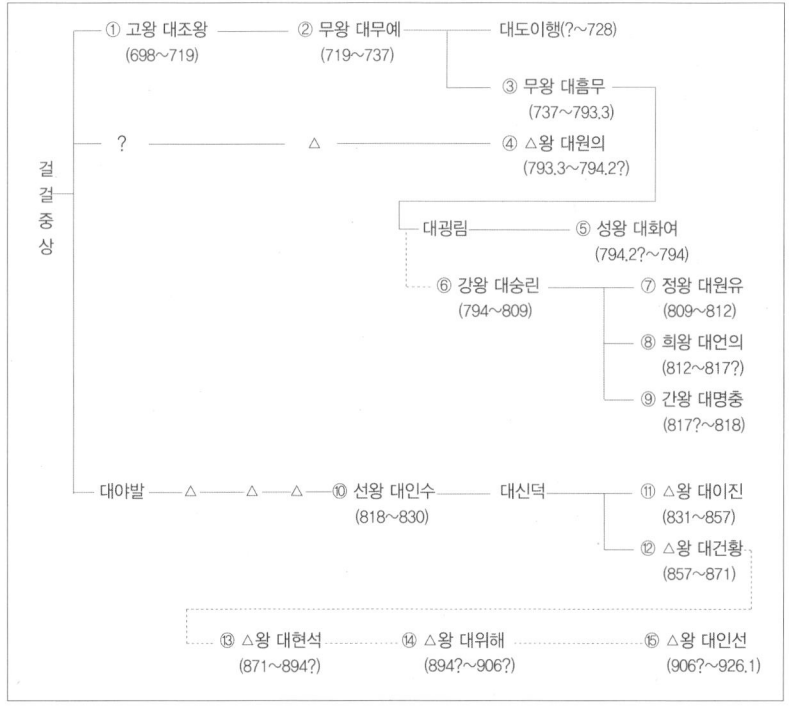

| 발해왕 세계표

해는 3성 6부라는 중앙조직을 갖고 왕의 전제통치를 실행하고 보좌하였다. 『신당서』 발해전에 따르면 발해의 3성은 정당성(政堂省)·선조성(宣詔省)·중대성(中臺省)이었고, 이 가운데 정당성이 집행기구로서 가장 권한이 컸다. 그런데 당에서는 통과된 정령(政令)을 집행하는 상서성이 중서성(中書省)과 문하성(門下省)에 의하여 통괄되는 상황이었지만, 발해에서는 반대로 정당성이 오히려 선조성과 중대성을 통괄하고 있었다. 그만큼 왕권의 전제성이 강한 구조였다. 3성의 기능에 대한 구체적인 기록은 없으나 관제나 장관 및 당의 3성 6부의 기능을 통하여 발해의 것도 유추해 볼 수 있다.

정당성 아래 6부가 있었는데, 충부(忠部), 인부(仁部), 의부(義部), 지부(智部), 예부(禮部), 신부(信部)가 그것이다. 의부(당의 예부)는 의례·제사·과거·학교·대외관계 등을 맡아 관리하는 기관으로 외교와 가장 관련이 깊은 기관이었다. 장관은 경(卿)으로 1명을 두었고 그 다음은 소경(少卿) 1명이 있었다.

기타 실무 기관으로 중정대(中正臺)와 전중시(殿中寺), 종속시(宗屬寺), 태상시(太常寺), 사빈시(司賓寺), 대농시(大農寺), 사장시(司藏寺), 사선시(司膳寺)의 7시(寺)와 문적원(文籍院), 주자감(胄子監), 항백국(巷伯局)이 있었다. 이 중 사빈시(司賓寺)는 외국사절을 접대하는 일을 하였고 장관은 사빈경(司賓卿), 차관은 사빈소경(司賓少卿)이었다.

발해의 외교는 당 중심의『구당서』나『신당서』발해전과 같은 대표적인 1차 사료나 1013년경 송나라 때 편찬된『책부원귀(冊府元龜)』외신부(外臣部)의 책봉(冊封), 조공(朝貢), 포이(褒異), 호시(互市) 등을 통해서 알 수 있다. 일본과의 관계는『속일본기』등 육국사와 시가집 등을 통해 알 수 있고, 신라와의 관계는『삼국사기』본기와 지리지, 그리고 돌궐 및 거란 등 유목민족과의 관계는『구당서』와『신당서』북적열전을 통해서 짐작하고 있다.

3. 당과의 외교

1) 발해 건국 초기의 외교

발해의 외교 관계에 있어서 가장 빈번한 접촉을 가졌던 왕조는 당이었다. 발해는 영주로부터 탈출할 때부터 당으로부터 많은 회유와 방해를 이기면서 건국에 성공할 수 있었다. 대조영의 아버지 걸걸중상(乞乞仲象)이 당으로부터 '진국공(震國公)'이라는 작위를 거부하고 발해 건국을 멈추지 않았다. 걸걸중상이 병사하고 건국의 대업을 이어받은 대조영은 당의 측천무후로부터 명을 받고 쫓아 온 거란 장수 출신 이해고(李楷固)마저 천문령(天門嶺)에서 크게 대패시키고 698년 발해 건국에 성공하였다.

발해는 건국 직후 돌궐과 신라에 사신을 파견하여 발해 건국을 알리고

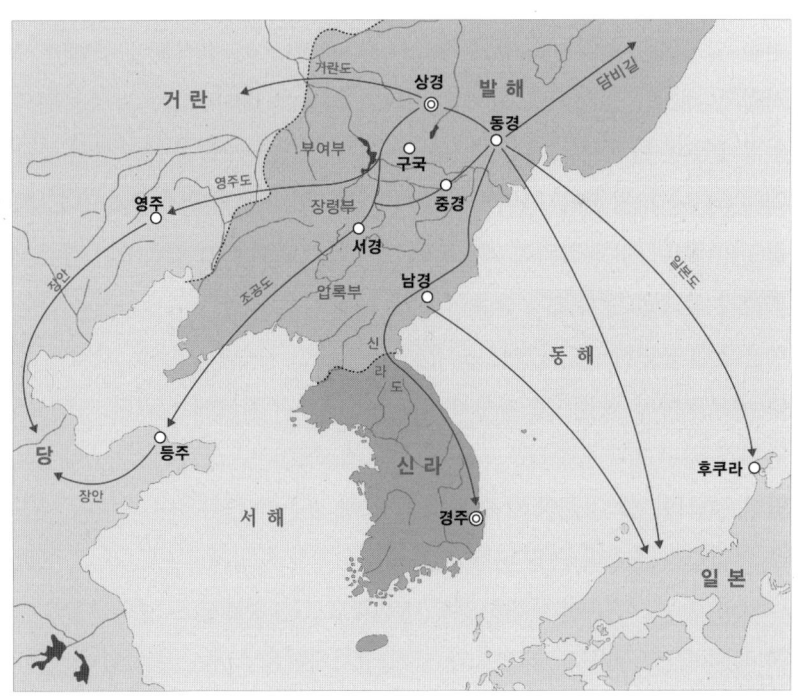

| 발해제국의 대외교통로

협조를 구하였다. 돌궐은 북방족으로 군사적으로는 사실상 당을 능가하고 있었으며, 신라는 당과 연합하여 고구려를 멸망시킨 역사가 있었기 때문이다. 당은 발해의 건국을 인정하지 않고 '말갈'이라 비난하고 있었다. 돌궐과 신라는 당시 당과 대결적인 입장에 있었기에 발해의 외교는 당을 견제하는 전략이었다.

양국 관계는 당이 먼저 발해에 사신을 파견하여 위무하면서 개선되기 시작하였다. 당이 먼저 발해와의 관계개선 카드를 내놓을 수 있었던 이유는 외부적으로 돌궐 등의 끊임없는 위협에 친돌궐적이었던 발해의 도움이 필요했고, 내부적으로 중종 복위 후 불안정한 정치정세를 밖으로 이전하고 권력의 기반을 다지기 위한 것이었다. 특히 내부적 원인이 외부적 원인보다 컸다고 하겠다.

발해 건국 전후 당은 690~705년까지 여황제 측천무후 통치기였다. 측천은 고구려를 멸망시킨 당의 제3대 고종의 비로서, 정적들을 무참히 제거하고 태자는 물론이고 황제의 폐위와 책봉에 간여하였던 무소불위의 여황제였다. 발해에 사신을 파견하며 양국의 관계 개선을 도모했던 중종 역시 683년 12월 27일 아버지 고종이 죽자 7일만에 황위에 올랐으나 1개월 뒤 어머니 측천에 의해 폐위되어 여릉왕으로 지위가 격하되어 감금되기까지 하였던 황제였다. 중종이 일시 폐위되고, 측천은 막내아들 이단을 예종으로 옹립하였으나, 이것도 만족하지 않고 자신이 스스로 황제에 올라 왕조명까지 '주(周)'로 바꾸어 690~705년까지 자리에 있었다. 재위 15년째가 되던 705년 측천은 신하들에 의해 축출되고 중종이 다시 복위하였다. 이러한 당 내부의 정세 변화와 함께 중종이 즉위하며 발해에 사신을 파견하여 우호의 손을 내밀었다.

당의 중종은 705년 복위하면서 내부적으로는 왕조명도 '주(周)'에서 다시 '당(唐)'으로 바꾸고, 대신들과 함께 정치개혁을 이루고자 하였다. 나아가 외부적으로는 지금까지 적대시하였던 발해에 사신을 파견하여 정치적 국면 전환을 시도하였다. 당의 위무를 받은 발해는 당의 화해 요구에 응해 왕자를 당에 숙위로 파견하였다. 당시 당과의 외교는 당으로부터 책봉을 받는 형식이었는데, 중종 시기는 거란과 돌궐로 인해 성사되지 못하였다고 한다. 그러나 중종이 사신을 파견하면서 바로 책봉사를 보내지 않았던 것은 당이 발해의 건국 과정에서 방해하며 대결적이었던 점을 의식해서, 먼저 발해 조정의 이해와 긍정적 의사를 확인하려 하였다고 본다. 발해가 왕자를 파견하여 머물게 하였다는 것은 발해가 당의 제의를 수락한 뜻으로 이해할 수 있다.

양국 간의 외교 수립은 중종의 반대세력에 이어 즉위한 예종 때에 이루어졌다. 예종도 중종과 마찬가지로 측천무후에 의해 옹립되었다가 측천의 황제 등극으로 폐위되었다가 중종이 피살되고 복위한 황제였다. 중종이나 예종 시기는 공통적으로 당의 정치적 혼돈기였다. 이러한 정치적 문제를 적대적이었던 발해와의 교섭을 통해 돌파해보려 하였다는 이해도 가능하다.

발해와 당의 외교관계는 발해가 당의 책봉을 수용함으로써 이루어졌다. 713년 당의 예종으로부터 사신 낭장 최흔(崔忻)을 통해 받은 고왕 대조영의 책봉호는 '좌효위원외대장군 발해군왕'이자 '홀한주도독'이었다. 당의 책봉은 당에서 일방적으로 행해진 것으로, '도독'직과 '국왕'도 아닌 '군왕'이었다. 이후 발해왕들은 즉위와 함께 당의 책봉 절차가 있었다고 『신당서』 등은 전한다. 그러나 책봉에 관한 발해의 반응에 대해서는 기록이 없다. 당 중심의 기록들은 두 왕조의 외교에서 책봉을 제일 먼저 내세우고 있는 것이 특징이다. 이렇듯 당 중심의 책봉 기록을 통해 고대 동아시아의 외교 상황을 '당 중심의 책봉질서'로 규정하기도 하는가 하면 발해가 당의 '지방정권'이었다고도 한다. 그러나 책봉은 전근대 당 중심의 외교적 승인행위일 뿐이었다. 그러나 이와 같은 일방적 책봉 기록을 근거로 발해가 당의 홀한주와 같은 기미(羈縻) 지배를 받았던 '지방정권'이었다고 해석하기도 한다. 그러나 발해는 왕조의 자주성을 상징한다고 할 수 있는 연호를 스스로 사용하였다. 이러한 사실은 『신당서』가 발해의 연호 사용을 당에 묻거나 승인받지 않고 '사사로이' 하였다고 한 점에서도 알 수 있다.

당 중심의 기록으로 말미암아 발해의 국호에 대한 부분도 논란이 빚어지고 있다. 발해라는 국호는 713년 당의 '발해군왕'이라는 책봉호로부터 연유하였다는 것이다. 『신당서』 발해전에서 '이로부터 비로소 말갈이라는 이름을 버리고 오로지 발해로만 불렀다(自始去靺鞨號 專稱渤海)'라는 대목에 의해서다. 문제는 말갈을 버리고 발해가 되었다는 데에 있다. 나아가 발해 이전에는 말갈이라는 국호를 갖고 있었고, 이를 통해 발해는 고구려 계승이 아닌 말갈 계승이라는 주장까지 나오게 되었다.

그렇지만 이 기록은 지금까지 당은 발해를 초기의 국호인 '진(振)'이나 발해라고 하지 않고 '말갈'이라고만 비하하다가, 책봉이 이루어지는 당시에야 정식 국호인 '발해'라고 불렀다고 하여야 한다. 발해가 건국할 당시의 국호는 '진(振)'이었다. 그리고 국호를 '진'에서 발해로 한 시기는 모른다. 이 기록의 주어는 당으로서 '이로 부터 (당나라) 비로소 말갈이라는 이름을 버리고 오로지 발해로만 불렀다'는 뜻이다. '말갈'이란 동북방 이민족들을 비하해서 부르는 비칭(卑稱)으로서 발해가 이를 국호로 삼았을 이유도 없고 발해가 고구려와 계통이 다른 말갈왕조일 수도 없다. 그렇기에 당 조정에서 발해와 국교 수립을 맞이하여 말갈이라는 비칭을 '버리고[去]' 정식 국호인 발해라고 불렀다고 한 것이다. 발해가 말갈왕조였다면 말갈 호칭을 '고쳐서[改]' 발해라고 하였다고 하여야 한다. 또한 발해 국호도 책봉호로부터 연유하였다면 '진(振. 震)을 고쳐서[改] 발해라고 하였다'고 하였어야 한다. 발해 국호는 어느 시점에 '진'에서 '발해'로 고쳐 부른 것이겠지만, 발해가 당의 '발해군왕' 책봉호로부터 연유하였다고 단정하는 것은 비약이다.

2) 당과의 전쟁(732)과 교섭

발해가 영토적으로 확장하며 발전하던 제2대 무왕 때는 발해가 군사를 동원해서 당을 해상과 육상으로 공격하는 일까지 있었다. 양국의 전쟁은 당과 흑수말갈의 접근으로 빚어진 외교 동맹의 대결관계에서 빚어졌다. 그 발단은 무왕 인안 8년(726)에 흑수말갈이 당에 사신을 보내어 조공하자, 당 현종(玄宗)이 그 땅을 당의 흑수주(黑水州)로 삼고 장사(長史)라는 관리를 두면서부터였다. 이에 무왕은 '흑수가 우리 국경을 거쳐서 처음으로 당과 서로 통하였다. 지난날 돌궐에게 토둔(吐屯)이라는 변방 감독직을 청할 적에도 모두 우리에게 먼저 알리고 갔는데, 이제 갑자기 바로 당에게 벼슬을 청하였으니 이것은 반드시 당과 공모하여 앞뒤로 우리를 치려는 것이다'라고 하면서 친아우 대문예(大門藝) 및 그의 장인 임아(任雅)를 시켜 흑수를 치게 하였다.

명령을 받은 대문예는 일찍이 숙위로 당의 장안에 갔다가 돌아왔던 자로서 흑수를 치는 것은 당을 저버리는 것이고, 당의 군사력이 발해보다 1만 배나 되며, 심지어 발해의 인구는 당과 싸워 이기지 못하였던 고구려의 몇 분의 일도 되지 못한다고 하면서 흑수 공격의 불가를 간하였다. 그러나 문왕은 듣지 않았고, 문예가 마지못해 출병하면서 다시 간하자, 무왕은 노하여 그를 죽이려 하였고, 이에 동생 문예는 당으로 망명하였다. 대문예를 맞은 당 현종은 그에게 좌효위장군을 주고 보호하였다. 이에 무왕은 사신을 당에 보내어 대문예의 죄상을 말하며 죽이기를 요구하였으나 현종은 문예를 몰래 안서로 보내고 무왕에게 영남으로 유배하였다고 거짓을 알려왔다. 이 일은 곧 발해에 발각되어 무왕이 크게 노하여 당에 항의하기도 하였다.

결국 이 일을 계기로 무왕은 인안 14년(732) 장수 장문휴에게 해상으로 등주를 공격하게 하여 등주자사 위준(韋俊)을 죽이기까지 하였다. 이에 당 현종도 대문예를 유주에 보내어 발해군을 치게 하고, 이어 신라의 태복원

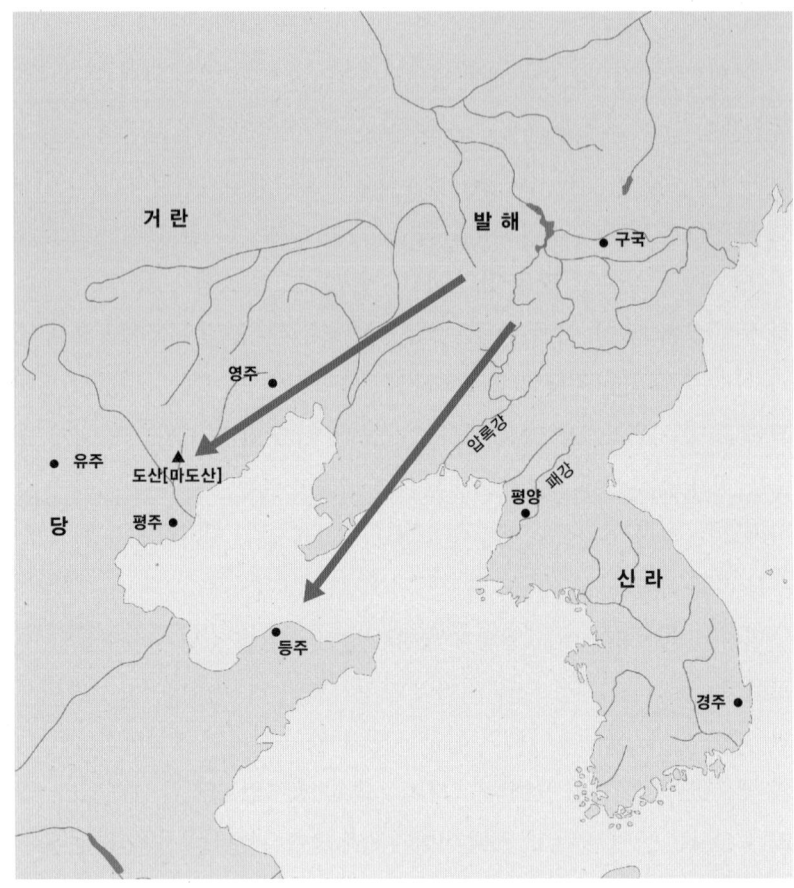

| 발해제국의 당 공격도

외경 김사란으로 하여금 신라로 가서 군사를 내어 발해의 남경을 치게 하였다. 그러나 『신당서』는 '신라군이 마침 산이 험하고 날씨가 추운데다 눈이 한 길이나 내려서 병사들이 태반이나 얼어 죽어 전공을 거두지 못하고 돌아왔다'고 전한다. 발해 쪽 기록이 없어 알 수 없지만 신라군이 날씨 탓으로 돌아온 것이 아니라, 발해와의 전투에서 패배하고 돌아오지는 않았는가 의심되는 부분이기도 하다. 또한 무왕은 몰래 동도인 낙양에 사신을 보내어 자객을 빌어 대문예를 죽이도록 하였으나 실패하였다.

발해가 당을 공격한 것은 동생의 배신 때문이기도 하지만 흑수말갈과 당의 협공을 막기 위해 선제적으로 감행한 일이었다. 발해는 당을 공격함에 있어서 당과 거란 및 돌궐과의 대결 상황을 이용하였다. 즉 730년에 이미 발해는 거란, 돌궐 등과 연합하여 당의 북진정책을 대비하고 있던 상황이었기에 732년에는 이들의 측면 지원을 받아 당을 공격할 수 있었다. 8세기 동아시아에서 당의 북방 정책은 당 중심의 천하관에 입각한 화이(華夷) 정책을 유지하고 있었지만, 당에 반대하여 발해와 거란이 하나의 연합 세력을 형성하고 있었다. 발해는 732년 9월 장문휴 등을 해상으로 보내어 당의 등주(현 산둥성 펑라이현)를 공격하였다. 그리고 다음 해에는 육로로 요서 지방의 마도산까지 공격하였는데 이 때는 돌궐의 원병을 얻어 당을 공격하던 거란과 함께 하였다.

등주를 공격한 장문휴(張文休)는 등주자사 위준(韋俊)을 살해하고 그곳에 주둔하고 있던 당 군대를 격파하였다. 당나라도 이에 맞서 개복순(蓋福順) 등으로 하여금 발해를 치도록 하였으나 이들이 등주에 도착하였을 때에는 이미 발해의 군대는 철수한 뒤였다. 이에 맞서 당은 지금의 베이징인 유주(幽州)에 대문예를 보내어 군사를 징발하여 발해를 공격하도록 하였다. 아울러 당나라는 발해 사신 대랑아(大朗雅) 등을 귀양보내어 응징하기도 하였다.

발해의 당 공격은 신라와 당의 관계가 좋아지게 만들었다. 당은 장안에 와 있던 신라인 김사란을 귀국시켜 신라로 하여금 발해의 남쪽을 치도록 요구하였다. 이에 733년 7월 김사란은 당의 명을 받고 귀국하여 같은 해 겨울 김유신의 손자였던 김윤중(金允中), 김윤문(金允文) 등 4명의 장군과 함께 군사를 이끌고 당나라군과 만나 발해를 쳤지만 실패하였다. 당 조정이 발해 공격에 김유신의 손자를 요청한 것은 신·당(신라와 당) 연합에 의해 고구려를 멸망시켰던 추억을 신라에 환기시켰다고 할 수 있다. 발해가 고구려를 계승하였다는 역사적 사실을 의식한 요구였다고 본다.

결국 발해를 견제하려는 신라와 당의 현실적 이해관계가 서로 맞아 떨어져 양국은 삼국통일 과정에서 신·당이 연합하였던 수준의 관계 개선을 이룰 수 있었다. 또한 이 일로 인해 성덕왕 34년(735)에는 신라가 실질적으로 지배하고 있던 대동강인 패강 이남 지역에 대한 지배권을 당으로부터 인정받게 되었다.

발해와 당의 화해는 발해로부터 시작되었다. 발해는 당과의 화해를 위해 733년 돌궐이 거란과 해를 토벌하기 위해 발해의 도움을 청하러 왔던 사신을 억류하고 대성경(大誠慶)을 당에 파견하여 이를 알리고 전쟁을 사과하였다. 발해가 당의 포로를 송환하고 당 역시 남쪽에 귀양 보내어졌던 발해사 대랑아(大朗雅)를 석방하고 귀국시키며 화해되었다. 또한 돌궐을 중심으로 한 대당 연합국의 해체도 양국 관계가 개선될 수 있게 하였다. 발해의 지원세력이었던 돌궐은 734년부터 붕괴되기 시작하여 그 결과 거란과 해(奚)도 당에 복속되었다.

양국 관계가 실질적으로 개선되기 시작한 것은 737년 문왕이 즉위하면서부터였다. 역사상 문왕은 친당책을 썼던 왕으로 여겨질 정도로 그는 즉위하면서부터 당에 대하여 적극적이었다. 그는 즉위하여 과거 당의 공격을 비판하였던 친당파 세력에 대한 사면을 실시하며 변화를 모색하였는가 하면, 문화적인 측면에서도 당 현종과의 화해를 적극적으로 시도하였다. 비록 책봉에 있어서는 무왕의 책봉호인 '발해군왕'을 이어받고 있었으나, 738년 3월 문왕은 『대당개원례(大唐開元禮)』 등의 필사를 당에 요청하여 받아 왔고, 석달 후에는 이에 감사하여 표범과 담비 1,000장과 마른 문어 100구를 조공하기도 하였다.

발해와 당의 양국 관계가 보다 정상적인 관계가 되었다고 확인된 시기는 문왕 대흥 26년(762)이었다. 이때 당의 발해 국왕에 대한 책봉호가 '발해군왕'에서 '발해국왕'으로 높아진 것이다. 이때는 당 제8대 대종(代宗, 762~779) 보응(寶應) 원년이었다. 당은 안사의 난으로 제6대 현종(712~756)

이 수도 장안을 피해 있을 때, 제7대 숙종(肅宗, 756~762)이 재위하였고 대종도 당시에 태자가 되었다가 재위한 것이다. 바로 대종이 즉위한 보응(寶應) 원년에 문왕이 '발해국왕'으로 진봉(進封)된 것이다. 어려움에 처한 당나라가 적대적이었던 발해의 도움이 필요하였기 때문에 이루어진 일이다. 이후 '발해군왕'이라는 책봉호는 제6대 강왕(康王) 즉위 시 795년 한 번 행해졌으나, 마지막까지 '국왕'호의 변화는 없었다.

3) 발해와 당의 경제외교

발해는 당과 무역과 학문 교류에도 적극적이었다. 왕조시대의 이러한 외교는 조공외교로 더 잘 알려져 있다. 조공품이나 회사품(回賜品) 등의 교류로 행해진 관영무역은 민간의 경제 교류가 금해진 상태에서 이루어진 특수 무역이었지만, 이를 책봉과 더불어 군신의 관계에서나 이루어지는 수직적 외교행위였다고 간주되는 경우가 많았다.

당에 파견된 사신단의 일원으로는 왕자(王子)·세자(世子)·왕의 조카 등 왕족이 있었고, 수령(首領)·대수령(大首領) 등의 지방호족도 있었는가 하면, 발해의 관리, 그리고 유학생들이 파견되었다. 이 중에서 왕자와 같은 왕족들은 정치적 비중이 높았다. 당 왕조의 조공무역 관리는 예부(禮部)의 주객낭중(主客郎中)과 홍려시(鴻臚寺)의 전객서(典客署)에서 하였고, 무역 품목과 액수는 호부(戶部)가 기록하였다. 또 물품의 보관은 태부시(太府寺)에서 하였다.

책봉사와 함께 조공사도 정치적 사명을 띠는 경우가 많았으나 보다 중요한 목적은 경제·문화적 이유에 있었다. 조공사들이 갖는 기능은 신년의 하정사(賀正使)나 고마움을 표시하는 사은사(謝恩使) 등 어떠한 경우에도 황제를 알현할 때는 반드시 발해의 지역 특산물인 선물을 하였고, 돌아올 때는 당으로부터 회사(回賜)품이라고 하는 선물을 받고 돌아왔다.

발해의 조공사가 당나라에 선물로 전한 물건은 발해의 지방 특산물을,

그리고 당나라로부터는 방직품과 농산품 그리고 금, 은으로 만든 그릇들을 받아 왔다. 발해의 당나라 무역은 그 주체에 따라 공무역과 사무역으로 나누고, 공무역은 다시 두 부류가 있는데, 조공(朝貢)과 책봉(冊封)이라는 형식을 통해 이루어지는 중앙조정에서의 무역과, 변방 관서들과의 교류를 허락한 호시(互市)를 통해 이루어진 변방무역이 있었다.

발해에서 당에 '조공'의 이름으로 선물한 내용을 종류별로 나누어 보면 다음과 같다. 발해 특산의 피혁제품으로 담비가죽[貂皮], 호랑이가죽[虎皮], 곰가죽[熊皮], 바다표범가죽[海豹皮], 담비모피[貂鼠皮], 흰토끼가죽[白兎皮], 말린청귤가죽[海東靑皮] 등이 있었고, 먹기 위해 사육하고 교통용으로 사용할 수 있는 가축류의 말[馬]과 양[羊], 거란종 큰 개[契丹大狗], 작은 개[猧子]와 통신용인 송골매[鷹鶻], 그리고 특산 섬유제품인 포(布)와 명주[紬], 모직물[褐六]이 있었다.

또한 약초 등으로 사용되는 산림에서 나온 제품인 인삼(人蔘)과 백부자(白附子), 사슴뿔의 황명(黃明)과 벌꿀[白密], 사향(麝香), 잣[松子] 등이 있었는가 하면 특산 해산물품도 있었다. 곤포(昆布), 마른 문어[乾文魚], 고래[鯨鯢魚], 숭어[鯔魚] 등도 있었고, 정밀성이 요구되는 수공업 제품이었던 합금구리[熟銅], 금제불상(金製佛像), 은제불상(銀製佛像), 금동향로(金銅香爐)와 보석류의 마노 잔[瑪瑙杯] 그리고 붉은 오지 그릇[紫瓷盆] 등이 있었는가 하면 가발 재료일 수도 있는 머리카락[髮]도 전달되었다.

이와 같이 발해에서 당에 조공한 것은 『신당서』에서 발해의 특산품으로 소개하고 있는 내용도 포함하고 있었다. 즉 발해에서는 태백산의 토끼와 남해의 곤포, 책성의 된장, 부여의 사슴과 막힐의 돼지와 솔빈의 말 그리고 현주의 포와 옥주의 면, 용주의 명주 그리고 위성의 철과 노성의 벼, 미타호의 붕어, 환도의 오얏, 낙유의 배 등을 귀하게 여기고 있었다.

발해 사신들은 당으로부터 많은 선물을 받고 돌아왔다. 당 조정에 도착한 사신들은 당에서 내린 정치적 관작을 수여받고 환영 연회로 대접을 받왔다. 그리고 돌아올 때는 회사품(回賜品)의 선물도 받아 왔다. 즉 비단[帛]과 명주[絹] 그리고 곡식류의 조[粟]도 있었는가 하면, 금은그릇[金銀器], 금장식허리띠[金帶], 은장식허리띠[銀帶], 고기장식허리띠[魚帶] 등 금은으로 만든 그릇과 장식품 그리고 비단류 등 귀족들의 기호품들이 많았다.

또한 당시의 하이테크 기술이라고 할 수 있는 당삼채 등 도자기도 가져와 발해 귀족들의 욕구를 충족시켰는데, 이것이 당 조정에서 받은 선물목록에 없는 것으로 보아 당 장안에서 구해 온 것들이다. 그리고 실물이 전해 오지 않지만, 발해의 제품으로 보석류의 마노궤(瑪瑙櫃)와 함께 뛰어나게 만들어진 붉은 자기 그릇[紫瓷盆]이 당나라 사람들을 놀라게 하였다는 이야기도 전해 오고 있어, 발해 도자기가 당나라에 선물용으로 전달되었을 뿐만 아니라 수출용으로도 인기가 있었다.

> **발해 사신의 선물에 대한 당의 반응**
>
> 무종(武宗) 회창(會昌) 원년(841)에 발해에서 마노궤(瑪瑙櫃), 붉은 자기 그릇[紫瓷盆]을 공물로 바쳤다. 마노궤는 넓이가 석 자이고 짙은 꼭두선이 색으로서 비할 데 없이 정교하게 만들어졌는데 신선의 책을 담아 두는데 쓰며 장막 옆에 두고 있었다. 붉은 자기 화분은 크기가 닷말[斗斛]들이나 되고 내외에 맑고 그 빛이 순자주빛이고 두께가 한치 남짓한데 들어보면 새털이나 드는 듯이 가벼웠다. 주상이 그 깨끗함을 가륵하게 여기어 선대비부(仙台秘府)에 두고서 약과 음식을 넣어 두었다. 뒤에 왕의 재인(才人)이 옥고리를 던지다가 잘못하여 그릇을 조금 깼더니 주상이 오랫동안 탄식하였다.
> _『두양집편(杜陽雜編)』 하, 무종 회창 원년

발해 사신들은 왕실에서 주는 것 외에도 서적이나 의류, 기호품들을 당 장안에서 구입해서 귀국했다. 이미 당나라에 와 있던 숙위 학생들로부터 그러한 정보를 얻었을 것이고, 희귀한 유리제품이나 사치품 등 서역 제품들도 구입해서 돌아왔을 개연성이 크다. 고금을 막론하고 선물목록에서 중요한 것은 윗사람이나 부인에게 환심을 사야 할 것들이 반드시 포함되게 마련인데, 사치품, 장식품들은 주로 권력자와 부녀자를 위한 것이었다.

조공사와 함께 간 사신단에는 지방수령들이 있었다. 특히 일본에 간 사신단에는 수령들이 많았다고 알려져 있고 당과의 관계에서도 마찬가지였다. 수령들은 발해와 당 조정이 대결적일 때에는 독자적으로 당과 교류하여 욕구를 충족하기도 하였다. 736년과 737년에 파견된 수령들에 대한 기록이 있는데 이때는 발해와 당이 한차례 전쟁을 겪고 난 이후였다. 아무튼 발해 조정은 지방수령들의 무역에 대한 압력을 많이 받았다. 발해가 조공하던 처음부터 그들은 '취시(就市)', 즉 공적 관리 하에서의 교역을 당나라에 요구하였던 적이 있었고, 또한 765년 매년 당에 들어가 시장에서 명마를 교역하였으며, 836년에는 왕자들도 합금구리인 '숙동(熟銅)'을 교역하였다.

발해인들은 정치적인 목적으로나 경제적인 목적으로 조공도라 불리는 해로의 등주도와 육로의 영주도를 이용하였다. 기록 상의 조공사가 조정과의 관영무역상이었다면, 수령 등 지역 호족들은 개인무역상이었다. 해로의 등주도를 통하여 당나라와 교역하였던 흔적은 일본 승려 엔닌[圓仁]의 『입당구법순례행기(入唐求法巡禮行記)』에서도 확인된다. 민간 상업무역이 등주(登州, 현 山東省 蓬萊)와 청주(靑州, 현 山東省 益都)에서 행해졌을 것으로 보는데, 839년(大彝震 9. 開成 4) 학문승 엔닌은 문등현(文登縣) 청산포(靑山浦)에서 발해의 교관선(交關船)이 정박해 있는 것을 보았다고 한다. 교관선은 다름 아닌 교역선이었으며, 바로 그 지역에 발해관이 설치되어 무역의 편의를 돕고 있었다. 이는 민간의 상업적 해상 무역도 상당하였다는 점을 알수 있게 한다. 신라의 대무역상 장보고가 이 지역의 법화원과 신라관에서 활약하였음은 익히 알려진 바다. 산동의 등주와 청주는 발해와 당, 그리고 신라 무역상들이 활동하던 곳이었다.

한편 고구려의 후손이자 당나라 변방 평로(平盧)·치청(淄靑) 절도사로서 막강한 힘을 갖고 있던 이정기(李正己)가 산동에서 발해와 신라상과의 관계에서 주도권을 잡고 무역하며 '발해의 명마를 교역하였는데 해마다 끊이지 않았다'고 한다. 발해는 이때 합금구리인 숙동(熟銅)을 등주로 가져가 무역하기를 요구하기도 하였다. 기본적으로 당 조정이 개인의 교류를 금하고 있었기에 과연 변경지역에서 민간의 교역량이 얼마나 이루어졌는지는 알 수 없다. 그러나 변경지역에서의 '호시(互市)'가 허락되었기에 육로를 통한 이곳에서의 민간무역은 활발히 이루어지고 있었다.

4) 발해와 당의 문화외교

발해는 왕조 정책적으로 당과의 문화 교류를 활발히 하였다. 유교적 지식을 배워 와서 왕조의 행정과 통치에 활용하기 위해서였다. 당으로 유학생을 파견하고 사신들을 통해 당의 서적을 가져오게 하였던 것도 이러한 정치·문화적 욕구와 관련이 있었다. 전근대에 있어서 정치와 학문에 있어서 한자문화가 차지하는 비중은 매우 컸다. 주변 왕조 지성들이 당나라에 사대하였다면 모두가 한자문화에 대한 동경과 열등의식 때문이었다고 해도 과언이 아니다. 율령의 시행과 통치행위의 도구에 있어서 한자는 필수적이었기 때문이다. 주변 왕조가 당과 언어가 달라서 문자를 자체적으로 만들어 쓰기도 하였으나, 기본적으로 한자문화 속에 있던 것은 그만큼 당이 문화적 우위에 있을 수 있는 원인이었다.

많은 발해 유학생들이 당나라에 가서 수학한 것도 통치술이 담긴 유학과 한자문화를 배워오기 위함이었다. 당나라 유학생들이 귀국하여서는 발해의 정치와 교육을 위해 지도적인 위치에서 활약하였음도 물론이었다. 당 조정은 '(발해는) 자못 문자와 서기가 있다[頗有文字及書記]'거나[『구당서』] '(발해는) 자못 서계를 알고 있다[頗知書契]'[『신당서』]고 언급하고 있다. 이는 당의 우월적 문화의식 속에서 발해의 문화 수준을 일정하게 인정하는 투의 표현이기는 하지만, 발해가 학문의 발전을 위해 얼마나 노력하였는가 하는 사실을 알 수 있는 근거라고 하겠다. 발해의 관제에서도 6부 이름이 충(忠)·인(仁)·의(義)·지(智)·예(禮)·신부(信部)라고 사용한 것으로 보아, 유학이 발해의 학문과 제도에 많은 영향을 미쳤다는 사실을 짐작할 수 있다.

발해 제3대 문왕은 즉위 한 다음 해인 738년 6월 당나라에 사신을 보내어 『당례(唐禮)』와 『삼국지(三國志)』·『진서(晉書)』·『삼십육국춘추(三十六國春秋)』의 필사를 당 현종에게 요구하여 가지고 왔다. 여기서 『당례』는 유교에 입각한 왕조규범인 오례(五禮)를 담고 있던 『대당개원례(大唐開元禮)』를 가리키는데, 이것은 종전에 사용하던 정관례(貞觀禮)와 현경례(顯慶禮)를 정비하여 소숭(蕭嵩) 등이 현종 개원 20년(732)에 완성한 것으로서, 반포된 지 6년 만에 문왕이 이를 가져오도록 한 것이다. 문왕은 유교적 도덕규범과 사회규범을 토대로 발해 사회를 통치하기 위해 이러한 서적을 가져오도록 하였을 것이다. 이래서 왕의 시호도 '문왕'이 되었지 않았나 한다.

발해는 이미 713년 당과 국교를 열면서 그 이듬해인 714년에 학생 6인을 당에 파견하여 신라 학생 7인과 함께 당의 국자감에 입학시켰는가 하면, 830년대에도 학생을 파견하였다. 당나라에 갔던 발해 사신 고보영(高寶英)이 833년 정월에 학생들을 교체할 수 있도록 당나라 조정에 요청하여 허락을 받았다. 이리하여 제10대 선왕 때에 이미 파견되어 있던 이거정(李居正) 등 3인을 새로 보낸 해초경(解楚卿) 등 3인으로 교체하여 장안에서 공부하도록 하였다. 또한 발해는 제11대 대이진 7년(837) 3월에 발해 왕자 대준명(大俊明)을 신년 하정사(賀正使)로 파견하였는데, 같이 간 유학생들이 16명이나 되었는데, 이 중에서 6명의 학생이 국자감에 입학하여 학습하였다.

또한 당시 귀족들의 호기심을 샀던 당대의 최고 하이테크 기술을 소유한 발해삼채 도자기 기술이 당과 교류하였을 개연성이 크고, 당뿐만 아니라 신라, 아라비아 등의 기술과도 교류되었을 가능성도 크다. 발해에 일부 남아 있는 6미터의 석등과 불상 등은 신라 등 외국과의 문화 교류로부터 만들어졌을 것이다. 발해와 당의 교류를 통해 얻어진 것은 유행에 민감하다고 할 수 있는 미술, 음악 등에서도 지적되고 있다. 사람들이 당에 드나들며 보아온 내용이 이 분야에 반영되었다는 것이다. 정효공주묘 등의 벽화는 그 쌓은 축조 기술과 벽화 기술 등은 고구려를 계승한 것이 분명하지만, 풍만한 여인상 등 그 벽화 내용에 있어서는 당의 영향도 컸다고 인정되고 있다.

4. 일본과의 외교

1) 발해와 일본의 외교 개시(727)

발해와 일본의 외교는 발해의 일본에 대한 사신 파견과 일본의 답방으로부터 개시되었다. 발해가 처음 사신을 파견한 시기는 발해 2대 무왕(719~737) 인안 9년(727)이었다. 발해는 영원장군(寧遠將軍) 낭장(郎將) 고인의(高仁義)와 고제덕(高齊德) 등 24인을 발해국서를 휴대하게 하여 일본에 파견하였다.

첫 사신단은 비록 바다에서 폭풍을 만나 에미시[蝦夷] 지금의 홋가이도 나나이족이 사는 곳에 표류·도착하여 고인의 등은 살해당하고 고제덕 등 8인만이 수도인 헤이죠쿄[平城京, 지금의 나라]에 들어갈 수 있었다. 4월에 귀국할 때는 히케다노 무시마로[引田蟲麻呂]로부터 발해까지 전송을 받기도 하였다.

발해가 위험을 무릅쓰고 일본과 교류하였던 것은 흑수말갈이 당과 협력하여 발해를 압박하는 형세에서, 당과 연합할 수 있는 신라를 견제할 수 있는 일본의 도움이 필요하였기 때문이다. 727년만 해도 당과 신라는 가까운 관계는 아니었다. 신라가 당에 유학생도 많이 파견하고 있었음에도, 당의 안동도호부를 평양에서 축출하며 벌어졌던 양국의 관계가 완전히 회복되지는 않았던 시기였다. 그러나 양국의 관계 회복은 이미 진행 중에 있었다. 신라의 유학생들이 당에 파견되는 등 이미 경제·문화적 교류는 이루어지고 있었기 때문이다.

발해가 일본에 사신을 파견한 것은 당과의 일전을 앞두고 있는 시점에서, 일본을 통해 신라를 견제하겠다는 의도였다. 발해 사신의 직함이 문관이 아닌 무관인 영원장군 낭장이었다는 점도 이를 뒷받침하고 있다. 발해 사신이 파견된 목적에 대한 이야기는 비공식적인 자리에서 나왔을 법하지만, 국서에서는 이러한 언급이 없다. 다만 발해 건국을 알리고 일본과

발해 사신, 일본 조정에 국서 전달

(728년 1월) 천황이 중궁에 나아갔는데 고제덕 등이 왕의 교서와 방물을 바쳤다. 그 교서에 "무예가 아룁니다. 산하가 다른 곳이고 국토가 같지 않지만 어렴풋이 풍교도덕(風敎道德)을 듣고 우러르는 마음이 더할 뿐입니다. 공손히 생각하건대 대왕은 천제의 명을 받아 일본의 기틀을 연 이후 대대로 명군의 자리를 이어 자손이 번성하였습니다. 무예는 황송스럽게도 대국을 맡아 외람되게 여러 번을 마음대로 총괄하며, 고구려의 옛 땅을 회복하고 부여의 습속을 가지고 있습니다. 그러나 다만 너무 멀어 길이 막히고 바다 또한 아득히 멀어서 소식이 통하지 않고 길흉을 물음이 끊어졌습니다. 어진 이와 가까이하며 우호를 맺고 옛날의 예에 맞추어 사신을 보내어 이웃을 찾는 것이 오늘에야 비롯하게 되었습니다. 삼가 영원장군 낭장 고인의, 유장군과의도위(游將軍果毅都尉) 덕주(德周), 별장(別將) 사항(舍航) 등 24인을 보내어 장(狀)을 가지고 가도록 하였고 아울러 담비가죽 300장을 보내어 바칩니다. 토산물이 비록 천하지만 조그마한 물건이라도 드리는 정성을 나타내고자 하는데, 가죽과 비단이 진귀하지는 않아 도리어 손으로 입을 막고 꾸짖는 데에 부끄러울 따름입니다. 이치를 주장함에는 한계가 있으나 마음을 여는 데는 끝이 없을 것입니다. 때때로 아름다운 소리를 이어받아 길이 이웃과의 우호를 돈독히 하고자 합니다"라 하였다. 이에 고제덕 등 8인에게 모두 정6위상을 주고 해당하는 빛깔의 옷을 내렸다. 5위 이상과 고제덕 등에게 잔치를 베풀고 활쏘기 대회와 아악료(雅樂寮)의 음악을 내렸으며 잔치가 끝나자 녹을 주었는데 차등이 있었다.

_ 『속일본기(續日本紀)』 권10, 성무천황(聖武天皇), 신구5년

우호관계를 맺자는 정도의 내용만을 포함하고 있다. 그러나 일본 조정이 대사를 잃고 입경한 고제덕 등을 환대하고 답방사까지 파견한 것은 양국이 서로의 이익을 위해 협조하였다고 이해할 수 있다.

발해의 일본에 대한 두 번째 사신 파견은 무왕대 첫 파견으로부터 12년 만인 문왕 대흥 3년(739)이었다. 첫 파견은 신라와 당의 접근을 막기 위해 일본의 협조가 필요했던 상황이었는데, 이미 발해는 당과 전쟁을 치르고 7년이 지난 이후였다. 그럼에도 불구하고 발해는 충무장군 서요덕, 운휘장군 이진몽 등을 파견하였는데 여전히 신라와의 관계를 의식한 외교였다. 가는 도중 정사(正使) 서요덕(胥要德)은 바다에서 죽고 부사(副使)였던 이

진몽(已珍蒙)이 사신단을 이끌고 헤이죠쿄로 입경하여 발해 문왕의 국서를 일왕에게 전달하였다. 국서에는 일본에서 당으로 파견된 헤구리노 히로나리[平群廣成] 등이 풍랑으로 발해에 의탁하게 되어 '항상 우호를 닦을 자세'로 일행과 함께 보낸다는 내용도 포함하고 있었다.

이때 발해 사절단은 선물을 교환하고 활쏘기 대사례(大射禮)에도 참석하였는가 하면 발해악을 일본에서 처음으로 연주하기도 하였다. 일행은 740년 정월 일본 조회에 참석하였는데 주목되고 있는 사건은 발해 사신과 함께 '신라학어(新羅學語)'라는 통역사가 나란히 서 있었던 것이다. 이 사실은 신라 통역관이 발해어를 같이 통역할 정도로 발해와 신라 말이 서로 통했고, 나아가 발해가 고구려어를 사용했던 근거가 되고 있다.

발해의 제3차 일본 사신은 문왕 대흥 16년(752)에 파견된 보국대장군 모시몽(慕施蒙)이었다. 발해 사신은 국서를 가지고 오지 않아서 일본에 간 뜻을 말로 전하고 아울러 선물을 전달하였는데, 일본 조정은 국례를 지키도록 요구하며 오랫동안 잡아두기를 논하기도 하였다.

다음 해 6월에 발해로 귀국할 때에는 일본에서 건네 준 국서를 휴대하였는데, 여기에는 『고려구기(高麗舊記)』를 근거로 발해가 일본에 신하를 칭하지 않음을 지적하는 내용이 있어 문제가 되어 왔다. 즉 『속일본기』에 "발해의 국서를 보니 신하라 칭하지 않았는데, 이것은 『고려구기』에서 일본과 고구려를 '군신'이라 하였던 것과 다르다"고 하는 대목이 있다. 일본 학계에서는 한때 이를 근거로 발해 왕조는 일본에 조공을 바쳐왔던 '조공국'이었다고 주장하여 왔다. 그러나 여기서의 고구려는 고구려가 멸망한 후 신라에 내투하여 신속한 금마저(金馬渚)의 소국 고구려였다는 사실이 밝혀졌다. 즉 고구려가 682년과 684년 일본에 사신을 보내었다고 하는데 이때의 고구려는 삼국시대의 원고구려가 아니라 고구려가 멸망한 후 신라에 있던 유민국 고구려로서, 『고려구기』 내용은 이들이 일본에 도움을 청하면서 전해진 것이었다는 것이다. 그러나 이 기록은 일본이 발해를 고구려를 계승한 왕조로 인식하고 있었다는 한 근거로도 인용되고 있다.

2) 일본과의 신라 협공 계획과 경과

발해의 제4차 사신 파견은 3차 파견이 있은 지 6년이 지난 문왕 대흥 22년(758)이었다. 이때의 특징적인 것은 발해가 먼저 파견한 것이 아니라 일본이 파견하여 온 것에 대한 답방사였다는 점이다. 758년 2월 일본 사신이 발해에 왔고, 같은 해 9월 일본 사신이 귀국할 때 발해 사신이 일본에 답방하며 파견한 것이다.

일본이 먼저 발해에 사신을 파견한 이유는 이른바 일본의 '신라정토계획(新羅征討計劃, 758?~764)'을 실천하기 위해 발해의 도움이 필요하였기 때문이었다. 일본이 발해와 신라를 협공하기 위해 사신을 파견해 왔다는 해석도 가능하다. 758년 발해에 온 일본 사신은 과거 신라에 파견되어 신라 왕도 보지 못하고 수모를 당하고 돌아갔던 오노노 다모리[小野田守]였다. 일본의 '신라정토계획'은 『속일본기』에 '(759년 6월) 태재부(太宰府)에 명하여 행군식을 하고 장차 신라를 정벌하도록 하였다'는 기록과 함께 산음도 등 각지에서 500척의 배를 만들고 있던 기록에서 확인되고 있다. 오노의 발해 입국과 같은 해에 발해는 정사인 보국대장군 양승경(楊承慶)과 부사 귀덕장군 양태사(楊泰師) 등을 일본에 보내 답방하였다. 답방사신 모두는 장군들이었는데, 이는 발해에서도 일본의 요구에 일정하게 긍정적 답변을 하고 있었다는 반증이다.

일본이 주도가 된 양국의 신라 협공은 일본이 발해에 사신을 파견하였던 758년부터 시작하여 일본 내의 정세 변화로 신라 정벌 계획이 소멸되었던 764년까지에 해당한다. 이 5년간 일본은 네 차례, 그리고 발해는 세 차례 사신을 파견하였다. 두 왕조 간의 교류는 대체로 발해가 먼저 파견하며 적극적이었지만 이 기간만큼은 일본이 먼저 파견하는 등 적극적이었다. 특히 일본은 728~811년까지 84년간 발해에 14차례만 사신을 파견하였는데, 이 계획이 있던 시기의 일본은 758~762년의 5년간 4차례 거의 매년 1회씩 파견하였다.

일본이 신라 정벌을 계획하였던 것은 신라 조정으로부터의 '무례'가 명분이었지만, 현실적으로는 일본 조정의 정치적 위기를 밖으로 이전시키려는 의도에서 계획되었다. 당시 일본 조정의 최고권력자였던 후지와라노 나카마로[藤原仲麻呂]가 그의 정치적 전제화를 위해 비판적 관심을 밖으로 이전시키기 위해서였다는 것이다. 후지와라는 당시 그의 세력들로부터 '은혜롭게 잘 이길 것'이라는 에미노 오시카츠, 즉 혜미압승(惠美押勝)이라는 별명까지 받고 있었다.

일본이 발해에 대한 적극 외교를 벌이게 되었던 또 다른 배경은 일본의 안사의 난에 대한 관심 때문이었다. 이렇게 볼 수 있는 것은 발해를 다녀간 오노 대사가 일본 조정에 당에서 일어났던 안사의 난에 대해서 보고하자, 일왕 준닌천황이 관심을 갖고 관계자들에게 그에 대한 방비책을 준비하도록 명령한 데서도 알 수 있다.

그러나 안사의 난에 대한 소식은 일본 사신단이 발해를 방문하고서의 부수적인 정보에 불과하였다. 일본의 발해에 대한 사신 파견의 일차적 목적은 일본의 신라 정벌에 발해의 도움을 요청하는 것이었다. 이렇게 볼 수 있는 이유는 발해사로서 오노노 다모리가 발탁되었던 점이었다. 즉 그는 경덕왕 12년(753)에 신라에 파견되었다가 오만·무례하다고 왕을 접견하지도 못하고 돌아갔던 적이 있었던 장본인이었기 때문이다. 그가 발해에 사신으로 파견되었던 것은 발해와 신라의 대결관계를 이용하려 하였기 때문이었다. 이렇다면 일본의 당에 대한 관심 역시 신라를 의식한 외교 행위였다고 할 수 있다. 신라 정벌에 당이 개입한다면, 발해의 도움까지 받을 수 없는 상황이 전개될 수 있기 때문이었다.

그런데 일본이 주도한 발해와의 신라 협공 계획은 무산되었다. 일본 내부의 정치 변화 즉 입안자였던 에미노 오시카츠가 764년 반란을 일으키다 패사한 것이 결정적이었다. 또한 발해도 더 이상 일본과 뜻을 같이 할 수 없는 국제환경에 직면해 있었다. 당과 발해의 완충지역에서 일어난 안사의 난은 당이 결코 발해와 신라의 대결을 즐길 수 없게 하였다. 당은 발해의 도움이 필요했고 발해의 도움을 위해서는 양국의 평화관계가 또한 필수적이었기 때문이었다. 당의 발해에 대한 유화책은 안사의 난 이후 762년 당나라가 발해왕을 '군왕'에서 '국왕'으로 진봉(進封)하였던 사실에서 나타났다.

〈표 1〉 발해와 일본의 사신 왕래

차수 발해	차수 일본	연도	발해	일본	대표 사신	파견 목적 및 활동상
		720	무왕	간쇼	모로키미노 구라오	'말갈국'(발해?)의 풍속을 관찰함.
1		727		쇼무	고인의(死), 고제덕	흑수말갈 건(신라 견제)
	1	728			히케타노 무시마로	고제덕의 송사(送使)
2		739	문왕		서요덕, 이진몽	정사는 바다에서 죽고 부사가 대행. 발해악을 일본에서 처음 연주하다. 규모는 불명
	2	740			오오토모노 이메카이	선파견으로 보는 견해도 있음.
3		752		고켄	모시몽	양국 관계의 칭신문제 촉발된 『고려구기』언급됨.
	3	758			오노노 다모리	신라 협공 건으로 파견
4		758			양승경, 양태사	신라 협공 건. 후지와라의 사서에 초대되어 환대를 받음. 당대의 문사들과 시를 나눔.
	4	759		준닌	고겐토(高元度)	양승경 답방. 신라 협공 건
5		759			고남신	고원도 답방. 신라 협공 건
	5	760			야코리노후비토 요우구	고남신 답방. 신라 협공 건
	6	762			고마노 오오야마	신라 협공 건. 귀국길에 병사
6		762			왕신복	신라 협공 건. 당의 안사의 난 전함.
	7	763			다지히노 고미미, 이타부리노 가마쓰카	답방 송사로 임명되었으나 배가 위험하다고 승선 거부. 표류 귀국. 폭풍에 유학생 가족을 바다에 던져 죽여 귀국후 감옥살이
7		771		고닌	일만복	천손 자처의 발해 국서 접수 거부
	8	772			다케후노 도리모리	일만복의 송사. 출범 후 조난. 노토국에 표류. 수리후 귀국

차수 발해	차수 일본	연도	발해	일본	대표 사신	파견 목적 및 활동상
8		773			오수불	발해 유학 음악인 우라오 문안. 대재부 경유가 의무화됨. 방환됨.
9		776			사도몽	고닌의 즉위 축하와 왕비상 조문
	9	777			고마노 도노쓰구	사도몽 답방사. 발해 왕후상 조문
10		778			장선수	고마노 도노쓰구에 대한 답방
	10	778			오오아미노 히로미치	장선수사절의 답방사
11		779			고양필(고반필)	무례하다고 방환됨. 정식 사절로 불인정되기도 함.
12		786		간무	이원태	에미시에 노략질당하고 41명만 살아 귀국
	임시	787	문왕		조타수, 선두 등 선원	선원 잃은 이원태를 도와 발해 파견
13		795	강왕		여정림	강왕 즉위와 문왕 사망 알림. 일본 고승 영충(永忠)의 편지도 전달
	11	796			미나가노 히로오카	여정림의 답방사
	12	798			우치쿠라노 가모마로	6년에 한번만 방문토록 통보
14		798			대창태	방문 기한 제한에 대한 해제 승낙 받음.
	13	799			시게노노 후네시로	방문 기한 제한 해제 통보
15		809	정왕	사가	고남용, 고다불	일왕의 조문 및 즉위 축하사
16		810			고남용	고다불은 에츄국에 살면서 발해어 가르침.
	14	811			하야시노 아즈마히토	마지막 발해사
17		814			왕효렴	시인대사. 일본의 많은 지성들과 교유. 귀국 도중 사망
18		818		간왕	모감덕	방환됨.
19		819	선왕		이승영	풍락전에서 답가를 연주하는 향연과 활쏘기도 관람
20		821			왕문구	발해의 타구 경기도 처음으로 시범
21		823			고정태	12년에 1번의 방문 기한으로 바뀜.
22		825		준나	고승조	민폐와 상여(商旅) 집단이라 하여 홀대받음. 재당 일본승 료센(靈仙)에게 선물 전달 위해
23		827		닌묘	왕문구	입경 못함.
24		841	대이진		하복연	료센 죽음 소식 전함. '함화십일년중대성첩'사본 발견
25		848			왕문구	표류하다가 노토국 도착. 관상 잘 보아 인기 있었음.
26		859	대건황	몬토쿠	오효신(마효신)	당의 장경선명력을 전달하여 1684년까지 사용함. 12년 방문 기한 위반해 입경 못함.
27		861		세이와	이거정	방문 기한 어기고 오만하다고 입경 못하다가 관위가 높고 재주가 있다고 허락됨.

차수 발해	차수 일본	연도	발해	일본	대표 사신	파견 목적 및 활동상
28		871	대현석		양성규, 이흥성	일본내의 역병이 발해 사신 때문이라고 입경 못함. 공사무역을 하였고, 문장에 능해서 일본 지성들과 교유함.
임시		873			문손재, 최종좌	견당사로서 조난당하여 일본 표류하여 일본 도움받고 귀국
29		876			양중원	표류자 도움에 사례. 방기 어겼다고 입경 못함. 발해사 파견재개 요청
30		882		요우제이	배정	스가와라노 미치자네 등과 문학 교유. 홍려관에서 교역함.
31		891		우다	왕구모	일본 도착은 892년 1월 8일. 방기 문제로 입경 못함.
32		894	대위해		배정	스가와라노 미치자네 및 기노 하세오 등과 시를 돌려 부름.
33		907	대인선	다이고	배구	일본 도착은 908년 1월 18일. 스가와라노 미치자네의 아들 스가와라노 아츠시케 등과 시를 돌려 부름.
34		919			배구	스가와라노 아츠시케 등과 교유
		929			배구	동란국사 자격. 방환됨.

* 위 내용 중 흰 바탕은 발해가 일본으로, 음영부분은 일본이 발해로 사신을 파견한 경우임

　발해와 일본의 새로운 관계는 신라 협공 계획이 무산되고 나서 7년이 지난 무왕 대흥 34년인 771년에 발해는 정사인 청수대부 일만복(壹萬福)과 부사 모창록(慕昌祿) 등을 일본에 파견하면서 드러났다. 그러나 이때 대사 일만복이 지참한 국서가 날짜 아래에 관품과 성명을 쓰지 않았으며 양국의 관계를 장인과 사위 관계로 칭하고 글의 말미에 발해가 '천손' 즉 '하늘의 자손'이라고 하자 문제가 되었다. 당시 일본 조정은 이를 무례하다고 하여 발해사가 가져 온 물품을 버리도록 명하기까지 하였으나, 일만복이 현지에서 국왕을 대신하여 국서를 수정하자 일본 조정은 곧 이들 사절단을 환대하는 등 해프닝이 벌어지기도 하였다.

3) 양국의 경제·문화 외교

　발해와 일본이 경제·문화적으로 어떠한 외교를 하였는가 하는 연구

는 일본학계에서 많이 이루어져 왔다. 남아 있는 기록들이 주로 『속일본기』 등 일본 측 자료가 많기 때문이다. 발해와 일본이 처음 교류하게 되었던 것은 군사적 협력관계로 인함이었다. 발해가 흑수말갈 문제로 당과 갈등관계에서 신라 견제를 위함이었고, 또한 일본이 신라를 공격하기 위해 발해와 협공할 필요가 있었기 때문이다. 그러나 762년 왕신복이 파견되고 난 이후에는 경제 교류로 그 양상이 바뀌게 되었다.

발해 사신단이 위험을 무릅쓰고 일본에 간 목적은 824년 일본의 우대신 후지와라노 오쓰구[藤原緒嗣]가 발해사절단을 '실로 이들은 상여(商旅)', 즉 '무역집단' 내지 '장사꾼 무리'라고 하면서 '이들을 손님으로 대접하는 것은 나라에 손해가 된다'고 비판하였던 사실에서도 알 수 있다. 이로 인해 결국 일본 조정은 발해 사신의 파견 시기를 12년에 한 번으로 제한하기까지 하였다.

발해 사절단에는 많은 수령들이 경제적 목적을 갖고 일본에 건너갔다는 사실이 밝혀지고 있다. 또한 이러한 사실은 1988년에 일본 나라의 헤이죠쿄 나가야 왕[長屋王] 저택에서 출토된 '발해사(渤海使)' 즉 '발해 사신'과 '교역(交易)'이라는 목간에 쓰여진 글자를 통해서 확실하게 알게 되었다. 이 목간은 종래 발해와 일본의 교섭이 정치적 '조공' 관계의 과정으로 인식되어 왔던 점으로부터 경제적 목적의 '교역'에 무게를 두는 한 증거로 인정되고 있다.

발해사가 일본에 간 목적이 정치·군사적인 면보다 경제적인 측면에 비중이 더 컸을 것으로 생각되는 점은 수령의 역할을 통해서도 이해할 수 있다. 일본에 파견되었던 사신들 중에서 지방수령이 상당한 역할을 하였을 것이라는 점은 이미 알려진 바다. 바로 이 수령들이 목적하였던 바는 일본과의 경제적인 교류였고, 발해 조정은 이 수령들에게 일본과의 교역을 주선해 줌으로써, 지방세력을 정치적으로 보다 용이하게 지배할 수 있었다.

발해가 일본과 보다 왕성한 교역을 하였던 시기는 일만복(壹萬福)이 일본에 일곱 번째로 파견되었던 771년 이후였다. 17척의 배에 분승하여 325명이나 되는 사절단이 이때에 파견되었다. 일행은 그 때까지 없었던 대규모 사절단으로서 대부분 경제적 목적을 갖는 지방수령이 포함된 사신단이었다. 일만복 등은 일본에 간 목적을 달성하기 위해 발해 국서가 '천손'을 칭하였다고 무례를 꾸짖는 일본 조정에 '허물을 깊이 뉘우치고 왕을 대신하여 사죄'까지 하였다.

발해의 적극적인 경제외교로 인해 일본 조정은 많은 부담을 갖고 있었던 것 같다. 일본에서 발해 사신을 6년이나 12년에 한 번만 파견해 달라고 하였던 것도 그러한 반증이다. 제6대 정력 3년(796)에는 강왕이 외교사절의 일본 파견 간격을 제정해 줄 것을 요구하였고, 이에 일본은 798년 '6년에 한 번 파견'을 발해에 통보하였으나 실행되지 못하였다.

발해사는 사신 파견의 제한이 없었던 9세기 전반 809~827년까지 18년 사이에 9회를 헤아려 2년에 1번꼴이었지만, 824년에는 빈번히 내항하는 발해사를 대응하였던 우대신 후지와라노 오쓰구가 발해 사신단을 '장사꾼 무리'라고 하여 발해사의 본질을 간파한 이후는 파견 시기가 12년에 한 번으로 제한받기도 하여, 이를 어겼다고 발해 사신이 수도에도 들어오지 못하고 돌아갔던 예도 세 번이나 되었다. 그렇지만, 발해 수령과 일본 귀족들의 바램으로 발해 사신단에 대한 제한은 실효성이 없었다. 가장 크게는 발해 수령들의 요구를 발해 조정이 묵과할 수 없어 일본과의 교류를 강력히 희망했었고, 일본 귀족들 역시 '모피 착용 제한 조치'를 받을 정도로 발해와의 교역에 흥미를 갖고 있었다.

발해와 일본의 교역품은 발해에서 생산되는 것과 당과의 교역에서 얻은 것들이었다. 발해 사신은 809~827년까지 9회에 걸쳐 2년에 한 번꼴로 파견하여, 지방특산물 등을 교역하였다. 기록에는 주로 일본 조정에 보낸 것들만이 남아 있다. 이들이 일본에 전한 품목들로는 담비[貂]·바다 표범

[豹]·곰[熊]과 호랑이[虎] 가죽 등의 모피와 인삼과 꿀[蜂蜜] 등의 약재, 고래[鯨]의 안구, 우황, 개, 마노 등의 천연특산물 등이었다. 아울러 당나라로부터 들여와서 수출한 것들로는 당나라 남방산의 바다 거북인 대모를 가공하여 만든 술잔[酒杯]과 당나라 남서남부의 고원에서 얻은 사향 등이었고, 『신당서』 발해전에서 발해의 명산물로 지적한 곤포, 말, 포, 비단[錦], 명주[紬], 철[鐵] 등도 있었다.

수령들을 중심으로 한 발해와 일본의 공사(公私) 무역은 수령들의 관할지역에서 획득한 모피 등의 수륙 특산물들을 일본의 헤이죠쿄[平城京, 奈良]와 헤이안쿄[平安京, 京都]의 홍려관 등에서 교역하였다.

발해가 일본에서 들여온 물건들로는 보통의 채백, 무늬 있는 채백(綵帛), 무늬 있는 비단[綾], 가는 비단[絁], 면(綿), 명주(絹), 비단[錦], 그물[羅], 실[絲] 등과 같은 섬유가공품이 주된 것이었지만, 때에 따라서는 황금(黃金), 수은(水銀), 금칠(金漆), 바다석류기름[海石榴油], 수정염주(水精念珠), 빈랑 부채[檳榔樹扇] 등의 특산물도 있었다. 그리고 '회사품(回賜品)'으로 받아 온 물건들은 수령도 가질 수 있도록 제도적으로 보장되어 있었다.

한편 발해 사신이 가지고 간 사치스러운 모피 등은 일본의 황족과 귀족들에게 강렬한 인상을 주고 갈망의 대상이 되었다. 헤이안[平安] 시대 한여름에 일본에 간 발해 사신을 환대하는 연회에 다이고 천황[醍醐天皇]의 황자[重明親王]가 담비의 모피[裘]를 여덟 장이나 껴입고 나타나서 사신들을 놀라게 한 에피소드는 잘 알려져 있다. 헤이안 시대의 의식서인 『다이리시끼[內裏式]』의 칠일회식에 발해 사신이 참가할 때는 호라쿠인[豊樂院]에 일부러 큰 곰[羆]의 털가죽을 깔아 놓는 것이 정해져서 모피야말로 발해의 상징물이기도 하였다. 그러나 이러한 풍조는 사치와 갈등이 조장된다고 생각하였는지, '모피 착용 제한 조치'까지 이루어지고 있었다.

최근 일본에서 확인된 상당수의 유물들이 발해산일 것으로 추정되어 주목된다. 그 중에는 선박에 싣고 온 물자로 8세기 말 9세기 초, 나라의 쇼소인[正倉院]에서 출납되었을 것으로 전해오는 색채그림용이나 약재품인 밀랍(蠟蜜)과 약용인 인삼 등을 꼽을 수 있다. 사카타 테라[坂田寺]의 옛 터에서 출토된 삼채호(三彩壺), 그리고 큰 쟁반과 짐승 다리의 파편은 표면의 유약이나 덧띠 모양을 보아 발해삼채도 있었다고 본다. 나라와 교토 유적에서도 발해 계통이라고 볼 수 있는 토기류가 다섯 군데에서 출토되었다.

나아가 실물은 아니지만, 나가야[長屋] 왕가 유적 출토의 목간 중에는 '표범 가죽[豹皮]'을 구입하기 위한 돈의 꼬리표[付札]도 있는데, 기록에서 739년과 872년 등에 발해 사신들이 '표 범가죽'을 갖고 들어 왔다는 것으로 보아 발해와의 교역 과정에서 남겨진 것이었다. 같은 목간 가운데에는 727년의 사신들을 가리킨다고 보이는 '발해사(渤海使)', '교역(交易)' 등의 글자가 씌어 있는 예도 있으므로 발해의 교역품이었을 가능성이 높다.

발해와 일본의 문화 교류 역시 역사상 기억될 만하다. 일본에서 30개 외국어로까지 번역되어 배포된 일본 고유문자인 '가나'로 기록되어 일본 문학의 대표로 꼽히는 장편소설인 『겐지모노가타리(源氏物語)』에까지 영향을 미치고 있었다. 이 『겐지모노가타리』에는 고구려 사람으로 표기된 발해 사신이 점술가로 등장하여 주인공인 히카루겐지[光源氏]의 이름을 지어주고 주인공의 미래를 예언하며, 그리고 주인공과 한시를 주고받음으로써 주인공이 얼마나 탁월한 인물인가를 입증하려고 하고 있다. 이는 발해 사신들이 일본에 뛰어난 한시를 남기고 간 역사적 사실을 배경으로 한 것인데, 발해인들의 방문이 그들을 직접 맞이한 문인뿐만 아니라 후세에까지 얼마나 큰 지적 자극제였는가를 보여주고 있다.

발해 사신들은 무역활동과 함께 문화사절로서의 역할을 감당하였다. 발해 사신단 가운데는 양태사(楊泰師), 왕효렴(王孝廉), 배정(裵頲), 배구(裵璆)와 같은 당대의 문호들이 있었고, 일본 문인들도 일본 역사상 비중있는 인물들이 많았다. 영객사 시게노 사다누시[滋野貞主]는 일본 칙찬(勅撰) 3대 시집 중의 하나인 『경국집(經國集)』을 편찬하였고, 사카노우에노 이마쓰구

[坂上今繼]와 시마다노 다다오미[島田忠臣]는 일본역사서인 『일본후기(日本後紀)』를, 미야코노 요시카[都良香]는 『일본문덕천황실록(日本文德天皇實錄)』을, 스가와로노 미치자네[菅原道眞]는 『유취국사(類聚國史)』 등을 편찬하였고, 기노 하세요[紀長谷雄]는 일본 법령서인 『연희식(延喜式)』을 편찬하였던 인사들이었다.

당시 일본 관인들은 발해 사신들을 통해서 새로운 문학적 소양을 맛볼 수 있었는데, 그들과의 창화(唱和)라고 일컬어지는 시를 주고 받는 연회가 매우 인기가 있었던 것으로 알려지고 있다. 발해 사신과 일본 관인과의 문학 교류는 주로 발해 사신이 도착하고 귀항하던 객관인 쓰루가[敦賀]의 마쓰바라칸[松原館]이나 노토객원[能登客院], 그리고 손님을 맞이했던 헤이안쿄[京都]의 영빈관이라고 할 수 있는 고로칸[鴻臚館]에서 이루어졌다. 발해 사신들은 손님을 맞이하기 위해 임명된 영객사뿐만 아니라, 스가와라노 미치자네, 오토모노 야카모치[大伴家持] 등의 실력가를 비롯하여 당대 일본 지성인들과 교류하였다.

발해 사신과 영객사 및 교류인들과의 창화 내용은 『문화수려집(文華秀麗集)』, 『경국집』 등에 남아 있어 대강을 짐작할 수 있다. 발해 제8대 희왕 주작 3년(814) 일본에 17차로 파견된 왕효렴, 고경수, 승려인 석인정 등은 일본 지성인 사카노우에노 이마쓰구 등과 함께 고로칸에서 시문을 주고받아 많은 글을 남겼다.

역사서 『유취국사』와 함께 한시집 『관가문초(管家文草)』도 편찬한 스가와라노 미치자네는 894년 제14대 대위해 시기 일본에 파견되었던 배정(裵頲)에 대해 "배정(裝應)의 시(詩)는 손바닥 위에 있는 구슬처럼 아름답고, 또 혀를 찌르는 서리와 같이 날카롭다. 그리고 그의 품성은 일국의 사신이라는 역할을 별빛처럼 빛나게 한다"고 극찬하기도 하였다.

이와 같은 발해와 일본 지성들의 교류는 일본 문학과 음악의 조형이라고 할 수 있는 시가집 『만요슈[萬葉集]』가 형성되는 과정에도 영향을 미쳤다. 특히 일본이 당으로 보내는 사신 즉 견당사의 파견이 중단되었던 838년 이후부터 발해에 대한 일본의 기대와 관심은 문화 교류라는 면에서 더욱 증대되었을 것으로 이해하고 있다. 외국과의 창구는 우호적이었던 발해밖에 없었기 때문이다.『만요슈』를 종합 정리한 오토모노 야카모치[大伴家持]의 연가 즉 잔치노래가『만요슈』에 실려 있는 것 등이 좋은 예라고 하겠다. 이 연가는 발해로 떠나는 오노노 다모리를 위해서 지어진 것으로, 오토모노 야카모치가 발해 사신들이 도착하여 묵었던 노토객원이 위치한 에츄[越中] 지역에 부임하여 있었기에 발해사들과의 만남은 필연적이었을 것으로 여겨지고 있다.『만요슈』를 기리기 위해 세워진 만요역사관(萬葉歷史館)이 다름 아닌 발해 사신들이 많이 오가던 호쿠리쿠[北陸] 지역의 하나인 도야마켄[富山縣]의 다카오카[高岡]시에 있다는 것도 우연한 일이 아닐 것이다.

양국의 문화가 교류되는 중요한 계기는 발해 사절이 방문할 때 개최되는 연회 등의 공식적인 의전 활동 등에서 이루어졌다. 지금도 큰 행사 전에는 음악으로 분위기를 돋우곤 하는데, 발해 사신을 영접하는 연회자리에서는 음악과 향연으로 시작하였다. 연회는 대개 음악 연주로 시작되었는데, 발해 사신단에 악사들이 포함되어 파견될 경우는 '고려악(高麗樂)'으로 기록된 발해음악을 선보이기도 하였다.

문왕 대흥 4년(740) 발해 사신 이진몽(已珍蒙)이 일본에서 처음으로 발해음악을 연주한 이래, 그 이후에도 일본의 도다이지[東大寺] 행사 등에 발해악이 대당악(大唐樂), 오악(吳樂) 등과 함께 연주되었다. 이 시기를 전후하여 일본의 우치오[內雄]가 발해로 와서 발해음악을 배우기도 하였다. 본국에 돌아온 이후 우치오의 활약에 대해서는 기록이 없지만 후에 발해음악은 일본 궁정의 우방악의 한 부분으로서 자리잡게 되었다. 그 근거로는 1171년에 편집된 일본쟁(箏) 악보집인『인지요록(仁智要錄)』고려악편에 세 수의 발해악이 전해지고 있는 것 등이 그러한 예라고 하겠다.

발해음악은 일본 궁중음악에 포함되어 발해 사신들을 접대할 때에 수시로 연주되었다. 발해 사신을 위해서 문왕 대흥 27년(763)에 동국악을 연주하고, 대흥 36년(772)에 '세 가지 음악'을 연주하였고, 문왕 보력 4년(777)에는 발해 사신들이 '본국의 음악'을 연주하였다. 연회에선 여악이라 불리우는 여성 무용단의 공연도 있었다. 759년 양승경의 귀국에는 일본 무희 11인이 동행하였고, 883년 배정(裵頲)의 파견 때 이루어진 연회에서는 148명의 여악이 출연한 성대한 연회가 벌어지기도 하였다. 883년 2월에는 발해 사신에게 음악을 관람하도록 하기 위해 린유[林邑] 지역 악인 107인을 다이안지[大安寺]에서 음악을 익히도록 하고 그 식량을 야마토국[大和國]의 세금으로 지급하도록 명하였다는 기록도 있다.

그 밖에도 일본에 큰 영향을 미친 발해 교류의 문화 산물은 바로 선명력(宣明曆)이었다. 선명력이란 대음태양력(大陰太陽曆)으로서 1년을 365.2446으로 계산한 역법의 하나였는데 859년 발해대사 오효신(烏孝愼)에 의해 일본에 전해졌다. 발해가 이를 수입한 것은 822년 당으로부터였으며 이후 발해에서는 71년간 사용되었다. 그러나 일본에서는 발해를 통해 수입한 선명력을 1684년 정향력(貞享曆)이 채용되기 전까지 사용하였으니 무려 823년이라는 긴 시간 동안 사용하였다.

요컨대 발해와 일본은 정치, 경제, 학문, 예술 등 다방면으로 교류하였다. 군신관계였다거나, 천손을 자처하였다고 문제가 야기되었던 일이 있었으나 양국은 경제·문화적인 측면에서 많은 교류를 하였다. 발해제국은 위험을 무릅쓰고 동해를 건널 수 있는 항해력과 조선력을 갖고 일본과의 교역을 주도하였고, 단순히 당 문화의 전달자 역할에 그치지 않고 발해 문화를 일본에 전파하였다.

5. 신라와의 외교

1) 한국사에서의 남북국시대

한국사에서 신라와 발해가 양립하였던 시기는 삼국시대에 이은 남북국시대였다. 그러나 남북국시대가 아닌 '통일신라시대' 내지 '통일신라와 발해'라고 보는 시각도 있다. '통일신라시대'는 발해를 고구려와 다른 말갈로 취급하여 한국사에서 제외시킨 시대구분이다. 다만 '통일신라와 발해'라는 표제는 통일신라시대적 인식에서 발해가 포함된 표현이다.

그러나 발해가 고구려를 계승하였다는 역사적 사실로 인해 발해와 신라, 신라와 발해가 양립하였던 시기는 한국사에서 '삼국시대'에 이은 '남북국시대'가 될 자격을 갖게 되었다. 그러나 한국사에서 남북국시대를 언급함에 있어서 '통일신라'라는 용어가 쟁점이 되어 왔다. 삼국통일의 신라와 함께 고구려를 계승했다고 하는 발해가 양립하는 남북국시대란 문제가 있다는 것이다.

결국 문제는 신라의 통일을 어떻게 보느냐 하는 것이다. 한국사 최초의 통일을 신라로 보느냐 고려로 보느냐 하는 문제는 오래전부터 논쟁이 되어 왔다. 신채호는 신라 통일의 한계와 발해 건국을 염두에 두고 신라의 삼국통일을 부정하였다. 또한 북한도 '통일신라'라는 표현을 사용하지 않고 '후기 신라'로 표현하고 있다. 신채호와 북한은 신라가 삼국을 통일하지 못하였다는 점은 같지만, 북한의 논리는 남북 분단시대의 역사적 정통성 문제와 결부되어 신라의 통일을 부정하는 점이 다르다. 그렇지만 남북국시대론자라 하더라도 신라의 통일은 인정하는 것이 일반적이다. 다만 필자는 '신라'의 시기를 굳이 구별하자면 통일 전의 신라를 '소신라', 통일 후부터 발해 건국 전까지는 '통일신라', 그리고 발해 건국 이후는 '대신라'로 부르고 있다. 대부분의 남북국시대론자들이 발해 이후에도 '신라'를 '통일신라'라고 하는 것은 삼국통일을 하였던 그 신라라는 의미로 사용하고 있다고 본다. 그러나 보다 정확한 명칭은 '신라와 발해' 또는 '남북국시대'가 되어야 한다.

발해와 신라의 관계에 대한 기록은 많이 남아 있지 않다. 그러나 남북국은 적지 않은 관계를 갖고 있었다. 『신당서』가 발해에서 신라로 가는 길을 '신라도'라고 하고, 『삼국사기』도 지금의 함경남도 문천군 의주인 신라 천정군으로부터 중국 지린성 훈춘 지역인 발해의 책성부에 이르기까지 39개의 역이 있었다고 전한다. 또한 양국 간 통로였던 신라의 천정군에서는 탄항관문도 있었다. 또한 대흥 28년(764)에 당나라의 사신 한조채(韓朝彩)가 발해를 경유하여 신라에 간 일이 있었는데 그도 '신라도'를 경유하였을 것이다.

남북국의 교섭과 대결사가 갖는 의미는 삼국시대에 이어 남북국시대를 설정하는 이유이기도 하다. 특히 삼국이 한강 유역을 중심으로 상쟁하며 역사와 문화의 공동체를 이루어 갔던 것처럼, 남북국의 교섭과 대결사도 남북국시대의 정당성을 뒷받침하는 것이다.

신라 지성 최치원은 "발해는 본시 (고)구려(句驪)의 사마귀 혹만한 부락에서 나왔다"고 하면서 "말갈"이라 비하하였다. 그는 6두품 출신으로 당에 들어가 당 중심의 화이론(華夷論)적 역사관을 체득한 유학자로서, 그가 '고구려'를 '구려'라고 하는 것은 후한의 왕망이 고구려(高句麗)를 '하구려(下句驪)'로 비하한 것과 같은 말이다. 또한 신라인들은 발해 사람을 '장인(長人)'이라 부르며 마치 식인종처럼 여기며 견제하였다고 한다.

당나라의 외국인들을 위한 빈공시 과거에서 발해와 신라 유학생들의 경쟁은 뜨거웠다. 제13대 대현석 2년(872)에는 발해의 오소도(烏炤度)가 신라의 이동(李同)보다 높게 수석으로 급제하자 신라의 최치원은 "일국의 수치로 영원히 남을 것이다"라고 하였다. 반대로 마지막 15대왕 대인선 원년(906)에는 전에 당의 빈공시에서 수석하였던 오소도의 아들인 오광찬(烏光贊)이 신라 3최의 한 사람인 최언위(崔彦撝)보다 등급이 낮게 합격하자 오소도가 항의했던 일화도 있었다.

2) 남북국의 교섭과 대결

　남북국의 발해와 신라는 교섭과 대결을 반복하였는데 대결의 시기가 길었다. 교섭과 대결이라는 입장에서 양국 관계사를 보자면 다섯 시기로 나누어 볼 수 있다. 첫 번째는 발해가 698년 건국하면서 신라에 사신을 파견하고 신라가 이를 인정하며 교섭하였던 20여 년간의 제1차 남북교섭기, 두 번째 시기는 발해의 정복 사업 추진기로써 713년 신라가 개성을 쌓고, 732년 발해가 당의 등주를 공격하며 발생한 60여 년간의 제1차 남북대결기, 세 번째 시기는 785년경 신라 원성왕과 헌덕왕이 정변을 일으키며 발생한 정치적 위기를 맞아 발해에 사신을 파견하면서 발생한 30여 년간의 제2차 남북교섭기, 네 번째 시기는 818년 발해의 제10대 선왕의 영토 확장 정책과 당이 고구려 유민이었던 이정기의 반기에 신라의 도움을 청하면서 발생한 신·당 밀착으로 인한 818~905년 87년간의 제2차 남북대결기, 마지막 다섯 번째 시기는 발해가 멸망의 위협에 직면하여 신라 등에 사신을 파견하여 도움을 청하며 전개된 제3차 남북교섭기였다. 이러한 분석대로라면, 229년간의 발해 역사에서 150년 이상 남북은 대결하였다.

　신라와 발해 왕실이 첫 접촉을 가졌던 시기는 발해가 왕실을 개창한 지 2년째가 되던 700년 발해 고왕 2년이었다. 이러한 사실은 신라 최치원이 당의 소종에게 보낸 편지에서 확인되었다. 즉, 그는 소종에게 보낸 '발해가 신라보다 위에 앉기를 요구했으나 (당이 이를) 허락하지 않았음을 감사하는 글(謝不許北國居上表)'에서 발해에 관해 "그들이 처음 거처할 고을을 세우고 와서 인접하기를 청하였기에 그 추장 대조영에게 비로소 신라의 제5품 대아찬의 벼슬을 주었던" 왕조였다고 함으로써 발해가 건국한 후 신라에 사신을 파견하였음을 전하고 있다.

　발해는 당의 회유와 반대를 무릅쓰고 전투를 벌이면서까지 왕조를 세였다. 발해는 이러한 불안한 건국기에 당을 견제하고 안정적인 건국을 위해 돌궐과 신라에 사신을 파견하였다. 돌궐은 630년에 당의 압박에 못이겨 흩어졌으나, 682년부터 다시 부흥하여 당에게 큰 위협이었다. 돌궐은 군사적으로 당을 위협하며 북방의 맹주가 되어 있었다. 이러한 사실은 696년에 당의 왕효걸 등이 돌궐을 치다가 대패한 역사로도 알 수 있다.

이럴 즈음에 발해는 돌궐에 먼저 사신을 보내어 당에 대한 공동 전선을 모색하였다. 이어 발해는 신라에도 사신을 파견하였는데, 이것은 과거 신·당 연합군이 고구려를 멸망시켰던 역사를 막기 위한 조처였다. 그러나 발해 사신은 건국자 대조영이 신라로부터 제5품 대아찬의 벼슬을 받는다는 조건이 있었다. 결국 발해는 그들이 목적하였던 신·당의 접근이 현실화되지 않음으로써 건국 초기의 장애를 제거할 수 있었다. 남북국의 첫 교섭이 성공할 수 있었던 것은 양국이 당과의 관계에 있어 자주적이었기 때문이었다. 신라도 통일 과정에서 당을 축출하며 멀어진 상황이었기에 발해가 우려했던 신라와 당의 화해와 발해 건국을 방해하는 데까지는 가지 않았다.

발해가 신라에 사신을 파견하며 조성되었던 제1차 남북교섭기는 발해 고왕 대조영의 집권 중반기까지 그대로 유지되었다. 그러나 대조영 집권 말기부터 발해와 신라는 대결관계로 전환되었다. 신라가 713년 성덕왕 12년에 발해와의 접경지인 개성에 성을 쌓았는데, 이 축성은 신라가 발해와의 대결을 의식한 군사행위였다. 이러한 대결적 분위기는 발해 제2대 무왕 대무예 때에 이르러서 더욱 증가되었다. 신라는 721년에 또 강릉 지방의 장정 2천 명을 징발하여 북쪽 경계에 긴 성을 쌓기도 하였다.

남북국의 무력적 대결관계는 732년 발해가 당나라를 공격하면서 더 심화되었다. 발해가 당을 공격하게 된 것은 발해와 당의 관계에서 이미 설명하였다. 당이 신라의 발해 공격을 요청하면서 신라 통일의 주역이었던 김유신의 손자인 김윤중과 김윤문의 참전을 요청한 사실에 다시 한번 주목할 수 있다. 고구려를 계승한 발해와 신라의 대결관계를 염두에 둔 요청이었기 때문이다. 신라는 당의 요구에 응하여 당이 요구한 김윤중 등과 함께 신라 군대를 발해의 남쪽 국경 지역에 파견하였으나, 때마침 큰 눈이 한 발 남짓이나 왔고 산길이 막혀 죽은 병사들이 과반수가 넘어서 돌아왔다고 한다.

한편 이 사건이 일어났을 당시 당나라에 있던 신라 지성인들의 태도에서도 남북국의 대결상이 짐작된다. 당시 성덕왕의 사촌동생이었고 당에 갔다가 숙위로 머물렀던 김충신은 발해에 관해 "병마를 내어 말갈[발해]을 쳐 없애자"라고 하였다든지, "흉악한 도적", "준동하는 저 오랑캐"라는 극언도 서슴지 않았다. 732년 발해가 당의 등주를 공격하게 되었던 직접적인 원인은 흑수말갈 사건에서 연유하였다. 그렇지만 결과적으로 발해와 당의 관계가 더 대결적으로 바뀐 것이 아니라, 남북국의 대결상이 더욱 심화되는 결과를 초래하였다.

신라와 발해가 무력적 대결의 상황에까지 이르렀던 또 다른 시기는 앞에서도 설명한 바와 같이 일본과 발해가 신라를 협공하려 했던 발해 제3대 문왕(737~793) 때였다. 일본과 발해의 신라 협공 계획은 일본의 정세 변화와 동아시의 국제정세 변화로 그 계획은 무산되었다. 그러나 일본과 발해의 신라 협공 계획은 모두 신라와 발해의 대결 구도를 일본이 이용하였기에 나온 결과였다.

신라와 발해가 대립에서 교섭으로 변화하는 국면은 신라 정계의 변동에서 비롯되었다. 『삼국사기』는 신라가 "원성왕 6년(790) 봄 3월에 일길찬 백어(伯魚)를 북국에 사신으로 보냈다" 하고, 또한 "헌덕왕 4년(812) 가을 9월에 급찬 숭정(崇正)을 북국에 사신으로 보냈다"고 전한다. 물론 여기서의 북국이란 발해를 가르킨다.

그러나 이 기록은 신라에서 북국에 사신을 파견하였다고만 전하고 있을 뿐, 사신의 파견 배경과 그 경과 등에 대해서는 언급이 없다.

> ### 신라, 발해에 사신 파견
>
> 원성왕(元聖王) 6년(790) 봄 정월 (김)종기(宗基)를 시중으로 삼았다. (중략) 3월 일길찬(一吉湌) (김)백어(伯魚)를 사신으로 하여 북국(北國)에 보냈다. (이 달에) 큰 가뭄이 있었다. 5월에 좁쌀(粟)을 내어서 한산(漢山)·웅천(熊川) 2주의 굶주리는 백성들을 구제하였다.
> 헌덕왕(憲德王) 4년(812) 봄 (김)균정(均貞)을 시중으로 삼고, 이찬 (김)충영(忠永)은 나이 70 살이었으므로 안석과 지팡이를 내렸다. 가을 9월 급찬(級湌) (김)숭정(崇正)을 사신으로 하여 북국(北國)에 보냈다. 5년(813) (중략) 여름 5월에 나라의 서쪽 지방에 큰물이 졌으므로 사자를 보내어 수해를 겪은 주·군(州·郡)의 백성들을 위문하고, 1년간 조세와 공물을 면제해 주었다.
> _『삼국사기』권10, 신라본기10

또한 북국에 사신으로 파견되었던 백어와 숭정이 어떠한 인물이었고, 그들의 활약상이 어떠했는지에 대해서도 기록이 없다. 다만 이들이 6두품 내지 진골 출신의 높은 신분이었음은 일길찬과 급찬이라는 그들의 관등을 통해서 알 수 있다.

그러나 당시의 신라 정세를 통해 신라가 발해에 사신을 파견한 원인을 짐작할 수 있다. 즉 신라 중대 무열계를 무너뜨리고 신라 하대를 개창한 원성왕과 자기 조카를 죽이고 왕이 된 헌덕왕의 비정상적 왕위계승에서 그 원인을 찾을 수 있다. 그들의 정치적 위기를 밖으로 이전시켜 왕권 안정을 위하는 전략에서 발해에 사신을 파견하였다는 것이다.

발해에 사신을 파견한 원성왕과 헌덕왕은 공통적으로 정변을 일으키고 왕이 된 사람들이었다. 신라 제 38대 원성왕은 제37대 선덕왕이 된 김양상(金良相)과 힘을 합하여 제36대 혜공왕을 무력에 의해 제거하고 귀족 상쟁의 신라하대를 열었던 장본인이었다. 특히 원성왕은 최고회의기구였던 대등회의에서 왕위계승자로 결정된 김주원을 누르고 스스로 왕이 된 사람이었다.

원성왕은 왕으로서의 정통성이 결여된 상황에서 통치를 시작하며 독서

삼품과(788년)라는 일종의 관리 채용 시험제도를 채택하여 자기 세력의 관료들을 선발해 보려다가 좌절되기도 하였다. 또한 친당적 무열계를 단절시켰던 원인이었는지 당으로부터 책봉도 받지 못하여 왕조의 정통성에도 흠을 갖고 있는 것으로 여겨지고 있었다. 설상가상으로 그가 왕위에 오른 후 천재지변이 자주 일어나 그의 정치적 도덕성은 회복하기 어려운 지경에 놓이게 되었다. 이러한 어려운 상황을 극복하기 위해 원성왕은 이제까지 대결적이었던 발해에 사신을 파견하는 정치적 결단을 하게 되었다.

또한 제41대 헌덕왕도 자기 조카였던 애장왕을 죽이고 즉위한 왕이었다. 원성왕대의 정치적 위기가 중대 세력과 하대 세력의 대결 과정에서 나왔다고 한다면, 헌덕왕대의 대결은 하대 세력 간의 다툼이었다. 이것은 원성왕이 겪었던 것 이상의 정치적 위기였다고 할 수 있다. 결국 원성왕이나 헌덕왕은 내부의 불만과 정치적 관심을 다른 곳으로 이전시키려는 전략에서 발해에 사신을 파견하였다는 것이다. 그 동기야 어떻든 신라의 발해에 대한 사신 파견 결과는 성공적이었다.

물론 발해가 신라의 사신을 어떻게 대우했는가 하는 점은 기록에 없어 정확하게는 알 수 없다. 그러나 신라의 사신 파견이 성공적이었다고 보는 이유는 그 당시 남북국의 대결관계가 특별히 나타나고 있지 않을 뿐만 아니라, 원성왕과 헌덕왕이 신라 하대에서는 보기 드물게 장기 집권을 하였던 왕이었다. 신라하대는 780년 신라 제37대 선덕왕으로부터 56대 마지막 경순왕까지 20왕, 156년간을 의미하여 왕의 평균 재위 기간이 8년도 안 되는데, 원성왕은 785~798년까지 13년, 그리고 헌덕왕은 809~826년까지 17년간 재위하였다.

신라 하대 정치 세력의 이해관계하에서 이루어진 남북 교섭은 발해의 영토 확장과 신·당의 군사 협력을 계기로 다시 대결하게 되었다. 발해 10대 선왕 대인수의 즉위와 함께 발해는 고구려 영토 수복 정책을 적극 추진하였는데, 이와 같은 발해의 정책은 신라와 당에게 모두 위협적이었다. 이른바 '해동성국'이라 일컫던 시기가 발해 10대 선왕 때에 이루어지면서, 남북국은 대결하고, 신라와 당이 협력하는 국제관계가 형성되었다.

신라와 발해의 관계가 결정적으로 교섭에서 대결로 바뀌게 되었던 것은 신·당의 군사적 협력관계에서 비롯되었다. 당 내부에서 일어난 이사도의 반란에 당이 신라에 도움을 청하였던 사건은 양국이 더욱 가깝게 된 계기가 되었다. 즉 신라는 819년, 당에서 일어났던 이사도 반란 토벌에 대한 당의 지원 요청을 받고 신라 군대 3만을 파견하였던 사실이 있었는데, 이것은 신라가 732년 발해의 공격을 받았던 당을 군사적으로 지원하였던 이후로 처음 있는 일이었다.

이사도는 본래 고구려 유민으로서 고구려가 멸망하고 당에 강제 이주되었던 이정기의 손자였다. 따라서 당이 이사도 반란 토벌에 도움을 청하였던 것은 이사도를 발해계로 생각하여 남북국의 대결관계를 이용하려 하였다고 할 수 있다. 군사적 협력이 있었던 이 사건 이후 신라와 당은 원성왕 이후 소원하였던 관계를 청산하고 다시 우호적인 관계가 되었다.

그러나 신라와 당의 밀착은 두 가지 측면으로 나타났다. 신라 내부의 정치적 박해가 이루어졌는가 하면, 남북국은 다시 대결적 관계로 치닫게 되었다.

먼저 신라의 내부 문제를 보면, 지금까지 원성왕계의 반발을 견제하기 위해 헌덕왕의 측근에 대거 등용하였던 무열왕계에 대한 대탄압이 이루어졌다. 신라가 당에 군사적 도움을 주고 3년째가 되던 822년 헌덕왕은 무열계 김주원의 아들인 김헌창의 반란에 대해 그 관련자 239명을 처형하는 등 피의 숙청을 감행하였다. 다음으로 신라는 발해와의 관계에서 헌덕왕 18년 826년에 신라 한산(漢山) 북쪽 경계에다 1만여 명의 주민들을 동원하여 긴 성을 쌓았다. 발해와의 대결을 의식한 군사행위였다. 신·당의 밀착은 내부 반대 세력에 대한 탄압은 물론이고, 발해와의 대결관계를 더욱 심화시키는 방향으로 가게 되었다.

신라와 발해가 대결적이었다는 사실은 일본의 승려 엔닌[圓仁]이 쓴 『입당구법순례행기(入唐求法巡禮行記)』를 통해서도 확인할 수 있다. 이 기행문은 신라인들이 8월 15일이 되어서 백 가지 음식을 차려 놓고 3일 동안 밤낮으로 춤과 노래를 부르며 놀았다는 사실과, 추석의 유래를 신라와 발해가 싸워서 신라가 이겼던 날을 기념하기 위한 것이었다고 하는 신라 노승의 이야기도 전하고 있다. 기록대로라면 적어도 839년 이전에 신라와 발해는 정면충돌이 있었다고 보아야 한다.

그러나 다른 기록에서 이러한 사실이 없는 것으로 보아 신라인들이 고구려가 멸망할 때, 신라와 고구려가 싸워 이겼던 날을 착각하여 전수된 것이 아닌가 추측하기도 한다. 아무튼 신라인들이 발해와의 전승기념일을 한민족의 최대의 명절로 생각하고 있는 점은 남북국시대에서나 추석의 기원이라는 측면에서 주목하여 볼 부분이라고 생각한다.

남북국의 대립관계는 당에서 있었던 두 나라 외교관·유학생들의 경쟁에서도 확인된다. 앞에서도 언급한 바와 같이 당 조정에서의 외교적 자리다툼 사건이 그 예이다. 당이 발해 왕자 대봉예가 발해의 국세가 신라보다 강성함을 들어 발해가 신라보다 외교적 의전이 우선되어야 한다고 주장하는 발해의 요청을 거절한 사건이 있었다. 이와는 반대로 당이 외국인들을 위해 설치한 빈공과(賓貢科) 시험에서 875년 발해의 오소도(烏炤度)가 신라의 이동(李同)보다 높은 점수를 얻어 수석의 영광을 차지하자, 최치원은 이 사건이야말로 "일국의 수치로 영원히 남을 것이다"라고 치욕스럽게 여기었다. 또한 발해의 마지막 왕 대인선 원년인 906년에는 신라 3최의 한 사람인 최언위(崔彦撝)가 오소도의 아들인 오광찬(烏光贊)보다 상위에 합격하자, 당에 있던 오소도가 자기 아들의 순위를 최언위보다 올려달라고 요구하였다가 거절당한 적도 있었다. 이러한 것은 모두 남북국의 대결의식에서 나왔던 사건이었다.

남북국의 대결 시대에서 또 다시 교섭의 시대가 된 것은 발해가 멸망

위기에 처해 있던 10세기 무렵이었다. 제3차 남북교섭기였다. 발해의 마지막 왕 대인선이 거란의 팽창을 두려워한 나머지 은밀히 신라제국(新羅諸國) 즉 신라의 여러 나라들에 구원을 요청하여 이것을 약속받았다는 내용이 『거란국지(契丹國志)』에 전해 오고 있다.

발해가 멸망의 위기에서 일차적으로 신라 등에 사신을 파견하였을 것으로 보이는 시기는 오대의 후량에도 사신을 파견하였던 911년과 912년 경이었다. 이때는 발해가 계속되는 거란의 침략적 공세를 눈앞에 두고 파멸의 위기에까지 몰리게 되었던 시기였다. 그러자 발해는 신라를 포함해서 고려 및 후당 등에도 사신을 파견하여 도움을 청했던 것으로 짐작된다. 잘 알려진 바와 같이, 『고려사』에 최초로 등장하는 발해 유민의 대대적인 고려로의 정치적 망명 사건이 있었던 시기가 바로 925년으로 전해 오고 있는 것은 모두 당시의 이러한 정황과 관련이 있을 것이다.

그러나 발해의 은밀한 도움 요청을 받고 돕기를 약속하였던 신라제국들이 발해를 돕지 않고 거란을 도왔다. 『요사』에서는 신라가 거란의 발해 공격을 도운 결과로 거란 태조로부터 상을 받았다는 내용을 남기고 있다. 그러나 이 기록은 『요사』 사이의 일치되지 못한 기록상의 문제로 인해 신라가 과연 거란의 발해 공격에 참여하였을까 하는 것과, 참여하였다면 그 규모는 과연 어느 정도였는가 하는 문제 등이 제기된다. 신라가 발해와의 약속을 어기고 거란을 위해 군사적 협조까지 하였다는 의견도 있으나, 당시 신라의 사정으로 보아 신라는 거란의 침략을 지켜만 보고 있었을 것이다. 이것만으로도 신라가 거란으로부터 상을 받을 수 있는 이유가 되었다는 분석이다.

이렇다면 신라가 발해의 멸망 과정에서 발해의 도움 요청에 응했다고 하는 사실과 신라가 결국 발해를 돕지 못하고 침략자 거란을 도왔다고 하는 사실은 한번 짚고 넘어갈 필요가 있다. 왜 신라는 후삼국과 같은 위기 속에서도 발해의 도움 요청에 돕는다는 약속을 하였는가 하는 점과 결과에 있어서 신라가 왜 발해를 돕지 못하고 무력적이건 방관자적 입장에서건 침략자였던 거란을 도왔는가 하는 점이다.

발해가 멸망에 처해 신라에 도움을 청한 것은 신라가 단순히 인접국이었기 때문만은 아니었다고 본다. 오히려 후당 등이 발해가 가장 먼저 도움을 청할 수 있는 나라였기 때문이다. 그러나 위기 속의 신라였지만 신라에 도움을 청한 것은 삼국시대로 명명될 정도의 역사적 관계가 남북국시대에도 일정하게 계승되었기 때문에 신라에 도움을 청하였지 않았나 생각한다. 한국사에서 남북국시대가 명명될 수 있는 이유는 발해가 고구려를 계승한 사실 이외에도 발해가 신라에 도움을 요청한 사실에서도 알 수 있을 것이다.

그러나 신라는 발해와의 약속을 지키지 못하였다. 신라가 발해를 물리적으로 돕지 못하였던 원인은 신라 내부의 혼란상도 있었겠으나, 다른 한편으로는 신라의 발해에 대한 역사·문화적 공동체 의식이 그만큼 변화된 결과에서 찾아질 수 있다. 남북국이 200여 년에 걸쳐 정치·군사적 긴장과 대결을 유지하였던 점도 고려될 수 있다. 또한 신라 지성들이 화이론적 역사관에 입각하여 발해를 지속적으로 말갈로 멸시하였던 인식, 신라군이 당을 축출하는 과정에서 고구려유민과 함께 하였던 동질의식도 소멸되었던 상황에서 나온 결과였다.

6. 유목민족과의 외교

발해는 돌궐 및 서역과도 교류하였다. 국서 등 외교관계를 알 수 있는 구체적인 기록이 없어 알 수 없지만, 돌궐과는 정치·외교적으로 깊은 관계가 있었던 것으로 나타나고 있다. 서역과의 관계도 돈황 자료 등 매우 제한적인 면에서 확인이 되고 있다.

돌궐은 6세기 중엽부터 약 200년 동안 몽골고원을 중심으로 활약한 투르크계 민족으로서 동돌궐과 서돌궐로 나뉘며 발해와의 관계는 주로 동돌궐과 이루어졌다. 발해 유적에서 돌궐과의 교섭물로 보이는 유물들이 발견되고 있고, 서역의 창구 역할을 하였던 돈황 유적에서도 고구려와 발해인들로 보이는 사람들의 이름이 보이는 것도 이러한 사정들을 반영하고 있다. 고구려 및 발해의 돌궐과의 교섭은 서역과의 간접 교섭이었다는 의미도 갖는다.

돌궐은 당나라에 위협이 될 정도로 세력이 커졌지만, 결국 당나라의 공격과 철륵(鐵勒) 제부족의 독립 등으로 630년 멸망하고 당나라의 간접 지배를 받았다. 그러나 682년 다시 몽골고원에 독립 왕조를 세워 카파간가한[默綴可汗]·빌케가한[毗伽可汗] 등이 등장하였는데, 발해와의 관계는 이들로부터 이루어졌다.

발해는 건국 초기 당에게 건국이 위협받고 있는 상황에서 돌궐에 사신을 파견하였다. 그리고 8세기 초엽 발해 무왕대에 돌궐은 단기간이지만 당시 발해의 배후에 있던 흑수말갈에 그 지방관인 토둔을 파견하기도 하였다. 또한 발해가 732년 당을 공격할 때에는 거란과 함께 발해의 배후세력이기도 하였다. 돌궐은 카파간가한 때 그 영내에는 668년 고구려가 멸망한 이후 몽골고원으로 이주해 온 고구려 유민들이 여러 개의 집단을 이루고 살고 있었는데, 그 중 한 집단의 우두머리인 고문간(高文簡)은 막리지(莫離支)라 칭하였으며 카파간가한의 사위가 되기도 하였다.

발해가 서역과 교섭하였을 것으로 보이는 자료는 돈황 문서에서 유추되고 있다(P.1283 吐蕃文書). 돈황 문서는 8세기경에 서역인들이 발해라는 존재를 고려라는 이름으로 알고 있었으며, 그들은 여전히 발해와 고구려를 구별하지 않고 있었다. 이 자료는 발해가 고구려를 계승했다는 방증이 될 뿐만 아니라, 발해와 돌궐 및 서역과의 교류를 알 수 있게 하는 근거가 되기도 하였다. 이 자료만을 갖고서 발해와 서역과의 교류를 단정하기란 쉽지 않다. 다만 그들과 발해인들이 교류하였다는 것은 서역제품으로 생각되는 유물들이 있어 주목되고 있다.

러시아의 샤브꾸노프가 제기한 이른바 '담비의 길'은 발해와 돌궐 및 서역과의 교류에도 이용되었을 것이다. 즉 그는 연해주지방, 우스리강 지류의 아르세니예프강 유역의 노보고르데예프카에서 발견된 보하라의 화폐를 모방한 압바스조 시대의 은화 등에 의거하여 8~10세기에 중앙아시아의 소그드인 또는 보하라인이 교역을 행하고 옛 솔빈부의 땅에 이민 온 사람들에 의한 '콜로니[集落]'를 형성하고 있었다고 한다. 실크로드와 별도로 중앙아시아에서 극동에 이르는 이 교역·교류의 길 즉 '담비길'을 상정하는 부분에 대해서는 아직 그 구체적인 자료가 미비하지만, 적어도 발해와 서역의 교류에 대한 고고학적 자료가 발견되어 주목을 받고 있다.

또한 러시아 연해주의 아브리코스 절터에서 출토된 도자기로 만든 네스토리우스교 십자가가 새겨진 타원형 판이나, 돌궐문자인지는 확실치 않지만 남우스리스크성터 내에서 출토된 돌편의 글자가 옛 돌궐문자라고 주장되고 있는 것 등도 발해와 서역의 교류의 한 단면으로 보여지는 것들이다.

7. 발해 외교의 특징과 개요

『신당서』는 발해에 일본도, 신라도, 조공도, 영주도, 거란도 등의 대외교통 5개 루트가 있었음을 전하고 있다. 발해가 당과의 관계를 중시하면서도 일본, 신라, 거란 등과도 빈번한 접촉을 하였다는 것이다. 아울러 발해는 '영주도'에서 볼 수 있는 바와 같이 당나라 중앙조정 뿐만 아니라 지방과의 관계도 소홀히 하지 않았고, '담비길'에서와 같이 돌궐 및 서역과도 관계를 갖고 있었다.

발해의 외교에서 가장 비중이 컸던 왕조는 당이었다. 당 중심의 국제질서에서 당의 일방적 책봉을 수용하였지만, 발해는 연호 등을 스스로(사사로이) 사용하였던 제국이었다. 내부적으로는 황제를 자칭하였지만, 외교적으로는 왕의 칭호를 사용하며 실리외교를 취하였다. 발해는 당을 군사적으로 공격할 정도로 자주적이었다. 732년 발해 무왕이 당에 대한 공격 명령을 어기고 망명한 동생 대문예를 응징하기 위해 당을 공격하였다. 그러나 당은 발해와 신라의 대결관계를 이용하여 발해를 견제하였다.

발해와 당의 경제 외교는 발해의 담비가죽 등 특산물을 당에 전하고 당에서 여러 가지 물품을 가져왔다. 기록은 발해에서 당으로 전한 것이 중심이지만, 기록 이상으로 당에서 무역한 물품들이 발해에 많이 들어왔다. 발해가 160여 회나 당과 교섭한 것은 정치적인 목적보다 경제·문화적 욕구가 강했기 때문이었다. 발해는 당나라의 한자문화를 적극 수학하고 수용하여 발해의 행정과 교육에 이용하였다. 동아시아 왕조시대 지성들의 가장 큰 우열의식은 한자문화에 대한 이해와 응용도에 따라 좌우되었다. 따라서 발해도 당에 유학생을 파견하고 문화 교섭에 적극적일 수밖에 없었다. 그러나 발해는 정당성과 같이 제도명 등에서 당의 것을 그대로 받아들이지 않고 발해식으로 고쳐 사용하였고 그 기능도 당과 달랐다.

한편 발해와 일본의 외교는 군사 문제로부터 경제·문화 문제로 그 목적이 변해갔다. 727년 발해가 처음 일본에 파견한 사신은 당과 흑수말갈이 접근하면서 신·당의 접근을 막기 위해서였다. 또한 758년부터는 일본이 신라를 협공하려는 계획 아래에서 발해를 끌어들이기 위해 사신을 먼저 파견해 오면서부터였다. 그러나 근본적으로 발해와 일본은 경제·문화적 교류가 중심이었다.

발해 사신들이 위험을 무릅쓰고 동해를 건너 일본에 건너간 것은 무역을 하기 위해서였다. 발해의 지방수령을 중심으로 한 경제적 욕구는 발해의 사신 파견을 빈번하게 하였고, 일본 또한 발해의 담비가죽이 일본 귀족들에게 큰 인기가 있었다. 발해 사신단은 일본 관리가 '상여(商旅)' 즉 '장사꾼 무리'라고 할 정도로 무역에 관심이 많았다. 일본 조정은 귀족들의 사치를 조장한다고 발해 사신을 12년에 한번만 오라고 규제할 정도였다. 발해와 일본은 역사상 기록에 남을 만한 문화 교류가 있었다. 시가집 『경국집』과 『일본후기』 등의 편찬자가 이때의 문호들이었다. 발해 사신들의 문학적 소양은 일본의 장편소설인 『겐지모노가타리』의 주인공을 만들어 내기도 하였다.

발해의 신라 외교는 한국사에서 남북국시대의 입장에서 이해할 수 있다. 남북국은 정치·군사적으로 대체로 대결적이었다. 고구려와 당의 대결 사이에서 고구려를 계승한 발해와 친당적이었던 신라 관계를 계승한 면도 있었지만, 인접국으로서 생계를 영위하는 방법이나 풍습 등이 비슷했기 때문이다. 그러나 양국 외교가 갖는 의미는 교섭 못지않게 대결상도 중요한 의미가 있다. 전쟁 역시도 '적극 교섭'의 일환으로 상정할 수 있기 때문이다. 삼국의 항쟁을 삼국통일 과정의 일환으로 받아들인다면, 남북국의 대결과 교섭 관계 역시 남북국시대로 볼 수 있는 단서가 된다.

그러나 발해는 고구려 멸망에 대한 신라와의 대립 감정으로 인해 안정이 아닌 위기 하에서만 신라와 교섭하였고, 신라는 특정 정치집단의 이해관계 아래에서 발해와 교섭하였다. 또한 두 왕조는 각기 당과 일본의 관계를 우선적으로 생각하고 남북 교섭은 그들의 필요에 의한 차선책에 의해 행해졌다. 이러한 한계는 역사상 발해는 '북적열전'에서 그리고 신라는 '동이열전'에서 양국은 아무런 관계도 없던 것처럼 인식하게 만든 한 원인이 되었다.

발해 외교의 국제성과 개방성은 발해와 돌궐 및 서역과의 교역에서도 확인되고 있다. 국서 등 외교관계를 알 수 있는 구체적인 기록 등은 없지만, 발해가 건국되고 제일 먼저 사신을 파견한 왕조는 돌궐이었다. 또한 고고학적으로 발해와 서역과의 '담비길'이 상정되고 있을 뿐만 아니라, 돈황 자료 등 매우 제한적인 부분에서 추측되고 있다. 러시아 연해주에서는 서역의 물건이었을 것으로 생각되는 발해 시기의 문물들이 출토되어 교섭 가능성이 제기되기도 한다.

〈주요 사건 연표〉

연도	왕	주요 사건
696		영주(營州)에서 이진충의 난 발생. 대조영이 영주를 벗어나 동쪽으로 이동함.
698	고왕	대조영이 동모산과 구국(舊國)을 근거로 진국(震國) 세움.
700		돌궐과 신라에 사신을 보내 건국을 알림.
705		당의 사신 시어사 장행급(張行岌)이 발해에 옴.
713		당과 국교 수립. 대조영이 '발해군왕'으로 아들 대무예는 계루군왕(桂婁郡王)으로 책봉됨.
719	무왕	대조영 사망, 시호는 스스로 고왕(高王)이라 함. 아들 대무예가 즉위함.
720		무왕의 큰 아들 대도리행이 당으로부터 계루군왕으로 책봉됨.
726		장자 대도리행이 당에 숙위로 감. 대문예가 흑수 토벌에 반대하며 당으로 망명. 마문궤(馬文軌), 총물아(慈勿雅)를 당에 보내 대문예 주살을 요청함.
727		일본에 1차 사신 영원장군 고인의(高仁義) 파견. 살해되어 고제덕(高齊德) 등 8명만 입경함.
728		대도리행이 당에서 죽음.
732		장문휴(張文休)가 당나라의 등주(登州)를 공격하고, 자사 위준을 살해함.
733		신라가 발해 남쪽을 공격했으나, 성과없이 귀환. 대승경(大承慶)을 당에 파견하여 전쟁에 대해 사과함.
735		무왕의 동생 대번(大蕃)을 당에 파견. 신라 당으로부터 패강 이남 지배 인정받음.
무왕?		구국에서 현주로 천도함.
737	문왕	대무예 사망, 시호는 무왕(武王). 아들인 대흠무 즉위함.
738		당에서 『삼국지』, 『진서』, 『36국춘추』, 『당례』를 베껴 옴.
739		일본을 방문한 약홀주 도독 서요덕 익사, 이진몽(已珍蒙) 등 데와노구니(出羽國)에 도착함.
752		보국대장군(輔國大將軍) 모시몽(慕施蒙)을 일본에 파견. 국서 미소지
755		당에서 안사(安史)의 난이 일어남.
756		현주에서 상경으로 천도. 당의 평로유후사 서귀도(徐歸道)가 보낸 장원간(張元澗)이 발해에 와서 안사의 난 대비 군사 요청. 장원간을 구금함.
758		일본의 오노노 다모리(小野田守) 등 68인이 발해에 옴. 행목저주자사 양승경(楊承慶)을 일본에 파견. 평로절도 왕현지(王玄志)가 왕진의(王進義) 보내 옴.
759		양방경(楊方慶)을 고원도와 함께 당에 보냄. 현도주자사 고남신(高南申)을 일본에 보냄.
762		당에서 문왕의 책봉호를 '발해군왕'에서 '발해국왕'으로 진봉. 왕신복을 일본에 보냄.
764		당의 사신 한조채(韓朝彩)가 일본승 계융(戒融)과 발해에 왔다가 신라로 감.
771		일만복(壹萬福) 등을 일본에 보냄.
774		문왕이 연호를 대흥(大興)에서 보력(寶曆)으로 바꿈.
776		문왕의 왕비가 죽음. 사도몽이 남해부 토호포를 떠나 일본에 감.
777		정혜공주(737~777년) 사망함.
785		이 시기 전후로 상경에서 동경(東京)으로 천도함.

연도	왕	주요 사건
790		신라의 백어(伯魚)가 '북국'(北國, 발해)에 옴.
792		정효공주(757~792년) 사망. 압말갈사 양길복(楊吉福) 등을 당에 보냄.
793	대원의	대흠무 사망, 시호 문왕(文王). 족제(族弟)인 대원의(大元義) 계승, 국인에 피살. 문왕의 손자 대화여(大華璵) 즉위. 동경에서 상경으로 환도함.
794	성왕	대화여가 사망, 시호 성왕(成王). 문왕의 손자 대숭린(大嵩璘) 즉위함.
795	강왕	여정림(呂定琳)을 일본에 보냄.
798		우루번장 여부구(茹富仇) 등을 당에 보냄.
807		당나라에 사신으로 간 양광신(楊光信)이 몰래 달아나다가 사로잡힘.
809		대숭린 사망, 시호 강왕(康王). 아들 대원유(大元瑜)가 즉위함.
812	정왕	대원유 사망, 시호 정왕(定王). 아우 대언의(大言義)가 즉위. 신라의 숭정(崇正)이 '북국'(北國, 발해)에 옴.
814	희왕	고례진(高禮進) 등을 당에 보내 불상을 전함. 왕효렴(王孝廉) 등을 일본에 보냄.
817		대언의 사망(?), 시호 희왕(僖王). 아우 대명충(大明忠)이 왕위를 계승(?)
818	간왕	대명충 사망, 시호 간왕(簡王). 간왕의 종부(從父)이며 대야발 4세손인 10대 대인수(大仁秀) 즉위함.
821	선왕	당나라에 대공측(大公則) 등을 보냄. 왕문구(王文矩) 등을 일본에 보냄.
823		고정태(高貞泰) 등을 일본에 보냄.
825		고승조(高承祖)를 일본에 보냄.
830		대인수 사망, 시호 선왕(宣王). 손자인 대이진(大彝震) 즉위함.
832	대이진	발해의 좌우신책군, 좌우삼군, 120사(司) 존재 확인[당 사신 왕종우(王宗禹)의 귀국 보고]
833		고보영(高寶英)이 학생 3명과 당나라에 감. 먼저 보낸 학생 3명은 학업을 마치고 귀국함.
834		허왕부(許王府) 참군(參軍)·기도위(騎都尉) 조문휴(趙文休)의 어머니 이씨가 비상(碑像)을 조성. 당의 유주절도 행군사마 장건장(張建章)이 발해 방문함.
841		하복연(賀福延)을 일본에 보냄. 중대성첩(中臺省牒)이 남아 있는데, 발해와 일본을 요양(遼陽)과 일역(日域)으로 대비함.
848		왕문구(王文矩)를 일본에 보냄.
857	대건황	대이진 사망. 아우 대건황(大虔晃) 즉위함.
859		오효신이 일본에 장경선명력을 전함. 1684년까지 사용함.
861		이거정이 일본에 불정존승다라니경(佛頂尊勝陀羅尼經)을 전함.
871	대현석	대건황 사망. 대현석(大玄錫) 즉위함.
872		오소도(烏昭度)가 당의 빈공과에 급제. 신라 이동(李同)보다 위에 이름이 붙음.
873		당으로 가던 최종좌(崔宗佐) 등이 일본에 표류, 이듬해 귀국
882		배정(裵頲)을 일본에 보냄.
892		고원고(高元固)가 당의 빈공과에서 급제함.

연도	왕	주요 사건
894	대위해	대현석 사망(?). 대위해(大瑋瑎) 즉위(?)
897		당에 간 왕자 대봉예(大封裔)가 신라보다 윗자리를 요구하였으나 거부됨.
906	대인선	오소도 아들 오광찬이 당의 빈공과에 급제하였으나, 신라 최언위보다 낮게 붙었다고 오소도 항의. 대위해(大瑋瑎) 사망(?). 대인선(大諲譔)이 즉위(?)
907		당 후량 주전충에게 멸망. 대소순(大昭順)을 양나라에 보냄. 배구(裵璆)를 일본에 보냄.
919		배구를 일본에 보냄.
925		장군 신덕(申德), 박어(朴漁) 등이 고려로 투화. 부여부가 거란에 포위당함(12월).
926		발해 멸망(1월). 세자 대광현(大光顯)과 고모한(高模翰)이 고려에 투화. 발해가 동란국(東丹國)으로 바뀜.

참고문헌

1. 저서

국사편찬위원회 편, 1996, 『한국사』 10.
김성호, 2004, 『발해의 대외관계 연구』, 사회과학출판사(평양).
김종복, 2009, 『발해정치외교사』, 일지사.
동북아역사재단 편, 2006, 『한국 고대국가와 중국왕조의 조공·책봉관계』.
_____, 2006, 『한중 외교관계와 조공책봉』.
_____, 2007, 『발해의 역사와 문화』.
_____, 2010, 『고대 환동해 교류사 2부―발해와 일본―』.
_____, 2011, 『중국의 발해 대외관계사 연구』.
박시형, 1979, 『발해사』(김일성대출판사 ; 이론과 실천, 1989).
송기호, 1995, 『발해정치사 연구』, 일조각.
한규철, 1994, 『발해의 대외관계사-남북국의 형성과 전개』, 신서원.

石井正敏, 2001, 『日本渤海關係史の硏究』(吉川弘文館).
王承禮, 1987, 『渤海簡史』(黑龍江省人民出版社, 1984 ; 宋基豪 譯, 『발해의 역사』, 翰林大아시아文化硏究所).
酒寄雅志, 2001, 『渤海と古代の日本』(校倉書房).

2. 논문

박진숙, 2001, 『발해의 대일본외교 연구』, 충남대대학원 박사학위 논문.

쟁 점

발해는 황제국가였다

공석구

발해는 어떤 나라였을까? 오늘날 발해사의 성격을 두고서 논란이 있다. 이는 각자가 처한 입장에 따른 사료해석의 차이일 것이다. 한 예로 중국의 경우 발해라는 국호를 당나라에서 받았고, 발해왕은 당에 조공하고 책봉을 받았다라는 『신당서』 기록에 근거하여 발해사를 해석한다. 발해사는 당나라 역사의 일부로서 오늘날에는 중국 고대 소수민족 지방정권의 역사에 해당한다고 해석한다. 또한 발해는 고구려의 계승국이 아니라 말갈족 대조영이 세운 정권으로 해석한다. 하지만 한반도에 있는 국가(남·북한)의 입장과 해석은 다르다. 발해 건국자인 대조영이 고구려의 별종이라는 『구당서』 기록에 근거하여 발해사를 해석한다. 발해를 고구려의 계승국으로 이해하여, 발해사를 신라와 더불어 남북국시대를 이룬 한국사의 일부라고 해석하고 있다.

이와 같이 발해사에 대한 역사해석의 차이를 극복하기 위해서는 당시 발해인의 생각과 인식을 알아보는 것이 중요하다. 발해는 스스로를 어떻게 인식하고 이를 대내외에 알리려고 하였을까? 첫째 발해인이 남긴 고고학자료를 추적해 보자. 먼저 발해 문왕의 딸인 둘째 정혜공주(서기 780년 매장, 지린성 돈화시 소재)와 넷째 정효공주(서기 792년 매장, 지린성 화룡현소재) 무덤에서 각기 묘지석이 발견되었다. 묘지석에 따르면 문왕을 '황상(皇上)'이라고 기록하였다. '황상께서는 조회를 파하고 크게 슬퍼하여, 정침(正寢)에 들어가 자지 않고 음악도 중지시켰다'라는 표현에 나타난 '황상'은 황제임을 말한다. 발해인은 자신의 지도자를 황제라 인식하고 표현했던 것이다. 지난 2005년에는 정효공주 무덤이 있는 용두산 고분군에서 조사된 돌방무덤(석실분)중에 3대 문왕의 부인인 효의황후(孝懿皇后)의 묘지와 9대 간왕(簡王)의 부인인 순목황후(順穆皇后)의 묘지가 발굴됐다. 특히 순목황후의 묘지문에는 '발해국 순목황후는 간왕의 황후 태씨(太氏)이다'라는 내용이 있어 당시 '황후'라고 불렸음을 알 수 있다. 발해는 스스로도 인접한 당왕조와 동등한 황제국가임을 추구했던 것이다. 또한 정혜공주(貞惠公主) 묘지석의 내용(공주는 우리 大興寶曆孝感金輪聖法大王의 둘째 딸이다. …(중략)…공주는 보력(寶曆) 4년(777) 여름 4월 14일 을미일에 외제(外第)에서 사망하니, 나이는 40세였다. 이에 시호를 정혜공주라 하였다)과 정효공주(貞孝公主) 묘지석의 내용(공주는 大興 56년(792) 여름 6월 9일 임진일에 外第에서 사망하니, 나이는 36세였다. 이에 시호를 정효공주라 하였다) 등에서 발해는 '보력', '대흥'이라는 독자적인 연호를 사용했음을 알 수 있다. 연호 사용은 그 나라 고유의 연대표기 방식으로서 국가의 정치적 독립성을 상징한다. 이는 『신당서』에 '대조영(大祚榮)이 죽으니, 그 나라에서 시호를 사사로이 정해 고왕(高王)이라 하였다. 아들 무예(武藝)가 왕위에 올라 영토를 크게 개척하니, 동북의 모든 오랑캐들이 겁을 먹고 그를 섬겼으며, 또 사사로이 연호를 인안(仁安)으로 고쳤다'라는 기록을 통해 발해가 독자적인 연호와 시호를 사용했음을 기록한 것과 일맥상통한다. 오늘날 발해유적 발굴 성과를 정리해 보면 관방시설(성곽), 주거시설(온돌), 무덤(석실묘)등과 생활용구 등에서 고구려문화를 계승한 흔적을 찾을 수 있다.

둘째, 고대문헌은 발해를 어떻게 인식하고 기록했을까? 발해무왕이 일본에 보낸 국서를 읽은 일본왕이 발해왕에게 보내는 답서에서 '갑자기 부친이 행하던 법식을 고쳐, 날짜 아래에 관품과 성명을 쓰지 않고 글의 말미에 거짓되게 천손임을 참칭하는 칭호를 써놓았다'라는 표현이 주목된다. 발해가 외교문서에 스스로를 하늘의 후손이라고 표방한 것을 알 수 있다. '천손'이라는 표현에서 발해인의 자주와 독립의식을 찾아볼 수 있다. 발해는 스스로 고구려 계승국이라 자처했고, 고구려 국왕이라 했다. 고구려 유민, 즉 고구려의 인적자원을 승계했고, 고구려의 영토 위에 건국했다. 이에 대해서 2대 무왕은 728년 일본에 보낸 국서에 "이 나라는 고구려의 옛 땅을 회복하였으며 부여의 유속(遺俗)을 지키고 있다"라고 표현하여(『속일본기』), 고구려의 계승국임을 표방하기도 하였다. 한편 상대국인 일본에서는 발해에 보내는 국서에 발해왕을 '고려국왕'으로 표현하기도 하였다(『속일본기』). 일본에서도 발해를 고구려의 계승국으로 인식하였음을 알게 한다.

신라는 발해를 북쪽에 있는 나라 즉 '북국(北國)'이라 불렀다. 우리는 여기에 근거해서 신라와 발해가 병립했던 시기를 남북국 시대라고 부르고 있다. 발해 역사는 한국사에서 계승되고 있다. 발해가 멸망당하는 위기에 처하자 태자 대광현이 이끄는 발해유민의 일부가 고려왕조로 들어왔다. 고려왕조에 대하여 그들 역시 고구려를 계승한 나라로 인식했기 때문이었을 것이다. 중국의 역대사서를 보면 발해사를 고구려사, 고려사와 마찬가지로 외국열전에 수록하였다. 발해사를 타자의 역사로 인식했던 것이다.

• 참고문헌

김은국, 2011, 「남북국시대론과 발해 Diaspora」, 『고구려발해연구』 40.
송기호, 2010, 「용해구역 고분 발굴에서 드러난 발해국의 성격」, 『고구려발해연구』 38.
_____, 2011, 「발해사회문화사연구」, 서울대학교출판문화원.
정석배, 2017, 「유물로 본 발해와 중부」, 『고구려발해연구』 57.
_____, 2015, 「요·금·동하·원의 도성을 통해 본 발해 상경의 제문제」, 『백산학보』 103.

찾아보기

ㄱ

가는 비단[絁] 410
가라국왕 311
가라왕 311
가림성(加林城) 275
가실왕 311
가야(加耶) 264
가야국 306, 309, 323
가잠성 전투 237
간접 지배 426
갈사국(曷思國) 104
강경(講經) 292
강국(康國) 49
강릉 418
강수(强首) 294
강왕(康王) 393
강족 132, 134
개국(開國) 280
개로왕(蓋鹵王) 33, 186, 272
개마국 131
개방성 430
개복순(蓋福順) 391
개성 418
거란 27, 38, 43, 57, 145, 155, 158, 169, 170, 424

거란국지(契丹國志) 424
거란도(契丹道) 382
거란종 큰 개[契丹大狗], 394
거칠부(居柒夫) 38, 280
건원(建元) 279
걸걸중상(乞乞仲象) 385
걸사비우 58
걸탁성 317
검모잠(劍牟岑) 336
겐지모노가타리(源氏物語) 411, 429
견당사(遣唐使) 336, 370
결절지(結節地) 260
결혼동맹 277
경관(京觀) 164
경국집(經國集) 411, 412, 429
경덕왕 404
경문왕 353
경순왕 421
경제 외교 428
계루부 24
계루집단 130
계림주자사(雞林州刺史) 341
계민가한 44, 162
고경수 412
고구려(高句麗) 71, 99, 100, 101, 102, 115, 118, 125, 253, 402, 416, 426

고구려 계승 388
고구려부흥운동 337
고구려 유민 422, 425
고국원왕(故國原王) 142, 203, 267
고금(固禁) 158, 160
고기(古記) 78
고대국가 255
고래[鯨鯢魚] 394, 410
고래[鯨]의 안구 410
고려 415, 424
고려구 402
고려구기(高麗舊記) 402
고려사 383, 424
고려악(高麗樂) 413
고려악편 413
고려조선군왕 59
고령 지산리 고분군 311
고로칸(鴻臚館) 412
고막해 155
고문간(高文簡) 426
고세노오미 317
고연무 54
고이왕 194
고자국 310, 313, 314
고제덕(高齊德) 400, 401
고조 163
고조선 77, 79, 80, 83, 84, 85, 86, 87, 88, 89, 90, 91, 93, 127
고조선연맹체 85
고종 386
고죽 82

고창(高昌) 165, 289
고창국(高昌國) 46
곤지(昆支) 185
곤포(昆布) 394
곰[熊] 410
곰가죽[熊皮] 394
공사(公私) 무역 410
공손강(公孫康) 190
공손씨(公孫氏) 정권 135
공손탁(公孫度) 108, 109
과려가한 158
관가문초(管家文草) 412
관구검 25, 109, 137
관리 채용 시험제도 421
관문지(關門地) 260
관미성(關彌城) 204
관산성(管山城) 40, 280
관산성 전투 182
관영무역상 396
관자 79, 82, 83
관중 79
광개토왕(廣開土王) 145, 205, 308
광개토왕릉비 147
광개토왕릉비문 206
광무제(光武帝) 118, 119, 130
광찬(烏光贊) 416
교관선(交關船) 372
교린(交隣) 361
교역(交易) 408, 411
9주(州) 364
구다국 131

찾아보기 439

구려(句麗) 사람 127
구례모라(久禮牟羅) 37
구례모라성 317, 318
구례산 5성 319
구야(狗邪) 260
구야국 305
국내 149
국사(國史) 280
국서(國書) 363
국왕 387, 405
국자감 398
국제성 430
국지모(國智牟) 185
국학(國學) 287
군신 402, 414
군왕 387, 405
군자국(君子國) 364, 375
권력자 396
귀족연립체제 157
규슈 304, 306, 310, 312, 314
그물[羅] 410
근구수왕 186
근대적 국제관계 70
근초고왕 186, 308
금관가야 307
금관국(金官國) 260, 318
금마저(金馬渚) 402
금은그릇[金銀器], 395
금제불상(金製佛像), 394
금현성(金峴城) 281
급찬 420

급찬 숭정(崇正) 419
기노 하세요[紀長谷雄] 412
기노오이와[紀生磐] 313
기마 민족 정복 왕조설 325
기문(己汶) 36, 314
기미지배 168
기미체제론 69
기벌포(伎伐浦) 338
기본한기 311
기자 78
기자동래설(箕子東來說) 78
기장식허리띠[魚帶] 395
기조신우양(紀朝臣牛養) 367
기호품 395
긴키 308, 310, 312, 316
길선 197
김다수(金多遂) 294
김동엄(金東嚴) 356
김무력(金武力) 283
김사공(金思恭) 365
김사란(金思蘭) 343, 390
김순정(金順貞) 360, 369
김양상(金良相) 370, 420
김옹(金邕) 369
김유신(金庾信) 240, 255, 356, 391
김윤문(金允文) 391, 418
김윤중(金允中) 391, 418, 419
김의충(金義忠) 344
김인문(金仁問) 293
김장렴(金張廉) 347, 351
김주원 420, 422

김주필(金柱弼) 351
김춘추(金春秋) 46, 49, 167, 169, 238, 255, 335, 358
김충신 419
김충원(金忠元) 358
김태렴(金泰廉) 61, 366
김품석(金品釋) 290
김해 대성동 29호분 306
김해 양동리 162호분 305
김헌창 350
김헌창의 반란 422
꼬리표[付札] 411
꿀[蜂蜜] 410

ㄴ

나가야[長屋] 411
나가야 왕[長屋王] 408
나갈(羅褐) 193
나국(那國) 129
나국연맹 129
나기타갑배 313
나당동맹(羅唐同盟) 335
나당연합군 170
나라와 교토 유적 411
나물왕(奈勿王) 269
나제동맹(羅濟同盟) 184, 270
나제연합군 156
나집단(那集團) 127
낙랑(樂浪) 93, 182, 261

낙랑군 140, 303, 305
낙랑태수 245
낙양 390
낙유의 배 394
남가라 318
남방산 410
남부여 36
남북 교섭 417, 430
남북교섭기 418, 424
남북국 381
남북국시대 415, 416, 423, 425, 429
남북대결기 417
남소성 142
남실위 158
남우스리스크성터 427
남월 21, 88, 90, 91, 92
남주후(南州侯) 82
남진정책 144
남해의 곤포 394
내법좌평(內法佐平) 233
내성(內省) 287
내속(內屬) 87, 88
내속관계 134
네스토리우스교 십자가 427
노객(奴客) 147, 207
노관 19, 90
노보고르데예프카 427
노성의 벼 394
노토객원[能登客院] 412, 413
눌지(訥祗) 270
눌지왕 215

니계상(尼溪相) 22

ㄷ

다라 315, 319
다면적인 외교교섭 139
다미가한 168
다변 외교 183
다원적 국제질서 160
다원적 천하관 28
다원적·중층적 신국제질서 71, 143
다원적인 세력 균형 상태 29
다이고 천황(醍醐天皇) 410
다이리시끼(内裏式)』 410
다이안지(大安寺) 414
다이카개신(大化改新) 47
다자이후(大宰府) 62, 64
다카오카(高岡) 413
다호리 1호분 303
단군신화 78
단군왕검 78
담비(貂) 392, 409
담비 가죽(貂皮) 136, 394
담비길 428, 430
담비모피(貂鼠皮) 394
담비의 길 427
담징 162
당(唐) 163, 238, 254, 386
당례(唐禮) 398
당삼채 395

당 중심의 국제질서 428
당 중심의 책봉질서 387
당 중심의 천하관 391
당태종 292
당항성 167, 238
당 현종 389, 398
대가(大加) 138
대가야 34, 35, 39, 40, 151, 276, 321
대가야국 318, 323
대가야연맹체 35
대고구려 봉쇄전략 186
대당(大幢) 280
대당개원례(大唐開元禮) 392, 398
대당매물사(大唐賣物使) 372
대당악(大唐樂) 413
대대로 39, 157, 166
대도서(大道署) 287
대동강 392
대등회의 420
대랑아(大朗雅) 391, 392
대릉 86
대릉하 80
대모 410
대무신왕 103
대문예(大門藝) 58, 343, 389, 390
대방(帶方) 261
대방군 140, 190, 305
대방군왕 56
대보령(大寶令) 59, 359
대부(大夫) 예(禮) 84
대불개안식(大佛開眼式) 366

대사 314, 315
대사례(大射禮) 402
대사진(帶沙津) 36
대성8족 35, 234
대성경(大誠慶) 392
대소 104
대소왕 103
대수령(大首領) 393
대신라 415
대아찬 417, 418
대야성(大耶城) 183, 290
대야성도독(大耶城都督) 290
대왕국토 28
대요수(大遼水) 89
대음태양력(大陰太陽曆) 414
대이진 398
대인선 416, 423, 424
대조영 58, 385, 418, 435
대준명(大俊明) 398
대화개신(大化改新) 291
대흠무 63
대흥 3년(739) 401
도교(道敎) 289
도다이지[東大寺] 413
도도(都刀) 283
도독제군사호 71
도림(道琳) 273
도성도 북중국 144
도위 132
도자기 기술 398
도절(都切) 102

도침 50
도한왕(都漢王) 35
독로국 310
독립 왕조 426
독산성(獨山城) 281, 320
독서삼품과 420
독자세력권 149
돈황 426
돈황 문서 427
돈황 자료 430
돌궐(突厥) 39, 42, 52, 57, 155, 157, 232, 289, 385, 389, 418, 426, 430
돌궐문자 427
동(李同) 416
동국악 414
동대사(東大寺) 366
동돌궐 164, 426
동류의식(同類意識) 255
동맹 외교 183
동모산(東牟山) 58
동부도위(東部都尉) 132
동부여 28, 146
동성왕(東城王) 33, 184, 274, 275
동예 135
동옥저 100, 118, 132
동위 155
동이교위(東夷校尉) 41, 154, 306
동이교위직 156
동이열전 430
동이중랑장(東夷中郞將) 41
동족국가(同族國家) 254

동진(東晉) 32, 144, 148, 203, 266
동질의식 425
동해 414, 429
동해안 131
동호(東胡) 19, 80, 85
두양집편 395
등거리 외교 275
등원중마려(藤原仲麻呂) 367
등주(登州) 343, 348, 391, 396
등주자사 389
따싱안링[大興安嶺] 산맥 158

ㄹ

랴오닝성 381
리장성 164
린유[林邑] 414

ㅁ

마노 410
마노 잔[瑪瑙杯] 394
마노궤(瑪瑙櫃) 395
마련 315
마른 문어[乾文魚] 394
마립간(麻立干) 263
마수비 315
마수성 189
마쓰바라칸[松原館] 412

마진성 320
마차해 315
마한(馬韓) 261
막리지(莫離支) 426
막힐의 돼지 394
만번한(滿潘汗) 86
만요슈 413
만요슈(萬葉集) 412
만요역사관(萬葉歷史館) 413
만해 315
말[馬] 394
말갈 43, 158, 161, 382, 416, 425
말갈 계승 388
말린청귤가죽[海東靑皮] 394
매로왕(邁盧王) 35
매소성(買肖城) 338
머리카락[髮] 394
면(綿) 410
면중왕(面中王) 35
명주[絹] 395, 410
명활산성(明活山城) 273, 282
명주[紬] 394
모두루(牟頭婁) 28
모두루묘지 147
모루 314
모시몽(慕施蒙) 402
모용부 140
모용선비 99, 113
모용외(慕容廆) 113
모용외전 114
모용황(慕容皝) 114, 115

모직물[褥六] 394
모창록(慕昌祿) 407
모피 410
모피 착용 제한 조치 409
목간 408
목곽묘(木槨墓) 262
목관묘(木棺墓) 259
목라근자 311
목만치 311
목지 305
목지국 193
몽골고원 426
무관인 400
무늬 있는 비단(綾) 410
무늬 있는 채백(綵帛) 410
무력(武力) 227
무령왕(武寧王) 35, 222, 246, 247, 275
무례 404, 407, 409
무역집단 408
무열왕계 422
무왕(武王) 235, 343, 437
문관 400
문무왕 335
문왕(文王) 293, 392, 398, 419
문적원(文籍院) 384
문제(文帝) 159, 288
문주(文周) 273
문주왕 33
문피(文皮) 83
문화수려집(文華秀麗集) 412
문화적 공동체 의식 425

물길 153, 215
미사흔(未斯欣) 208, 270
미야코노 요시카[都良香] 412
미질부(彌秩夫) 216, 274
미치자네[菅原道眞] 412
미타호의 붕어 394
민간무역 397
밀랍(臘蜜) 411

ㅂ

바다 표범[豹] 409
바다석류기름[海石榴油] 410
바다표범가죽[海豹皮] 394
박제상(朴堤上) 271
반파 276, 315
반파국 310, 311, 314
발해 342
발해 유민 424
발해국왕 392, 393
발해군 392
발해군왕 388, 392, 393
발해사(渤海使) 408, 411
발해삼채 398, 411
발해식 428
발해악 413
발해음악 413
발해 3성 384
발해 남경 390
발해전 382

배구(裵矩) 411
배정(裵頲) 411, 412, 414
백가(苩加) 275
백강구(白江口) 49, 356
백강구 전투 51
백부자(白附子) 394
백어 420
백제(百濟) 115, 144, 147, 151, 152, 253
백제국(伯濟國) 187
백제군사령부 326
백제대방군왕 59
백제부흥군 170
백제 부흥전쟁 51
번국(蕃國) 359, 374
번한현(番汗縣) 86
벌꿀[白密] 394
법민(法敏) 293
법흥왕(法興王) 276
벽중왕(辟中王) 35
벽화 399
변관 134
변나(王辯那) 233
변복사건(變服事件) 278
변한(弁韓) 259, 305
병부령(兵部令) 280
병산책 189
보과(寶菓) 191
보덕국(報德國) 358
보응(寶應) 392
보하라의 화폐 427
보하라인 427

복남 171
복신(福信) 50, 234
복호(卜好) 270
봉선(封禪) 83
봉역도(封域圖) 164, 289
부견(符堅) 267
부관제(府官制) 213
부여 26, 140, 153, 183
부여(扶餘)씨 33, 35
부여융 52
부여의 사슴 394
부여족 99, 118
부여풍 50
부체제(部體制) 23, 279
부태 108
북방불교 27
북연(北燕) 28, 149
북옥저 131
북위(北魏) 28, 149, 152, 273
북적열전 430
북제(北齊) 38, 41, 155, 233, 286
북주 155, 233
북주후(北州侯) 82, 83, 85
북한지역 381
분리통제책 130
분서왕(汾西王) 192
불교 267
불사후(弗斯侯) 35
불상 398
붉은 오지 그릇[紫瓷盆] 394
붉은 자기 그릇[紫瓷盆] 395

비단[錦] 410
비단[帛] 395
비담(毗曇) 291, 292
비담의 난 49, 292
비유왕 214
비조부(比助夫) 277, 316
비지(比智) 184
비칭(卑稱) 388
비파형동검문화 19, 80
빈공과(賓貢科) 423
빈공시 416
빈랑 부채[檳榔樹扇] 410
빌케가한[毗伽可汗] 426

사기 78, 87, 88, 89, 90, 92
사대교린 65
사도부(司徒部) 233
사라(斯羅) 274, 315
사로국(斯盧國) 259
사마(司馬) 212
사마왕(斯麻王) 247
사마의 137
사부허북국거상표(謝不許北國居上表) 417
사비 천도 36
사비 회의 319
사비성 50, 55
사빈시(司賓寺) 384
사사위표(謝嗣位表) 353

사선시(司膳寺) 384
사신단 396
사약사(沙若思) 185
사은사(謝恩使) 353, 393
사이기 319
사죄사 335
사지절동이교위낙랑군공신라왕(使持節東夷校尉樂浪郡公新羅王) 286
사천 늑도 유적 303
사치품 396
사카노우에노 이마쓰구[坂上今繼] 411, 412
사카타 테라[坂田寺] 411
사타 314
사향(麝香) 394, 410
산반해 319
산융 80, 82
산해 79
삼국사기 383, 419
삼국시대 425
삼국유사 77, 78
삼국지(三國志) 78, 84, 86, 398
삼국통일 338, 415
삼국통일 과정 392
삼국통일전쟁 46
삼년산군 283
삼십육국춘추(三十六國春秋) 398
삼채호(三彩壺) 411
상기문 315
상다리 314
상대등(上大等) 279

상여(商旅) 429
상하장 88
샤브꾸노프 382, 427
서단산문화(西團山文化) 99
서돌궐 161, 169, 426
서북한 140
서안평 139, 140
서역 426, 427
서역제품 395, 427
서요덕 401
서위 155
서진(西晉) 139, 140, 195
석등 398
석문전투(石門戰鬪) 337
석인정 412
석전(釋奠) 292
선덕왕 421
선명력(宣明曆) 414
선비 117, 130, 132, 135
선비족(鮮卑族) 99, 118
선왕 대인수 421
선조성(宣詔省) 384
설연타(薛延陀) 48, 168
설평(薛苹) 348
성덕왕 59, 340, 392, 419
성무천황 401
성왕(聖王) 39, 278, 319, 320
성충(成忠) 241
세 가지 음악 414
세속오계(世俗五戒) 290
세형동검문화 86

소그드 427
소그드인 427
소노집단 129
소릉 52
소수맥 135
소숭(蕭嵩) 398
소신라 415
소왕(昭王) 18
소지왕(炤知王) 216, 273
속말말갈 58, 158
속일본기(續日本紀) 246, 382, 401, 402, 403
손오 136
솔빈의 말 394
송(宋) 149, 150, 215
송골매(鷹鶻) 394
쇼소인[正倉院] 410
수(隋) 72, 157, 232, 288
수령(首領) 393, 396, 409
수양제 44
수정염주(水精念珠) 410
숙동(熟銅) 396, 397
숙신 146
숙위(宿衛) 293, 387, 395, 419
숙종(肅宗, 756~762) 393
순목황후 436
순타(純陁)태자 247
순타태자 246
술잔(酒杯) 410
숭정 420
스가와로노 미치자네[菅原道眞] 412

시가집 384
시게노 사다누시[滋野貞主] 411
시마다노 다다오미[島田忠臣] 412
식읍(食邑) 278
신(新) 130
신당서 382
신당서 발해전 384, 388, 410
신당서 북적열전 384
신·당 밀착 417, 422
신·당 연합군 392, 418
신·당 접근 429
신라 144, 147, 151, 385, 398, 415, 418, 424
신라 견제 408
신라군 390, 425
신라 노비 349
신라도(新羅道) 64, 376, 382, 416, 428
신라와 발해 416
신라정토계획(新羅征討計劃) 367, 403
신라제국(新羅諸國) 424
신라 중대 420
신라 하대 420, 421
신라학어(新羅學語) 402
신라 협공 계획 403, 404, 407, 419
신라 후기 415
신미국 195
신부(信部) 384
신주(新州) 156
신주군주(新州軍主) 283
신지(臣智) 260
신채호 415

실[絲] 410
실리외교 428
실성(實聖) 269
실지양단의 정책 236
실직원(悉直原) 216
실크로드 427
심양 81, 86
쑤쯔허강 128
쓰루가[敦賀] 412
쓰시마국 306

ㅇ

아라가야 37, 321
아라비아 398
아르세니예프강 427
야마토국[大和國] 414
아막성 237
아브리코스 절터 427
아신왕(阿莘王) 206, 268
아차산성(阿且山城) 273
아키히토 246
아프라시압 궁전벽화 49, 170
아홀(牙笏) 293
안동도호부(安東都護府) 339, 400
안동장군 220
안라(安羅) 277, 317, 319
안라국 310, 318
안라 왜신관 318, 320, 321
안록산의 난 64

안사의 난 392, 405
안성천 156
안승(安勝) 336
안시성 47, 55, 168
안야국 305
압록강 88, 127
애장왕 421
야마타이국 306
야마토 정권 310, 316, 323
야마토노 미코토모치 320
약재 410
양[羊] 394
양(梁)나라 274
양맥 130
양면외교 215
양승경(楊承慶) 403
양원왕 38
양위표(讓位表) 353
양제(煬帝) 162, 288
양직공도 225, 244, 315
양태사(楊泰師) 403, 411
양평(襄平) 19
에미노 오시카츠 404
에미시[蝦夷] 400
에츄[越中] 413
엔닌[圓仁] 396, 423
여왕 반대파 291
여왕 지지파 290
여울 116
여인상 399
여창(餘昌) 282

여황제 386
역관계(力關係)의 연동성(連動性) 29
역사 425
역학관계론 69, 125
연(燕) 82, 84, 86, 106, 119, 428
연개소문(淵蓋蘇文) 46, 167, 289
연문진(燕文進) 185
연소왕 86
연합왕조설 381
연호 381
연희식(延喜式) 412
염철 88
영객부(領客府) 287
영객사 412
영객전(領客典) 287
영동대장군(寧東大將軍) 225
영류왕 163
영양왕 44, 160
영역국가 체제 27
영원장군(寧遠將軍) 낭장(郎將) 고인의(高仁義) 400
영주도(營州道) 382, 428
영주총관부 160
영지 82
영해군사(寧海軍事) 342
예군남려 91, 92
예맥 82, 85, 86, 89, 92, 101
예맥족 99
예맥지역 93
예부(禮部) 287, 384, 393
예종 387

5호16국 시대 25
오경박사 229
오광찬(烏光贊) 423
오노노 다모리[小野田守] 403, 404, 413
오만·무례하 404
오소도(烏炤度) 416, 423
오악(吳樂) 413
오토모노 야카모치[大伴家持] 412, 413
오호(五胡) 262
5호16국 140, 143
오환 128, 130
오효신(烏孝愼) 414
옥주의 면 394
와산성 196
왕기 109, 112
왕도정치 292
왕망(王莽) 106, 118, 130
왕성(王城) 363
왕성국(王城國) 60, 362
왕신복 408
왕자(王子) 393
왕험성(王險城) 20
왕효 418
왕효렴(王孝廉) 411, 412
왕효린(王孝隣) 234
왕후제(王侯制) 34
왜 27, 52, 53, 55, 151
왜국 42
왜군 40, 145, 309
왜신관 320, 321
왜왕 321

왜왕 무(武) 219
왜의 5왕시대 219
왜전(倭典) 286, 360
외교 80
외교가(外交家) 257
외교 교역설 326
외교관계 68
외교전(外交戰) 253
외교적 승인행 381
외신 89, 91, 93
외신관계 90
외신방(外臣邦) 88
외신부(外臣部) 384
외왕내제(外王內帝) 381
요동 80, 81, 85, 86, 89, 146
요동고새 132
요동군 86, 88, 135
요동성 168
요동왕국 109
요동외요(遼東外徼) 88
요령설 80
요사 424
요서 80
요서군 86
요수(遼水) 89
용주의 명주 394
우거 93
우거왕 92
우두주(牛頭州) 346
우문부 140
우치오[内雄] 413

우황 410
웅녀 78
웅진 182
웅진 백제 33
웅진성 50
원고구려 402
원성왕 420, 421
원성왕계 422
위(魏) 84, 86, 111
위거(位居) 109
위구태 107, 108
위덕왕(威德王) 40, 156, 231
위두(衛頭) 267
위략 78, 85, 87, 101
위례성 33
위만 19, 89, 90, 91
위서(魏書) 274
위성의 철 394
위세품(威勢品) 267
위준(韋俊) 391
유교문화 382
유교적 도덕규범 398
유리제품 395
유목민족 384
유연(柔然) 28, 39, 42, 149, 155
유주(幽州) 391
유취국사(類聚國史) 412
유학 397
유학생 393, 397, 400, 428
유화책 405
6두품 416

6전(典)조직 287
육국사 384
6좌평(佐平) 36
육진(六鎭)의 난 155
윤충(允忠) 345
율령 27, 267, 397
은고(恩古) 241
은장식허리띠[銀帶] 395
은제불상(銀製佛像) 394
은표(謝恩表) 353
읍락국가(邑落國家) 259
읍루(挹婁) 100, 118, 141
읍차(邑借) 260
의라(依羅) 119
의려(依廬) 113, 114, 119
의려(依慮) 114
의려(衣慮) 119
의부(義部) 384
의자왕 167, 238, 290
의책 130
이거정(李居正) 398
이근행(李謹行) 338
이뇌왕(異腦王) 277, 316
이동(李同) 423
이동설 80, 81
이림 313
이사금(尼師今) 263
이사도 422
이사부(異斯夫) 280
이열비 315
이와이 316

이적국(夷狄國) 364, 375
이정기(李正己) 349, 396, 417, 422
이진몽(已珍蒙) 401, 413
이진충 57
이쿠하노오미 321, 322
이키미 317
이해고(李楷固) 385
인부(仁部) 384
인삼(人蔘) 394, 410, 411
인지요록(仁智要錄) 413
일길찬 419, 420
일만복(壹萬福) 407, 409
일본 56, 59
일본도(日本道) 382, 428
일본문덕천황실록(日本文德天皇實錄) 412
일본열도 내 분국설 326
일본의 신라 침공 계획 64
일본후기(日本後紀) 412, 429
일원적 국제질서 160, 163
일통삼한(一統三韓) 255
임나 4현 314
임나 지배설 326
임나일본부 318, 325, 326
임둔 85, 90, 91
임둔군 93, 128
임아(任雅) 389
입당구법순례행기(入唐求法巡禮行記) 396, 423
입종갈문왕(立宗葛文王) 280

ㅈ

자비왕(慈悲王) 273
자치통감(資治通鑑) 진기(晉紀) 114
자타(경남 진주) 315, 319
작호 67
잣[松子] 394
장군호 71
장문휴(張文休) 343, 389, 391
장보고(張保皐) 351, 372
장사(長史) 212, 389
장손무기(長孫無忌) 169
장수왕(長壽王) 217, 273
장식품 395, 396
장식허리띠[金帶], 395
장인(長人) 416
쟁장(爭長) 사건 61
적석목곽분(積石木槨墳) 266
전객서(典客署) 393
전국책 79
전기 가야 연맹 306, 309, 310
전륜성왕(轉輪聖王) 279
전방후원분(前方後圓墳) 35
전연(前燕) 112, 114, 116, 140, 200, 267
전중시(殿中寺) 384
전진(前秦) 144, 266
전한기 89
절도사 396
점술가 411
정가와자유형 85

정관례(貞觀禮) 398
정당성(政堂省) 384, 428
정향력(貞享曆) 414
정혜공주 435
정효공주 399, 435
제(齊) 82, 83, 84, 86
제2현도군 130
제3현도군 133
제왕운기 77, 78
제칙(制勅) 348
제환 82
제환공 79, 83
조[粟] 395
조공(朝貢) 68, 77, 79, 83, 87, 384, 394, 393, 408
조공관계론 69, 125
조공도(朝貢道) 382, 428
조공무역 393
조공사 393, 396
조공외교 393
조공책봉관계 32, 67, 142, 333, 340
조근 67
조복 130
조선과 흉노의 연결 22
조선군 56
조선력 414
조선상(朝鮮相) 22
조선상 역계경 92
조선식 산성 52
조선왕 부(否) 87
조양 80

조위 136
졸마 319
종발성(從拔城) 269
종속국 70
종속시(宗屬寺) 384
좌장 194
좌효위원외대장군 발해군왕 387
좌효위장군 389
주(周) 386
주객낭중(主客郎中) 393
주류성 50, 51
주몽 130
주부 138
주자감(冑子監) 384
죽죽(竹竹) 290
준닌천 404
준왕 90
중국 중심의 일원적 국제질서 72
중신겸족(中臣鎌足) 356
중심지 80
중정대(中正臺) 384
중종 386, 387
중종이 피살 387
지두우 153
지미 315
지방세력 408
지방수령 429
지방정권 381, 387
지방특산물 409
지부(智部) 384
지소(只召)태후 280

지절호 71
진 87, 88
진(陳) 157, 232, 286
진(振) 388
진(晉, 西晉) 112, 261
진개 19, 86
진고공지(秦故空地) 19
진국 92
진국공(農國公) 385
진대덕 166
진덕여왕(眞德女王) 49, 292
진동장군 204
진무(眞武) 205
진번 85, 90, 91, 92, 93
진번군 128
진봉(進封) 393, 405
진사왕(辰斯王) 205
진서(秦書) 267
진서(晉書) 398
진성여왕 353
진씨(眞氏) 272
진왕 305
진주가한 168
진충(眞忠) 194
진평왕(眞平王) 160, 287
진한(辰韓) 259
진흥왕(眞興王) 156, 279
집사부(執事部) 293

ㅊ

차등적 외교관계 70, 148
참군(參軍) 212
창원 다호리 1호분 303
창해군 127
창화(唱和) 412
채백 410
책계왕(責稽王) 191
책구루 131
책봉(册封) 83, 381, 384, 394, 421
책봉국의 중심성 70
책봉사 387
책봉외교 219
책봉체제론 68, 125
책봉호 143, 387, 388, 392
책부원귀(册府元龜) 384
책성부 416
천문령(天門嶺) 385
천산산맥 86, 88
천손 407, 409, 414
천손국 28
천손족 사상 149
천정군 416
철륵(鐵勒) 168, 170, 426
철산(鐵山) 259
청병사(請兵使) 227, 291
청야수성 168
청천강 19
청해진(淸海鎭) 351, 372
촉한 136

최언위(崔彦撝) 416, 423
최치원 353, 416, 423
추봉 315
추석 423
축족류성 313
충부(忠部) 384
충추고구려비 28, 275
취시(就市) 396
측천무후 386
치청(淄靑) 396
칙신라김흥광서(勅新羅金興光書) 344
친당 외교 340, 342, 362
친당책 392
친일외교 369
칠지도 201

ㅋ

카파간가한[默綴可汗] 426
콜로니[集落] 427
큰 곰[熊] 410

ㅌ

탁순국 199, 318
탄항관문 416
탐라국 34
태부(太傅) 353
태부시(太府寺) 393

태사(太師), 353
태산 봉선 171
태상시(太常寺) 384
태평송(太平頌) 293
태학 26, 267
토둔(吐屯) 389, 426
토번(吐蕃) 56, 289, 339
토욕혼 71, 157, 158, 164, 165
통일신라 415
통일적 다민족국가론 69
통치술 397
통치영역 381
특산물 393

ㅍ

패강(浿江) 344, 345, 392
패사 405
패수(浿水) 88, 89, 90
평로(平盧) 396
평로절도사(平盧節度使) 348
평양(平壤) 81, 86, 281
평양성 78
평양성 전투 203
평양주(平壤州) 346
평양천도 149
평원왕 43, 158
포(布) 394
포이(褒異) 384
표범 가죽[豹皮] 411

품석(品釋) 183, 238
풍장(豊章) 185
풍홍 150

ㅎ

하구려(下句驪) 416
하남위례성 188
하다리 314
하서(河西) 4군(郡) 20
하정사(賀正使) 393, 398
하침라 315
학반령 102
한(漢) 89, 90, 91, 93, 106
한강유역 161
한서 86
한성(漢城) 153, 273
한성 백제 33
한자문화 397, 428
한조채(韓朝彩) 64, 416
항례(抗禮)라 361
항백국(巷伯局) 384
항해력 414
해(奚) 392
해동성국 381, 422
해수(解讐) 237
해씨(解氏) 272
해초경(解楚卿) 398
행인국 131
허경종(許敬宗) 170

헌강왕 353
헌덕왕 420, 421, 422
헤구리노 히로나리[平群廣成] 402
헤이룽장성 381
헤이안[平安] 410
헤이안쿄[平安京, 지금의 교토] 410, 412
헤이죠쿄[平城京, 지금의 나라] 400
현(玄) 115
현경례(顯慶禮) 398
현도군(현토군) 22, 24, 93, 128
현도성 107
현종(712~756) 392
현주의 포 394
현토군 22
혜공왕 420
혜량 38
혜미압승(惠美押勝) 404
호라쿠인[豊樂院] 410
호랑이[虎] 410
호랑이가죽[虎皮] 394, 410
호명성 311
호부(戶部) 393
호시(互市) 384, 394, 397
호족 396
호쿠리쿠[北陸] 413
혼인정책 227
혼하(훈허 강) 89
홀한주도독 387
홍려관(鴻臚館) 373, 410
홍려시(鴻臚寺) 393
화이론(華夷論) 416

찾아보기 457

화이(華夷) 정책 391
환권 166
환도의 오얏 394
환동해 382
환웅 78
황명(黃明) 394
황상(皇上) 381
황제 428
황제국 381
황후(皇后) 381
회사(回賜) 393
회사품(回賜品) 393, 395, 410
회역사(廻易使) 372
회의체 260
효의황후 436
후고구려 354
후기 가야 연맹체 323, 311
후기 신라 415
후기비파형동검문화 85
후당(後唐) 354, 424, 425
후량 424
후백제 354
후삼국 424
후연(後燕) 145, 268
후조 140
후지와라 나카마로[藤原仲麻呂] 64, 404
후지와라노 오쓰구[藤原緖嗣] 408
후한 106, 107, 108, 130
훈관 72
흉노 20, 87, 90, 92, 127, 130

흑수말갈 58, 389, 391, 426, 429
흑수말갈 문제 382, 408
흑수주(黑水州) 389
흰토끼가죽[白兎皮] 394
히카루겐지[光源氏] 411
히케다노 무시마로[引田蟲麻呂] 400

| 편찬 후기 |

『한국의 대외관계와 외교사』의 편찬 경위

1

　동북아역사재단은 고대에서 현대에 이르는 한국 외교사 통사가 개발되지 않고 있는 학문적 공백을 시급히 메우지 않으면 안 된다는 문제의식에서 한국의 대외관계와 외교사 편찬 사업에 착수하였다. 해방 70년이 넘도록 한국 외교의 역사를 체계적으로 정리한 교재가 없다는 것 자체가 부끄러운 일이거니와, 이런 학문적 결손이 주변국의 역사 왜곡 대응에도 적지 않은 문제를 야기하고 있다는 데 주목한 것이다.

　이런 문제의식은 외교 현장에서 한국의 대외관계와 외교에 대한 체계적인 지식이 절실히 필요하다는 이현주 전 사무총장의 문제제기로 추진의 동력을 확보하게 되었다. 예비외교관이나 관련 분야의 대학(원)생들이 한국 외교사를 쉽게 이해할 수 있는 수준의 교재를 개발한다는 방향을 정하고, 기본계획을 수립하고 사업을 본격화한 것은 2015년 7월이었다.

　사업을 시작하면서 전반적인 사업 기획과 실무는 필자가 맡기로 하였다. 사업담당자로서 필자는 먼저 외교사를 전공하고 대학에서 관련 강의를 하면서 후학을 양성해온 구대열 이화여대 명예교수를 섭외하고, 공석구 한밭대 교수(고구려사), 이진한 고려대 교수(고려시대사), 한명기 명지대 교수(조선시대사) 등으로 각 시대의 주편진을 구성하였다. 근대 시기는 재단의 김종학 박사가 참여하여 전반적인 내용 구성에 기여하였다.

　각 시기의 장절의 구성과 집필자 선정은 시대별 주편자에게 전적으로 위임하였다. 다만 필자는 한국의 대외관계와 외교사 개발 과정에서 중국사나 일본

사 전공자, 국제정치학 등 관련분야 전문가들의 관점을 반영했으면 좋겠다는 등의 의견을 제기하였다. 독자들이 한국 외교의 계기와 역동성을 좀 더 큰 전략적 판도에서 읽을 수 있도록 배려하자는 의도였다.

2

그 후 주편진을 중심으로 한국 외교사 구성의 구체적인 방향과 문제들을 검토하였다. 어떻게 방향을 잡을 것인지, 어떤 내용을 담을 것인지 등에 대해 논의를 거듭했다. 역사상 우리 역사 공간을 둘러싼 국제환경의 특징을 살피고, 우리 선조들은 이를 어떻게 인식하고 대응했는지, 어떤 선택이 가능했고 무엇을 성취했는지가 기본 내용이라는 데는 이견이 없었다.

그러나 서술의 대상과 범위를 어떻게 정할 것이냐부터가 논의의 대상이 되었다. 대외관계사인가, 외교사인가, 대외교섭사인가, 대외교류사인가, 고대국가 간의 교섭을 외교로 볼 수 있느냐 등의 문제가 제기되었다. 그럼에도 이들을 한국의 대외관계와 외교사로 아우를 수 있다는 데까지 의견이 모였다. 서술 내용의 선별이나 용어의 통일 역시 고민거리였다. 결국 집필자 개인의 학문적 견해를 충분히 존중하면서도 이런 문제들을 하나의 흐름 속에 녹여내기로 하고 속도를 붙이기로 했다.

2015년 첫 해에는 한국 외교사 구성을 위한 기본계획을 구체화하고, 2016년에는 한국 외교사 구성을 위한 작성 방향과 서술 내용, 항목을 구체화하였다. 2017년에는 집필 참여자들이 초고를 작성하고 이를 윤독하며 내용을 다듬었다. 항목의 설정과 문제 통일 등의 애로가 있었지만 주편진과 집필자들의 적극적인 참여로 문제를 해소할 수 있었다. 이 과정에서 필자가 교체되기도 했고, 새로운 항목이 추가되기도 했다. 특히 근대편의 경우 청일전쟁의 역사적 중요성을 감안하여 이를 조선과 청, 일본의 입장에서 입체적으로 조명하기로 하는 등 일부 내용을 조정하였다.

한국사 전 시기의 외교제도와 인물을 소개하자는 의견도 있었지만 일단 근대 외교기구의 변화를 다루는 선에서 마무리하기로 했다. 2018년에는 그동안의 내용을 하나의 흐름으로 통합하고, 발간과 관련한 기술적인 문제들을 검토하였다. 처음 지도, 연표, 도표 등을 통해 가독성을 높이고 참고문헌을 충분히 제시하기로 했지만 한국 외교사의 통사적 체계 확보에 주력하기로 의견을 모았다.

한국의 대외관계와 외교사를 체계적으로 정리하는 것이 최초의 일인 만큼 기술적인 부분보다는 내용의 충실도를 높이는 데 주력할 필요가 있다는 취지였다. 이런 과정을 거쳐 고대·고려·조선·근대 편으로 구성된 4권 편제의 『한국의 대외관계와 외교사』가 빛을 보게 되었다. 고대편은 주편자의 갑작스런 사임으로 출간 일정이 다소 늦어졌다. 이미 초고가 완성된 상황이어서 별도의 주편자를 섭외하지는 않았다.

3

우리가 학계의 역량을 모은 한국 외교사를 갖는다는 것은 세계에 한국사의 위상을 올바로 세우고, 우리의 눈으로 세계를 보며 미래 역사를 개척하겠다는 의지를 밝힌다는 의의가 있다. 외교란 국가가 국제환경을 주체적으로 판단하고, 세계무대에서 자국의 목표와 이익을 추구하는 행위이다. 그런 점에서 이 성과물은 한국사를 권력 정치의 객체로 재단해 온 주변국의 왜곡된 시각을 교정함은 물론, 우리의 역사적 경험으로부터 새로운 역사적 지향을 탐색해 갈 수 있는 학문적 입론점을 확보한다는 의미를 갖는 것이기도 하다. 무엇보다 중요한 것은 일반 국민들의 마음 속에 각인된 '지정학적 조건론'이나 '강대국 결정론'을 불식하고, 한국사의 주체성과 발전 경로에 대한 올바른 인식을 진작할 수 있다는 점이다.

우리 역사에 대한 부정적 인식과 '주변부 의식'을 떨치지 않으면 미래를 향한 용기와 상상력은 충전되기 어렵다. 우리 역사가 마주했던 상황과 이를 헤쳐 나온 선인들의 경험과 선택들에 대한 깊은 이해가 전제되지 않은 채, 미래 역사 비전을 세운다는 것은 연목구어(緣木求魚)에 불과할지도 모른다. 그들이 숨쉬었던 공간에서 그들의 문화를 이어받은 우리가 한국의 역사를 떠나 통일과 통일 이후의 미래를 설계한다는 것은 매우 어렵기 때문이다. 이런 점에서 한국의 대외관계와 외교사는 주변국의 역사적 왜곡에 대응하는 총론적 기획의 의의를 갖는다.

4

하지만 이번 작업을 통해 그동안 편찬위원회에서 논의되거나 공감되었던 문제들을 모두 소화할 수는 없었다. 편찬 후기에서 이를 밝혀두기로 한다.

우선, 한국 외교사를 어떻게 볼 것인가의 문제이다. 한국의 대외관계와 외교사에 대한 총설적 이해와 관련된 부분이다. 한국 외교의 역사적 환경, 전통시대 동아시아 외교의 특징으로 호명되는 조공·책봉 등의 제도사적 문제, 한국의 외교제도사 등이 그것이다. 각 권의 내용을 읽는 독자들에게 한국 외교의 역사적 구조와 얼개에 대한 이해가 제공될 필요가 있다고 보았기 때문이다. 한국의 대외관계와 외교사를 우리의 시각에서 읽는 나침반이 필요하다는 것이다. 4권의 시대사에 총설을 얹게 되면 완정한 한국 외교사 체제가 축조되는 셈이다.

다음은 학제적 연구의 필요성이다. 당초 편찬위원회는 한국의 대외관계와 외교사를 사실관계 설명과 더불어 정책결정자를 비롯한 독자들이 한반도의 범역을 넘어 국제관계의 전략적 연동관계를 요해할 수 있도록 서술하고자 했으나 이는 후속작업에 미룰 수밖에 없었다. 한국의 대외관계에 대한 국제정치학적 검토와 이론화가 진전되면 한국 외교의 미래와 비전 설계를 위한 튼실한 학문적 토대를 마련할 수 있을 것이다. 이런 관점에서 한국사상 다양한 행위주체가 병립했던 고대 시기는 이를 굳이 하나의 서술체계에 가두지는 않았다. 각각의 권력집단과 주체의 정세 판단과 전략, 자원의 동원 등을 밝혀두는 것이 낫다는 생각에서이다.

셋째, 편찬위원회는 세계 학계에 한국의 연구결과를 적극적으로 번역하고 소개해 나가야 할 것이라는 점에 문제의식을 같이해 왔다. 미국과 유럽 등 세계 학계에서의 한국사의 위상은 중국과 일본 등 경쟁국에 비해 매우 열악하다. 이런 상황을 개선하기 위해 한국 외교사의 흐름과 독자성을 꾸준히 전파해 나가야 한다고 본다. 한국사의 발전에 대한 독자적 논리 없이 중국과 일본의 역사왜곡에 상황적으로 대응하는 것만으로는 '역사전쟁'에 대처하기 어렵기 때문이다.

마지막으로, 편찬위원과 집필자들은 여러 계기를 통해 한국 외교사상의 주요 정책 쟁점과 인물 발굴 등의 후속사업을 고려할 필요가 있다는 점을 지적해 왔다. 다양한 학문 분과에서 한국의 대외관계와 외교의 흐름을 적극적이고 진취적인 시각에서 이해할 수 있는 스토리텔링의 소재를 발굴해 나가기 위한 노력이 이루어져야 한다는 의견도 제시되었다. 이런 역사인식이야말로 역사의 큰 줄기를 놓치지 않으면서 현실을 성찰하고 미래를 구상하는 '역사하기'(doing history)의 힘을 주기 때문이다.

5

그동안 50여 명의 연구자들이 편찬위원회와 호흡을 같이하면서 한국의 대외관계와 외교사를 개발하기 위해 노력해 왔다. 이들이 힘을 합한 것은 불모에 가까운 한국의 대외관계와 외교사를 정리해야 한다는 학문적 소명감이었다고 생각한다. 재단은 일반 국민들, 심지어 정책 결정자들조차 주변 환경의 이해나 정책 설계에 우리 자신의 경험보다 외국의 이론과 사례를 더 크게 참고하고 있는 현실을 극복해야 한다는 일념으로 이 사업을 추진해 왔다.

만시지탄이 있지만 4년 여에 걸친 연구자들의 노력으로 이제 우리는 한국 외교사에 대한 학문적 불모성을 타개하고, 한국의 역사에 대한 주변국의 '은밀한 기획'에 대응해 나가는 논리 기반을 크게 확충할 수 있게 되었다. 한국의 대외관계와 외교사 체계를 수립하려는 재단의 노력이 한국의 역사에도 면면한 '외교'의 호흡이 있어 왔고, 또 있을 것임을 천명하는 학문적이며 실천적인 이정표가 되기를 기대한다.

이번의 결과물이 완벽한 최종의 것일 수는 없다. 대외관계에 대한 관심을 추가하다보니 구성상 약간의 드니듦도 생겼다. 이런 아쉬움에도 불구하고 이번 성과는 관련 분야 연구를 자극하고, 후속 세대가 체계를 다듬고 살을 붙여 나갈 수 있는 디딤돌을 놓았다는 점에 큰 의의가 있다. 비학문적이고 소모적인 논쟁이 아닌 생산적이고 건설적인 토론의 장을 기대한다는 점을 덧붙이며 편찬 후기에 갈음한다.

2018. 12.
동북아역사재단 한국외교사편찬위원회 간사
홍면기

집필진

노태돈 서울대학교 국사학과 명예교수
저서 : 『한국사를 통해본 우리와 세계에 대한 인식』(풀빛, 1998), 『고구려사 연구』(사계절, 1999), 『단군과 고조선』(사계절, 2000, 편저), 『예빈도에 보인 고구려』(서울대 출판부, 2003), 『삼국통일전쟁사』(서울대 출판부, 2009), 『한국 고대사의 이론과 쟁점』(2009, 집문당), 『한국고대사』(경세원, 2014)

박준형 해군사관학교 박물관장 겸 군사전략학과 교수
저서 : 『고조선사의 전개』(서경문화사, 2014), 『고조선사 연구동향 : 2000년 이후 국가별 쟁점과 전망』(공저, 동북아역사재단, 2018)
논문 : 「대릉하~서북한지역 비파형동검문화의 변동과 고조선의 위치」(한국고대사연구 66, 2012), 「기원전 3~2세기 고조선의 중심지와 西界의 변화」(사학연구 108, 2012), 「고조선의 春秋 齊와 교류 관계」(백산학보 95, 2013), 「위만조선의 영역과 인구」(백산학보 99, 2014), 「기원전 7세기 중반 동북아시아의 국제관계와 고조선의 위상」(선사와 고대 54, 2017), 「濊·貊 관련 최근 논의의 비판적 검토」(백산학보 112, 2018)

송호정 한국교원대학교 역사교육과 교수
저서 : 『한국 고대사 속의 고조선사』(푸른역사, 2003), 『단군, 만들어진 신화』(산처럼, 2004), 『처음 읽는 부여사』(사계절, 2016) 등.
논문 : 「고고학으로 본 고조선」(한국사 시민 강좌 49, 2011), 「고조선 중심지의 위치 문제에 대한 쟁점과 과제」(역사와 현실 98, 2015), 「최근 한국상고사 논쟁의 본질과 그 대응」(역사와 현실 100, 2016), 「학교에서의 한국고대사 교육 현황과 교과서 서술의 올바른 방향」(한국고대사연구 84, 2016), 「고조선사 연구 방법론의 새로운 모색」(인문학연구 34, 2017), 「요서지역 고고 자료와 한국고대사 관련 연구에 대한 재검토」(한국상고사학보 96, 2017)

여호규 한국외국어대학교 사학과 교수
저서 : 『한국 고대국가와 중국왕조의 조공책봉관계』(공저, 동북아역사재단, 2006), 『고구려 초기 정치사 연구』(신서원, 2014), 『백제의 성장과 중국』(공저, 한성백제박물관, 2015)
논문 : 「4세기 동아시아 국제질서와 고구려 대외관계의 변화」(역사와현실 36, 2000), 「6세기말-7세기초 동아시아 국제질서와 고구려 대외정책의 변화」(역사와현실46, 2002), 「광개토왕릉비에 나타난 고구려의 대중인식과 대외정책」(역사와현실 55, 2005), 「책봉호 수수를 통해 본 수·당의 동방정책과 삼국의 대응」(역사와현실 61, 2006), 「3세기 전반 동아시아 국제정세와 고구려의 대외정책」(역사학보 194, 2007), 「2세기 전반 고구려와 후한의 관계 변화」(동양학 58, 2015), 「7세기 중엽 국제정세 변동과 고구려 대외관계의 추이」(대구사학 133, 2018)

양기석 충북대학교 역사교육과 명예교수
저서 : 『백제 정치사의 전개과정』(서경문화사, 2013), 『백제의 국제관계』(서경문화사, 2013) 등
논문 : 「백제 성왕대의 정치개혁과 그 성격-전제왕권의 성립문제와 관련하여-」(『한국고대사연구』 4), 1991 ; 「5~6세기 전반 신라와 백제의 관계」(『신라의 대외관계사 연구』), 『신라문화제 학술발표회기념논문집』 15 ; 「백제 위덕왕대의 대외관계-대중관계를 중심으로-」(『선사와 고대』 19), 2003 ; 「5세기 백제와 왜」(『왜 5왕 문제와 한일관계』, 경인문화사), 2005 ; 「백제 왕흥사의 창건과 변천」(『백제문화』 41), 2009 ; 「백제 박사제도의 운용과 변천」(『백제문화』 49), 2013

주보돈 경북대학교 사학과 명예교수
저서 : 『신라 지방통치체제의 정비과정과 촌락』(1998, 신서원), 『금석문과 신라사』(2002, 지식산업사), 『임나일본부설, 다시 되살아나는 망령』(2012, 역락), 『가야사 새로 읽기』(2017, 주류성), 『김춘추와 그의 사람들』(2017, 지식산업사), 『한국고대사의 기본 사료』(2018, 주류성), 『가야사의 새로운 이해』(2018, 주류성)
논문 : 「삼국시대의 귀족과 신분제」(『한국사회발전사론』, 1992), 「웅진도읍기 백제와 신라의 관계」(『고대 동아세아와 백제』, 2003), 「5세기 고구려·신라와 왜의 관계」(『왜 5왕 문제와 한일관계』, 2005), 「5-6세기 중엽 고구려와 신라의 관계」(『북방사논총』 11, 2006), 「백제 성왕의 죽음과 신라의 국법」(『백제문화』 47, 2012), 「삼한 관련 기본사서의 문제」(『삼국지 동이전의 세계』, 2013)

김태식 홍익대학교 역사교육과 교수
저서 : 『미완의 문명 700년 가야사 1~3권』(푸른역사, 2002), 『역주 삼국사기(개정판) 1~5권』(공저, 한국학중앙연구원, 2012), 『사국시대의 가야사 연구』(서경문화사, 2014) 등
논문 : 「5세기 후반 大加耶의 발전에 대한 研究」(韓國史論 12, 1985) ; 「廣開土王陵碑文의 任那加羅와 安羅人戍兵」(韓國古代史論叢 6, 1994) ; 「新羅와 前期 加耶의 關係史」, (韓國古代史研究 57, 2010).

전덕재 단국대학교 사학과 교수
저서 : 『신라육부체제연구』(일조각, 1996); 『한국고대사회의 왕경인과 지방민』(태학사, 2002) ; 『한국고대사회경제사』(태학사, 2006); 『신라 왕경의 역사』(새문사, 2009); 『삼국사기 본기의 원전과 편찬』(주류성, 2018)
논문 : 「한국 고대 西域文化의 수용에 대한 고찰-百戲·歌舞의 수용을 중심으로-」(『역사와 경계』58, 2006 ; 「관산성전투에 대한 새로운 고찰」(『신라문화』34, 2009) ; 「신라 율령 반포 배경과 의의」(『역사교육』119, 2011) ; 「신라 하대 득난신분의 대두와 골품제의 변화」(『신라문화』42, 2013) ; 「삼국과 통일신라시대 가뭄 발생 현황과 정부의 대책」(『한국사연구』160, 2013) ; 「통일신라의 향에 대한 고찰」(『역사와 현실』129, 2014) ; 「신라 동궁의 변화와 임해전의 성격」(『사학연구』127, 2017) ; 「7세기 백제·신라 지배체제와 수취제도의 변동」(『신라사학보』42, 2018); 「삼국사기」직관지의 원전과 찬술에 대한 고찰-중앙행정관부 기록을 중심으로-」『한국사연구』183, 2018).

한규철 경성대학교 인문문화학부 명예교수
저서 : 『발해의 역사와 문화』(공저, 동북아역사재단, 2007), 『발해의 대외관계사—남북국의 형성과 전개』(신서원, 1994)
논문 : 「삼국과 발해사에서의 말갈」(한국사학보 58, 2015), 「발해와 유목왕조의 교류」(고구려연구 34, 2009), 「발해인이 된 고구려말갈」(고구려연구 26, 2007), 「신라와 발해의 정치적 교섭과정」(한국사연구 43, 1983)

공석구 한밭대학교 인문교양학부 교수
저서 : 『고구려영역확장사연구』(서경문화사, 1998), 『한국사의 어제와 오늘』(보성출판사, 2017) 등
논문 : 「광개토왕릉비에 나타난 광개토왕의 왕릉관리」(고구려발해연구 39, 2011), 「광개토왕의 요서지방 진출에 대한 고찰」(한국고대사연구 67, 2012) ; 「광개토왕릉비 수묘인연호기사의 고찰」(고구려발해연구 47, 2013), 「廣開土王陵碑의 신래한예 고찰」(고구려발해연구 50, 2014) 「中國歷史地圖集의 평양지역까지 연결된 秦 長城에 대한 검토」(선사와 고대 43, 2015), 「4세기 고구려 땅에 살았던 중국계 이주민」(고구려발해연구 56, 2016), 「청천강 유역까지 연결된 漢長城東端문제 고찰」(동북아역사논총 56, 2017)

동북아역사재단 연구총서 77
한국의 대외관계와 외교사 _ 고대 편

초판 1쇄 발행 2019년 5월 10일
초판 2쇄 발행 2019년 8월 26일

엮은이 동북아역사재단 한국외교사편찬위원회
펴낸이 김도형
펴낸곳 동북아역사재단

등 록 312-2004-050호(2004년 10월 18일)
주 소 서울시 서대문구 통일로 81 NH농협생명빌딩
전 화 02-2012-6065
팩 스 02-2012-6189
e-mail book@nahf.or.kr

ⓒ 동북아역사재단, 2019

ISBN 978-89-6187-410-6 94910
    978-89-6187-409-0 (세트)

* 이 책의 출판권 및 저작권은 동북아역사재단에 있습니다. 저작권법에 의해 보호를 받는
  저작물이므로 어떤 형태나 어떤 방법으로도 무단전재와 무단복제를 금합니다.
* 이 도서의 국립중앙도서관 출판예정도서목록(CIP)은 서지정보유통지원시스템 홈페이지(http://seoji.
  nl.go.kr)와 국가자료종합목록시스템(http://www.nl.go.kr/kolisnet)에서 이용하실 수 있습니다.
  (CIP제어번호 : CIP2019017492)
* 책값은 뒤표지에 있습니다. 잘못된 책은 바꾸어 드립니다.